홍익국부론

— 홍익인간사상에 한국경제의 길이 있다.

홍익국부론

—홍익인간사상에 한국경제의 길이 있다

강정모 지음

율곡출판사

들어가는 글

2016년 3월, 서울에서 열린 프로 바둑기사와 인공지능 바둑 프로그램 알파고의 대국에 전 세계의 이목이 집중되었다. 결과는 알파고의 4승이었다. 대국이 진행되는 동안 지구촌의 모든 인류는 '인간의 지능을 뛰어넘는, 생각하는 기계' 의 등장을 숨죽이고 지켜봐야만 했다. 인공지능과 바둑기사의 대결은 단순히 재미있는, 흥미위주의 게임이 아니었다. 그보다는 인공지능이 인류의 지적 수준을 넘보게 되었다는 것, 이로 인해 우리 인류가 새로운 기로에 서게 됐다는 것, 제4차 산업혁명의 시작을 인정해야 하는 '사건' 이었다. 그런데 현재 지구상에서 일어나고 있는 사상초유의 일들은 여기에 머물지 않는다. 유발 하라리Yuval Noah Harari는 그의 책 『사피엔스』 서문에서 '과학은 자연선택으로 빚어진 유기적 생명의 시대를 지적 설계에 의해 빚어진 비유기적 생명의 시대로 대체하는 중' 이라고 선언함으로써 사피엔스종의 종말과 함께 새로운 종의 출현까지 예고하고 있다. 이것이 우리 인류가 맞이하고 있는 21세기의 진행상황이다.

지구촌 각국의 정세와 경제상황도 심각하다. 글로벌 경제위기, 테러단체 IS의 난동, 남중국해의 긴장 등에 더해 브렉시트와 EU의 불확실한 미래, 미국의 자국보호주의로의 선회경향, 일본의 우경화정책, 중국의 노골적인 세 불리기 등 한국이 감당하기엔 너무나도 벅찬 일들이 도처에서 터지고 있다. 게다가 한국은 일본의 지난 20년을 그대로 닮아가는 상황이다. 전 세계 최저출산율과 급격히 진행되는 고령화 현상, 치솟는 실업률과 저성장의 늪에 빠진 경제상황, OECD 국가 중 최고를 기록하는 자살률과 국민 행복지수의 답보 등 걱정되는 지표가 한둘이 아니다. 젊은이들은 3포를 이야기하고, 헬조선을 외치고 있다. 한국의 미래가 보이지 않는다. 이대로 주저앉을 것인가?

우리는 한 세기 안에 식민지배와 가장 파괴적인 전쟁을 겪었지만 그 모든 것을 극복하고 민주주의를 일구었으며 급속한 경제성장을 이루어냈다. 지구상의 수많은 개발도상국이 하지 못한 제도적 개혁과 경제적 발전을 성취한 것이다. 이에 놀란 선진 제국의 경제학자들은 기존의 경제이론에서 도출하지 못한 한국의 경제발전 요인을 탐색하였다. 이른바 워싱턴 컨센서스에서부터 서울 컨센서스에 이르기까지의 각종 협의와 연구에서 도출된 것은 한국의 인적자본이었다. 그들이 주목한 것처럼 식민지배와 파괴적 전쟁에 의해 모든 것을 잃은 20세기 중반의 한국에는 오로지 교육열에 불타는 인적자원밖에 없었다.

그러면 한국의 인적자원을 경제발전의 원동력으로 이끈 한국인의 가치관은 무엇이었을까? 한국의 정신적 자본을 형성한 역사적 가치관은 무엇이었을까? 한국이 외환위기에 처했을 때 한국노동자의 지적생산능력이 선진 제국의 1/3에 불과하다고 지적한 컨설팅회사 보고서가 우리에게 충격을 준 일이 있다. 그럼에도 불구하고 한국은 20세기에 그 어느 개발도상국도 해내지 못한 일을 했다. 그렇다면 이제 한국 인적자원의 어떤 요소가 그렇게 만들었는지, 정신적 기반이 무엇이었는지 알아내야 할 필요가 있다. 그것을 바탕으로 한민족의 새로운 이정표를 찾아야 할 것이다.

20세기 경제발전 원동력이 된 인적자본의 근본적 사상을 필자는 홍익인간사상이라고 본다. 홍익인간은 고조선의 건국이념이요, 통치이념이었으며, 윤리 및 교육이념이었다. 이것은 신라 화랑도의 세속오계世俗五戒로 일층 구체화되어 전승되었고 조선시대의 선비정신으로 표출되었다. 또한 이것은 1948년 대한민국 건국 때 나타난 제도개혁이나 교육이념에서도 찾아볼 수 있다. 대한민국의 정부수립은 일제가 병탄하기 이전의 조선 왕조를 복구하거나 그 시대의 문명 회복을 시도한 것은 아니었다. 그보다는 자유민주주의 시장경제체제에 따른 정부수립으로 과거와의 확실한 단절이자 새로운 탄생을 의도한 것이었다. 당시 국정주역들은 전체 국민의 사회적 능력을 극대화하기 위해 필요한 일련의 제도개혁을 단행하여 국가발전의 원동력이 되는 '새로운 국민'을 창출하려고 했다. 조선시대 양반제도와 식민지시대 폐습의 근절은 물론 남녀평등사상을 실현시켜 인적자본이 형성될 수 있는 토대를 구축하고자 하였고 이 새로운 국민에게 제시된 교육이념이 홍익인간이었다. 이렇게 볼 때 홍익인간은 우리 민족의 태초부터 현대에 이르기까지 한국인의 가치체계를 지배하는 정신적 자본이었던 것이다.

그러나 우리는 그동안 우리가 이룩한 경제발전의 결실에 취해 우리의 정신적 자본을 찾아보는 데 노력을 기울이지 않았다. 한국의 인적자원을 형성할 수 있었던 정신적 자본으로서의 홍익인간을 돌아보지 않았다. 경쟁과 효율이 강조되는 현대사회에 이르러 더욱이 절실하게 요구되는 배려와 공감, 소통의 정신은 이미 조선시대의 선비정신에 면면히 나타났고 현대의 교육이념으로 이어졌지만 이것을 연구할 여지가 없었던 것이다. 이러한 문제의식에서 출발한 이 책의 내용은 크게 3부로 구성되어 있다. 제1부에서는 21세기 한국의 과제와 홍익인간사상을 다루었다. 우리가 미처 모르고 있던 홍익인간의 고전적 해석과 현대적 의미에서의 가치를 살펴본다. 제2부에서는 경제발전의 기본적 이론 및 한국 경제발전의 요인들을 살펴본다. 제3부에서는 홍익경제발전모형에 의한 한국 경제발전방안을 제시한다.

홍익인간은 널리 인간 세상에 道를 넘치게 하여 골고루 인간을 이롭게 한다는 것이다. 지금 우리 사회에 가장 필요한 정신은 바로 이러한 홍익인간사상을 바탕으로 한 상생의식이다. 이는 애덤 스미스의 '시장의 보이지 않는 손' 의 작동원리를 뛰어넘으며 한국이 취해야 할 경제발전방안과 정신자본으로서의 기본원리이기도 하다. 인공지능을 논하고 사피엔스의 종말까지 예고되는 상황 속에서 구태의연하게 보일 수도 있는 우리 민족의 고유사상을 돌아본다는 것이 억지스러운 시도로 보일 수도 있다. 그러나 필자는 이럴 때일수록 온고이지신을 다지면서 인간다움의 회복을 도모하고 느림의 철학을 되새기는 것이 오히려 인류사상 초유의 변화에 대비할 뿐더러 우리 사회가 직면한 난국을 돌파하는 단초를 발견하는 데 도움이 되리라고 본다. 그런 의미에서 이 책을 인문 · 경제학도뿐 아니라 일반인에게도 권하고 싶다.

우선 이 책은 2011년 경제인문사회연구회(박진근 이사장)의 연구 과제를 수행한 것에서 비롯되었다. 당시 공동연구원이었던 한국학중앙연구원 정영훈 교수에게 새삼 감사를 드린다. 또한 자료를 갱신하고 찾는 데 많은 도움을 준 경희대학교의 서수환 사서와 최세현, 정은채, 김세희 학생에게도 지면을 빌어 감사를 표한다. 끝으로 이 책을 기꺼이 출판해 주신 율곡출판사의 박기남 사장에게 깊이 감사드리고 편집을 맡아준 차은지 님 및 관계자 여러분께도 심심한 사의를 표한다.

아울러 나를 이해하고 묵묵히 지원해 준 사랑하는 가족들에게 깊이 감사한다.

2016년 8월 18일

우거에서 **강정모**

차 례

제3장 홍익인간사상의 현대적 의미와 가치

제4장 홍익인간사상과 선비정신

제5장 홍익인간과 경제

제6장 요약 및 결론

2부 경제발전론, 시장경제체제 및 한국경제 기적의 비밀과 과제

제7장 부의 창출과 경제발전론의 변화 양상

제8장 자본주의 정신과 시장경제체제

제10장 한국경제 기적의 비밀

3부 홍익경제발전모형과 창조혁신생태계중심지

제11장 한국경제의 새로운 도전, 과제 및 비전

제12장 홍익경제발전모형

제13장 홍익창조혁신생태계중심지로의 전국적 전환

제1부

21세기 한국의 과제와 홍익인간사상

제1장

서론 : 새로운 발전 틀에 맞는 한국적 이념의 필요성

인류는 18세기 말에서 19세기 초에 농업 위주의 전근대시대에서 공업 위주의 산업화 및 근대화 시대로 진입하였고 그와 함께 자유로운 상업사회가 등장하여 문명사적으로 큰 변혁을 겪었다. 이 시기에 영국의 애덤 스미스Adam Smith 1723~1790는 그의 『도덕감정론*Theory of Moral Sentiment*, 1759』에서 인간들이 이기적으로 행동하는 시장경제에서의 도덕적 기초로 '공감sympathy 원리'를 제시하고 있다. 공감이란 다른 사람과 입장을 바꿔 생각하는 역지사지를 통해 타인과 같이 느끼고 생각하며 행동을 취하게 되는 행동원리로 사람들의 결속과 통합을 가능하게 해 사회가 스스로 질서를 형성하는 데 기여한다. 박세일 · 민경국 2009, 33쪽

인간이 공감 원리에 따라 행동하는 이유는 다른 사람에게 인정받고 비난은 회피하려는 본능적 욕구 때문이라고 한다. 친밀도가 비교적 낮은 사람들이 분업하는 거대한 상업사회는 그 속성상 자유와 이기심이 지배하게 되지만, 만약 사람들이 공감 원리에 따라 행동할 수 있게 되면 자연히 안하무인으로 행동하지 않고 절제하면서 생산적으로 행동한다는 것이다. 결국 공감을 위한 사교와 대화는 평상심을 되찾는 강력한 치료제일 뿐만 아니라, 행복을 잃지 않기 위한 최선의 예방책이요, 균형 잡힌 사회를 형성하는 근본적 태도가 될 수 있다.

『국부론』에서 스미스가 소망한 사회는 '자연적 자유와 완전한 정의의 사회' 였다.[1] 상업사회에서 인간이 상호소통하면서 행하는 다양한 덕德 중 가장 뛰어난 것이 정의이다. 정의는 인간들의 약속위반, 사기, 폭력 등과 같은 불의不義를 막는 근간이다. 스미스는 정의의 규칙은 시장에서 보이지 않는 손이 작동하기 위한 도덕적 기초라고 말한다. 정의의 규칙이 바로 서고 사회구성원 각자가 스스로 선택한 목표를 자유롭게 선택하여 추구할 수 있을 때 국가가 부강해지며, 자유의 부산물인 공동선共同善으로 되돌려져 가난한 절대다수의 국민을 번영의 길로 인도할 수 있다는 것이다. 그러나 그는 개인적 부의 자유스런 본능적인 추구가 갖는 생산력을 찬양하면서도 무분별하고 불공정한 방법으로 부를 늘리려는 중상주의체제에 대해서는 비판적이었다.

시장경제가 심하게 불공정한 소득분배의 양상을 나타내게 되면, 공동체의 지속적인 질서와 안전의 유지 및 발전이 불가능해진다. 스미스는 '자유의 시스템' 에 입각한 시장의 작동과 시장 작동에 필요한 윤리적 · 법적 조건에 대한 가장 큰 적은 지적 자만에 빠진 정부라고 하면서 시장자유체제가 간섭받지 않고 유지된다면 인류의 번영은 가능하다고 낙관했다. 스미스의 예측은 적중하여 18세기 이래 세계의 1인당 평균소득은 급증했다.

자유인의 창의력이 사회발전의 원동력이 된다고 볼 때, 경쟁시장의 질서 · 조화 · 효율을 믿는 사람들이 해결해야 할 문제는 자유와 공정이 양립할 수 있는 사회구성과 조직의 원리를 제시하는 것일 것이다. 이를 위해서는 새로운 발전 틀이 필요하고 새로운 발전정신이 요구된다.

21세기는 과학기술과 정보통신기술의 급격한 발달로 대변혁을 겪고 있는 시기이다. 따라서 20세기와는 매우 다른 사회적 성격을 갖고 있다. 이에 대하여 최은수2012는 ① 조직의 틀이 수직사회에서 수평사회로, ② 공급자의 틀이 공급자 중심에서 수요자 중심으로, ③ 의사결정방식의 틀이 논리성을 관장하는 좌뇌 지배에서 감

---

1. Adam Smith, *The Wealth of Nations*, ed., by E. Cannan, The Modern Mordern Library Edition, 1937, p.651 (최호진 · 정해동 역,『국부론』(하), 범우사, 254쪽).

성이 지배하는 우뇌 지배로, ④ 부의 창조방정식 틀이 액티브 인컴active income에서 패시브 인컴passive income으로, ⑤ 네트워크의 틀이 연결사회에서 초연결사회[2]로 전환하고 있다고 말한다. 세계사적 변혁과 위기의 시기에는 다면적이고 총체적인 사고를 필요로 한다. 또 유연한 상상력과 창의성, 남을 배려하고 협력하는 공감능력을 가진 조직친화적인 사람이 필요하다.

그렇다면 한국사회는 어떠한가? 한국은 그동안 전 세계가 놀랄만한 빠른 경제적 성장과 민주화를 이룩했지만 이에 못지않은 많은 문제를 안게 된 것도 사실이다. 극심한 사회적 갈등과 이념분쟁, 양극화의 심화, 국민의 행복불감증 등이 그것이다. 이와 같은 변혁의 시기에 한국이 선진국이 되려면 새로운 시대에 맞는 가치관의 정립과 함께 올바른 방향으로 인도할 수 있는 국가적 로드맵을 만들어야 한다.

한국이 20세기에 전 세계가 놀란 경제발전을 이룩한 이면에는 서양의 물질문명을 충분히 포용하고도 남는 광대하고 심오한 정신자본이 있었기 때문이다. 이제 대변혁의 시기를 맞아 한국이 더욱 발전하려면 미래의 성장동력과 더불어 새로운 글로벌 사회를 선도할 정신자본이 필요하다. 따라서 지금은 비록 그 사상이 많이 희석되었지만 우리 조상의 정신적 동력이었던 홍익인간과 같은 전통적 사상을 되살려 21세기의 새로운 체제에 밑바탕이 될 사고의 틀로 삼을 필요가 있다.

한국이 선진국으로 진입하기 위한 여정에서 해결해야 할 구체적 과제는 성공적인 근대화 과정에서 생긴 이념과 지역 간의 갈등, 산업사회의 급속한 팽창에서 발생한 양극화 및 정치 · 경제 · 사회 · 문화적 갈등을 한데 아우르는 사회적 통합이다. 자본주의 시장경제가 정당성을 얻고 대중의 지지를 받을 수 있으려면 경제성장에서 얻어지는 수익의 수혜계층이 광범위해야 한다. 다시 말하면 두터운 중산층의 소비가 다시 경제성장의 원동력이 되는 선순환이 활발하게 이루어질 수 있어야 한다. 자기의 권익이 중요한 만큼 남의 권익도 인정하고, 사익보다 공익을 우선시하며, 개인

2. 초연결사회는 인터넷 망에 의해 물리세계와 사이버 세계가 실시간 연계되거나 하나로 융합되어 인간을 중심으로 사물, 자료, 과정, 시간과 공간, 지식 등의 지구와 인류문명의 요소들이 만물지능 인터넷으로 상호연결된 사회임.

주의와 상생의식이 적절한 균형을 이룸으로써 사회적 통합이 가능해진다. 그렇게 되면 보다 발전된 민주주의사회에서 건전한 사회질서를 유지할 수 있게 되고, 결국에는 이 모든 사회적 수익이 자기이익으로 돌아올 수 있게 된다.

해방 이후 한국사회를 바꾼 세 가지 큰 변화는 자유민주주의체제, 자본주의 시장경제체제 및 문화충격이다. 지난 70년 동안 지도자들의 창조적 의지와 지도력에 힘입어 건국과 산업화, 민주화에는 성공하였으나 아직 선진문화기반은 확립하지 못하였다. 자본주의 시장경제의 가치관에 따른 문화적 인식으로 인간관계가 이익 위주로 전환되었기 때문에 전통적 가치관과의 충돌로 문화기반이 흔들렸기 때문이다.

의식주 해결은 물론, 인간은 사람다운 삶의 의미가 있어야 만족할 수 있기 때문에 자기 삶을 위한 믿음직한 가치관이 있어야 한다. 사람이 열심히 일해 잘 살게 되더라도 지난 인생을 돌아볼 때 삶의 의미와 가치가 발견되지 않는다면 사람들은 자신이 초라하다고 느낄 것이다. 결국 삶의 의미를 찾게 해 줄 수 있는 핵심적인 가치관이 필요한 것이다.

자유민주주의사회는 인간관계와 사회관계가 수평적인 관계를 지향한다. 그러나 한국사회는 오랫동안 수직적인 사회관계를 유지해 왔기 때문에, 수평적인 자유민주사회로 바뀌었어도 수직적 신분사회를 지배하고 운영하던 가치관과 관념, 문화가 그대로 남아 지금의 삶을 지배하고 있다. 이와 같은 문화적 지체현상을 극복하고 자유민주주의에 맞는 가치관을 정립하기 위한 교육과 계몽이 또한 필요하다.

자유민주주의를 가능하게 한 제도와 법률의 바탕은 사상과 이념이다. 문화로서의 사상은 자체만으로는 사회문제를 즉각적으로 해결하지 못하지만 장시간에 걸쳐 사회를 변화시키는 힘이 될 수 있다. 철학적 발상이 세계를 바꾼 가장 대표적인 예가 계몽철학과 계몽주의운동이다. 또한 모든 사람은 법 앞에 평등하다는 자유민주주의 사상도 근대적 정치사상의 산물이라 할 수 있다. 이러한 사상이 근간이 되어 새로운 정치제도와 법을 낳고, 사회를 완전히 변화시켰다.

18세기 프랑스 계몽사상가 볼테르Voltaire가 주장한 '관용寬容 : tolerance의 문화' 의 영향을 받은 프랑스는 지금도 '똘레랑스' 의 나라라고 한다. 관용이란 다른 사람이

나의 생각과 다르더라도 너그럽게 받아들여 용서할 뿐만 아니라 인정하는 문화라고 할 수 있다. 이와 같은 문화는 지금 우리 사회에서도 필요하다. 긴 안목에서 우리 사회를 올바르게 바꾸고 사람들의 생각과 태도에 근본적인 변화를 유도해낼 수 있는 새로운 가치체계가 필요하다. 그러려면 글로벌 환경에서 누구나 받아들일 수 있는 한국의 무형 가치, 즉 정신적 기반이 될 수 있는 이념을 제시할 수 있어야 한다. 이것을 위해 세계를 향해 전략적으로 제시할 수 있는 한국의 정신적 가치와 문화요소를 찾아야 한다. 최근에 한류韓流는 전 세계적 관심사로 떠오르고 있다. K팝과 K뷰티, 한국 드라마, 한식 등이 대표적이며, 한류에 관한 국제적 학술회의가 개최될 정도에 이르렀다. 이제 이러한 세계적 관심을 이끌어내는 흐름에 더하여 국가의 철학과 핵심가치 및 비전을 분명하면서도 역동적인 표현으로 만들어 제시해야 한다.

핵심가치는 모든 사람들이 전통의 일부라고 느끼고, 모두를 포용하며, 미래를 지향하는 비전이 있으면서도 친밀한 것이어야 한다. 우리에게는 계승하고 발전시켜야 할 정신문화자본이 많다. 단순히 사회가 변하고 제도가 바뀌었다고 민족의 핵심적 정신, 문화적 가치를 훼손한다거나 망각할 수는 없다. 그 중의 하나가 홍익인간이념이다. 홍익인간이란 배달국倍達國부터 적어도 7,000년 이상 한민족의 정신을 지배해 온 정신세계라 할 수 있다. 홍익인간은 우리 고대사의 핵심적 가치였으며, 대한민국 정부 수립 당시 교육의 기본이념으로 떠올랐지만 급변하는 역사의 흐름 속에 잊혀진 이념이기도 하다. 그러나 홍익인간이념은 모든 인류에게 적용될 수 있는 보편적 개념이다. 동양의 전통사상은 물론이고 앞에서 살펴본 애덤 스미스의 '자연적 자유와 완전한 정의의 사회' 구현을 위한 정의, 볼테르의 관용, 제레미 리프킨의 공감의 원리 등 서양의 철학적 개념까지 모두 내포하고 있다. 과학문명의 급격한 발달과 물질적 가치의 만연화로 인간의 보편적 가치개념이 상실되는 현대사회의 흐름 속에서 다시 찾아야 할 핵심적인 정신적 가치체계이다.

제1부의 목적은 새로운 한국사회의 발전 틀에 걸맞는 사고의 핵심적 가치와 발전정신으로 홍익인간이념을 재조명하고 새롭게 발전시켜 현대 한국사회를 이끌어갈 수 있는 비전으로 제시하는 것이다. 이것을 위하여 제2장에서는 홍익인간의 전

통적 의미와 고전적 해석을 살펴보고, 제3장에서는 홍익인간사상의 현대적 의미와 가치를 찾아본다. 제4장에서는 선비정신의 원형을 통해 홍익인간사상과의 연계점을 살펴보고, 제5장에서는 홍익인간사상의 구현방안을 시장경제체제에서 찾아보도록 한다. 제1부의 마지막인 제6장에서는 내용요약과 결론을 기술한다.

제2장
홍익인간의 고전적 의미와 해석

1. 홍익인간(弘益人間)의 자형학(字形學)적 접근
2. 홍익인간사상의 유래와 의의
3. 홍익인간의 고전적 해석

1. 홍익인간弘益人間의 자형학字形學적 접근

1.1 소전의 의미와 중요성

홍익인간을 '널리 사람을 이롭게 하는 것'으로 정의하면 지나치게 단순한 해석에 머무를 수 있다. 이것을 막기 위하여 소전小篆[1]에 따른 홍익인간에 대한 자형字形학적 접근을 하고자 한다. 이렇게 하는 이유는 그간 홍익인간에 대한 왜곡된 이해와 해석에 따라 홍익인간의 이념이 지나치게 경시된 경향이 있었기 때문이다. 그렇게 된 데에는 우리나라 역사적 배경에 따른 사서의 조작이나 파기, 왜곡된 해석 등이 내재되어 있다. 그런 측면에서 볼 때 그와 같은 위험 요소가 적으면서도 역사의 화석

---

1. 소전(小篆)은 단순한 글씨체를 의미하는 것이 아니다. 여러 글자가 파생되기 전(前)의 원래의 글이므로 본문(本文 : 본래의 글자 㓞字)에 해당하는 것이다. 7만 자(字)에 육박하는 한자는 9,553개 소전에서 파생된 것이다. 소전시대엔 글 하나를 가지고 여러 의미로 사용하였다. 說을 예로 들면 ① 설명(說明), 연설(演說)의 說처럼 '말씀 설' 외에, ② 논어 학이시습지불역열호(學而時習之不亦說乎)의 說처럼 '기쁠 열' ③ 유세(遊說)의 說처럼 '달랠 세' ④ 주역(周易)의 용탈질곡(用說桎梏)처럼 '벗을 탈'로도 쓴 것이다. 이와 같은 차원에서 홍익인간의 益도 ① 넘칠 일과 ② 더할 익이 있는 것이다.

이라고 볼 수 있는 자전字典을 통해 자형학적으로 홍익인간의 개념에 접근하게 되면 훨씬 더 홍익인간에 대한 근본적 이해가 가능할 것이라고 본다. 또한 구전심수된 字形學을 토대로 접근하게 되면 제한된 사서의 미흡한 부분을 보완할 수 있어 반도사관이나 식민사관 논자들에 의해 간과되었거나 은폐되었던 역사의 실체를 바르게 밝혀낼 수도 있다.

우선 자전과 사서를 근거로 홍익인간의 발음과 의미를 새로 정립하고자 한다. 사서중심 논의는 홍익인간과 재세이화의 출전인 삼국유사와 환단고기를 중심으로 이루어질 것이다. 이렇게 하는 이유는 다음과 같다. 첫째, 학문은 용어의 정의에서부터 시작되어야 하는데 용어의 근거로는 자전이 가장 믿을 만하다. 자전은 승자기록인 사서처럼 왜곡歪曲 · 위조僞造 · 파기破棄 등 인위적 변조가 없거나 있어도 적기 때문이다. 둘째, 역사적 굴곡과 외세의 침입이 많았던 한국의 특수한 처지에서 파생된 사서史書의 취약점을 극복하려면 각 사관의 교차대비交叉對比가 필요하다. 홍익인간의 의미나 가치관, 관점 등을 사서를 기반으로 비교관점에서 논의를 해야 한다.

1.2 홍익인간에서의 益, 人, 人間

홍익인간의 참 뜻을 이해하려면 우선 지금 사용하고 있는 홍익인간의 한자를 자형字形을 비롯하여 훈訓과 음音을 본래의 뜻과 원음原音으로 복원하고 정의定義를 재정립할 필요가 있다. 홍익인간에서 弘의 자해는 넓다, 크다, 광대하다 등이다. 益의 자해는 더하다, 불리다, 넉넉하다, 증익하다, 넘치다 등의 뜻이 있다. 그런데 홍익인간에서의 弘은 발음이나 뜻에 있어서는 별다른 이의는 제기되지 않고 있다. '넓을 홍'의 뜻으로 사용하고, 발음하고 있다. 그러나 益은 훈과 음에 문제가 다소 있다. 흔히 홍익인간에서의 益을 '익' 으로 발음하고 그 뜻도 '더하다' 로 받아들이고 있다. 그런데 益의 자형字形[2]과 절운切韻[3]을 통해서 보면 과연 계속 益을 '더할 익' 으로 받아

2. 자형(字形)은 글 꼴, 글 모양, 글 생김새(形象)이다.

3. 절운(切韻)은 진서(眞書 : 속칭 한문)의 우리말 발음을 옛한글로 표기한 것을 말한다. 일종의 한자 발

들여야 할지 의문이 남게 된다. 우선 자전에서 益의 자형字形을 살펴보자.

益 = 水 물 수水 + 皿 그릇 명皿

글자 모형을 보면 받침대가 있는 그릇皿에 물이 가득 차서 그릇 위로 넘쳐흐르는 형상形象이다. 그래서 '넘칠 일' 인 것이다.

▪ 益 ; ① 이석절伊昔切 → 더할 억/익, 맥陌 입성入聲

② 익질절弋質切 → 넘칠 일, 질質 입성

▪ 溢 ; 넘칠 일 ← 익질절弋質切, 질質 입성

▲ 益의 절운 ②와 溢의 절운弋質切이 같다.

따라서 어느 글이나 선택하여 같은 의미로 쓸 수 있다.

자료출처 : 東亞漢韓大辭典

그런데 우리의 옛 문헌에서 한글로 한자를 표기한 것切韻을 보면 益과 溢의 절운이 또한 같다. 왜 그럴까? 여기서 益의 훈음訓音과 절운切韻을 보자. 益의 훈음訓音은 이익을 주다는 의미의 '더할 익' 과 넘쳐흐른다는 의미의 '넘칠 일' 의 두 가지가 있다. 또한 별개의 한자인 일溢이 있지만 이것의 훈과 절운이 익益의 두 번째 것과 동일하다. 그런데 두 개의 한자음을 옛 한글로 표기한 절운은 모두 '일' 로 되어 있다. 이것은 결국 물이 넘쳐 메마른 곳을 적시고 목마름渴症을 풀어주는 것解渴은 결국 물을 필요로 하는 모든 생물에게 큰 이익을 주는 것이라고 보았기 때문에 두 개의 한자에 대한 절운이 같아진 것으로 볼 수 있다. 이런 연유로 홍익인간에서의 益의 뜻과 발음을 '더할 익' 과 '넘칠 일' 로 혼용한 것으로 보인다. 그러면 여기에서 하나의 과제가 남는다. 과연 홍익인간으로 계속 사용할 것이며 그 뜻을 '널리 사람을 이롭게 하다' 에 머물게 할 것인가? 혹은 '세상에 도가 넘쳐흐르게 하다' 로 할 것인가의 문제이

음기호다.

다. 이것은 홍익인간의 인人과 인간人間을 통해 숙고해 보도록 한다.

그간 우리가 사용해 온 대다수의 교재教材와 서적에서는 인人과 인간人間을 동일시同一視한다. 그러나 人間은 '사람과 사람과의 관계'를 의미하는 것으로서 일개 사람에 그치지 않는다. 사람과 사람과의 관계는 결국 우리 인간들이 사는 세상을 말하는 것으로서 속세俗世를 의미하고, 삼라만상森羅萬象의 대명사가 된다. 이와 같은 측면에서 본다면 홍익인간의 정의도 달라져야 할 것이다. 다음, 간間의 자형을 살펴보자. 원래 자전에 의하면 인간人間의 間은 속자俗字이고 정자正字는 閒이다.

閒間의 본자 = 門 문문門 + 月 달월月

그럼에도 불구하고 간에 대한 한자표기는 계속 정자인 閒보다는 속자인 間이 보편적으로 사용되고 있다. 이 점을 문헌에서 지적한 사례를 찾아보긴 어렵다. 왜 그렇게 되었는지, 차이점이 무엇인지 등에 대해서도 마찬가지로 찾아보기 어렵다. 그만큼 정자와 속자의 구분 없이 사용되었기 때문이겠지만 한번쯤은 짚어볼 일이라고 생각한다.

이상 홍익인간의 자형 및 훈과 음, 절운 등을 통해 그 의미를 살펴본 결과, 弘益人間을 '홍일인간'으로 읽도록 고려할 필요가 있다고 본다. 즉, 益을 '넘칠 일'로 발음하고 인간을 사람 간의 관계를 의미하는 속세이며 삼라만상으로 보게 되면, 홍익인간에 대한 정의에 변화가 따르게 된다. 종래의 "널리 사람을 이롭게 하다"에서 "사람과 사람 사이, 세상에 道가 넘쳐흐르게 하다"로 달라진다. 그러면서 홍익인간의 범위가 훨씬 넓어지고 의미도 깊어진다. 그러나 이미 弘益人間의 발음은 홍익인간으로 고정되어 있다. 따라서 본 저서에서는 관례상 홍익인간으로 쓰거나 때로 홍일인간으로 쓰되, "세상에 도가 넘쳐흐르게 하다"의 의미로 쓸 것임을 밝혀둔다.

2. 홍익인간사상의 유래와 의의

2.1 홍익인간弘益人間의 유래

弘益人間에 대해서는 모르는 사람이 없다 해도 지나친 말이 아니나 참뜻을 이해하는 사람은 많지 않다. 더구나 그것이 (古)조선朝鮮의 건국이념建國理念, 통치이념統治理念, 윤리이념倫理理念 및 교육이념教育理念이 된 것에 대해서는 더욱 그렇다.

홍익인간이라는 말이 나오는 현존하는 가장 오래된 사서史書[4]는 『삼국유사三國遺事』와 『제왕운기帝王韻紀』이다. 『삼국유사』는 고려 충열왕 7년1281년 승려 일연1206~1289이 편찬한 사서로서, 『삼국사기』에서 빠진 단군건국 기사를 수록하고 있다. 『삼국유사』는 『위서魏書』와 『고기古記』[5]의 문헌을 인용하여 단군이 건국한 기사를 전하고 있는데, 『삼국유사』 에 실린 「고조선」의 내용은 다음과 같다.

> 『위서』에 이르기를, 지난 2,000년 전에 단군왕검께서 아사달에 도읍을 정하고 나라를 열어 국호를 조선이라 하시니, 바로 요임금과 같은 시대였다.[6] 『고

---

4. 사서에는 정통사서와 보조사료 두 가지 등급이 있다. 정통사서는 네 가지가 있다. ① 서(書)로 한서(漢書), 진서(晉書), 위서(魏書), 당서(唐書) 등 13개가 있다. ② 지(志)는 삼국지(三國志)가 있다. ③ 사(史)는 남사(南史), 북사(北史), 송사(宋史), 원사(元史) 등 10개가 있다. ④ 기(記)는 사기(史記)가 있다. 삼국사기(三國史記), 환단고기(桓檀古記)도 사마천의 史記처럼 記이다. 보조 사료는 정사반열에는 끼지 못하나 다음과 같은 것이 있다. 록(錄)으로 조선왕조실록(朝鮮王朝實錄), 일성록(日省錄)이다. 고(考)로 만주원류고(滿洲源流考), 아방강역고(我邦疆域考) 등이다. 사(事)는 삼국유사(三國遺事) 등이다. 우리나라는 정통사서가 부족하여 이야기거리 야사에 불과한 비 정통사서인 삼국유사까지도 인용하는 실정이다.
5. 『古記』의 인용은 일연의 『삼국유사로부터 시작되었으나 지금은 『고기』를 볼 수 없으므로 『삼성기』, 『단군세기』, 『북부여기』, 『태백일사』를 합본하여 『환단고기』라 한다. 『환단고기』는 『三聖紀仝 상·하』, 『檀君世紀』, 『北夫餘記』 및 『太白逸史』 다섯 사서로 이루졌다. 『삼성기전』은 신라 때 안함로와 원동중이 저술하였고, 『檀君世紀』는 고려말 충열왕 23년 이암, 『北夫餘記』는 범장, 『太白逸史』는 조선 중종 15년 이맥이 저술한 것으로 되어있다. 『환단고기』는 현대에 와서 위작된 것이라는 비판이 있으나 그것은 진서이고 그 가치를 증명하는 논문도 다수 발표되었다. 『환단고기』가 새롭게 연구되고 재조명되면 진위 논쟁은 종식될 수박에 없을 것이다.
6. "魏書云 乃往二千載 有壇君王儉 立都阿斯達 開國號朝鮮 與高(堯)同時. (위서운 내왕이천재 유단군

기』에 이르기를 옛적에 환인桓因의 환국桓國이 있었다. 서자[7] 환웅이 자주 천하에 뜻을 두고 사람세상人間을 탐내어 구하고자 하였다. 아버지桓因가 아들의 뜻을 감지하고 아래를 내려다보니 삼위와 태백산이 인간세상을 널리 도를 넘치도록 이롭게[弘益人間] 할 만하였다. 이에 천부인 셋을 아들에게 주어 내려 보내 그곳을 다스리게 하였다.[8]

환웅桓雄이 개척요원 삼천을 인솔하고 태백산 꼭대기 신단수 아래에 내려가 이를 신시神市라 하니 이분을 환웅천왕이라 하였다. 환웅천왕께서 풍백, 우사, 운사를 거느리고 농사, 황명, 질병, 형벌, 선악 주관 등 속세의 일 삼백육십 여 가지[9]를 주관하며 그들과 더불어 하늘신교[10]의 이치에 따라 교화하였다.[11]

이때 웅족과 호족이 같은 굴에 함께 살았는데, 이들은 삼신상제님과 환웅님께 "사람이 되게 해달라고 빌었다". 이에 환웅께서 신령스러운 것을 내려주시며 그들의 정신을 신령스럽게 하시니 쑥 한 묶음과 마늘 스무 매였다. 환웅께서 이르시길 "너희들은 이것을 먹으면서 100일 동안 햇빛을 보지 말고 기도하면 인간의 본래 참 모습을 회복할 것이니라" 고 하셨다. 이에 웅족과 호족은 환웅께서 주신 쑥과 마늘을 먹으면서 삼칠일21일 동안을 삼감에 웅족은 여자의 몸이 되었으나 호족은 금기를 지키지 못하여 사람의 몸이 되지 못하였다. 웅족 여인이

왕검 입도아사달 개국호조선 여고(요)동시.)"

7. 서자는 여러 아들 중의 하나라는 의미로 매우 겸손한 표현이다.

8. 古記云 昔有桓國(因) 庶子桓雄 數意天下 貪求人世 父知子意 下視三危太伯 可以弘益人間 乃授天符印三箇 遣往理之. (고기운 석유환국(인) 서자환웅 수의천하 탐구인세 부지자의 하시삼위태백 가이홍익인간 내수천부인삼고 견왕이지).

9. 여기서 360은 1년을 상징하는 수로서 우주 자연의 질서가 한 주기를 끝내는 수이기 때문에 360여 가지라고 말한 것은 모든 것이라는 뜻이다. 한영우 2014 29쪽 참조.

10. 神敎는 신시교(神施敎)의 줄임말로 신의 가르침으로 세상을 다스린다는 것이다. 신교는 모든 종교의 조상이며 모태가 되는 뿌리 진리로 인류의 원형문화라고 밝히고 있다. 인류의 삼신문화가 국가경영원리로 정착된 제도는 고조선의 삼한관경제이다. 안경전(2012) 92, 392-3, 499~501쪽 참조.

11. 雄率徒三千 降於太伯山頂 神壇樹下 謂之神市 是謂桓雄天王也 將風伯雨師雲師 而主穀主命主病主刑主善惡凡主人間三百六十餘事 在世理化 (웅솔도삼천 강어태백산정 신단수하 위지신시 시위환웅천왕야 장풍백우사운사 이주곡주명주병주형주선악범주인간삼백육십여사 재세이화.)

혼인할 곳이 없어 매일 신단수 아래에 와서 아이를 갖게 해 달라고 빌었다. 이에 환웅께서 웅족 여인을 임시로 광명의 민족으로 받아들이시고 혼인하여 아들을 낳으시니 이름을 단군왕검이라 하였다.[12]

단군왕검의 아버지는 환웅이고 어머니는 웅씨 왕의 따님이다. 재위 원년은 무진환기 4865, 신시개천 1565, 단기원년, BCE 2333년이고, 10월 3일에 삼신상제님께 천제를 지내셨다. 왕검께서는 선대 환인 · 환웅 성조의 가르침을 받들고 하늘의 뜻을 계승하고, 신시법도를 되살리며, 송화강 아사달하얼빈에 도읍을 정하여 나라 이름을 조선이라 하였다가 후에 백악산 아사달장춘로 도읍을 옮겼으며 나라는 1908년 간 지속되었다『환단고기』「단군세기」 211쪽.

『삼국유사』 고조선 조에서는 홍익인간이라는 환인의 생각을 구체적으로 언급하지 않았다. 그러나 그 후의 문맥으로 보면 환웅이 지상으로 내려와 건설한 신시[13]가 이 홍익인간을 실천한 장소이고, 삼백풍백, 우사, 운사[14]과 오사농사, 왕명,[15] 질병, 형벌, 선악 제도를 시행하고 인간세상의 360여 가지 일을 주관하여 신교의 진리로써 세상에 머물며 교화한 활동이 홍익인간을 실천한 것이었다. 삼백은 입법부인 풍백, 행정부인 우사, 사법부인 운사를 말하고 오사는 주곡, 주명, 주병, 주형, 주선악 다섯 부서를 말하며, 삼천 명의 무리는 문명개척단으로 제세핵랑濟世核郞이라 할 수 있다안경전 2012 : 206, 206, 497~498쪽.

---

12. 時有一熊一虎 同穴而居 常祈于神熊 願化爲人 時神遺靈艾一炷 蒜二十枚 曰爾輩食之 不見日光百日便得人形 (시유일웅일호 동혈이거 상기우신단수 원화위인 시신유영애일주 산이십매 왈이백식지 불견일광백일 변득인형) 熊虎得而食之 忌三七日 熊得女身 虎不能忌 而不得人身(웅호득이식지 기삼칠일 웅득여신 호불능기 이부득인신) 熊女子 無與爲婚 故每於壇樹下呪願有孕 雄乃假化而婚 孕生子 號曰 檀君王儉 …… (웅녀자무여위혼 고매어단수하주원유잉 웅내가화이혼 잉생자 호왈 단군왕검 ……)
13. 神市는 환웅이 하늘에서 내려와 지상에 건설한 첫 번째의 인간공동체로 해석된다.
14. 삼백은 조선시대의 삼정승, 근현대의 삼권분립과 정합하고 풍백, 우사, 운사는 흔히 말하는 바람신, 비신, 구름신이 아니라 오늘날 민주주의 정치체제의 원형이라 할 수 있다. 환단고기(2012) 92쪽 참조.
15. 한영우(2014, 29와 37쪽)는 명을 생명으로 해석하였음.

제세핵랑은 낭가의 시초로, 핵랑정신을 살려 배달은 三郎제도를 시행하였다. 삼랑은 신교정신으로 무장한 신교의 수호자이자 국가와 백성의 수호자인 배달신倍達臣이다. 백성을 교화하고 형벌과 복을 맡은 사람을 랑이라 하며, 낭은 삼신 상제를 수호하는 관직이다. 고려가 끝나고 유교사회인 조선에서는 낭가사상이 극도로 쇠잔하였으나, 그 정신만은 한민족의 역사의식 속에 뿌리 깊이 잠재되어 있어서 조선시대의 선비정신으로 표출되었다.

在世理化의 '理' 라는 글자는 治다스림, 正바름, 性성품, 道이치, 修理整理고침, 處置처치함 등의 뜻을 갖고, '理化' 는 다스려 인도함治化-敎化의 의미를 갖고 있다. 재세이화在世理化는 거발환居發桓환웅이 인간 세상에 머물면서 삼신상제님의 원리, 즉 신교로써 다스리고 깨우쳐서 널리 인간세계를 도가 넘치도록 이롭게 하였다는 의미인데, 그 다스림의 내용은 그 앞에 나오는 탐구인세貪求人世의 내용과 마찬가지로 홍익인간을 실천하였다는 환인의 취지와 상통한다.

홍익인간을 전하는 또 하나의 고사서가 충렬왕 13년1287년 유학자 李承休1224~1300가 저술한 『帝王韻紀』이다. 『제왕운기』 「본기」에서는 환인이 환웅에게 지상에 내려가서 홍익인간해 볼 것을 권유한 것을 밝혀서 홍익인간이 천제 환인이 인간세상과 관련하여 갖고 있던 생각이었다는 것을 더 명확히 하고 있다. 그 글자는 다음과 같다.

> 「본기」에 말하기를 상제 환인에게 서자가 있었는데 웅이라 하였다. 환인이 웅에게 삼위태백으로 내려가 홍익인간하겠는가라고 말하였다. 이에 웅이 천부인 세 개를 받아 삼천 명의 鬼를 거느리고 태백산 정상으로 내려왔다. 이분이 환웅천왕이다. …… 환웅천왕이 손녀에게 명하여 사람의 몸을 이루고 단수신檀樹神과 혼인하여 남자아이를 낳으니 이름이 단군이다. 그리하여 신라 · 고려 · 남북옥저 · 동부여와 예맥은 모두 단군의 후예이다.[16]

16. 本紀曰 上帝桓因有庶子 曰雄云云 謂曰 下至三危太白 弘益人間歟 故雄受天符印三箇 率鬼三千 而降太白山頂 神檀樹下 是謂檀雄天王也" …… 桓雄天王 令孫女飮藥成人身 與檀樹神婚 而生男名檀君 故

여기에서 홍익인간은 상제 환인이 갖고 있던 생각이자 지시사항이었다. 환웅이 신단수 아래로 내려온 것은 아버지 환인의 명에 따라 홍익인간을 실천하기 위한 행동이었을 것이며, 이와 같은 환인의 생각은 환웅 배달국[17]과 단군의 조선 건국으로 이어졌을 것이다.

弘益人間은 『환단고기桓檀古記』에 열두 번 나온다. 「삼성기전 上」에 한 번, 「삼성기전 下」에 두 번, 「檀君世記」에 두 번, 「태백일사 제3 신시본기」에 두 번, 「태백일사 제4 삼한관경본기」에 한 번, 「태백일사 제5 소도경전본훈」에 두 번, 「태백일사 제6 고구리국본기」에 한 번, 「태백일사 제7 대진국본기」에 한 번 등이다.

홍익인간의 구체적인 내용은 『환단고기』 「단군세기」에 설명이 잘 되어 있다. 『桓檀古記』 「檀君世記」 第三世 檀君 嘉勒가륵편을 살펴보자.

> 神市開天之道 역시 삼신三神[18]께서 가르침을 베풀었습니다. 스스로 노력하여 나를 알며, 나를 비우고 만물을 잘 생존하게 함으로써 능히 人間世上을 福되게 할 따름입니다. 天神三神(삼신) : 하나님으로 환웅을 대신하여 천하를 다스릴 때는 道를 널리 인간 세상에 넘치게 하여 한 사람이라도 본성을 잃는 일이 없게 하며, 萬王을 대신하여 人間人世사를 주관하여 질병을 없애고, 원망怨望을 풀어주며, 비록 미물이라도 목숨을 함부로 해치는 일이 한 번도 없게 하고, 백성으로 하여금 망령된 마음을 고쳐야 함을 알게 하는 것이 곧 참된 것입니다. 이리하여 삼칠일21일이 되는 날 모든 백성이 온전한 사람이 되는 계율戒律을 지키게 해야 합니다. 이때 조정朝廷에는 종倧이 계율을 가르쳤고 지방에서는 전佺이 백성들에게 계율

尸羅高禮南北沃沮東北扶餘穢與貊 皆檀君之壽也 (『帝王韻紀』 卷下 「東國君王開國年代 前朝鮮紀」)

17. 18세 환웅이 1565년 동안 통치한 나라로 한민족을 배달민족이라고 하는 연원(淵源)이다. 안경전(2012) 참조.

18. 신교에서는 우주의 조물주 하나님을 삼신이라 부른다. 조물주 하나님은 절대 근원으로서 일신이지만 자신을 현실세계에 드러낼 때는 삼신으로 작용하기 때문이다. 즉, 일신은 만물을 낳는 造化神, 만물을 기르고 깨우치는 敎化神 및 만물의 질서를 잡아나가는 治化神이라는 삼신으로 자신을 드러낸다. 하늘, 땅, 인간 삼재는 삼신의 자기현현 즉 삼신이 현실계에 자신을 드러낸 것이라고 한다. 안경전(2012) 394-7, 환단고기(보급판) 134쪽 참조.

을 가르쳤습니다.[19] 이렇게 하여 우주宇宙의 정기精氣가 햇빛을 타고 종소리가 울려 퍼지듯이 온 누리에 퍼졌고, 삼광오정三光五精[20]이 사람의 정수리에 응결凝結되어 깊고 현묘玄妙한 도를 깨쳐 광명사상을 함께 건지게 되어 저절로 서로 돕게 되었다. 이를 거발환居發桓의 정신이라 합니다. 이런 일을 구환족九桓族에게 두루 가르침을 베푸시니 九桓의 백성들이 모두 순종하고 삼신의 한 마음으로 돌아가 교화敎化되었다.[21]

신神은 만물의 생장소병몰生長消病沒을 주관하며 만물의 본성을 온전하게 하므로 사람들이 의지하고 받들어 모시는 것이다. 왕은 백성의 목숨을 안전하게 지켜주므로 백성들이 받들어 모시고 복종하는 것이다. 신시개천神市開天을 하신 환웅천왕桓雄天王께서는 신왕종전神王倧佺, 즉 神王師로서 군사부君師父의 역할을 하는 것이다. 이것이 홍도익중弘道益衆, 즉 이화세계理化世界이며 弘益人間인 것이다. 군사부의 도가 배달국의 삼륜으로 임금은 임금다워야 하고 스승은 스승다워야 하며 아버지는 아버지다워야 한다는 것이다.

天符三印천부경과 옥새, 천웅지도天雄之道, 신시개천지도神市開天之道는 시대만 달리했을 뿐 같은 내용이다. 마고麻姑 : 三神로부터 계시啓示 받은 천음天音 : 天符三印을 황궁씨黃穹氏께서 그 長子 有因氏에게 傳하고, 有因氏께서 그 長子 桓因氏에게 口傳했다. 세 분의 치세 5000년을 지난 후 구리九黎[22]시대의 거발한 한웅께서 口傳된 天音을 記錄으

---

19. 종은 나라에서 뽑는 스승이고, 전은 백성들이 추앙하는 스승이다. 仙은 산중에서 도를 닦는 사람으로서 능력을 인정받아 倧이나 佺이되기도 한다. 따라서 종과 전은 신선이며 선인이며 도사이다.
20. 삼광은 해, 달, 별을 뜻하고 오정은 水, 火, 木, 金, 土의 정기로 수성, 화성, 목성, 금성, 토성의 기운을 말한다.
21. 神市開天之道亦以神施教(신시개천지도역이신시교) 知我求獨 空我存物 能爲福於人世而已(지아구독공아존물능위복어인세이이) 代天神而王天下(대천신이왕천하) 弘道益衆 無一人失性(홍도익중무일인실성) 代萬王而 主人間 去病 解怨 無一物害(대만왕이주인간거병해원무일물해) 命使國中之人知改妄卽眞(명사국중지인지개망즉진) 而三七計日會全人執戒(이삼칠계일회전인집계) 自是朝有倧訓野有佺戒(자시조유종훈야유전계) 宇宙精氣粹鍾日域(우주정기수종일역) 三光五精凝結腦海玄妙自得光明共濟是爲 (삼광오정응결뇌해현묘자득광명공제시위) 居發桓也施之九桓(거발환야시지구환) 九桓之民咸率歸一于化(구환지민함솔귀일우화).

로 遺傳하게 되었다. 그 天音이 다시 1600여 년을 지난 후 朝鮮 三世 檀君 嘉勒 時代에 弘益人世[弘益人間]의 구체적인 설명을 천명하였다.

홍익인간은 "神市開天之道 … ① 弘道 ②益衆 … 主 ③人間 … 朝有倧訓 野有佺戒 … 是爲居發桓也" 이상의 133자 중에서 다음의 네 글자, 弘益人間[弘益人世]을 단어화한 말로 고조선의 우주관과 윤리관을 나타내고 있다. 弘益人間[弘益人世]의 바른 이해를 구하면 다음과 같다.

(1) 홍익인간은 고조선의 우주관, 윤리관 및 가치관을 나타낸다.

(2) 홍익인간은 '널리 인간 세상에 道[23]를 넘치게 하여 널리 골고루 인간을 이롭게 한다.' 이다. 이는 신시개천지도[神市開天之道]의 내용을 압축한 개념어[概念語]이다.

(3) 홍익인간은 治者[王·朝廷]의 道와 被治者[百姓]의 道로 二分된다. (ㄱ) 治者의 道 종훈[倧訓]에서 倧은 朝鮮古紀에 上古神人으로 나온다. 그 神人이 遺傳한 교훈으로 보이는 倧訓은 弘道益衆하여 한 사람이라도 본성을 잃지 않도록 하기 위한 朝廷의 正法이다. 본성회복[本性恢復]이 복본[復本][24]이므로 倧訓은 당연히 復本으로 설명해야 한다. (ㄴ) 被治者의 道 佺戒에서 佺은 史記에도 나오는 上古 神人 '악전[偓佺]' 으로 보인다. 倧訓처럼 신인이 遺傳한 佺戒는 망령됨을 고쳐 진리에 이르는 길을 수련하는 百姓이 수행하는 戒律이다. 21일 동안 戒를 지켰다는 것은 修禊除祓[수계제불]과 같은 것이니 이 역시 復本을 설명한 것으로 보아야 한다. (ㄷ) 우리의 人世에 대한 구분법은 ① 삼신[三神]을 기준으로 하여 ② 神人, ③ 聖人, ④ 賢人, ⑤ 선비[先輩], ⑥ 平民으로 여섯 단계의 구분이 있다. 황궁씨, 유인씨, 한인씨, 임검씨를 모두 神人이라 했으니

---

22. 黎는 사서에 의하면 국호로 사용할 때는 '나라이름 리' 로 발음 한다고 기록되어 있다. 우리의 역사서(한단고기)에는 '한웅, 배달, 신시' 시대 라고도 한다. 18대 천자 1,565년(BC 3898~BC 2333년) 동안 존속하였다.

23. 길, 이치, 근원, 방법, 사상, 인의(仁義), 덕행(德行), 기예, 정령(政令), 행정(行程), 행마의 길, 통하다는 뜻이 있다.

24. 復本의 本義는 '天性의 恢復(천성의 회복)' 이다. 부연(敷衍)하면 麻姑城의 原狀을 恢復하는 것이니 그것을 '多勿(다물)' 로 표현할 수 있고 '復樂園(복락원)' 으로도 말할 수 있다. 즉, 제일차 '五味의 變' 으로 자재율(自在律)의 破棄가 마고성상실(麻姑城喪失)로 이어지고, 그것을 회복하기 위한 念願이 황궁씨(黃穹氏)의 복본의 서원(誓願)으로 이어진 것이다. 자세한 것은 鄭允燻(2012)을 참조.

倧과 佺도 天音[天符三印]을 전하던 神人으로 인식하는 것이 타당하다고 여겨진다.

(4) 홍익인간은 천도[天道]의 구현[俱現]이 목적이지, 국리민복[國利民福]이 목적이 아니다. 國利民福은 복본의 수행과정[修行過程]에서 얻어지는 과실[果實]일 뿐이다. '홍익인간' 은 復本이 목적이고 그 復本의 과정을 詳說한 것이다. 麻姑[三禋] 로부터 계시 받은 神市開天之道를 널리 펴서 大衆이 본성을 잃지 않도록 돕고, 橫生[횡생 : 衣食만을 영위하려는 肉身의 삶]이 아니고 縱生[종생 : 하늘(麻姑大城)을 사모하는 뇌신(腦神 : 靈魂 · 精神)의 삶]을 사는 삶이며, 麻姑大城出城의 恨을 풀고, 左道에 偏僻[편벽]된 妄靈됨을 고쳐 神仙[眞人]의 길을 알도록 하는 것이다.

(5) 군사부는 배달국 삼륜의 도로 임금은 임금다워야 하고, 스승은 스승다워야 하며, 아버지는 아버지다워야 한다는 것이다.

(6) 홍익인간은 하늘과 땅을 모두 생명체로 보고 天地人을 하나의 생명공동체로 바라보는 天地人合一思想으로 모든 생명을 사랑하는 것이다.

2.2. 復本의 성립과정과 의미

앞의 홍익인간에서 살펴본 대로 복본은 치자의 도이기도 하고, 피치자가 수행해야할 계율이기도 하다. 급격한 산업화와 민주화에 성공한 한국은 유구한 역사적 전통을 가진 나라로서 세계에서 유례를 찾아보기 어려운 경우이다. 그러나 그런 만큼 부작용도 크다. 최근에 사회 전체에 헬조선 등의 자기비하가 만연하고 있다. 물질적으로 성장한 만큼 정신적으로도 성숙하지 못했기 때문에 일어나는 자기갈등이요 사회갈등이다. 이와 같은 자학적 현실을 극복할 수 있는 길은 사회지도층의 책임의식과 시민 개개인의 바른 삶을 강조하는 정신교육에 있다. 여기서는 치자의 도이기도 하고 피치자가 수행해야 할 계율이기도 한 복본의 도를 보다 더 자세히 살펴봄으로써 홍익인간의 유래와 이념에 대한 이해를 돕도록 한다.

1) 복본의 서약과 홍익인간

오미의 변[25]이 일어나자 마고麻姑 : 三神(삼신)께서 성문을 닫으셨다. 이후에 人世[26]에 대변역大變易이 생겼으니 부도지符都誌 6장에 다음과 같이 기록하고 있다.

> 열매를 먹는 습관이 일상화되자 이齒牙가 생기고 뱀의 독과 같은 침唾液이 생긴 것은 강제로 다른 생명을 먹은 결과였다. 天道를 벗어나자 눈이 올빼미처럼 밝아지니 이는 하늘 법을 훔쳐보았기 때문이었다. 그런 까닭으로 사람의 血과 肉이 濁하게 되었고, 심기가 혹독酷毒 : 모질고 독함하여져서 마침내 天性을 잃게 되었으며, 귀에 있던 오금烏金은 兎沙토사 : 모래가 되어 결국 하늘의 소리를 들을 수 없게 되었고, 발은 무거워져서 땅을 딛어야 걷게 되었고 뛰기도 어렵게 되었으며, 태정胎精 : 태아를 생성하는 음양의 기이 불순하여져서 짐승을 닮은 생명을 출산하게 되었다. 또 수명이 짧아져서 신선이 되지 못하고 육신이 부패하게 되니, 이것은 수명壽命이 얼크러지고 미혹되어 단축되었기 때문이었다.[27]

이상의 설명에서 본래의 사람이 변이되었음을 알 수 있다. 구약성경 · 창세기 제2장의 '인류 타락 경위' 의 설명과 같다. 이 설명이 시사하는 바는 오미지변五味之變 이후의 사람은 가인假人임을 증언한다. 본래의 사람이 아니고 변이된 존재이니 본래의 모습으로 되돌아가야 하는 숙명을 갖게 된 것이다. 이렇게 假人이 眞人으로 回

---

25. 오미(五味)의 변은 인간이 맛을 알게 되면서 감각을 느끼게 되고, 그로부터 오감(五感)이 생기면서 분별심에 얽매이고 신성(神性)에서 욕망에 좌우되는 수성(獸性)으로 빠지는 과정을 나타냄.
26. 人間은 '사람이 사는 사회' 를 말하고 人世는 '사람이 사는 세상' 을 말한다. 두 단어의 차이는 근소하기 때문에 같은 말의 다른 표현으로 본다. 따라서 홍익인간(弘益人間)과 홍익인세는 동의어라고 할 수 있다.
27. "食實成慣者皆生齒唾 如蛇毒此强呑他生故也(식실성관자개생치타여 사독차강탄타생고야) 設禁守察者皆眼明視似梟目此私瞧公律故也以(설금수찰자개안명시사효목차사초공률고야이) 故諸人之血肉酯化 心氣酷變邃失凡天之性(고제인지혈육배화 심기혹변수실범천지성) 耳之烏金化作兎沙終爲天聾 足重地固步不能跳(이지오금화작토사종위천롱족중지고보불능도) 胎精不純多生獸相 命氣早熟其終不能遷化而腐(태정불순다생수상명기조숙기종불능천화이부) 此生命之數縒惑痳縮故也(차생명지수착혹추축고야) …."

歸하려는 염원이 復本의 誓約으로 나타나게 되는 것이다.

復本은 符都誌 제7장에 처음 등장한다. "스스로 수증하기를 열심히 하여 미혹함을 깨끗이 씻어 남김이 없으면 자연히 복본할 것이니 노력하고 노력하라 …."[28]

복본서약復本誓約은 부도지符都誌 제10장에서 성취된다. "황궁씨가 곧 천산에 들어가 돌이 되어 길게 조음을 울려 인세에 미혹된 분량을 모두 제거하기를 도모하여 마고대성 회복의 서약을 성취하였다. …."[29] 이 부분은 황궁씨께서 長子 有因氏에게 傳授한 마고성으로 회귀할 수 있는 활로를 개척하였는데 그것이 이른바 天符三印천부삼인이다. 서기전 7197년 갑자년에 시작된 황궁씨黃穹氏의 환국桓國시대는 약 1,100년이 지나는 서기전 6100년경에 유인씨有因氏에게 전해져 중기 환국시대로 접어든 것이 된다. 환국시대는 황궁씨, 유인씨, 환인씨桓因氏의 3시대로 구분할 수 있는데, 모두 마고성麻姑城시대의 낙원세상樂園世上을 지상에 실현시키는 방도로서의 홍익인간弘益人間 세상이었으며, 홍익인간 세상을 위해 공력功力을 쏟은 시대이고, 또한 홍익인간이 실현된 시대였다.

이상의 글에서 보면 오미지변 이후 가인으로 타락한 사람들이 "스스로 수증하기를 열심히 하여 미혹함을 깨끗이 씻어 남김이 없으면 자연히 복본할 것이니 노력하고 노력하라 …"를 실천하여 결국 홍익인간이 실현되었다고 한다. 이는 홍익인간이 되기 위하여 인간들이 노력할 바가 무엇인지를 보여주는 것이다.

다시 10장의 기록을 살펴보자. 유인씨 천 년에 그 아들 桓因氏에게 천부를 전하고 이에 입산하여 오로지 계불을 닦으며 하산하지 않았다. 한인씨가 天符三印을 이어받아 人世를 증리證理 : 천도를 밝히다하는 일을 크게 밝히니 이에 日光은 고르게 비치고, 기후가 순조로워져서 각양 생물들이 안도安堵하게 되었다. 사람들의 괴상했던 모습이 본모습을 되찾게 되었다. 이는 三世 5000년에 그 쌓은 공력이 거의 줄어들

28. "然自勉修證清濟惑量而無餘則自然復本勉之勉之(연자면수증청제혹량이무여즉자연복본면지면지) …."

29. "黃穹氏乃入天山而化石(황궁씨내입천산이화석) 長鳴調音以圖人世惑量之除盡無餘期必大城恢復之誓約成就(장명조음이도인세혹량지제진무여기필대성회복지서약성취)" …

30. …有因氏千年傳天符於子桓因氏 乃入山專修禊祓不出(유인씨천년전천부어자환인씨내입산전수계불

지 않았기 때문이다. ….[30]

여기의 계불禊祓은 수계제불修禊除祓의 줄임말이다. 삼세에 힘써 행한 수계제불은 天祀천사 : 하늘에 올리는 제사, 地祭지제 : 땅에 올리는 제사, 人享인형 : 조상에 올리는 제사에 선행되는 계제禊祭인 바 이는 요사妖邪 : 요망스럽고 간사함함을 제거하고 제불除祓 : 부정을 제거하여 깨끗하게 함하여 삼신三禋께 나아가는 길을 실현할 서약을 이행한 것이다. 부연하면 天祀, 地祭, 人享에 先行되는 결례潔禮로 각 종교에서 목욕제계沐浴齋戒, 계욕禊浴, 세례洗禮 등의 의식으로 남게 되었다. 이로 유추하여 살피면 모든 종교의 정결의식淨潔儀式은 이 수계제불修禊除祓, 즉 禊祓 에서 유래되었음을 알 수 있다.

2) 천웅지도의 성립과정과 홍익인간

符都誌부도지 제11장에 의하면 桓因의 뒤를 이어 桓雄이 天符三印을 계승하고 수계제불修禊除祓하여 天雄之道를 세웠다고 한다. 그런데 이것은 인간이 육신만을 도모하도록 한 것이므로 복본을 알게 함으로써 인간을 세우게 할 필요가 있었다. 그렇게 나온 실정법이 무여율법無餘律法이다. 이 법은 인류 最古의 法典으로 구리九黎시대 초기에 제정되었다. 이를 살펴보면

> 제1조는 사람의 행적은 때때로 깨끗하게 하여, 모르는 사이에 생귀生鬼가 되지 않게 하고, 번거롭게 막혀 마귀가 되지 않도록 하며, 인세로 하여금 광명에 통하게 하여 조금의 장애라도 남아 있지 않게 하라.[31]
>
> 제2조는 사람의 업적은 죽은 뒤에 공로를 제시하여, 生鬼의 더러움을 말하지 않게 하고, 함부로 허비하여 마귀가 되지 않도록 하여 인세로 하여금 두루 펴

불출) 桓因氏繼受天符三印大明人世證理之事於(환인씨계수천부삼인대명인세증리지사어) 是日光均照氣候順常血氣之類庶得安堵(시일광균조기후순상혈기지류서득안도) 人相之怪稍復本態此三世修證三千年其功力庶幾資於不咸者也(인상지괴초복본태차삼세수증삼천년기공력서기자어불함자야) ….

31. 一日人之行蹟時時清濟勿使暗結生鬼煩滯化魔使人世通明無餘一障(일왈인지행적시시청제물사암결생귀번체화마사인세통명무여일장).

져서 조금의 원한도 남아 있지 않게 하라.[32]

제3조는 고집이 세고 요사하여 미혹하는 자는 광야로 귀양을 보내 때때로 그 사혹邪惑함을 씻게 하여 사기邪氣로 하여금 세상에 남아 있지 않게 하라.[33]

제4조는 죄를 크게 범한 자는 섬도暹島에 유배시켜 죽은 뒤에 그 시체를 태워서 지은 죄로 하여금 지상에 남아 있지 않게 하라.[34]

이 무여율법 4장은 禊祓을 모르고 天符三印의 가르침을 벗어난 인간을 바로잡으려는 천웅지도天雄之道의 편린片鱗으로 볼 수 있다. 그리고 징심록澄心錄 15誌 중에 들어 있는 天雄誌가 발견되면 이 天雄之道의 眞面目을 볼 수 있을 것이다. 거발한 한웅께서는 이 天雄之道를 효과적으로 다스리기 위하여 居住와 交通과 火食과 疏通의 방법으로 八音二文을 整理하고 曆法과 醫藥과 天文을 著述하여 弘益人世弘益人間의 길을 열었다. 다시 말하면, 홍익인간의 길을 열기 위하여 학문을 정립하게 된 것이다. 구리九黎시대에 天法이 해이解弛해지고 사단詐端 : 속임수을 모색하는 일이 많아지자 사람들로 하여금 천웅지도를 배우게 함으로써 세상이 혼미해지는 것을 막고자 한 것이다.

따라서 기록의 중요성이 발생하게 되고 八音온 세상의 언어을 기록하기 위한 필요성에 따라 표의문자鹿圖文 · 書契와 表音文字加臨土 : 가림토가 창제創製되기에 이르렀다. 한웅 이전에는 口傳에 의하였으나 거발한 한웅은 신지 · 혁덕神誌 · 赫德에게 명하여 문자를 창제하게 하고 天符三印과 天符經 등을 기록으로 남기게 하였다. 이후 1565년 동안 이어온 구리시대九黎時代 末 18세 居弗檀 桓雄의 아들 임검씨壬儉氏가 출현하여 천웅지도를 닦고 수계제불의식修禊除祓儀式을 행하고 천부삼인을 이어받아 해혹복본解惑復本을 거듭 맹세하고 또 부도건설符都建設을 맹세하니 이로 최초의 神政中心地가 출현하게

---

32. 二日人之聚積死後堤功勿使陳垢生鬼濫費化魔使人世普洽無餘一憾(이왈인지취적사후제공물사진구생귀람비화마사인세보흡무여일감).

33. 三日頑着邪惑者謫居於曠野時時被其行使邪氣無餘於世上(삼왈완착사혹자적거어광야시시피기행사사기무여어세상).

34. 四日大犯罪過者流居於暹島死後焚其尸使罪集無餘於地上(사왈대범죄과자유거어섬도사후분기시사죄집무여어지상).

되었다. 부도지 제13장은 유형적 복본의 구체적 표현이고 그 중심지 符都를 설명하고 있다. 그러나 弘益人世弘益人間의 구체적인 표현은 부도지에 나타나지 않고 桓檀古記와 檀君世記에 기록으로 나타난다.

3) 복본의 도 : 단절과 계승과정에서 나타난 홍익인간

위에서 살펴본 것처럼 복본의 도는 우리 민족의 유구한 정신적 유산이었다. 그러나 고조선이 멸망한 이후 복본의 도는 사라졌다. 어떻게 사라지게 되었는지 그 과정과 함께 오늘날 그것이 어떻게 명맥을 유지하고 있는지 살펴보는 것은 홍익인간 이념을 부활시키는 데 중요한 요인이 될 것이라고 본다.

황궁씨의 복본의 도는 '천부삼인' 으로 유인씨에게 전해졌고, 유인씨는 '천부삼인' 에 정결의식인 '수계제불' 을 더하여 환인씨에게 전했다. 환인씨는 '천부삼인' 을 환웅씨에게 전했는데 환웅씨는 '무여율법' 을 더하였고, '천부삼인' 을 '신시개천지도' 의 별칭으로 불렀다. 조선朝鮮에 이르러서는 '신시개천지도' 에 '홍익인세홍익인간' 를 더하여 符都를 세우고 복본의 의지를 굳세게 했으나 왕조가 바뀌고 人世의 변천이 무쌍해질수록 복본의 길은 험로를 달리다가 고구려高句麗 멸망과 함께 희미하게 되었다.

고려高麗에 이르러는 불교佛敎에 침륜沈淪되어 자취가 묘연했고, 조선朝鮮에서는 儒學에 매몰되어 흔적조차 찾을 길이 없었다. 朝鮮이 무너진 후 우리의 조선祖先이 목숨을 다하여 이룩한 복본의 도는 외세의 침입과 각종 종교와 사상에 오리가리 찢겨 상처투성이로 변모하여 본래의 형상을 찾을 길이 없을 만큼 자취조차 없는 듯했다.

그러나 삼신三神과 누대累代 신인神人의 공력功力과 神人의 하명下命을 받은 전교자傳教者 제위諸位의 각고의 노력으로 700년 전 공민왕 때의 현인 杏村 李嵒행촌 이암(1296~1364)선생이 단군세기檀君世紀와 태백진훈太白眞訓를 복원했고 한조선韓朝鮮 末光武 15년(1911년) 태백 유도 선천 계연수太白 遺徒 宣川 桂延壽 인경仁卿이 환단고기桓檀古記를 유전遺傳

하여 복본지도復本之道인 홍익인간의 맥을 되살렸다. 그럼에도 불구하고 천법天法을 육신肉身의 법法으로 변조하거나 부정하는 횡생자橫生者들의 발호跋扈가 드세어서 홍익인간의 正法이 시행되는 데 애로가 극심하였다.

이와 같이 正法이 편법便法에 구축驅逐당하는 까닭은 무엇인가? 老子의 글에 道가 무너지니 仁이 나오게 되었고, 仁이 무너지니 義가 나오게 되었고, 義가 무너지니 禮가 나오게 되었다고 말했다. 이와 같은 논리로 보면 人世의 흐름이 하향 퇴조함을 알 수 있다. 이것은 쉽고 편한 것을 추구하는 오미의 변 이후의 인류의 타락된 습성에 의한 오류이다. 그러나 '動極而靜동극이정이요 靜極而復動정극이복동' 의 원리에 의하면 이 시대가 禮는 고사固辭하고 실정법實定法도 지키지 않는 말법시대末法時代가 되었으므로 지금 이 때가 복동復動하는 원시반본原始反本의 시발점이 아닐까 한다. 이제 복본의 도가 世上을 求할 것으로 기대해 본다.

2.3 홍익인간사상의 망각과 부활

1) 홍익인간사상의 망각

『삼국유사』와 『제왕운기』에서 홍익인간이 등장한 이후 한말에 이르기까지 홍익인간을 거론한 문헌은 발견되지 않는다. 예외적으로 『단종실록』에 홍익인간이 거론되고 있으나, 이의 해당기록은 『삼국유사』의 「고기」를 그대로 인용하였다.

이처럼 오랫동안 한국사가 실종되고 사서가 빈약하게 된 이유[35]는 다음과 같다. 첫째, 고려에서 금속활자로 대량으로 인쇄한 사서와 경전 등이 명 · 왜 · 일제 같은 외세에 의해 탈취되고, 소실되고, 왜곡되고, 위조되었기 때문이다. 동이문화가 그들의 문화보다 우월하면 안 되었기 때문이다.

둘째, 고려가 세계 최초의 금속활자를 만들어 출간할 정도로 부강한 동이의 최대 문명국이라고 하면, 자신들의 역성혁명이 불리해질 수밖에 없었던 조선 초기에

35. 자세한 것은 안경전(2012) 504~563쪽 참조.

고려 중심의 찬란한 문화와 역사에 관한 자료말살이 이루어졌다. 현존하는 한국의 고유한 사서들이 극소수에 불과한 이유이다.

이것을 좀 더 자세히 살펴보면 조선시대의 사서들이 유교적 취향에 맞는 쪽으로 역사서술 내용을 조정하고 재편집한 데에 일부 원인이 있는 것 같다. 예를 들면 조선조 사서들의 단군 관련 기사 속에는 신화적인 내용이 대폭 제거되었으며, 환인과 환웅이 탈락된 채 단군이 하늘에서 지상으로 직접 내려와서 (고)조선을 건국한 것으로 적는 것이 일반적이었다. 건국이 단군 중심으로 서술되면서 환인이나 환웅과 관련된 이념인 홍익인간은 탈락하게 된 것이다. 단군 건국역사에서 홍익인간이 배제된 이유는 홍익인간이 유교와 관련이 약할 뿐만 아니라 정치적으로 사대사상이 지배하는 분위기에서 단군에 의한 자주적 건국역사를 유지하는 것이 어려운 상황이었기 때문에 유교와 인연이 별로 없는 홍익인간이념까지 계승하는 것이 어려웠을 것으로 추정된다. 원시유교의 민본주의사상과 상통하는 홍익인간이념은 조선시대의 왕권강화와 약화된 민본주의 하에서는 정치적으로 위험한 사고로 생각되었을 것이다. 그래서인지 1675숙종 1년 北崖老人이 기록한 규원사화揆園史話에서는 환인과 환웅이 천지를 여는 과정에서부터 환웅의 아들 환검桓儉이 최초의 단군이 된 뒤로 마지막 왕인 고열가古列加가 아사달의 당원경唐苑京에 들어가 나라가 망하기까지의 47대 1195년의 역사가 기록되어 있음에도 불구하고 홍익인간은 보이지 않는다정영훈 · 강정모(2013), 17~18쪽. 또한 유교 · 불교 · 기독교와 같은 외래사상에 중독된 반민족적 사가들이 자기 역사를 스스로 부정한 것도 이유 중 하나이다. 설상가상으로 명과 일제가 일부 남아 있던 사료와 문화유산을 약탈해 갔으나 중국과 일본 등에는 보유한 사료의 내역조차 없다. 게다가 반도사관과 식민사관에 찌든 강단사학자들은 치부은폐와 기득권 수호를 위하여 강단을 독점하고 엄연한 역사적 사실도 부정하는 견강부회로 일관하고 있다.

홍익인간이 사료에 다시 등장하는 것은 한말에 대종교 경전 『神事記』[36]와 1911

---

36. 『神事記(신사기)』는 초대교주인 나철이 대종교를 중광하기 4년 전인 1905년에 백두산에서 온 두암옹(頭巖翁: 伯佺宗師)으로부터 받았다는 서책 중 하나로 대종교의 경전 중 하나이다. 『천부경』과

년 운초雲樵 계연수桂延壽가 편찬한『桓檀古記』에서이다.『신사기』중「治化紀」에 "삼가 고하건대 치화 주군은 환검단군이 다섯 가지 대사를 주관하시어 널리 인간 세상에 넘치게 하셨다. 나라를 처음 건국하여 법통法統/통서統緖를 만만세에 이르도록 베푸셨다"[37] 라고 쓰여있다. 그러나 단군민족주의[38]가 크게 유행하여 단기연호가 사용되고 개천절을 기념하기 시작하던 시기인 대한제국[39]에서도 홍익인간이 특별

『삼일신고』의 내용이 기본 교리에 관한 것이라면 이 경전은 한배검에 관한 역사를 그 내용으로 하고 있다. 순한문체로 되어 있으며, 서문과 발문이 없고 작자도 밝혀져 있지 않다. 1923년 봄에 만주에서 대종교시교회(大倧敎施敎會)의 명의로 1차 간행되었다. 그 뒤 제3대 교주인 윤세복(尹世復)이 한글로 번역하여, 〈한얼일적음〉이라는 이름으로 〈한검바른길〉이라는 책속에 포함시켜 1949년에 출판하였다. 내용은 조화기(造化紀), 교화기(敎化紀), 치화기(治化紀)의 3장으로 나누어진다. 〈조화기〉는 하느님 · 한배검이 우주만물을 창조한 것을 적은 것이다. 조화주(造化主)는 한인(桓因)으로서 무한한 사랑인 대덕(大德)으로 천국을 열고 천체와 만물을 창조하였으며, 신장(神將)과 선관(仙官)에게 각기 직분을 주어 우주 전체의 일을 맡겼다. 특히, 지구가 만물을 낳아 기르기에 적당한 곳이라 여겨서 나반(那般)과 아만(阿曼)이라는 1남 1녀를 두어 인류의 시조로 삼았다. 〈교화기〉는 한배검이 인간세계에 강림하여 참 이치를 가르쳤다는 내용이다. 교화주(敎化主)는 한웅(桓雄)으로서 한울사람(人)의 몸으로 나타나 무한한 슬기인 대혜(大慧)로 대도(大道)를 세우고, 대교(大敎: 大倧敎)를 열어 백성들을 감화시켰다. 〈치화기〉는 한배검이 나라를 세우고 다스린 내용을 적은 것이다. 치화주(治化主)는 한검(桓儉)으로서 무한한 힘인 대력(大力)으로 곡식 · 명령 · 질병 · 형벌 · 선악 등 다섯 가지 일(五事)을 주관하고 3선(三仙) · 4령(四)으로 하여금 인간세상의 366가지 일을 다스리게 하였다. 즉, 팽우(彭虞)는 치산치수와 가옥을 맡고, 고시(高矢)는 농사와 화식(火食)을 맡으며, 신모(神母)인 비서갑(匪西岬)은 길쌈과 옷을 맡아서 의식주의 제도가 마련되었다. 또한, 신지(神誌)는 글자를 만들고 윤리를 가르치며, 지제(持提)는 풍속을 바로 이끌며, 숙신(肅愼)은 형벌을 맡아 간악함을 막으며, 수기(守己)는 선악을 맡아 선행을 권하여 상벌을 밝게 하고, 옥저(沃沮)는 질병을 맡아 때 이른 죽음이 없게 하니, 남녀 · 부자 · 군신의 제도가 마련되었다는 내용이다.《참고문헌》한검바른길(大倧敎總本司, 1949), 대종교중광육십년사(大倧敎倧經史編修委員會, 大倧敎總本司, 1971).『한국민족문화대백과사전』한국정신문화연구원, 1993.

37. "欽稽 治化主日 桓儉 主五事弘益人世 肇建極垂統萬萬世(흠계 치화주왈 환검 주오사홍익인세 조건극수통만만세)."

38. 단군민족주의란 단군의 건국을 민족역사의 출발점으로 상정하고 단군 자손으로의 정체성 인식에 기초하여 민족적 결속과 발전을 추구하던 일련의 사조와 운동으로,『삼국유사』와『제왕운기』가 저술된 13세기 이전으로까지 소급되는 연원을 갖고 있다. 홍익인간 교육이념은 개천절, 국경일 및 단기연호와 함께 단군민족주의의 맥락에서 민족정체성과 통합의 상징이 되었다. 이에 대해서는 다음의 자료를 참고할 것. 정영훈,「한국사 속에서의 '단군민족주의'와 그 의의」, 윤내현 편,『동아시아의 지역과 인간』, 지식산업사, 2005 ;「단기연호, 개천절 국경일, 홍익인간 교육이념—현대 한국에서의 단군민족주의의 제도화에 관한 연구」,『정신문화연구』113호, 한국학중앙연구원, 2006.

39. 1897년 10월부터 1910년 8월 22일까지 존속한 조선 왕조의 국가.

히 주목되지는 않았다. 이때는 단군자손으로의 민족정체성을 정립하려고 한 민족주의 사학이 신채호의 주도로 이루어졌으며, 단군민족주의운동은 단군자손으로의 민족정체성을 정립하고, 역사로서의 단군 건국과 상고사를 부각시키는 데에만 초점이 맞추어졌기 때문이었을 것이다.[40]

2) 홍익인간이념의 재등장

홍익인간이념이 역사의 전면으로 다시 등장한 것은 1919년 3 · 1운동 이후, 사상적 · 계급적으로 분열된 민족사회를 통합하기 위한 대안논리로서의 한국민족주의가 모색되면서부터이다. 3 · 1운동 후 유입된 사회주의는 식민과 피식민의 민족적 모순보다 착취와 피착취의 계급적 모순이 더 중요한 본질적 문제로 간주되었다. 따라서 민족해방보다 계급해방이 더 의미 있는 투쟁목표라 주장함으로써 종래의 독립운동 진영을 사상적 및 계급적으로 분열시켰다. 이에 대응하여 사회 내부의 착취 가능성과 불평등에 대응할 수 있는 새로운 국가조직 원리로서 한국민족주의가 부각되었다. 좌우의 사상적 · 계급적 대립을 통합하여 새롭게 발전된 민족국가상에 의해 민족의 결속을 보다 공고히 하는 것이 제국주의 침략을 격퇴하고 자주적인 독립국가를 건설할 수 있는 필수 기본조건이었기 때문이다. 시대가 요구하는 새로운 정치이론은 약육강식이 횡행하는 세계에서 평화와 공존공영을 향한 비전을 제공하여야 했다.

그와 같은 이념 틀은 민족적 정체성, 역사성 및 자주성을 나타내는 민족의 고유한 사상에서 나와야 할 필요가 있었다. 그 과정에서 다시금 부각되게 된 것이 바로 홍익인간이념이었다. 홍익인간이념은 안으로 민족 내부의 사상적 · 계급적 분열을 해소할 수 있을 뿐만 아니라 인류공영의 보편적 이념이었기 때문이다. 이 시기의 민족주의이론은 전 시대의 사상적 성향과 구분하기 위하여 신민족주의[41]라 하며 홍익

40. 근대적 민족주의사학을 창도한 저술로 꼽히는 신채호의 『독사신론』(1908), 『조선상고문화사』(1910년대 후반) 및 『조선상고사』(1931)에서도 홍익인간은 언급되지 않는다.

41. 신민족주의는 내용적으로 전 시기의 민족주의가 국민국가사상-민주공화주의사상만으로 무장했던

인간이념은 이 신민족주의의 이론가들에 의해 새롭게 부상하게 된다.

대표적인 신민족주의이론으로 꼽히는 것은 조소앙趙素昻의 삼균주의三均主義이다. 삼균주의란 정치·경제·교육에 있어서의 균권均權·균부均富·균학均學 및 인균人均·족균族均·국균國均을 지향한 것으로 교육의 기회균등을 가장 큰 덕목으로 꼽았다. 그것이 구체화된 형태가 바로 대한민국건국강령[42]이다. 삼균주의는 밖으로는 '人與人均等', '族與族均等', '國與國均等' 인여인균등, 족여족균등, 국여국균등의 원칙에 의해 약육강식이 판치는 살벌한 국제사회를 '세계일가'로 바꾸고, 안으로는 정치·경제·교육 등 세 방면에서의 균등원리로 계급적 갈등을 조정하여 통일되고 조화된 민족국가를 건설하려는 것이다.

조소앙은 삼균주의의 역사적 근거를 단군 달문 때의 사람으로 신지神誌인 발리發理가 지은 『신지비사神誌秘詞』에 나오는 '首尾均平位興邦保太平 수미균평위흥방보태평'이라는 문구에서 찾았다. 조소앙은 이 원리는 '홍익인간과 理化世界하자는 우리민족이 지킬 바 최고공리'라 부연하고[43] 삼균주의의 중심사상을 평등으로 규정하였다. 그리고 우리의 고유한 사상인 홍익인간사상의 가장 중요한 이념적 지향을 균등으로 파악하여 통일국가 건설과 세계일가 이상을 실현하기 위한 최고공리라 규정하고 있다. 조소앙의 삼균주의는 좌우대립을 지양한 통일전선을 추구하던 1920년대 중반의 유일당운동시기에 구상되어 임시정부의 지도이념이 되었으며, 임정의 건국구상인 「건국강령1941」도 삼균주의이론에 기초하여 작성되었다.[44] 그러나 조소앙의 관점은 지나치게 평등에 치우쳐져 있다고 할 수 있다.

안재홍1891~1965은 신민족주의신민주주의사관을 바탕으로 한국고대사에 관한 『조

것과 달리 사회주의이론까지 흡수하여 평등과 복지 문제를 포함하는 등 질적 차이를 보인다.

42. 건국강령은 1941년 11월 28일에 제정·공포한 대한민국 임시정부의 기본이념으로 1944년 제5차 개정헌법에서 법제화되었고, 해방 후 1948년의 제헌헌법의 기초가 되었다. 『다음 백과사전』 참조.

43. [대한민국건국강령] 제1장 강령, 삼균학회편, 『소앙선생문집』 상, 횃불사, 1979, 148쪽.

44. 안재홍도 홍익인간을 '대중공생-만민공화의 균등사회를 이상으로 한 바'라 해석하여 균등을 중심 내용으로 파악한 바 있다. 안재홍, 「역사와 과학과의 신민족주의」(1947. 12), 『민세 안재홍 선집』 2, 233쪽.

선상고사감朝鮮上古史鑑』 상권1947과 하권1948에서 삼국시대는 고조선의 홍익인간弘益人間의 건국이념을 계승한 우리 민족 고유의 '다사리' 사상의 출발점이라고 보았다. 이 책은 식민사학을 극복하려고 하였을 뿐만 아니라 신민족주의가 한민족 고유의 이념에 근거하여 당시의 극좌와 극우 이념보다 우월한 보편적 가치임을 증명하려고 한 저서이다. 안재홍은 국민개로國民皆勞, 대중공생大衆共生 및 만민공화萬民共和의 원칙을 주장하였는데, 국민이 다 직업을 갖는 것을 우선시했다. 그것이 상해임시정부에서 '임시헌장'으로 발전시킨 개념의 근거이다. 이는 계급독재를 지양시킨 초계급적 전민족의 국가를 건설할 것을 추구하고, 밖으로는 민족적 자주독립의 토대 위에 인류대동의 국제협동에 이바지하는 것을 목표로 하고 있다.[45] 그는 환국·배달·단군조선의 국가경영이념인 弘益人間 在世理化 理念을 근거로 들어 다사리 이념은 우리 태고시대에 이미 비롯되었다고 주장하였다. 그리고 그와 같은 '선민창생의 생활이념' 속에서 '신시대창건'의 지도원리를 찾으려 하였다. 안재홍은 단군조선의 건국이념인 홍익인간이념을 주목하고 다사리-만민공생-대중공영-민주주의-민생주의 같은 현대적 정치원리로 재해석하였다.

3) 대한민국 정부의 교육기본이념 : 홍익인간

신민족주의자들에 의해 재발견된 홍익인간이념은 해방 후 대한민국 정부의 교육기본이념으로 교육법 제1조에 자리잡게 된다. 홍익인간이 새 국가의 교육이념으로 처음 결정된 것은 1945년 11월 미군정 하에서 교육문제에 관한 자문을 받기 위하여 한국과 미국 측 인사들로 구성된 '한국조선교육심의회'라는 자문기구에 의해서였다. 홍익인간이념은 교육이념분과위원회에서 조선교육의 기본이념으로 제정되었다. 이 과정에서 큰 역할을 한 사람은 위원회의 교육이념분과위원으로 참여하고 있었던 백낙준과 안재홍이었다.

45. 안재홍은 자신의 신민족주의이론을 신민주주의라고 하였다. 안재홍, 「신민족주의와 신민주주의」, 『민세안재홍선집』 2, 29～48쪽 참조. 정영훈·강정모(2014) 20쪽 참조.

홍익인간이념을 처음 제안한 백낙준은 홍익인간이념은 그 유래가 『삼국유사』나 『제왕운기』보다 훨씬 전부터 전해온 것으로 우리민족의 이상을 가장 잘 나타내고 있기 때문에 대한민국의 교육기본이념으로 손색이 없다고 강조하였다.[46] 그들의 주창 하에 1945년 12월 20일 조선교육심의회 제4차 전체회의에서 교육의 근본이념을 '홍익인간의 건국이상에 터하여 인격이 완전하고 애국정신이 투철한 민주국가의 공민을 양성함' 에 두기로 결정하였다홍웅선(1991), 16쪽.

3. 홍익인간의 고전적 해석

3.1 홍익인간의 의미와 수칙

1) 홍일인간의 의미

홍익인간은 배달국과 고조선의 우주관, 윤리관 및 가치관을 나타낸다. 홍익인간은 '널리 인간 세상에 道를 넘치게 하여 널리 골고루 인간을 이롭게 하는 것' 이다. 이는 일반적인 福祉論이라기 보다는 神市開天之道를 설명한 내용을 압축한 개념어概念語로 받아들여야 한다. 홍익인간은 治者의 道와 被治者인 百姓의 道로 二分된다. (ㄱ) 治者의 道인 종훈倧訓은 弘道益衆하여 한 사람이라도 본성을 잃지 않게 하도록 한 朝廷의 正法이다. 被治者의 道인 전계佺戒는 망령됨을 고쳐 진리에 이르는 길을 수련하는 백성百姓이 수행해야 할 戒律이다.

'홍일익인간' 의 의미는 국가나 권력 또는 통치행위가 기여할 최종가치가 인간의 행복이라는 사상이며, 각 개인은 홍일인간의 사명使命을 갖고 각자의 소질과 재능을 발휘해 문명인으로서 공동생활을 하는 것이 바람직한 삶이라 강조하는 사상이다. 홍일인간弘益人間은 修己, 재세이화在世理化는 治人에 해당하여 수기치인修己治人이 요체라 할 수 있다.

---

46. 백낙준, 『한국교육과 민족정신』, 문교사, 1953, 25쪽.

따라서 홍익인간은 복본復本이 목적이고, 그 復本의 과정을 詳說한 것으로 천도天道의 구현俱現이 목적이지 國利民福이 목적이 아니다. 국리민복은 복본의 수행과정에서 얻어지는 과실일 뿐이다. 따라서 홍익인간은 麻姑三祖로부터 계시 받은 神市開天之道를 널리 펴서 大衆이 본성을 잃지 않도록 돕고, 衣食住만을 영위하려는 肉身의 삶인 횡생橫生이 아니고, 하늘麻姑大城을 사모하는 뇌신腦神 : 靈魂 · 精神의 삶을 사는 삶인 종생縱生으로 대성출성大城出城의 한을 풀고, 망령됨을 고쳐 神仙眞人의 길을 알도록 하는 것이다. 홍익인간은 하늘과 땅을 모두 생명체로 보고 天地人을 하나의 생명공동체로 바라보는 天地人合一思想으로 모든 생명을 사랑하는 것이다. 또한 군사부 모두 각자의 입장에서 배달국 삼륜의 도를 지켜 임금은 임금다워야 하고, 스승은 스승다워야 하며, 아버지는 아버지다워야 한다.

2) 홍익인간 수칙守則[47]

태백일사太白逸史, 환국본기桓國本紀 및 환단고기의 행동강령行動綱領을 정리하여 홍익인간의 됨됨이를 정리하면 다음과 같다.

(1) 정명인민定命人民 : 백성을 天命대로 살도록 敎化하라는 명령을 발동하다은 반드시 그 명령을 지켜 치세治世를 주관하고 그 대상을 보살펴 화평하고 안정될 때에도 언제 일어날지 모르는 환난患難에 철저히 대비케 하고, 잘 다스려 백성의 목숨을 안전하게 보살핀다는 것이다. 이는 국가와 백성의 안전보장과 정치적 · 사회적 안정의 중요성을 강조한 것으로서, 올바른 생각을 가진 강력한 지도자들을 뽑아야 함을 의미한다.

(2) 친소무별親疏無別 : 백성이 더불어 살고 사귐에 친하고 멀리하는 구별이 없다은 홍익인간의 됨됨이를 나타내는 것으로 동포同胞로서의 공동운명체 정신을 바탕으로 한다. 이는 대동귀일 · 사해동포 · 경애상리사상으로 이어져 내려왔다. 이는 연고주의나 소선에 끌리지 않고 대선을 행함을 의미한다.

(3) 상하무등上下無等 : 지위가 높고 낮음에 차별이 없다는 상하관계를 지시 · 명령을 내리면

---

47. 강정모(2014) 참조.

복종하는 관계가 아니라 수직적이고 유기적有機的인 분업관계로 인식한다.

(4) 남녀평권男女平權 : 남자와 여자의 권리가 평등하다은 남녀의 특성과 권리를 상호존중하여 가지런할 제齊처럼 남녀특성에 맞게 대우한다는 의미이다. 기계적 평등은 역차별을 낳을 수 있다. 가지런할 제齊의 소전本字을 보면 칼로 무를 벤 것처럼 기계적 수평이 아니라齊 높낮이가 있다. 먼저 나온 잎이나 이삭의 배열처럼 선후대소先後大小 조화를 이룰 때 태양과 비바람을 가장 효율적으로 고루 맞을 수 있는 것이다.

(5) 노소분역老少分役 : 노인과 젊은이의 소임과 역할을 분담하는 것은 모든 백성이 자신의 자질과 역량에 따라 분업하는 것이다. 어린아이는 개개인의 소질과 능력을 찾아내 각자의 소중한 꿈을 이루고 훌륭한 인재가 되어 창의력을 발휘하여 많은 업적을 남기도록 한다. 노인은 한계생산물과 한계효용이 영零인 무용지물이 아니라 오히려 노마지지老馬之智 혹은 노마지도老馬識道로 경험의 보고이자 지혜의 샘이며 사회의 큰 자산이다. 지름길을 아는 원로와 패기 넘치는 청장년층의 조화調龢와 협동은 국력 극대화의 주요 변수이다.

(6) 화락순리 수무법규호령 자성화락순리和樂循理 雖無法規號令 自成和樂循理 : 비록 법령은 없었으나 백성 스스로 화평과 안락을 누리며 도리에 따른다는 것는 화평龢平[48]과 안락을 누리며 천리天理를 따른다는 것으로 이에 의하면 승자독식, 약육강식 및 무한경쟁 교육은 홍일인간弘益人間 이념에 배치된다.

(7) 무감불자無憾怫者 : 병을 제거하고 원한을 풀어주며, 다친 자를 돕고 기우는 사람과 약자를 구제하니, 원한을 품거나 도리에 어긋나는 일을 저지르는 자가 한사람도 없다.[49] 이는 선정의 목표이자 결과이며 현대 복지행정의 귀감이라 하겠다.

(8) 구환위공九桓[50]爲公 : 모든 환족(桓族)이 선공후사(先公後私)하도록 한다는 것. 이것은 이익을 보면 의를 생각하도록견리사의 : 見利思義 위에서부터 수범垂範을 보이게 한다는 것이다. 즉,

---

48. 龢 = 피리 약(龠) + 벼 화(禾) 속자(俗字) 和의 본자(本字)이다. 평화(平和)는 통일(統一)처럼 명치역어(明治譯語)이고 화평(龢平)이 삼국사기(三國史記)의 삼한일통(三韓一統)처럼 우리말이다.

49. 去其病而解其冤 扶其傾而濟其弱 一無憾且怫異者(거기병이해기원 부기경이제기약 일무감저불이자)(안경전 역주 桓檀古記 2012, 328쪽).

50. 구환(九桓)은 모든 동이족(東夷族)을 의미하는 구이(九夷)와 같은 말임

이익을 보면 탐내어 의리를 저버리는 것견리망의 : 見利忘義과 공을 빙자하여 자기의 잇속을 챙기는 것빙공영사 : 憑公營私, 공적인 명의를 빌려서 사사로운 일을 처리하는 것차공제사 : 借公濟私이 없는 풍토를 조성하는 것이다.

(9) 대동귀일大同歸一 : 모든 종족(種族)이 대동단결(大同團結)하여 한 마음을 이루도록 하는 것. 만리동성萬里同聲은 만방 백성이 한마음 한뜻이 되게 하며, 불언화행不言化行은 법과 명령이 없어도 스스로 교화敎化되도록 하여 대동大同사상과 사해동포四海同胞 사상으로 이어진다는 [51] 것이다.

(10) 환국오훈桓國五訓은 첫째, 성신불위誠信不僞로 정성과 믿음으로 거짓이 없도록 한다. 둘째, 경근불태敬謹不怠로 공경하고 근면하여 게으르지 않도록 한다. 셋째, 효순불위孝順不違로 효도하고 순종하여 거역하지 않도록 한다. 넷째, 염의불음廉義不淫으로 청렴하고 의를 지켜 음란하지 않고 부정부패를 척결하도록 한다. 다섯째, 겸화불투謙和不鬪, 겸양하고 화평하여 다툼이 없도록 한다.「단군세기檀君世紀」

이상의 수칙은 능력에 따른 분업과 대우를 강조하여 계층 간의 이해상충으로 인한 사회적 마찰로 야기된 부적합한 정책이나 정치적 불안을 제거하려는 국민통합과 맥을 같이하고 있다.

3.2 홍익인간에서의 재세리화在世理化 · 접화군생接化羣生

재세이화在世理化는 홍일인간의 사명使命을 갖고 인간 세상에 머무르며, 각자의 소질과 재능을 발휘하고 문명인으로서 공동생활을 할 수 있도록 탈바꿈化시키는 것이다. 理化는 완전히 다른 성질의 존재로 전환시키는 것이다. 理는 옥玉을 결里에 따라 탁마琢磨함으로 무리無理가 없고 천리天理에 순응함이다. 化는 일방적 명령과 다스림統

51. 환국오훈(桓國五訓)은 一日 성신불위(誠信不僞), 정성과 믿음으로 거짓이 없도록 한다. 二日 경근불태(敬謹不怠), 공경하고 근면하여 게으르지 않도록 한다. 三日 효순불위(孝順不違), 효도하고 순종하여 거역하지 않도록 한다. 四日 염의불음(廉義不淫), 청렴하고 의를 지켜 음란하지 않도록 한다. 五日 겸화불투(謙和不鬪), 겸양하고 화평하여 다툼이 없도록 한다.『단군세기(檀君世紀)』.

治이 아니다. 홍일인간이 체體라면 재세이화在世理化는 용用이라 할 수 있다. 在世理化는 접화군생接化群生과 더불어 弘益人間－萬有竝育만유병육으로 수레몸통에 달린 양 바퀴라 할 수 있다. 마치 사유재산 보장이 몸통인 자본주의 수레가 영리추구와 자유경쟁의 두 바퀴로 굴러가는 것과 유사하다고 하겠다.

웅솔도삼천雄率徒三千은 환웅雄이 인솔한 무리徒가 점령군이 아니라 문명사회를 개혁할 창조적 소수 전문가 무리徒였다. 풍백우사운사風伯雨師雲師도 장수將帥가 아니라 홍일인간사상으로 무장된 입법 · 사법 · 행정 3부의 교관敎官이나 사범師範이었다고 할 수 있다. 수기치인修己治人에서 홍일인간弘益人間은 修己, 재세이화在世理化는 治人에 해당한다. 전자가 강령綱領, 규범規範이라면, 후자는 시행령이라 할 수 있다. 재세이화在世理化는 후대後代에 접화군생接化羣生으로 변천한다.[52] '접화군생' 은 "군생群生에 접接하여 화化한다" 로 "만물과 접하면서 교화한다조화된다" 는 뜻이다. 교화는 인간의 입장에서 말한 것이지만, 결국 만물과의 관계로 확대하면 조화로움을 뜻하는 말이다. 유교에서 말하는 음악의 목적은 인격의 완성인 동시에 만물과의 조화로움, 곧 어우러짐과 닮아 있다. 대동귀일大同歸一이 만유병육萬有竝育 또는 만물병육萬物竝育으로 이어진 것과 유사類似하다.

---

52. 우리나라에서 본격적으로 풍류를 처음으로 언급한 사람은 신라의 최치원(崔致遠, 857～?)이다. 최치원이 말한 '풍류' 에 대한 기록은 『삼국사기』에서 볼 수 있다. 최치원의 난랑비서(鸞郎碑序)에는 國有玄妙之道 曰風流 設敎之源 備詳仙史 實內包含三敎 接化羣生(국유현묘지도 왈풍류 설교지원 비상션사 실내포함삼교 접화군생). 나라에 깊고 오묘한 道(理致)가 있으니 이름하여 풍류라 이른다. 그 가르침 펼침의 근원은 선사(仙史/鮮史)에 자세히 실려 있거니와, [모든 종교(三敎 : 불교 · 도교 · 유교)를 안으로 아우르면 근접 · 교화 · 군생(羣生)한다. 〈규원사화(揆園史話), 단군기(檀君紀)〉. 이 기록에서 알 수 있는 사실은 '풍류' 라는 말이 있으며, 이 뜻은 대체로 유불선 삼교의 성격을 포함하고 있다는 것이다. 그런데 우리는 '포함' 이라는 말에 주목을 해야 한다. 자칫 풍류를 단순히 유교 · 불교 · 도교 세 가지 사상을 합친 것에 불과하다고 이해할 수도 있기 때문이다. 이러한 의문에 대해 범부 김정설(凡夫 金鼎卨)은 풍류의 의미를 '멋과 조화의 정신' 으로 이해하면서 단순히 세 가지 사상을 합친 것이 아니라, 우리가 본래 지니고 있었던 풍류 사상 자체에 이들 사상과 유사한 측면이 있어서 포함이라는 말을 썼을 뿐이라고 보았다. '접화군생' 을 풀어보면, "군생(群生)에 접(接)하여 화(化)한다" 로 "만물과 접하면서 교화한다(조화된다)" 는 뜻이다. 교화는 인간의 입장에서 말한 것이지만, 결국 만물과의 관계로 확대하면 조화로움을 뜻하는 말이다. 유교에서 말하는 음악의 목적은 인격의 완성인 동시에 만물과의 조화로움, 곧 어우러짐과 닮아 있다. 풍류라는 말에는 이러한 어우러짐의 정서가 진하게 배어 있다.

천지인 조화를 떠난 도통道通과 홍일인간弘益人間은 없다. 도통은 在世理化하여 천지광명天地光明 환인桓因의 큰 이상理想을 이 세상에 이루는 弘益人間 철학에 통달하는 것이다.[53] 천지인 조화는 개천절開天節의 개천開天으로 시작하여 개인開人 · 개지開地와 하나로 될 때 이루어진다. 開天은 하늘에서 성인聖人을 보내어 만물을 창조하고 다스리는 것을 말한다. 세상이 하늘의 이법理法 또는 천리天理에 따를 때 홍익인간 세상이 된다. 개인開人은 마음의 문을 여는 것이다. 사람이 본성本性을 잃지 않고 성숙할 때 홍익인간 세상을 이룬다. 개지開地는 산지山地에 길을 내고 산지를 다스리는 것이다. 다스림은 산지를 개간開墾하고 생산활동을 하도록 하는 것이다『신시본기神市本紀』.

53. 一神所降者 是物理也(일신이 내려주신 바가 만물의 이치이니) 乃天一生水之道也(바로 하늘은 一로서 물을 生하는 道이다.) 性通光明者 是生理也(본래 성품이 광명에 통해있는 것이 생명의 이치다) 乃地二生火之道也(바로 땅은 二로서 불을 생하는 도다.) 在世理化者 是生理也(재세이화는 마음의 이치이니) 乃人三生木之道也(바로 사람은 三으로 나무를 생하는 것이다.) 盖大始 三神造三界(대개 태초에 삼신께서 천지인 삼계를 만드실 때) 水以象天(물로써 하늘을 상징하고) 火以象地(불로써 땅을 상징하고) 木以象人(나무로써 사람을 상징하였다.) 夫木者(무릇 나무란) 柢地而出乎天(땅에 뿌리를 내리고 하늘로 솟아오른 것인데) 亦如人立地而出(사람이 땅에 우뚝 서서) 能代天地(하늘을 대신하는 것과 같다.) 〈삼한관경본기(三韓管境本紀)〉
재세이화[在世理化 : 천리에 따라 다스리고(理) 깨우친다(覺).] 在世理化之道(재세이화의 도는) 悉準於天符而不僞[모두 하늘 법(天符)에 근본을 두어 거짓되지 않게 하고] 取於地轉而不怠(만물을 기르는 땅의 덕성을 본받아 나태하지 않으며) 合於人情而不違夜(인정에 합치하지 어긋나지 않는다.) 〈소도경전본훈(蘇塗經典本訓)〉

제3장

홍익인간사상의 현대적 의미와 가치

1. 홍익인간의 현대적 이념과 인적자본의 형성
2. 홍익인간이 주는 현대사회에서의 가치 지향점

홍익인간사상은 9천 년 전 환국의 통치이념이었다. 거발환환웅居發桓桓雄은 환국의 마지막 7대 지위리환인천제智爲利桓因天帝로부터 국통계승의 증표로 천부와 인을 전수받을 때 국가통치이념도 이어받았다. 그 이념이 '널리 인간 세상에 넘치이롭게 하여라'는 弘益人間이다. 거발환환웅은 재세이화를 기반으로 홍익인간을 실천하였다.

이렇게 볼 때 홍익인간사상은 한민족이 배달국에서부터 7000년 이상 백두산의 신시 공동체 역사와 신교의 삼신문화와 같이 해 온 한국 사상사의 근간이념이다. 홍익인간이념은 우리 민족과 국가의 건국이념이고 통치이념이다. 또한 교육이념이요, 윤리이념이기 때문에 철학사 · 종교사 · 교육사에서의 역할과 위치도 매우 중요하다. 따라서 우리나라의 정치 · 경제 · 사회 · 문화 · 윤리 등의 사상사는 홍익인간에 대한 연구로부터 시작해도 무리가 아니라고 본다.

1. 홍익인간의 현대적 이념과 인적자본의 형성

1.1 홍익인간의 현대적 이념과 의의

이념의 사전적 정의는 '이상적인 것으로 여겨지는 생각이나 견해' 로 철학적 관점에서는 '순수한 이성에 의하여 얻어지는 최고 개념' 으로 본다. 말하자면 무엇을 최고의 것으로 여기는지에 대한 정신적 지주支柱요 철학이다. 환국본기桓國本紀 및 환단고기의 내용에 따라 홍익인간이념과 의의를 정리하면 다음과 같다.

첫째, 건국이념 · 통치이념 · 정치이념 · 교육이념 · 윤리이념의 근간이다. 대한민국의 헌법 전문前文[1]에 홍익인간이란 용어는 명시되어 있지 않지만 홍익인간 정신이 행간에 깔려있다. 또 대한민국 교육의 기본원칙을 정한 교육법1949년과 교육에 관한 기본법률1997년[2]에 홍익인간정신이 명시되어 있다. 따라서 새로운 글로벌시대에 맞는 경제부흥을 이룩하려면 홍익인간이념을 근간으로 하여야 할 것이다. 또한 향후 지구촌시대의 주도국으로서 홍익인간이념을 21세기 정치이념으로 승화시켜야 한다.

둘째, 홍익인간은 인간의 행복을 중시하고 봉사하는 보편적 인본주의와 인류공영의 박애주의를 추구하므로 인간의 자유와 존엄성을 거역하는 것을 용납하지 않는다. 그리고 홍익인간은 이기주의와 향락주의를 거부한다. 따라서 지구촌시대의 주

---

1. 헌법 전문 : "유구한 역사와 전통에 빛나는 우리 대한민국은 3 · 1운동으로 건립된 대한민국 임시정부의 법통(法統)과 불의에 항거한 4 · 19 민주이념을 계승(繼承)하고, 조국의 민주개혁과 평화적 통일의 사명에 입각하여 정의 · 인도와 동포애로써 민족의 단결을 공고히 하고 모든 사회적 폐습과 불의를 타파하며, 자율과 조화를 바탕으로 자유민주적 기본질서를 더욱 확고히 하여, 정치 · 경제 · 사회 · 문화의 모든 영역에 있어서 각인의 기회를 균등히 하고 능력을 최고도로 발휘하게 하며, 자유와 권리에 따르는 책임과 의무를 완수하여, 안으로는 국민생활의 균등한 향상을 기하고 밖으로는 항구적인 세계평화와 인류공영에 이바지함으로써 우리들과 우리들의 자손의 안전과 자유와 행복을 영원히 확보할 것을 다짐한다."
2. 교육에 관한 기본법률(1997) 제2조 : "홍익인간의 이념 아래 모든 국민으로 하여금 인격을 도야하고 자주적 생활능력과 민주시민으로서 필요한 자질을 갖추게 하여 인간다운 삶을 영위하게 하고 민주국가의 발전과 인류공영의 이상을 실현하는 데 이바지하게 함을 목적으로 한다."

도국으로서 홍익인간이념에 근거한 사해동포사상을 21세기 정치이념으로 승화시켜야 한다.

셋째, 홍익인간은 자유에 최고의 가치를 부여하나 개인의 자유보다 공동체를 우선한다. 인간人間은 만물의 영장靈長인 사람뿐만 아니라 하늘과 땅 사이間에 있는 사회와 공동체를 지칭하는 대명사이다. 이는 남을 배려하는 공감과 이타심을 가진 유기적인 공동체를 의미한다.

넷째, 재세이화在世理化와 만물병육萬物竝育의 상생사회를 지향하므로 홍익인간은 자유주의, 평화주의, 공동체주의를 추구한다.

다섯째, 홍익인간은 소통과 통합의 사회를 의미한다. 사람과 사람 사이에 지식 · 정신 · 인정 · 의사 · 정보 · 일자리 · 물자 등이 물처럼 넘쳐흐른다는 것은 부익부富益富 빈익빈貧益貧의 양극화와 갑甲과 을乙의 대립이 없는 지식 · 인정 · 물자 · 정보 등이 막힘이 없는 원활한 소통과 통합을 의미한다.[3]

여섯째, 천지인天地人 삼재三才의 조화를 기조로 한다. 일월무사조日月無私照의 재세이화在世理化를 통하여 이룬다.[4] 이는 통치자나 지도자들이 국민행복을 위해 실천해야 할 정치기능이나 역할과 같은 목표가치 또는 국가권력이 추구해야 할 부국강병과 국민안전 같은 목표가치나 사명이다. 그뿐만 아니라 준법정신, 질서의식, 근검절약, 정직과 같은 이웃과 공동체의 행복을 위한 소극적 덕을 넘어 협동정신, 관용, 참여, 봉사, 이타심과 같은 적극적 사회윤리와 덕성을 제시한다.

일곱째, 홍익인간은 공동체의 안녕과 번영을 위한 선공후사先公後私의 윤리규범을 제시한다.

여덟째, 홍익인간은 '널리 인간 세상에 道를 넘치게 하여 널리 골고루 인간을 이롭게 하는 것' 이다. 다른 사람에게 이익을 주려면 적어도 남에게 해를 주지 말아야

---

3. 영과이후진(盈科而後進) 『맹자(孟子), 이루(離婁) 하』: 물은 건너뜀이 없이 낮은 데는 물론 틈새까지 채운 다음 나아간다.
4. 천무사부(天無私覆 : 하늘은 사사로이 덮지 아니하고), 지무사재(地無私載 : 땅은 사사로이 싣지 아니하며), 일월무사조(日月無私照 : 해와 달은 사사로이 비추지 아니한다)이다. (『예기(禮記)』, 「공자한거편(孔子閑居編)」).

하거나 해를 주지 않을 사람이 되어야 할 것이다.

아홉째, 홍익인간은 도道와 자연의 흐름처럼 물이 흐르듯 자연스럽고 자발적인 생산과 교역 활동을 할 것을 주장한다.

이상, 환국본기桓國本紀 및 환단고기의 내용에 따라 홍익인간이념과 의의를 정리한 결과 홍익인간은 한국적 인문학의 출발점으로서의 의의뿐만 아니라 현대사회가 안고 있는 과제들을 해결하기 위한 방향과 방안을 제시하고 있음을 알 수 있다. 또한 사회통합이나 경제발전 같은 실천적 과제와 관련하여 홍익인간이 주는 지혜도 크다. 홍익인간은 한민족의 역사와 같이 해 온 관념이지만, 그 지향하는 이념은 인류의 보편적 가치라 할 수 있으며, 공동선과 정의를 확립하고, 인간소외를 극복하고, 평화롭고 창의적인 인류공동의 과제와 관련하여 재해석되고 천명될 가치가 있다. 이와 함께 우리의 국가와 공동체를 다듬고 개개인의 삶을 의미 있는 것으로 바꿔가는 과제에 적용할 기준가치로서의 의의 또한 중요하다고 본다.

앞에서도 본 바와 같이 홍익인간은 한민족의 건국이념, 가치이념 및 윤리이념이다. 한민족이 최초의 인간 공동체인 신시를 건설할 때 입각하였던 이념이며, 환국과 배달국으로 이어진 조선을 건설할 때도 계승되었던 이념이므로 우리 민족의 개국이념일 뿐만 아니라 건국이념이며 정치이념이었다.[5]

그러나 홍익인간에 대한 연구와 관심은 터무니없이 일천하다. 홍익인간을 교육의 기본이념으로 정한 만큼 무엇보다도 교육계의 관심과 연구가 많아야 하지만, 교육계에서조차도 홍익인간이념은 교육의 기본이념이나 가치로 적용되지 못하고 있

5. 설사 한민족의 역사가 고조선 시기부터 시작된다고 하더라도 이를 뒷받침하는 근거는 다음과 같다. ① 단군신화에 보이는 웅녀 이야기 등은 동북아시아 고대민족의 시조신화에서 찾아지는 것이고, 천신강림의 동기나 동물을 조상으로 상정하는 동기는 원시신화에서 자주 출현하는 동기들이라는 점, ② 단군신화의 내용이나 형식은 삼국시대의 건국신화들보다 훨씬 오래된 형태를 갖고 있으며, ③ 일연이나 이승휴 등 고려조의 지성들이 자신들의 상식과 배치되는 신화를 날조할 가능성은 없고, ④ 건국신화의 창작자는 그로 인하여 이익을 얻는 세력일 터인데, 단군신화로부터 이익을 얻는 집단은 단군을 시조로 상정하는 고조선 지배층일 수밖에 없고, 따라서 그 성립시기 역시 고조선시대라 봐야 한다는 점, ⑤ 단군신화가 삼국시대나 그 이전에 존재했을 가능성을 보여주는 여러 증거가 있다는 점 등이 제시된다. (정영훈, "단군신화의 정치사상", 『동양정치사상사』, 제8권 제2호, 2009.) 참조.

다. 오히려 교과과정의 개편이 논의될 때마다 마치 교육이념이 잘못되어 교육이 파행되기라도 하는 것처럼 교육이념의 교체를 주장하기도 한다.

사실 미군정 하에서 백낙준과 안재홍이 주동이 되어 '한국조선교육심의회' 에서 홍익인간을 교육의 기본이념으로 선택한 것은 매우 현명하고 적절한 것이었다. 홍익인간을 반대하는 논의들에 휩쓸려서 홍익인간이 아닌 다른 관념이나 용어로 교육이념을 삼았다면 한국 교육은 그 주체성과 차별성을 확보하는 데 훨씬 취약하였을 것이다정영훈 · 강정모(2013) 22쪽.

홍익인간이 대한민국의 교육이념으로 제정되었다는 것은 두 가지의 의미가 있다. 첫째, 교육을 통하여 양성해야 할 인간상이 홍익인간 하는 덕성과 능력을 갖춘 사람이며 그런 사람을 양성하겠다는 의지를 담은 것이다. 둘째, 교육사업 자체가 홍익인간 하는 최고의 활동임을 규정한 것이다. 교육이 권력 · 자본 및 교육종사자의 이해에 봉사하는 것이 아니라 인간의 능력계발과 행복증진에 봉사하는 활동이라는 것을 명기한 것이다.

일부 연구자들은 불교경전에 '홍익중생' 이나 '요익중생' 혹은 '보리군생' 같은 유사용어가 나오고 『삼국유사』의 저자 일연이 승려이며, 환인에 대해 제석이라는 불교식 해석을 첨부한 대목 등을 들어 홍익인간이 불교의 영향 하에 생겨난 관념이라 추정하고 있다.[6] 그러나 홍익인간사상이 불교의 영향 하에 형성된 관념이라는 이와 같은 견해는 양자 사이에 존재하는 차이점을 간과한 것이라 명확히 교정해줄 필요가 있다.

첫째, 홍익인간사상은 기원 전 6천여 년 전 배달국의 통치이념이고, 불교는 이보다 한참 후에 생겨난 종교이다.

둘째, 天神三神(삼신) : 하나님으로 환웅을 대신하여 천하를 다스릴 때 道를 널리 인간 세상에 넘치게 하는 신교는 한민족 고유의 신앙이며 인류의 시원 종교이고 원형문화이므로 불교와는 차원이 다르다. 안경전(2012) 83쪽 참조

6. 박선영, 「한국교육사에 있어서 불교사상」, 『한국교육의 사상적 연원』, 한국교육학회 주최 학술발표대회 세미나 자료, 1978. 11.

셋째, 홍익인간의 세계관은 불교에서 주장하는 탈현세적 · 탈세속적 해탈과 구원을 지향하지만, 홍익인간은 數意天下 · 貪求人世 · 在世理化수의천하 · 탐구인세 · 재세이화 등의 구절에서 보듯이 현세의 인간행복과 구원을 추구하는 인본주의와 현세주의를 우선적으로 추구한다. 정영훈 · 강정모(2013) 23쪽 참조

1.2 홍익인간사상이 인적자본 형성에 미친 영향

1) 전인교육

弘益人間은 (古)조선朝鮮의 건국이념建國理念, 통치이념統治理念, 윤리이념倫理理念 및 교육이념敎育理念이었기 때문에 홍익인간이 한국의 교육이념으로 명시되기 전에도 한국의 인적자본 형성에 많은 영향을 주었다. 거발한 한웅께서 天雄之道를 효과적으로 다스리기 위하여 八音二文을 整理하고 曆法과 醫藥과 天文을 著述하여 弘益人世弘益人間의 길을 열기 위하여 학문을 정립하였다. 따라서 학문을 기록할 필요성과 중요성이 발생하게 되고 八音은 세상의 언어을 기록하기 위한 필요성에 따라 표의문자鹿圖文 · 書刋와 表音文字加臨土 : 가림토가 창제創製되었다. 한웅 이전에는 口傳에 의하였으나 문자로 天符三印과 天符經 등을 기록으로 남기게 하여 인적자본정신자본과 지식자본의 근간이 되게 한 것이다. 弘益人世弘益人間의 구체적인 표현이 桓檀古記와 檀君世記에 기록으로 나타난 것은 이미 우리가 검토하였다. 홍익인간사상은 우리 민족에게 역사적으로 신라 화랑도의 세속오계世俗五戒[7]로 일층 구체화되어 전승되었고, 조선시대의 선비정신으로 표출되었다. 이와 같은 정신은 한국인의 뜨거운 교육열로 나타났고, 오늘날 한국의 경제와 사회발전에 영향을 미친 인적자본이 되었다고 볼 수 있다.

1949년 12월31일 정식 공포된 교육법 제1조에서 교육의 근본이념을 "교육은 홍익인간이념 아래, 모든 국민으로 하여금 인격을 완성하고, 자주적 생활능력과 공

---

7. 사군이충(事君以忠)은 충성을 다하여 나라를 사랑한다는 뜻, 사친이효(事親以孝)는 효도로써 어버이를 섬긴다는 뜻, 교우이신(交友以信)은 믿음으로써 벗을 사귄다는 뜻, 임전무퇴(臨戰無退)는 싸움에 임할 때에는 물러남이 없다는 뜻, 살생유택(殺生有擇)은 살아 있는 것을 죽일 때에는 가림이 있다는 뜻.

민으로의 자질을 구유케 하여, 민주국가 발전에 봉사하며, 인류공영의 이상실현에 기여하게 함을 목적으로 한다" 고 정하고 있다.

홍익인간이념은 우리 민족의 이상을 가장 잘 나타낸 민족정신이다. 그리고 弘道益衆道를 널리 인간 세상에 넘치게 함을 위해서는 교육과 학습이 중요하다. 그렇기 때문에 대한민국 교육의 근본이념을 '홍익인간의 건국이상에 터하여 인격이 완전하고 애국정신이 투철한 민주국가의 공민을 양성함' 에 두기로 결정하여 전인 교육을 추구한 것은 그야말로 건국이상을 실현하기 위한 획기적인 발상이었다.

홍익인간을 교육이념으로 한다는 것은 널리 인간 세상에 道를 넘치게 하여 골고루 인간을 이롭게 한다는 것이고 이를 위해서는 우리 모두가 완전한 인간이 되어야 한다는 것을 의미한다. 내가 다른 사람들에게 유리하게 하려면 적어도 해를 끼치지 않는 사람이 되어야 한다. 해를 끼치지 않는 인간이 되려면 풍부한 지식을 가지고 신체적 및 정신적으로 건강해야 한다. 인간으로서 사회에 유리한 일을 하게 하는 것이 교육의 제1의 목표고 교육받은 사람은 나 개인뿐만 아니라 사회복리, 즉 인간행복을 위해 활동하는 것이다.

완전한 인간으로 사람노릇을 하려면 덕지체정육德智體情育의 원만한 인격을 도야하고 완성해야하므로 전인교육의 가르침과 학습이 중요하다. 완전한 인격양성의 목적은 나 개인은 물론 공동체를 위해 홍익하는 생활과 활동을 하는 것이다. 이 홍익생활은 가정, 학교, 사회, 국가 나아가 세계 생활에서 실천해야 할 것이다.[8]

이와 같은 가르침은 공상이 아니냐고 할 수 있으나 그렇지 않다. 원시시대에는 자기 먹을 것을 스스로 해결해야 하였으나 오늘날과 같이 복잡하게 조직된 사회에서는 개인 중심의 생활은 할 수 없을 뿐만 아니라 온 사회나 세계의 폐단이 자기이익의 생활을 영위하는 데서 생겨난다고 한다. 누구나 다 공익공복共益共福을 위한다면 그 사회의 복리福利가 증진되지만 개인의 사리만 위한다면 공동복리가 피폐해진다는 것이다. 그러나 이는 이해의 부족에서 온 것이다.

---

8. 백낙준(1953) 24~78쪽 참조.

사람에게 가장 중요한 것은 개인의 권리다. 모든 사람은 각자가 삶의 주인이며, 타인의 권리를 침해하지 않는 한 자신이 선택한 방식대로 자기 삶을 살아갈 권리가 있다. 이런 사회에서는 개인이 이타심이 아니라 자기이익에 따라서 경제행위를 하더라도 모든 사람이 올바르게 자신의 일을 혼과 열정을 바쳐 사명감을 가지고 완벽하게 함으로써 자신뿐만 아니라 남과 사회를 위한 결과를 가져오게 한다. 만일 자기이익을 배제하고 이타심이 주가 되는 공동체 윤리로 대체하면 사회의 번영을 기대하기 어렵다. 이타심은 인간행동의 주요 동기가 아니기 때문이다.

이런 면에서 홍익인간사상과 자본주의 시장경제는 궁합이 잘 맞는다고 할 수 있다. 인간 본성 중에 가장 기본적인 자기애와 자기이익을 무시하거나 배제하면 사람들의 행동 동기가 사라져 경제활동이 위축된다. 따라서 자기이익을 배제하기보다는 그것을 인정하고 남에게 피해가 가지 않도록 하는 도덕적 제약을 가하는 것이 더 합리적이다.

국가적 · 사회적 · 시대적 요청에 부응하여 우리나라에서 설정한 교육목표는 다음과 같다. 첫째, 대한민국 국민으로서 민주사상의 근본인 인간의 가치를 최고로 인정하고 그 존엄성을 자각하여 인간행복을 달성하는 자유인이 되는 것이다. 둘째, 행복한 사회생활을 영위할 수 있는 개인으로서 학행일치學行一致하는 자활능력을 가진

〈그림 3-1〉 교육의 목표와 기본노선

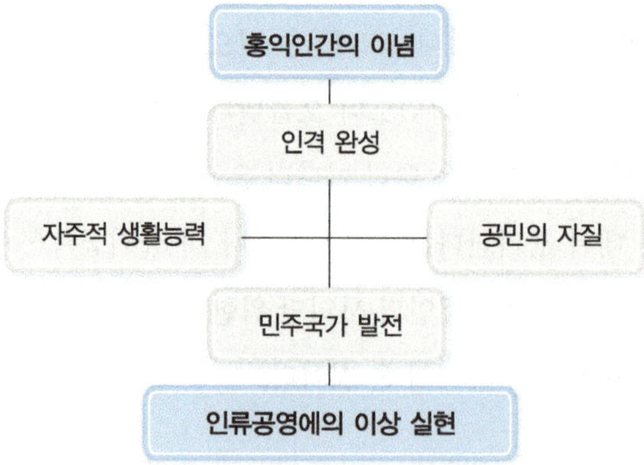

자료출처 : 문교부, 『문교개관』, 대한문교서적주식회사, 1958. 4쪽에서 인용.

사람이 되는 것이다. 경제적 자립을 위해서는 지식과 기술을 익혀야 한다. 셋째, 민주세계의 일원으로서 세계평화에 기여할 수 있는 문화인이 되는 것이다.

이 목표를 달성하기 위해 교육방침의 골간은 인격교육, 기술교육, 국방교육, 지식교육을 철저히 하는 것이었다. 우리 민족고유의 정신을 발휘할 수 있는 인격자를 양성하기 위해 고유한 도의에 입각한 민주주의적 국민도덕교육을 중시하였다.

교육법의 규정은 헌법의 근본이념에 입각하여 우리나라 교육의 궁극적 목표와 기본노선을 천명한 것이다. 제1조의 내용은 [그림 3-1]과 같이 도시할 수 있다.

홍익인간이념을 교육이념으로 채택한 동기를 『문교개관』을 참고하여 다음과 같이 정리하였다. 문교부(1958) 4~8쪽

(1) 홍익인간이념은 우리 역사가 시작된 이래 우리 민족이 간직하여 이어 내려온 민족정신이다. 홍익인간은 우리나라 건국이념이기는 하나 결코 편협하고 고루한 민족주의 이념의 표현이 아니라 인류공영이란 뜻으로 민주주의의 기본 정신과 부합되는 이념이다. 홍익인간은 우리 민족정신의 정수이며, 일면 기독교의 박애정신, 유교의 仁, 그리고 불교의 자비심과도 상통되는 전 인류의 이상이기 때문이다.

(2) 교육의 근본인 인격의 완성은 시간과 공간을 뛰어넘는 추상적 인격이 아니라 민주국가 발전에 봉사할 수 있는 인격을 뜻한다. 우리나라 교육이 추구하는 인격은 홍익인간이념에 입각하여 민주국가 발전에 봉사하며 인류공영의 이상 실현에 기여할 수 있는 현실적 능력과 자질을 갖춘 애국적이며 민주적인 실천적 인간을 의미한다.

(3) 자주적 생활능력과 공민으로서의 자질은 우리나라 교육의 근본 목적을 달성하는 두 큰 지주로서 불가분의 관계에 있다. 국민 각자가 자유와 행복을 누리면서 자주적으로 국가발전에 협조·봉사해야 개인과 국가가 조화롭게 발전할 수 있다. 그러므로 자주적 생활능력의 함양은 우리 교육이 항상 추구해야 할 기본과제인 동시에 가장 긴급하고 중요한 교육목표의 하나이다. 자주적 생활능력이 개인의 자유롭고 행복한 생활을 보장하고 민주국가 발전에 현명하게 기여하기 위해서는 국민 각자가 공민으로서의 자질을 갖추어야 한다. 즉, 자주적인 생활능력을 가진 자가 공

민으로서의 권리와 의무를 현명하게 행사함으로써 개인과 국가의 조화로운 공존공영이 구현될 수 있다.

(4) 홍익인간이념에 입각하여 자주적인 생활능력과 공민으로서의 자질을 구유한 인격의 함양은 궁극적으로 민주국가 발전에 봉사하기 위한 것이다. 따라서 우리나라 교육의 근본 목표는 국민 모두가 민주국가 발전에 현명하게 봉사할 수 있도록 인도하는 데 있다.

(5) 인류공영의 이상을 실현하기 위해서는 먼저 모든 인간이 각자가 소속하는 민족이나 국가를 자유민주적으로 발전시키는 데 봉사해야 한다. 자유민주국가에 있어서 자기의 민족이나 국가를 전 인류의 우위에 놓으려는 편협한 배타주의 민족사상은 용납되지 않는다. 그러므로 인류공영의 궁극적 목표 실현은 먼저 각 민족과 국가가 그들 자신의 자유민주적 번영을 성실히 추구함으로서 가능한 것이다.

2) 전인교육을 위한 7개 교육방침

교육의 근본 목적인 전인교육을 달성하기 위하여 정부는 교육법 제2조에 7가지의 근본 교육방침을 수립하였다. 이는 교육부문에서 홍익인간이념을 실현하기 위한 방법으로 다음과 같다. ① 신체의 건전한 발육과 유지에 필요한 지식과 습성을 기르며, 아울러 견인불발의 기백을 가지게 한다. ② 애국애족의 정신을 길러 국가의 자주독립을 유지 · 발전하게 하고, 나아가 인류평화 건설에 기여하게 한다. ③ 민족의 고유문화를 계승앙양하며, 세계문화의 창조발전에 공헌하게 한다. ④ 진리탐구의 정신과 과학적 사고력을 발양하여 창의적 활동과 합리적 생활을 하게 한다. ⑤ 자유를 사랑하고 책임을 존중하며, 신의와 협동과 경애의 정신으로 조화 있는 사회생활을 하게 한다. ⑥ 심미적 정서를 함양하여 숭고한 예술을 감상 · 창작하고 자연의 미를 즐기며 여유의 시간을 유효히 사용하여 화해 · 명랑한 생활을 하게 한다. ⑦ 근검노작하고 무실역행하며, 유능한 생산자요 현명한 소비자가 되어 건실한 경제생활을 하게 한다.

제1조의 목적 규정과 제2조의 방침에 관한 규정은 목적과 수단의 관계에서 표리일체가 되는 것이다. 7가지 사항은 대한민국의 교육목적을 달성하는 데 준거하여야 할 근본적인 방침이다.[9]

(1) 건강한 신체와 견인불발의 기백

건강은 행복의 근원이다. 민주국가의 교육목적은 국민 각자의 번영을 추구하는 데 있으므로 모든 국민이 신체의 건전한 발육과 유지에 필요한 지식과 습성을 갖도록 함은 우리 교육활동이 추구하여야 할 중요한 목표이다. 사람의 건강은 심신의 조화로운 발달에 의존하므로 건전한 육체의 육성과 정신의 함양에 힘써야 한다. 특히 국토수복과 경제재건이란 민족적 과업을 완수하기 위해 모든 고난과 장애를 극복하면서 용감하게 나아가는 불발의 기백을 가져야 한다.

(2) 애국애족의 독립정신과 인류평화에의 공헌

모든 국민이 나라와 겨레를 사랑하는 마음을 갖게 하고 국가의 독립을 수호하고 국가번영을 보장하는 터전이 되어야 하므로 모든 교육활동은 애국애족정신 및 민족의 독립과 발전에 대한 책임의식을 함양하여 스스로 국가와 민족에 봉사하는 희생적 정신의 배양에 힘써야 한다. 그러나 애국애족정신이 배타적 민족주의로 오도되어서는 안 된다. 애국애족정신은 인류평화 건설에 기여할 수 있어야 한다. 배타적 민족주의는 국제평화를 교란함은 물론 국제적 고립을 야기하여 도리어 외국의 간섭과 침략을 초래한다. 그러한 과거 역사에 비추어 국민교육의 모든 측면에서 정의와 인도에 입각한 국제적 협력을 강조하여야 한다.

(3) 민족 고유문화의 계승앙양과 세계문화에의 공헌

문화의 구체적 표현은 민족이나 국가생활에 기반을 두므로 우리는 먼저 우리 민

9. 문교부(1858), 8～14쪽 참조.

족이 발전시켜 온 문화를 계승·발전시키지 않으면 안 된다. 그래서 교육법에서는 민족문화의 계승과 앙양을 강조하고 나아가 민족문화가 세계문화의 창조발전에 공헌하여야 한다고 천명한 것이다.

(4) 창의적 활동과 합리적 생활

국민생활의 발전을 위해서는 과학의 성과를 실생활에 효과적으로 적용시켜야 하므로 모든 교육활동은 사실에 입각한 과학적 사고와 생활태도의 육성에 주력해야 한다. 이런 생활태도는 진리를 사랑하고 탐구하면서 진리에 입각하여 각자의 모든 행동을 규율하는 경지까지 발전되어야 한다.

(5) 자유와 책임 및 신의와 협동

민주국가의 본령은 국민 각자의 자유로운 사상과 행동을 최대한 보장하는 데 있다. 그러나 개인의 자유는 안전한 사회질서의 상태에서 누릴 수 있으므로 모든 개인은 사회질서를 유지하고 발전시키는 데 협력할 책임을 져야 한다. 자유와 책임은 서로 분리할 수 없는 불가분의 관계에 있다. 민주사회에서는 권리와 의무가 서로 균형있게 조화되어야 한다. 권리만 주장하고 의무를 소홀히 하면 사회질서는 혼란스럽고, 의무만 강요하고 개인의 권리를 억압하면 전제주의국가로 전락하게 된다. 그러므로 민주사회를 유지·발전하기 위해서는 구성원의 고도의 교양과 자각적 협력이 필요하다.

국민 각자가 서로의 인격과 자유를 존중하고 각자의 맡은 바 책임을 완수하면서 국가·사회의 발전을 위하여 서로 협동하여 일할 수 있는 인간형성이 오늘날 요구되는 기본노선이다. 신의와 협동은 민주사회를 유지하는데 필수적인 시민정신의 핵심이므로, 모든 교육활동을 통하여 신의를 지키고 스스로 사회발전에 참여하는 협동적 봉사적 정신을 배게 해야 한다.

(6) 심미적 정서의 함양과 여가의 현명한 사용

인간의 생활을 풍부하고 윤택하게 하기 위해서는 심미적 정서의 함양이 필요하다. 심미적 정서의 함양은 숭고한 예술을 감상·창작하고 자연의 미를 즐기는 가운데 이루어진다. 이런 정서생활은 보통 여가시간에 이루어지므로 여가의 현명한 사용은 각자의 생활에 지대한 영향을 미친다.

참된 인간의 행복은 조화로운 정서생활을 영위하는 가운데 향유될 수 있으므로 항상 자연과 친근감을 갖게 하고, 숭고한 예술작품을 감상하게 하여 각자 여유로운 시간을 취미와 개성을 발전시키는 데 유효하게 사용하는 습성을 길러야 한다. 국민 각자가 시간을 현명하게 사용함으로써 생활을 풍부하고 윤택하게 하여 명랑하고 화해로운 국민생활의 향상·발전을 기하여야 한다.

(7) 건실한 경제생활

우리나라가 자주독립의 민주국가로 영원히 번영하기 위해서는 국민생활의 기초인 경제생활의 자주독립이 실현되어야 한다. 개인생활도 경제적으로 궁핍하면 생활의 자주성을 상실하기 쉽다. 따라서 모든 교육활동을 통하여 건실한 경제생활을 영위할 수 있는 정신, 지식, 기능 및 태도의 육성에 노력해야 한다. 건실한 경제생활은 근검노작勤儉勞作과 무실역행務實力行에서 비롯되므로, 교육의 전 과정에서 근검절약과 정직한 생활태도를 함양해야 한다. 이런 기본적 태도에 입각하여 모든 경제활동에 현명하게 참여하는 기능을 육성함은 우리 교육의 가장 중요한 당면 과제이다.

교육부문에서 홍익인간이념을 실현하기 위하여 제시한 7가지의 교육방법의 내용은 우리 민족과 나라뿐만 아니라 인류문화 공영발전에 기여할 수 있는 인류 보편적 이상을 표현한 것이다. 또한 개개인의 정신과 신체 단련, 심미적 정서의 발달과 건전한 경제활동 도모 등을 강조함으로써 사회발전에 기여할 수 있는 개개인의 가치 지향점을 제시하고 있다.

곧이어 일어난 전쟁으로 시행된 전시교육의 3원칙의 구체적 내용은 첫째, 학행

〈그림 3-2〉 돌에 새긴 홍익인간[10]

일치學行一致로, 이를 성취하기 위해 실천한 것이 일인일기一人一技와 성인들의 신생활 운동이었다. 이에 대한 반응은 기대 이상이었다. 학생들은 수업을 마친 후에 자기의 소원에 따라 공장, 회사, 기타 산업 활동부문에 배정되어 양계, 양봉, 접목, 원예, 라디오, 자동차, 항공기술, 구두수선, 이발, 인쇄, 제본, 벽돌과 기와 만들기, 목공, 타지, 양재, 통조림, 미용 등을 배웠다. 성인 신생활운동을 실시하기 위하여 문교부 문화성인교육과는 ① 글을 배울 것, ② 청결, ③ 부지런할 것, ④ 정직할 것 4개 목표를 제시하였다.[11]

10. 1949년 12월 31일 공포된 교육법 속에 대한민국 교육의 기본 이념으로 홍익인간을 채택하였음을 기념하여 용산고등학교 원홍균 교장의 친필 휘호를 음각하여 1950년 6월 1일 교정에 건립한 기념비임.
11. 백낙준(1953), 36~50쪽 참조.

둘째, 자유를 강조하여 자유국민[自由國民]과 자치능력을 발전시키는 것이다. 자유가 없이는 자기신뢰가 없으며, 자기신뢰가 없이 효과적 교육은 없기 때문이다. 자유국민은 기본적 자유인 경제적 자유[생존권], 양심의 자유, 정치적 자유[인간존엄성과 자존심], 공포와 불안에서의 자유를 향유해야 한다. 이는 청년들의 마음속에 필요한 이상[里想]이며 청년은 이를 위해 싸워야 한다는 것을 고취한다는 것이다.

셋째, 학생들이 학교규칙 범위 내에서 자유로운 자치를 발전시켜 세계의 다른 자유 국민과 협력하여 한국 국민의 자치하는 자유를 유지하도록 하였다. 또한 세계 집단안전보장계획에 참가하여 의무를 다하고 효과적 역할을 하여 세계평화를 유지하는 책임을 지는 세계일원의 역할을 하도록 한다.

따라서 홍익인간이념은 한국의 인적자본을 축적하는 데 지대한 영향을 미쳤다. 역사적 경험에 따르면 경제발전은 인적자본과 아주 밀접한 관련이 있다. 한국의 인적자본 축적은 어느 나라보다도 잘 이루어져 성공적인 경제발전을 달성하였다. 이는 제12장에서 자세히 다룰 것이다.

3) 홍익인간으로 살아온 증거

홍익인간이란 말은 문자에서 나온 것이 아니고 순전히 민족생활을 통해서 우리 민족이상으로 된 것이다. 백낙준[1953년]은 을지문덕이나 이순신 장군을 홍익인간의 모범으로 들면서 우리 민족이 홍익인간이념으로 살아온 증거를 다음과 같이 들고 있다. ① 14세기경 불교를 받아들여 우리 것으로 만들어 다른 나라에 전하고, 유교도 받아들여 딴 나라에 전했다. 이것은 남을 위한다는 생각에서 우리보다 뒤떨어진 민족을 위해서 전하여 준다는 자발적 이념에서 나온 것이다. ② 일제 강점기에 남부여대하여 만주·시베리아로 가서 생명을 유지할 때도 그곳에서 문화적 농업방식을 그곳 지방민들에 가르쳤다. ③ 현재는 우리 민족이 세계 모든 민족이 집단안전보장원칙 하에서 평화를 누릴 수 있도록 선두에 서서 희생하고 봉사하고 있다. 이런 것들이 민족적으로 홍익인간의 생활을 하였다는 증거이다.

홍익인간이념에 따른 교육의 3대 방침은 ① 사회에 나가 자립할 능력을 가진 사람을 만드는 것이고, ② 자유인을 만드는 것이고, ③ 세계의 자유와 평화에 공헌할 수 있는 평화인을 만드는 것이다. 교육의 4대 중점은 ① 지식교육, ② 기술교육, ③ 도의교육, ④ 국방력의 강화를 위한 정신교육과 군사훈련교육이다.[12]

우리 민족이 홍익인간이념을 실천한 대표 사례로는 평화를 사랑하여 역사적으로 볼 때 다른 민족을 일부러 침략한 적이 없다는 것을 들 수 있다.

2. 홍익인간이 주는 현대사회에서의 가치 지향점

다음에서 홍익인간의 현대적 가치를 구체적으로 살펴보도록 한다.

2.1 홍익인간의 인본주의

홍익인간이념의 핵심인 인본주의가 향하는 것은 세상의 모든 문명장치는 인간의 행복에 봉사해야 한다는 인간중심사상이고, 이웃과 공동체의 행복에 기여하는 삶이 바람직한 삶이라 보는 공동체주의이며, 내세가 아닌 현세에서의 행복을 중시하는 현세주의를 추구한다.[13]

홍익인간은 독재와 전체주의에 대해서는 민본주의와 민주주의로, 종교가 신의 권위를 빙자하여 인간을 억압하는 것에 대해서는 인본주의로, 인간가치를 종속시키는 물질만능주의 세태에 대해서는 인간주의와 인격주의로 대비한다. 전쟁과 폭력에

---

12. 백낙준(1953), 90~99쪽 참조.

13. 홍익인간은 현세에서의 개인 · 사회 · 공동체의 행복을 우선 고려하고 있다. 가령 환웅이 굳이 '탐구인세' 라 하여 천하와 지상에 뜻을 둔 것은 거기에 사람과 인간이 있기 때문이었으며, 그가 신시에서 처결한 곡 · 명 · 병 · 선악 · 형 등은 인간사회의 복지 · 안전 · 질서에 관계되는 일들이었던 것이다. 홍익인간의 인본주의는 사후나 내세에서의 구원보다는 현세에서의 복지와 정의를 더 중시한다. 홍익인간의 이와 같은 현세중심주의는 탐구인세 · 재세이화 같은 문구에서 확인되며, 인간에게 구체적인 도움을 주고자 한다.

대해서는 평화와 안전으로, 비능률과 비합리성으로 사회의 활력을 질식시키는 것에 대해서는 능률과 합리성을 향한 혁신으로, 불공정과 불평등에 대해서는 공정과 평등으로 대비한다. 불의와 태만에 대해서는 정의와 근면으로, 분열과 불화에 대해서는 단결과 화합으로, 외세의 침략과 간섭에 대해서는 자주독립으로 대비한다. 이 모든 것은 인류공영의 사해동포주의로 해석되어야 한다.

이상의 것을 통해 볼 때 홍익인간사상은 인간의 존엄성 · 행복 및 목적가치로의 지위를 저해하는 모든 것에 대하여 반대하는 속성을 지닌다.

2.2 홍익인간의 사회윤리이념

사회는 유기체적으로 서로 얽혀 있기 때문에, 혼자 잘사는 것이 아니라 함께 같이 살아간다. 따라서 홍일인간의 윤리이념은 현대사회와 같이 복잡하고 인간 간의 관계가 세밀하게 얽혀 있을수록 지향해야 할 근본적 가치체계이다.

사회윤리로서의 홍익인간은 인간의 행복에 기여하는 국가나 권력만 정당할 수 있다는 것을 계시한다. 홍일인간은 인간 공동체를 행복하게 하는지를 판단과 평가의 기준으로 삼는다.

홍익인간이 사회를 향한 윤리 차원에서 주는 분명한 계시는 국가나 권력이 가져야 할 덕성뿐만 아니라 모든 백성이 공동체를 향하여 가져야할 정신과 자세에 대한 명제로 해석되어야 한다. 사회통합에 필요한 윤리는 소극적 윤리와 적극적 윤리로 구분할 수 있다. 소극적 윤리는 정직, 신용, 상호존중, 관용, 준법정신 등과 같은 덕목들이다. 적극적 윤리는 대가나 상호성이 없이 나누고 베푸는 공적 가치에 대한 헌신과 나의 것을 남과 공유하는 덕과 같은 것이다. 소극적 덕만으로도 신뢰와 공존은 가능하겠지만, 적극적 덕성이 실천되어야만 일체감이 조성되어 공고한 사회통합이 달성될 것이다.

홍익인간 윤리이념은 소극적 윤리뿐만 아니라 적극적 윤리를 촉진한다. 그것은 자신의 몫이나 권리를 관철하려는 이기적 태도를 넘어, 공감하고 협동하는 상태를 이루는 데에 만족하지 않고 적극적으로 공유하여 이웃과 공동체의 행복을 위해 봉사하고 헌신하는 삶을 권유한다.[14] 따라서 통치자와 백성이 각자의 본분에 걸맞는 역할을 최대한 펼쳐 인간의 번영과 행복을 구현하는 것이다.

홍익인간의 이와 같은 윤리적 이념은 유교의 仁이나 불교의 자비, 기독교의 사랑과 상통하는 덕성이다. 일찍이 정인보는 홍익인간을 '先公後私'의 윤리규범으로 해석했었다. 홍익인간의 이와 같은 윤리적 지향은 공동체를 회복하고 사회통합을 달성하며 경제방면에서의 건강한 발전을 도모함에 있어 꼭 필요한 요소이다. 홍익인간은 개인의 무분별한 이익이나 욕망을 쫓는 삶보다 이웃과 공동체의 행복에 기여하는 삶을 살 것을 권고한다.

2.3 사회통합과 홍익인간사상

통합을 위한 공통적 정체성을 정립하기 위해서는 구성원들에게 공유된 것들 중에도 일정한 역사적 근거와 실질적 지침이 될 수 있는 것이어야 하는데, 홍익인간 정신과 이념은 7000년 이상 면면히 이어온 한민족의 고유한 대표적 정체성이므로 사회통합이라는 실천과제로서 매우 유용하다. 사회통합은 공통적인 정체성을 필요로 한다. 공통적 꿈 · 비전 및 공동 가치와 목표가 공유되어 공동의식이 강해지면 갈등의 소지가 있어도 서로 양보하고 절제하여 통합으로 나아가 대립과 갈등이 완화될 것이다. 한국의 공통적 정체성의 기초는 헌법적 가치를 토대로 한 대한민국 국민으로서의 국민적 정체성에 입각할 것이다. 공통적 정체성은 우리 민족 구성원들에게

14. 홍익인간의 이와 같은 지향은 중국 사서가 전하는, "어질고 살리기를 좋아한다"(仁而好生 : 후한서), "양보하길 좋아하고 다투지 않는다"(好讓不爭 : 산해경) 또는 "서로 범하지 않고 서로 기리며 헐뜯지 않고, 환난에 빠진 사람을 보면 죽음을 무릅쓰고 구해준다"(不相犯相譽而不相毁 見人有患投死救之 : 신이경)고 했던 東夷민족 특유의 덕성들과 상통하는 것이어서 주목된다. 또한 홍익인간은 근대 신종교(민족종교)가 강조한 事人如天-人乃天(동학)이나 해원상생론(증산교) 및 후천개벽 · 지상천국론과도 상통한다. 또 최치원의 [난랑비서]가 말한 현묘지도-접화군생론과, 광개토왕릉비나 박혁거세신화에 나오는 以道輿治 · 光明理世론 같은 고유적 이념과의 연관성도 분석될 필요가 있을 것이다.

공유되는 역사와 전통유산에 기초하여야 한다. 거기에 합당한 것이 단군 이래의 전통적인 홍익인간이념이다.

앞에서도 본 바와 같이 우리나라 헌법전문에는 공통 정체성으로 자유민주주의를 제시하고 있을 뿐만 아니라 자유민주주의보다 훨씬 상위 개념인 홍익인간 정신과 이념이 녹아 있다. 또 홍익인간이 지향하는 국가관이나 경제관은 자유지상주의에서 말하는 자유방임이나 최소국가사상과는 거리가 있다. 在世理化 역시 신시[공동체]와 세상에 대한 환웅의 이성적 관여나 기획으로 해석될 수 있다. 홍익인간과 재세이화의 구현 주체는 환웅[또는 국가권력]이었고 대상은 일반 백성 또는 피치자였으나 모든 것을 국가나 통치자 의사대로 관철하고 통제하는 국가만능주의가 아니었다. 오히려 권력의 작용이나 기능의 목적은 도의 구현에 있었다.

또한 사회통합은 그를 지향하는 실질적인 정책과 실천계획에 의해 촉진된다. 그런데 홍익인간은 통합으로 나아가는 정책과 실천계획을 조성하는 데도 유용한 지침을 준다. 홍익인간의 기본적 지향은 개인자유주의보다는 공동체주의를 우선한다. 그러면서도 홍익인간의 공동체주의는 개인의 창의성을 질식시키는 전체주의나 기계적 평등주의를 거부한다.

2.4 홍익인간의 사회경제사상

홍익인간이념은 누가 물을 떠서 배급하거나 베푸는 구조가 아니고 스스로 열심히 노력하면 사람이나 기업 모두 일어설 수 있다는 자조정신 및 상생정신과도 부합된다. 또한 경제성장으로 확대된 과실을 낙수효과를 통하여 구성원들에게 혜택이 돌아가 복지나 행복에 기여함을 내포하고 있다. 홍익인간사상이 가지는 이와 같은 지향은 통합과 성장을 동시에 추구해야 하는 발전의 시대적 과제를 이끌 수 있는 새로운 정치경제이론을 정립하는 데 이론적 토대를 제공할 수 있다. 따라서 생산성과 효율성은 물론 경제성장의 수익이 넓고 고르게 넘치는 것을 요구하여 시장경제체제와도 조화될 수 있다는 장점이 있다. 홍익인간은 사람과 사람 사이에 정신, 의사, 지식, 인정, 일자리, 정보, 재물 등이 물처럼 넘쳐흐르도록 하여 상생하는 풍요로운 공동체를 만드는 데 크게 기여한다. 우물이 넘쳐 그 유역에서 혜택을 받는 틀이므로 성장을 통하여 생산이 확대되고 생산에 기여한 몫에 따라 공정한 분배가 이루어져 지속적인 사회통합에 기여할 수 있다. 즉, 홍익인간사상은 생산성을 강조하는 시장경제주의와 연대성을 강조하는 공동체주의 모두의 요구를 동시에 충족시킬 만큼의 유연성을 보인다.

홍익인간이 지향하는 사회경제사상은 시장경제를 긍정하고 시장경제의 생산성과 활력을 복지와 평등을 현실화시키는 데 활용하려는 공동체 자본주의[15]나 창조적 자본주의[16]와 같은 대안이론과도 부합한다. 홍익인간은 복지와 분배, 그리고 시장과 평등의 문제를 동시에 충족시키면서 그 효율성을 달성할 수 있는 경제정책의 근간이념이 될 수 있다는 점에서 주목할 만하다.

---

15. 심상달, 「공동체 자본주의와 협력적 공유가치 창출」, 『국토연구』 통권 376호, 2013년 2월 ; 권영준, 「공동체 자본주의와 사회적 기업」, 한국로고스경영학회 2009년 정기총회 및 추계학술발표대회 발표논문집 ; 이우윤, 「공동체 자본주의와 사회적 기업가정신」, 선린대학 논문집 제31집, 2009.
16. 빈익빈 부익부를 심화시키는 자본주의의 폐해를 시장의 힘과 작동원리로 바로잡아 소외계층들도 배려하는 자본주의를 가리키며, 빌 게이츠 전 마이크로소프트(MS) 회장이 2007년 하버드 대학의 졸업식과 '2008 스위스 다보스 세계경제포럼' 기조연설에서 현대 자본주의를 비판하며 창조적 자본주의(creative capitalism)에 대해 역설하면서 관심이 집중되었다. 단순한 사회적 책임에서 머물지 않고 자본주의의 혜택을 받지 못하는 빈민층을 대상으로 하는 적극적인 기업 활동을 말한다. 즉, 단순히 구호물품 등을 제공하던 기존의 방식에서 벗어나 자선활동 자체를 사업화하고 각국 정부와 초일류기업들이 함께 연대해 빈곤 탈출을 위한 포괄적인 노력을 기울여야 한다는 것이다. 손대권, 「창조적 자본주의 : 자본주의의 위기와 진화방향」, 『창조와 혁신』 제5권 제2호, 2012년 9월 ; 마이클 킨슬리 저, 김지연 역, 『빌 게이츠의 창조적 자본주의』, 이콘, 2011.

제4장

홍익인간사상과 선비정신[1]

최근 우리 사회에 많이 회자되는 말에 '선비정신'이 있다. 우리나라가 선진국으로 진입하려면 선비정신을 되살려야 한다는 주장과 함께 나오는 말이다. 오늘날 우리가 본받아야 할 정신문화로서 선비정신이 떠오르는 것은 무엇 때문일까? 그리고 이것은 홍익인간사상과 어떻게 연계될까? 홍익인간이념을 현대사회에서 구현해야 할 방안을 찾기 위하여 선비정신을 되살려보는 것은 의미 있는 일이라고 보며, 선비정신의 구체적인 항목을 짚어보도록 한다.

1. 성리학의 성립과 우리나라에서의 발흥

선비는 성리학적 명분의 소산이므로 성리학의 원천인 유학[2]의 역사를 보자. 춘추전국시대 공자孔子에 의해 요堯 · 순舜 · 삼대夏·殷·周가 민본주의적 이상사회의 전형으로 제시되면서 성립된 원시유학은 시대에 따라 사상체계가 심화되고 발전되어

1. 이 장은 한영우(2014)를 많이 참고하였다.
2. 유학과 유교는 동의어로 전자는 학문적, 후자는 종교적 의미가 강하다. 여기서는 학문적 접근을 시도하므로 유학이라 전제한다.

연구나 접근방법도 변화하였다.

공자는 기존 질서가 붕괴하고 새로운 질서가 탄생하는 과도기의 사회위기를 천하무도天下無道로 파악하고 주대周代의 질서인 주례周禮의 회복을 희구했다. 즉, 현실 문제의 해결을 사회적 및 경제적 개선이 아니라 인간의 주관적 및 윤리적 측면에서 찾았고, 지식인 관료층인 사士에 의한 통치를 지향함으로써 군주에 대한 도덕성의 제고를 강조했다. 군자의 통치와 백성의 생산이라는, 주례에 합당한 사회적 분업을 하늘이 부여한 자연질서로 파악했고, 혼란한 사회질서를 바로잡으려면 법치法治보다도 덕치德治를 해야 한다고 주장했다. 즉, 수기치인을 강조하고 왕도정치를 주장함으로써 군주권한을 견제하고 사士의 역할을 강조했는데, 사민士農工商체제라는 신분사회를 구상하여 안정된 사회체제의 확립을 지향하였다.

중국에서 지배사상으로 뿌리내린 유학이 우리나라에 전래된 시기에 대한 정확한 기록은 없으나, 진서가 공통으로 통용되던 고조선시대[3]라고 볼 수 있다. 삼국시대 유학의 수용은 고구려가 372년소수림왕 2년에 태학을 건립함으로써 본격화하였으나 자세한 교과목은 알려져 있지 않다. 한대漢代의 태학에서 오경박사를 두어 오경五經을 교수하였으므로 미루어 알 수 있을 뿐이다. 백제는 4~5세기경 고흥高興의 『서기書記』 편찬과 왕인王仁의 활약에서 유학의 편린이 엿보인다. 신라의 경우, 초기에는 경전의 문장을 차용하는 수준에 불과했으나 7세기 중반에는 당의 국학에 유학생을 파견했고, 648년 김춘추가 석전釋奠과 강론講論에 참관했다. 국학이 정식으로 설립된 것은 682년신문왕 2년이다.

유학의 담당자로서는 6두품이 두각을 나타냈는데 강수强首 · 설총薛聰 · 최치원崔致遠 등이 대표적 유학자로서 탁월한 문장가로도 활동했다. 중대까지 골품제 구조 속에서 사회이념화하지 못했던 유학은 하대[4]에 와서 정치개혁의 사상적 기반으로 역

3. 정옥자(2002)는 한문의 전래가 곧 유학의 전래라고 보았으나 공자는 동이족이었고 당시에는 국가라는 개념이 희박하여 진서를 공통으로 썼을 것으로 추정된다.

4. 통일신라시대는 780년을 경계로 하여 크게 중대(中代)와 하대(下代) 2시기로 나누어진다. 중대는 태종무열왕이 즉위하여 삼국통일 전쟁을 시작, 이를 달성한 때로부터 780년까지로, 신라 역사상 최대의 전성기였고 문화적으로는 황금시대였다. 하대는 780년 혜공왕(惠恭王)이 반란군에 의해 죽은 뒤부터

할을 수행했는데 최치원崔致遠 등 도당渡唐 유학생의 활약이 컸다. 최치원이 시무時務 10여 조를 건의한 일이 대표적 예증이다. 6두품 출신 유자들은 견훤 · 궁예 · 왕건의 휘하에 모여들어 고려 건국의 일익을 담당했다.

고려는 종교로는 불교를, 치세이념은 유학에 의지했는데, 초기에는 신라 6두품 출신의 활약이 두드러졌다. 이때의 학풍은 한당유학풍漢唐儒學風으로 명경明經보다는 제술製述[5]을 중시했으나, 광종 대에 이르러 유가의 합리적 · 실제적 사고를 중시하면서 고대의 잔재를 청산하게 되었다. 고려시대의 사상적 근거는 불교로서 불교문화의 극성을 이룩했지만, 행정제도와 문물제도 정비 등 국가통치를 위한 치국화민治國化民은 유학의 소양을 훈련하는 교육제도와 과거제도에 의존했다. 무신집권기에는 문무의 지위가 바뀌어 문인 · 유자는 심산이나 궁곡에 피신하여 석자釋子로 전신하고, 일부는 죽림칠현竹林七賢으로 표현되듯이 은둔했다.

무신정권시대에는 유풍儒風이나 문풍文風은 침체를 면치 못했으나 고려 유학의 수준은 원나라에서도 높이 평가되었다. 원元 세조가 남송을 평정하면서부터 대대적으로 수용된 강남문화의 근간인 신유학新儒學은 제국의 행정조직을 통해 고려로 들어왔다. 원시유학에서 발전한 신유학은 북송에서 처음 형성하던 시기에는 고려 귀족층에게 큰 관심을 불러일으키지 못했다.

신유학의 핵심인 주자성리학이 원 복속기 고려 신지식층의 지적 호기심을 사로잡은 원인에는 원의 부용국附庸國[6]으로 전락한 고려의 현실이 있었다. 북방족에게 쫓기는 남송이 중화주의를 표방한 주자성리학에 민족적 자존심을 걸었던 것처럼 남송과 비슷한 처지의 고려도 자아상실의 방지책으로서 주자성리학을 껴안은 것이다. 주자성리학이 원 복속기의 고려에서 적극 수용된 것은 지방향리 출신인 신지식층에 의해서였다.

신라가 멸망한 935년까지이다.

5. 명경은 보통 유교의 경전에 통달하거나 과거 시험과목 중의 명경과를 지칭하고, 제술은 과거의 한 종류로, 시 · 부 · 송 · 시무책이 주요 시험 과목임.

6. 큰 나라에 붙어 지내는 작은 나라.

남송의 주희[7]가 중국의 중세적 민족주의라 할 수 있는 중화사상中華思想을 창출하게 된 것은 여진족의 금1115～1234과 몽골족의 원1271～1368의 침입에 시달리며 남으로 쫓겨 내려가는 조국 송나라가 처한 현실의 대응논리였다. 불변의 원리인 이理를 중국송에, 가변적 변화 요인인 기氣를 침입군인 북방족에 대비하여 불변의 원리인 이는 엄존하되 가변적 변화 요인인 기의 작용에 따라 일시적으로 변화한다는 이기론理氣論을 주장했다. 이것은 일시적이며 가변적인 기의 작용으로 북방족의 침입을 받고 있지만 불변의 원리로서의 이理인 중화문화는 결코 꺾이지 않는다는 중화문화의 우월성을 강조한 것이다.

주자의 사상체계로서 이기론 이외에 핵심이 되는 것이 성리설性理說이다. 성리설은 성즉리性卽理와 심통성정心統性情으로 요약할 수 있다. 심心이 아직 발하지 않은 상태가 성性으로서 도덕적 본성이고, 이미 발한 이후는 정情이니 개인적 욕망이다. 성은 본연지성本然之性[8]과 기질지성氣質之性[9]으로 나뉘고, 미발未發된 성에 이가 갖추어져 있으므로 성즉리설性卽理說이 성립하는 것이다.

정은 사단칠정四端七情으로 나타난다. 사단四端[10]이 도덕적 감정인 데 대하여, 칠정은 희喜 · 노怒 · 애哀 · 락樂 · 애愛 · 오惡 · 욕欲 등 일반적 감정을 일컫는다. 심통성정心統性情이란 심이 성과 정을 통섭하는 주재자로 양자 사이에서 선택하는 주체라는 것이다. 사람의 마음에는 도덕적 의무감인 천리天理와 인간적 욕망인 인욕人慾이 갈등 구조를 이루는데, 행위주체로서 선택하는 것이 심이므로 심을 수양하여 존천리거인욕存天理去人慾[11]해야 한다는 것이다. 천리의 구체적 내용은 삼강三綱[12]과 오상

---

7. 신유학의 핵심인 성리학의 이론체계를 정립한 사람은 남송의 주희(朱熹, 1130～1200년)이다. 북송의 오자(五子)라고 일컬어지는 주돈이(周敦頤, 1017～1073년), 소옹(邵雍, 1011～1077년), 장재(張載, 1020～1077년)와 정호(程顥, 1032～1085년), 정이(程頤, 1033～1107년) 형제를 거쳐 남송의 주희에 이르러 이론체계가 정립되었다.
8. 각 개체에 부여되기 이전의, 기질과 섞이지 않은 순수한 이(理).
9. 각 개체에 부여된 기질과 섞인 이(理), 다시 말하면 개별화한 성(性).
10. 仁義禮智에서 우러나는 惻隱, 羞惡, 辭讓, 是非의 4가지 마음씨.
11. 천리를 보존하고 인욕을 제거한다.
12. 군위신강(君爲臣綱), 부위자강(父爲子綱), 부위부강(夫爲婦綱).

五常[13]으로 표현된다. 따라서 마음의 수양을 궁극목적으로 하는 인성론人性論이 발달하는 것은 성리학 발전의 당연한 귀결이다.

심성의 수양이론은 거경궁리居敬窮理로 요약되고, 궁리는 성찰궁리省察窮理로서 격물치지格物致知와 통한다. 선비는 격물 · 궁리 · 치지의 소산이다. 격물은 사물의 이치를 연구하여 끝까지 따지고 파고들어 궁극에 도달함을 이르는 말이다. 거경궁리는 내적 수양법으로 반성하여 잠시도 게을리 하지 아니하고 起居動作을 삼가는 일이며, 궁리는 외적 수양법으로 널리 사물의 이치를 궁리하여 정확한 지식을 얻음을 이른다. 성찰은 스스로 자기의 선악과 시비를 깊이 생각하여 뒤돌아보는 것이다.

고려 말의 성리학자들은 고려를 성리학적으로 개량할 것인가, 성리학적 이념에 의한 새로운 국가를 건설할 것인가 하는 갈림길에 서 있었다. 성리학의 이념을 혁명적으로 현실정치에 구현하려는 정도전 계열의 급진개혁파가 이성계李成桂와 연계하여 혁명을 성공시켰다. 그리고 조선 왕조가 개창하자 주자성리학은 국학으로서의 위치를 굳히게 되었다. 조선의 성리학이 가진 관학풍官學風은 정도전이 정쟁에 밀려 제거되고 난 뒤 권근權近(1352～1409년)에 의해 조성되었다.[14]

13. 오륜(五倫). 군신유의(君臣有義), 부자유친(父子有親), 부부유별(夫婦有別), 장유유서(長幼有序), 붕우유신(朋友有信)

14. 권근은 성리학 도입에 결정적인 역할을 한 이제현(李齊賢, 1287～1367년)과 그 제자 이색(李穡, 1328～1396년)의 학통을 계승하고 있는 만큼 사장(詞章)에 깊은 조예를 갖고 있었다. 그는 조선 왕조 개창기에 문형(文衡)의 자리에 있으면서 사대(事大) · 교린(交隣) 등 대외 관계의 정립과 문물제도의 정비과정인 전장(典章)의 찬수에 절대적으로 공헌을 하는 한편, 『사서오경구결(四書五經口訣)』, 『오경천견록(五經淺見錄)』, 『입학도설(入學圖說)』 등을 저술함으로써 성리학에도 일가를 이루었다. 권근은 그야말로 도문일치(道文一致)에 충실했던 인물이다. 그러나 권근의 제자 대에는 학계가 관학풍과 사학풍(私學風)으로 대별된다. 문장으로 문한(文翰)의 책임을 담당하던 권우(權遇, 1363～1419년) · 변계량(卞季良, 1369～1430년) 등과 정법(政法)에 밝아 국무에 공헌한 맹사성 · 허조(許稠, 1369～1439년) 등 사장 중심의 관학풍이 주류를 이루는 가운데, 길재(吉再, 1353～1419년 : 권근의 제자이면서 정몽주의 제자)가 영남 지방에 은거하면서 제자를 양성하여 사학풍(私學風)을 조성한 것이다. 그 후 관학풍은 그 문사(文詞)에 대한 조예로 국초 문화에 공헌한 반면 사학풍은 정몽주의 적통이라는 자부심을 키우면서 의리지학으로서의 성리학 연구에 깊이 침잠하여 그 이해의 밀도를 짙게 하였다.

2. 선비정신 원형으로서의 홍익인간

2.1 홍익인간의 공동체 윤리와 선비정신

선비의 원형은 동호족東胡族 : 퉁구스족의 일파인 선비족에서 유래하였으며 삼국시대에는 진서眞書식 표현인 선인仙人 또는 선랑仙郞으로 불렸다. 선비족은 선교의 신봉자들이고 무사의 기능을 겸비하였다. 선비는 온돌을 사용하고, 태양을 비롯한 일월성신日月星辰을 숭배하며, 태양이 떠오르는 동쪽을 숭상하고, 태양 속에 까마귀가 있고 죽음을 하늘로 돌아가는 것으로 믿으면서 장례식을 노래와 춤으로 치르는 풍습이 있었다고 한다. 삼국사기에 의하면 우리나라 최초의 선인, 즉 선비는 단군왕검이었다. 선인이란 본래의 뜻은 '산에 사는 사람' 혹은 신선을 일컬었으며, '산에 살면서 죽지 않고 신선이 된 사람'을 가리킨다.[15]

한국 선비정신의 뿌리를 담은 이야기는 신시개천기神市開天記이다. 신시개천기는 우리나라 최초의 국가인 배달국倍達國[16]과 고조선을 누가, 언제, 어디에 세웠는가를 밝히고 있고, 배달국과 고조선을 세운 사람들의 원초적인 우주관과 윤리관을 보여주고 있다. 이 원초적인 우주관과 윤리관은 한민족에게 영원한 문화유전자로 살아남을 것이기 때문에 배달국 1565년과 고조선 2096년의 역사로 끝난 건국보다도 어떤 의미에서는 더 중요하다.

배달국과 고조선의 국가관이며 통치관이고 윤리관은 홍익인간이었다. 홍익인간의 내용은 앞에서 살펴본 바와 같이 모두 360여 가지로, 그중 중요한 것이 주곡·주명·주병·주형·주선악主穀主命主病主刑主善惡 다섯 가지이다.

환웅이 하느님의 서자라 한 것은 첩의 자식이 아닌 여러 아들 중의 하나라는 의미이다. 환웅은 하느님의 독생자가 아니라 여러 아들 중의 하나이기 때문에 하느님의 아들이 세운 나라가 또 있을 수 있다고 본 것으로 아주 겸손한 말이다. 이는 예수

15. 자세한 것은 한영우(2014) 19~23쪽 참조.

16. 「삼성기전 하편」 안경전(2012) 185~195쪽 참조

를 하느님의 독생자로 보는 기독교나 알라신만이 인류를 구제할 수 있다는 이슬람과 비교할 때 매우 포용적인 표현이다.

홍익인간은 모든 백성에게 도가 흘러 넘쳐 공동체와 그 구성원들을 이롭게 한다는 의미이다. 이는 인간 사이에도 정 · 사랑 · 정보 · 물자 · 일자리 등이 넘쳐 개인과 공동체가 모두 도움을 받는 형국이다. 또한 이는 스스로 노력하는 사람을 똑같이 사랑하고 도와주자는 인간 공동체정신을 담고 있다. 이 정신은 한국인의 특이한 공동체문화를 실현하는 정신적 바탕이 되었다. 한국인의 언어에서 '나' 보다 더 많이 쓰는 '우리' 는 여러 사람을 감싸고 있는 '울타리' 란 뜻이다.

한국인은 '정 떨어진다' , '정이 많은 사람이다' 라는 표현을 자주 쓰는데 이는 정을 매우 중요시 하기 때문이다. '정' 이란 곧 '나눔' 이다. 남에게 베풀 줄 모르고 자기만을 생각하는 사람은 '정 없는 사람' , '정 떨어지는 사람' 이다. 공동체는 서로 나누고 베푸는 데서 유지되고, 공동체가 안정되면 개인의 행복도 보장된다. 역사적으로 우리는 대동계大同契라는 공동체 재원을 만들어 어려운 일이나 경사스런 일이 있을 때 부조하고 농사 때도 노동력을 서로 돕는 품앗이 등 자발적이고 공동체적인 사회복지를 시행하여 왔다.

이렇게 나보다 '우리' 를 앞세우다 보니 개인의 사생활이나 인권이 무시된다는 지적도 있으나 전통사회에는 사생활이나 인권이란 개념은 약하였다. 사생활과 인권보다는 자신의 수양과 인격완성을 더 존중하였다. 개인이 수양되고 인격이 완성되면 서로를 존중하게 되어 사생활과 인권은 저절로 보장될 수 있다. 개인의 사생활과 인권은 보장되어야 하지만, 공동체의 이익과 충돌할 때에는 개인의 양보가 필요하다. 개인의 사생활이나 인권이 지나치게 존중되면 개인이 오히려 소외되어 외로운 존재가 될 수도 있기 때문이다.

한국인의 아름다운 공동체문화는 옛날부터 칭송되어 기원전 5세기에 동이족이며 유교의 창시자인 공자孔子는 가장 먼저 조선을 군자국君子國이라 불렀고 이민 가서 살고 싶은 나라로 꼽았다.한영우(2014) 31~32쪽 유교 경전에서 추앙하는 모범은 대부분이 동이족으로 되어 있다. 황하의 치수사업을 잘하여 성인으로 추앙된 순舜임금, 효자의 상징으로 칭송받는 대련大連과 소련少連, 팔괘八卦를 만들어 주역周易의 원초가 되도록 한 복희씨伏羲氏 등 그 수를 헤아릴 수 없다. 그래서 공자가 만든 유교는 동이족의 아름다운 풍습을 잘 아는 공자가 이론화시킨 것으로 보아도 무방하다. 역사적으로 한국인이 유교를 열렬하게 실천하고 유교적으로 살아온 이유이기도 하다. 한영우(2014), 33쪽

공자 이후로도 아름다운 조선의 공동체문화를 칭송한 기록은 기원전 2~1세기 사람인 동방삭東方朔이 쓴 신이경神異經에서도 볼 수 있다. 그는 그 책에서 동이족의 풍습을 "항상 공손하게 앉아 서로 침범하지 않으며, 서로 존경하고 헐뜯지 않으며, 근심스런 일이 생기면 목숨을 던져 구해준다. 그래서 군자국으로 부른다" 고 묘사하고 있다. 3~4세기에 곽박郭璞이 편찬한 산해경山海經에는 "동방에 군자국이 있으며, 죽지 않는 사람들이 있다" 고 쓰여 있다. 4~5세기에 후한서後漢書의 동이전에도 "동이족은 착하고仁, 생명을 사랑하며好生, … 천성이 유순하여 도로서 다스리기 쉽다. 군자로서 죽지 않는 나라가 있다" 고 기록하고 있다.

신라BC57~935의 세속오계는 화랑[17]오계라고도 한다. 600년진평왕 22 원광이 중국 수나라에서 돌아와 운문산雲門山 가실사嘉瑟寺에 있을 때 귀산貴山과 추항箒項에게 가르친 사군이충事君以忠 · 사친이효事親以孝 · 교우이신交友以信 · 임전무퇴臨戰無退 · 살생유택殺生有擇의 다섯 가지 계율을 말한다. 이 계율은 당시 신라인들이 갖고 있던 시대정신이 당대 석학인 원광의 탁월한 식견을 통해 구체적으로 정리된 것이라 할 수 있다. 이 이념의 연원을 밝혀주는 것으로는 『삼국사기』 권4 진흥왕조에 실린 최치원崔致遠의 난랑비서鸞郎碑序가 있다. 여기에는 "우리나라에 현묘玄妙한 도道가 있었으니 풍류風流라 이른다. 그 교敎의 기원은 선사仙史에 자세히 실려 있으며, 이는 삼교三敎를 포함한다" 라는 구절이 있다.

역사적으로 신라는 지증왕智證王(437~514년), 재위 : 500~514년대에 이르러 비로소 정

17. 화랑도는 원광이 세속오계를 가르치기 24년 전인 576년(진지왕 1)에 마련되었는데 이에 앞서 이미 '풍류' 라는 도가 있었고, 당시까지 비록 유교 · 불교 · 도교 등 세 가지 사상이 전래되지는 않았으나 이미 신라사회에는 이들 사상을 포함하였다고 할 만한 고유사상이 있었음을 밝히고 있다.

식으로 국호를 제정하고 왕권국가로서의 면모를 갖추었다. 이때까지 신라는 신의 뜻에 따라 국정을 운영하는 제정일치祭政一致체제의 철저한 신권국가였다. 당시 신라인들이 뚜렷이 간직하였던 제정일치사상은 고조선 초기의 단군 건국에서 비롯되었고, 당시 동북아시아 일대에 보편적으로 퍼져 있던 무속신앙의 형태를 갖추면서 이어져 왔다. 신라의 경우는 『삼국사기』 신라본기 남해차차웅조南解次次雄條에 왕 자신이 무속신앙의 중심인물이었다는 기록이 있는 것으로 보아 더욱 분명하다.

이것의 특징으로는 하늘의 뜻神意을 받드는 데 있어 절대적으로 요구되는 개개인의 무구청순無垢淸純한 신앙적 심성, 어떠한 일보다도 소중한 것으로 간주되던 하늘과 조령祖靈을 모시는 제의祭儀에 대한 지극한 정성精誠 및 청순한 심성과 지극한 정성을 통해 이룩된 신天神과 무巫와 사람人의 종적 관계가 동족 공동체라는 횡적 관계로 파급되어 조성된 공고한 공동체 의식 등을 들 수 있다.

이런 특징으로 이룩된 사회적 기능으로는 고결한 정의감과 철저한 의리사상, 천민天民이나 천손天孫이라는 긍지 아래 경천보본敬天報本하고 숭조여천崇祖如天하였던 투철한 경천숭조 사상, 멸사봉공의 희생정신이 크게 진작된 가운데 군신君臣이 더불어 보국안민輔國安民하고자 하는 동족 공동체 의식 등을 꼽을 수 있다. 이러한 사실들은 구체적으로 정치제도에까지 작용하여 협동에서의 조화와 개인 심성에서의 순백純白을 바탕으로 이룩된 화백제도和白制度를 창출하기에 이른다. 이는 당시 신라인들의 사상적 진면목을 여실히 보여 주는 것이며, 이는 바로 세속오계의 바탕이 되었다고 하겠다.

이상에서 볼 수 있는 것처럼 선조들의 공동체 의식은 강했다. 그리고 고조선에서부터 계승되어 온 선비정신은 중국에서도 칭송해 마지않던 우리 민족의 고급 정신문화이다. 이런 연유로 현대에 이르러서도 선진국 진입의 요건으로 선비사상의 복귀를 드는 것이라고 본다. 선비정신[18]을 정리 · 요약하면 다음과 같다.

(1) 선비정신은 수기치인에 기초한다. 학인인 사士의 단계에서는 성리학의 이

18. 정옥자, 『우리가 정말 알아야 할 우리 선비』, 현암사, 2002, 참조.

념을 실천하고, 자신의 인격과 학문을 닦는 수기修己를 한다. 다음은 남을 다스리는 치인治人인 대부大夫의 단계이다. 선비의 최종 목표는 수기치인修己治人을 바탕으로 학자관료인 사대부士大夫가 되는 것이다. 선비가 관료가 되기 위해 거쳐야 하는 피나는 수련과정인 수기修己단계는 학문의 연마뿐만 아니라 치열한 인격수양을 병행하여야 하였다. 수기과정을 제대로 거친 후에야 치인治人의 단계로 갈 수 있었으므로 수기치인修己治人은 사대부의 기본이었다.

특히 선비의 청빈淸貧정신, 꼿꼿한 지조와 강인한 기개, 옳은 일을 위해서는 죽음도 불사하던 불요불굴의 정신력, 항상 깨어 있는 청청한 마음가짐, 그 속에 간직한 유머와 여유로움, 탁월한 자기제어와 타인에 대한 배려를 우선하는 생활태도 등과 같은 선비의 삶과 정신은 오늘날의 왜소한 지식인들이 넘볼 수 없는 고차원의 삶이었다.

『소학小學』에서 시작되는 선비의 修己는 청소하는 법, 어른을 모시는 법, 나가고 들어가는 법 등 사람으로서 행해야 할 가장 기초적인 행위규범부터 가르치고 있다. 적어도 자신의 이부자리는 자신이 개고 자신이 흘린 찌꺼기는 자신이 치워야 한다. 이것은 신분을 초월한 것으로서 양반가문에서 더욱 철저하게 실행되었다. 소학에서는 어른에 대한 예절을 강조하는 구체적 행위로서 어른의 부름에 공손히 대답하고, 좇아가 가르침을 받들고, 손님이 오면 나아가 공손히 맞고 자리에 모시며, 나가고 들어갈 때의 행동거지를 단계별로 규정하여 가르쳤다. 성리학을 국학으로 한 조선사회에서 『소학』을 어린아이의 수신 교과서로 한 것은 당연한 일이었다.

성리학이 조선에 토착화한 16세기 후반에는 당시 조선에 맞는 어린아이의 수신 교과서인 율곡 이이栗谷 李珥(1536~1584년)의 『격몽요결擊蒙要訣』이 나온다. 이 책의 특징은 뜻을 세우라는 입지立志에서부터 시작하여 몸가짐을 구체적으로 설명한 구용九容[19]과 생각하는 방법을 제시한 구사九思[20] 등의 항목을 갖추고 있다. 『격몽요결』에는

19. 군자가 몸가짐을 단정히 해야 할 손 · 발 · 이목구비 등의 아홉 가지 모습이다. ① 경솔하게 행동하지 않는다(足容重). ② 단정하여 망동하지 않는다(手容恭). ③ 정면을 바로보고 곁눈질하지 않는다(目容端). ④ 필요하지 않을 때 입을 닫는다(口容止). ⑤목소리를 가다듬고 기침이나 재채기를 하지

그 당시 지식인들이 받은 교육의 내용이 자세하게 나와 있다.

성리학의 토착화는 『대학大學』의 조선적 변용인 『성학집요聖學輯要』의 출현에서도 나타난다. 성리학도의 기본 교과서인 사서삼경四書三經 등 경전들은 『대학』의 주요 강령인 수신修身 · 제가齊家 · 치국治國 · 평천하平天下를 실현하기 위한 이념서이며 지침서이다. 특히 『대학』은 통치자의 학문으로 『소학』에 이어 조선적 변용인 『성학집요』로 나타나 외래사상인 성리학이 조선에 맞게 토착화한 것으로 16세기 후반 율곡 이이에 의해 조선화한 조선성리학이라 할 수 있다. 이후 조선사회의 전개과정은 그 이념의 실현과정이라 할 수 있다.

이 시대 지식인들인 사림士林[21]은 경학과 역사를 기본 학문의 중심으로 삼았을 뿐만 아니라 표현매체로서 문장학을 중시하였다. 경학과 역사의 메시지를 도道로 인식하고, 문장은 경학의 이념과 역사의 진리를 담는 그릇으로서 그 관계는 도기론道器論으로 규정된다. 시대에 따라서는 내용보다 포장이라 할 수 있는 문장학이 성행하는 문제가 발생하였지만 전체적으로 볼 때 문 · 사 · 철은 같은 비중으로 추구되었다.

(2) 이성과 감성이 잘 조화된 중용中庸적 인성을 갖추는 것이 이상형 인간인 선비였다. 완벽한 인격체는 합리성만으로는 될 수 없다는 인식 하에서 중요시된 것이 시詩 · 서書 · 화畵를 통한 감성훈련이었다. 시사詩社를 조직하여 정기적으로 시회詩會를 열고 한시를 짓고 글씨를 써서 남기고 그림을 그려 서로 돌아가며 감상하는 등 일련의 예술 행위를 했다. 풍부한 정서 생활을 영위함으로써 메마르기 쉬운 학자 생활에 윤기를 더했던 것이다.

않는다(聲容靜). ⑥ 고개를 똑바로 하여 기울지 않도록 한다(頭容直). ⑦ 호흡을 조절하여 엄숙한 태도를 견지한다(氣容肅). ⑧ 중립불의(中立不倚)하여 점잖은 태도를 갖는다(立容德). ⑨ 안색을 정제하고 태만한 기색을 나타내지 않는다(色容莊).

20. 군자가 일상생활에서 늘 마음에 새겨 두어야 할 아홉 가지이다. 명백하게 볼 것, 똑똑하게 들을 것, 얼굴빛을 온화하게 가질 것, 외모를 단정히 할 것, 말을 할 때에는 믿음을 생각할 것, 일을 할 때에는 공경하고 삼갈 것, 의심이 날 때에는 물을 것, 분할 때에는 그 뒤의 어려움을 생각할 것, 이득을 보았을 때는 의를 생각할 것을 말한다. 『논어(論語)』에 나온다.

21. 선비의 복수 개념

문·사·철의 전공 필수 과목을 체득하고 시·서·화의 교양 필수 과목을 체질화함으로써 이성과 감성이 잘 조화된 인간이 되고, 감성의 발현인 인정과 인간으로서 지켜야 할 도리인 의리를 잘 조화시키는 사람이 선비였다. 두 가지를 잘 조화시켜서 부드러우면서도 기준이 있고, 따질 일은 분명하게 따지면서도 따뜻한 심성을 가진, 균형 감각이 있는 인간이 바람직하다는 인식에서 나온 것이 중용中庸적 인성론이다. 오늘날의 지식인들이 신봉하는 합리주의의 기준에서 볼 때 분명하지 못하다고 생각될지 모르지만, 양극적 흑백논리를 지양하는 당시대 가치관의 표출이 중용인 것이다. 우리는 흔히 조선 선비를, 꼬장꼬장하고 깐깐하다거나 꽁생원이라고 하는데, 그것은 조선 말에 망국 지식인이 된 상황에서 자신감을 상실하고 자기방어적으로 편향한 지식인의 어긋난 상을 표현한 것이다.

(3) 선비정신은 시대적 사명감과 책임의식으로 대변할 수 있다. 또한 선비정신은 청렴과 청빈을 우선가치로 삼으면서 일상생활에서 검약과 절제를 미덕으로 삼았다. 사회지도층이었던 선비들의 자의식은 그들이 봉착한 어떤 사안에도 냉소하거나 책임을 회피할 수 없게 하였다. 그래서 그들의 삶은 매사에 진지하고 치열할 수밖에 없었다. 선비는 시류에 영합하는 것을 비루하게 여겼고, 역사의식에서 시시비비是是非非의 춘추春秋정신을 신봉했다. 이러한 가치관은 지식인사회에만 유효한 것이 아니고 사회 저변에 확산되어 일반 백성도 '염치없는 놈' 이란 말을 최악의 욕으로 인식했고, 예의와 염치는 인간으로서 갖추어야 할 기본 덕목이 되었던 것이다.

(4) 조선 선비의 최대 관심은 공의公義의 실현에 있었다. 개인적 욕망을 이겨내고, 나와 타인이 다 함께 이 세상에서 생을 실현할 수 있는 공동의 선인 공적 의로움, 즉 공의실현이야말로 세상을 살기 좋은 세상으로 만드는 지름길이라 생각했기 때문이다. 공의를 실현하기 위한 잣대는 인정과 의리라는 두 가지 기준이었다. 조선 선비들은 인정과 의리의 두 기준이 평형을 이루는 사회가 모든 사람이 소외감 없이 공평하게 삶을 누릴 수 있는 사회라고 인식하였다.

(5) 조선 선비의 실천은 학행일치로 시작한다. 배운 것은 행동으로 옮길 때 의미가 있으므로 실천하지 못하면 비판하고 매도했다. 교묘한 말과 좋은 얼굴색을 지

어 남을 속이고 자신을 속이는 짓을 '교언영색巧言令色'으로 매도한 것이 학행일치의 조선 선비사회였다.

(6) 선비는 남에게는 후하고 자신에게는 박하게 하는 박기후인薄己厚人의 정신을 체질화하여 청빈하고 검약한 생활방식을 자연스럽게 몸에 익혔다. 자신을 위해서는 아끼고 절약해야 남에게 베풀 수 있다는 청렴정신이 청백리의 바탕이 된다. 조선 왕조는 수많은 청백리를 배출하였다. 우리 역사상 가장 진취적이며 창조적인 시대로 사회정의가 구현되었다고 평가되는 세종대는 황희黃喜, 맹사성孟思誠, 유관柳寬과 같은 청백리가 많이 배출된 시기로도 유명하다.[22]

(7) 선비정신에는 선공후사先公後私와 억강부약抑强扶弱의 정신이 있다. 공적인 일을 우선하고 개인적인 일은 뒤로 하는 것을 선공후사라 하고, 강한 자를 누르고 약한 자를 부추기는 것을 억강부약이라고 한다. 외유내강外柔內剛의 개성은 선비 인간형의 전형이다. 겉으로는 부드러워 누구에게나 잘 대해 주고 예의 바르지만 속으로는 강하고 심지 깊은 유형이 외유내강형이다. 위기에 처해서는 지조와 절개를 지키는 투철한 기개와 강인함을 갖고 있지만 사생활에서는 한없이 부드럽고 온화한 사람이 선비의 인간형이었다.

---

22. 황희는 40대 후반부터 50대 전반까지 십여 년 동안 육조판서를 모두 역임하고 18년간이나 영의정의 자리에 있으면서 청백리의 귀감을 보여 주었다. 그가 영의정으로 있을 때 공조판서로 있던 김종서가 자기 소속 관아인 공조로 하여금 약간의 술과 유과를 마련하여 정승과 판서를 대접하게 했다. 이에 황희는 엄격히 문책했다. "국가에서 예빈시(禮賓寺)를 설치한 것은 접대를 위한 것이니 만약 시장하다면 예빈시로 하여금 음식물을 마련해 오도록 할 것이지 어찌 사사로이 음식물을 제공한단 말이오?"
맹사성은 부인이 햅쌀밥을 해 올리니 어디서 햅쌀을 구했느냐고 물었다. 녹봉으로 받은 쌀이 너무 묵어서 먹을 수 없을 지경이므로 이웃집에서 꾸어 왔다고 하자 부인을 나무랐다. "이미 국가에서 녹미(祿米)를 받았으면 그것을 먹을 일이지 이웃집에서 꾸어 와서야 쓰겠소?" 공사 구별 없이 똑같이 엄격한 기준을 적용함을 확인할 수 있는 예화이다. 당시의 병조판서가 좌의정인 그를 찾아갔다가 자신의 행랑채와 방불한 그의 집을 보고 충격을 받았다는 기록도 있다.
우의정을 지낸 유관은 비가 새는 단칸 초가집에서 베옷과 짚신으로 청빈한 생활을 했다. 어느 여름에 한 달 이상 내린 비로 지붕이 줄줄이 새자 유관이 우산을 들고 부인에게 말했다. "우산도 없는 집은 어떻게 견디겠소?" 그러자 부인이 대답했다. "우산이 없는 집엔 다른 마련이 있답니다." 대부분의 관리가 우산 걱정 같은 것은 할 필요조차 없는 집에서 살고 있는 줄 그 부부가 모를 리 없건만 시침을 떼고 대화하는 모습이 유머러스하다. 그 남편에 그 부인이다.

(8) 조선 선비가 지향하는 최종의 목표는 극기복례克己復禮, 즉 이기심과 욕망을 이겨내고 예로 돌아가서 모든 사람이 공존하고 공생하자는 것이다. 자신의 욕망을 극대화시킬 때 인간은 남을 괴롭히거나 남의 생을 파괴하게 된다. 최종 목표를 극기복례로 설정했다는 것은 예로서 서로 애경愛敬하는 상호존중의 인간사회가 바로 선비사회라는 설명이 된다.

조선 선비는 최종 목표인 극기복례를 달성하면 천인합일天人合一의 경지에 도달할 수 있다는 확신을 가지고 있었다. 여기에서 하늘이란 절대자가 아니라 자연의 질서이며, 천인합일이란 사람과 자연이 하나의 질서로 조화되는 경지이다. 선비는 나와 남이 조화되고 사람과 하늘이 조화되는 대동사회大同社會를 꿈꾸고, 확신하고, 그 실현을 위하여 끊임없이 노력한 이상주의자들이었다.

(9) 선비정신은 의리와 지조를 중요시한다. 인간으로서 떳떳한 도리인 의리를 지키고 그 신념을 흔들림 없이 지켜내는 지조를 일이관지一以貫之하게 간직하는 것이 최대 관심사였다. 그런 맥락에서 인간이 무절제한 욕망에서 벗어나 인간다운 삶을 영위하기 위한 방법론으로의 인성론人性論을 발전시켰다. 조선 전기의 인심도심설人心道心說이나 후기의 인물성동이론人物性同異論은 인간학에 대한 이론적 심화과정이며 정신적 가치에 대한 인식체계였다.

이는 인간의 본능과 물질을 최고 가치로 인정하는 현대와 극명하게 대비된다. 제2차 세계대전 후 미국을 중심으로 하는 자본주의체제와 소련을 주도국으로 하는 공산주의체제는 물적 기초를 우선가치로 인정한다는 점에서 유물주의唯物主義와 공통점이 있다. 이러한 체제의 유지논리인 공리주의나 실용주의에서 도출한 실리주의實利主義가 현대인 삶의 기준이라면 조선 후기 사회는 명분을 최우선으로 하는 명분주의名分主義 사회였다.

(10) 상부상조와 평화 공존의 성리학적 이념은 개인생활이나 농촌 공동체뿐만 아니라 국가 간에도 적용되어야 한다고 믿었다. 따라서 동아시아 국제질서를 무력으로 흔들어 놓은 일본이나 여진족의 청淸을 '오랑캐' 라고 폄하한 것은 지극히 당연한 일이었다. '재조지은再造之恩' 이라 하여 명나라가 망하고 난 뒤에도 임진왜란 때

도와준 은혜를 잊지 않은 것은 국가 간의 의리도 지켜야 한다는 그들의 세계관 때문이었다. 이러한 의리는 문화가치, 특히 유교적 문화 질서인 중화문화 질서를 지키려는 의지로 표현되었고, 조선이 명을 계승하여 그 문화의 정수를 담지擔智한다는 자부심으로 나타났다.

2.2 선비의 삶과 선비문화

1) 선비의 삶

조선 왕조1392~1910는 힘에 의한 지배인 패도覇道정치가 아닌, 명분과 의리를 밝혀 국민을 설득하고 포용하는 왕도王道정치를 지향하였다. 법치보다는 덕치를 우선하는 성리학적 통치철학이다. 법치의 패도정치가 강제적인 법의 집행에 의지하는 것이라면 덕치의 왕도정치는 인간의 자율성에 크게 의지한다. 그러므로 왕도정치와 덕치의 장에서는 교화를 통한 전 국민의 인간화 작업이 중요하게 된다.

국민을 명분과 의리로 설득하고 덕치로 포용한 조선 왕조가 인간화 작업의 과정에서 설정한 모범적인 인간형은 학예일치學藝一致를 이룬 사람이었다. 학문, 즉 문학文·역사史·철학哲을 전공필수로 하여 이성훈련을 체득하고 예술, 즉 시詩·서書·화畵를 교양필수로 하여 감성훈련을 체질화한 자, 즉 이성과 감성이 잘 조화된 균형 있는 인격체가 조선의 이상적 인간형이었다. 왕도 공부해야 하는 것이 의무사항이라 뛰어난 신하들로부터 제왕학을 교육받았다. 그 결과 18세기에는 학문적 능력과 군주의 자질을 겸비한 이상적인 학자 군주들이 탄생하였다.

왕도 예외가 될 수 없었던 인간화 작업이 탄생시킨 인간형이 선비다. 조선의 지식인들인 선비는 조선시대 성리학을 공부한 지식인의 대명사로 양인 신분이고 경제적으로는 중소지주들인 중산층이었다. 선비는 지식의 많고 적음보다 실천에 무게중심을 두고 있었으며 자신들의 학문적 및 지적 능력을 국가와 사회에 발휘할 수 있는 여건도 제도적으로 조성되어 있었다. 지적능력이 출세의 필수조건이 되는 것은 동양과 서양이 같았지만 서양의 지식인이 권력자의 참모역할에 불과하였다면 동양의 지식인들은 사회를 이끌어 간 주체가 되었다. 그래서 선비는 보다 더 진지하고 적극적일 수 있었다. 또한 지식의 많고 적음보다 실천을 중시하였다는 것은 주목할 대목이다.

조선 선비의 사회진출은 과거에 급제하여 관리가 되는 방법과 평생을 초야에서 공부에만 전념하다가 산림山林[23]으로서 특채되는 경우가 있다. 과거는 크게 소과小科와 대과大科로 분류된다. 생원 진사 시험이 소과로 불리는 자격시험이라면 문과 시험은 대과로 이것에 합격해야 비로소 관직에 나아갈 수 있다.[24]

---

23. 산림(山林)은 학식과 덕이 높으나 벼슬을 하지 아니하고 숨어 지내는 선비로서 산림숙덕지사, 산림독서지인의 준말이다. 이들은 붕당 정치기에 사상적 지주였다. 특히 산림은 조선시대에 은거한 선비 가운데 나라의 부름을 받아 특별 대우를 받던 사람을 가리킨다. (위키백과사전) 사림파의 중앙정계 진출 이후, 사림파가 기득권화되자 조정에 출사하지 않고 향리에서 학문연구와 독서, 후학 양성을 하는 사림파 학자들을 기득권화된 사림파들과 따로 구분하여 부르기 시작하였다. 선조 대의 정구, 정인홍, 광해군, 인조 대의 김장생, 김집, 송시열, 송준길, 허목, 윤휴 등이 산림의 대표적인 인물들이었다.

24. 소과와 대과의 경로를 밟지 않고 특채되는 산림은 학파(정파)의 구도로 전개된 조선 왕조 정치구조의 특수한 산물이었다. 조선시대 학문적 · 정치적 상황에서는 한 학파의 영수가 한 정파의 중심인물이 되었다. 학파이기도 한 어떤 정파가 새롭게 집권을 하면 자기네 정파 혹은 학파의 정치적 이념을 국정에 구현하기 위해 자기네 정파 혹은 학파의 인물을 널리 등용하게 된다. 이런 경우에 통속적인 과거의 길을 접고 평생을 학문에 종사하다가 정계에 등장한 이들이 특채 산림이다. 산림이 적극적으로 정치 일선에 등장하기 시작한 것은 임진왜란과 병자호란의 후유증을 심각하게 앓던 17세기 비상시국이었다.

    임진왜란과 병자호란의 양란을 겪은 조선은 해이해진 국가기강을 확립하여 분열된 국론을 단합하고 황폐해진 국가를 재건해야 했다. 이때 국민 단합과 국가기강 확립을 위해 정부가 내놓은 인적 카드가 재야 산림이었다. 이들은 국란의 책임으로부터 자유로웠을 뿐 아니라 신선하다는 이점이 있었고 재야에서 갈고 닦은 학행에 대한 기대까지도 모을 수 있었다. 17세기는 산림의 시대라 할 수 있을 만큼 산림이 국가의 중추 역할을 했고, 그만큼 대접도 받은 시대였다. 국란 후유증의 극복과 국민 단합, 그리고 국가재건의 기본 방향을 설정하는 데 구심점 역할을 수행했던 것이다.

    관료를 지향하는 조선 선비의 진로에는 음직(蔭職)도 있다. 과거를 거치지 않고 조상의 덕으로 얻는 벼슬을 음직이라고 한다. 그러나 조선시대의 음직은 고려시대의 음직과 달리 대부분 미관말직인데다 당사자들이 음직을 떳떳치 않게 여겼고, 음직으로 출발했더라도 다시 과거에 응시하는 것을 상식으로 여겼다.

    조선 선비의 마지막 선택은 은일(隱逸)이다. 은일은 자신의 시대를 난세로 인식할 때 취하는 길이다. 무도한 시대의 정치판에서 자신의 머리와 지식이 난세를 연장시키는 데 일조하게 되거나 악용될 소조선 선비들은 이상주의자였던 만큼이나 좌절 또한 컸다. 살벌하다고밖에 표현할 수 없는 명분사회에서 자기 정합성을 잃어버리거나 정당성을 상실하게 되면 언관言官들의 맹렬한 비판과 사림사회의 외면을 받게 되고, 귀양을 가거나 사약을 받는 극한상황에 몰리기도 했다.[25]

조선 선비의 길은 오로지 인내와 고행의 연속만은 아니었고 그들에게도 오락과 낭만이 있었다. 그들의 사랑채는 학문에 침잠하고, 뜻 맞는 벗과 교유할 수 있으며, 간결하고 담백하며 품위 있는 독자적 생활공간이었다. 실용적인 목가구와 문방사우 및 선비정신의 발로인 백자를 생활기구로 삼는 이 공간에서 묻어나는 것은 은은한 묵향이었다. 좀 더 조건이 좋은 경우에는 연못과 초당을 갖춘 후원이 있어서 풍요롭고 아담하며 정취 있는 풍류생활의 여유도 누렸지만 간결하고 담백한 선비의 사랑방 기풍을 벗어나지 않았다.

조선 선비 풍류생활의 기본 자세는 학예일치 정신이다. 좋은 그림이나 글씨는 손끝의 잔재주가 아니라 만 권의 독서량이 쌓여서 피어나는 문자향文字香과 서권기書卷氣[26]가 가슴속에 흘러 넘쳐야 비로소 나온다고 생각했다. 이러한 인식은 글을 쓰는 기본 자세인 도문일치론道文一致論에서도 나타난다. 즉, 도와 문장은 일치하여야 한다는 것이다. 이러한 사조는 조선문화 제일주의인 조선중화주의문화 중심국이라는 자존의식로 자리잡게 되며, 18세기에 이르러 화려한 인문문화를 꽃피우게 된다.

조선중화주의운동의 중심축이 된 사대부는 우리 문화 자긍심을 고양하였을 뿐

지를 아예 만들지 않겠다는 의지의 표현이 은일, 즉 정치 일선으로부터 거리를 두고 스스로 몸을 숨기는 것이었다.

과거에 급제하여 입사하든, 산림으로서 특채되든, 음직을 받든, 은일하든 간에 조선시대 지식인들에게는 기본적으로 정치 지향적이라는 공통분모가 있다. 그들은 정치를 통해 자기 성취를 하고 국가사회에 기여하겠다는 의지를 상징적으로 가지고 있었던 것이다.

25. 유배되었을 경우의 사대부는 귀양 간 지방의 문화적 및 학문적 활성화에 기여했다. 유배지에서 그동안 소홀히 했던 학문을 연구하는 한편 현지에서 제자를 양성하고 현지의 문화적 · 학문적 잠재력을 일깨웠다. 선비들의 학행은 고행에 가까운 것으로서 초인적인 인내심을 보여 주는 예화가 많다. 사약을 받을 경우에도 흔들림 없이 의연한 자세를 갖춤으로써 입신(入神)의 경지까지 엿보게 하는데, 어려서부터 수양한 인격체로서의 자기 확신이 없이는 불가능한 일인 것이다.

26. 글자에서 나오는 향기와 책에서 나오는 기운.

만 아니라 18세기 중반 조선 문화전성기에서 선진문화 도입의 논리까지 만들어 낸다. 북학운동은 조선성리학의 성과를 발전적으로 계승하고 조선문화의 한계성을 보완하기 위해 새로 부상하는 청의 기술문명을 적극 도입하자는 것이다. 조선이 자급자족하는 농경사회에서 상공업사회로의 전환점에서 일어난 북학운동은 조선의 진로를 모색하는 작업인 동시에 세계화운동이었다. 의리지학義理之學[27]을 추구하는 조선성리학의 장점을 살리되 방법론으로서 신학문인 청의 고증학과 기술문명을 도입하자는 생존논리였다. 말하자면 자기 정체성을 지키면서 세계화하자는 논리였다. 오늘날 어째서 선진국 도입의 요건으로 선비문화와 선비정신을 꼽는지 알 수 있게 한다.

2) 외국인이 본 한국의 선비문화

당나라, 송나라 및 명나라 시대에는 삼국, 고려 및 조선을 동방예의지국東方禮儀之國이라 불렀다. 한국에서 중국으로 간 사신使臣은 다른 나라의 사신보다 특별히 우대하였고, 한국으로 보내는 중국 사신은 문재가 뛰어난 인물을 뽑아서 보내는 것이 관례일 만큼 한국을 예의가 발달한 문화국으로 대했던 것이다. 더구나 고려시대 이후로는 한국의 교육열에 대한 존경심이 추가되었다.

고려 인종仁宗(1122~1146년) 때 송나라 사신인 서긍徐兢은 개경에서 약 한 달 동안 머문 견문見聞 경험을 쓴 『고려도경高麗圖經』에서 고려의 높은 문화 수준에 대해 자세히 소개하였다. 궁중에는 수만 권의 장서가 비치되어 있는 도서관에서 원로학자老儒塾師들이 공부하고 있으며, 개경의 거리마다 학교가 있는 것에 놀라고 있다. 잘 알려진 것처럼 고려 무렵에는 개경에 국자감國子監이란 국립대학이 있었고, 전직 고관들이 세운 사립학교가 12개나 있어서 이를 사학12도私學12徒라 불렀다.

한국인의 교육열은 개화기에 외국인의 글에서도 알 수 있다. 1866년 병인양요 때 강화도를 점령한 프랑스군은 강화읍에 있는 외규장각外奎章閣에 약 6천 권의 장서

27. 사람으로서 지켜야 할 옳은 도리.

를 보고 놀랐는데, 이를 다 가져갈 수 없어서 가장 아름다운 의궤儀軌 297종과 금은 보화 및 국보급 세계지도인 여지도輿地圖 등을 약탈하고 나머지 책들은 모두 태워버렸다. 프랑스군은 강화도의 농촌에 집집마다 책이 있으며, 책을 읽지 않는 사람을 멸시하는 한국인의 풍습을 알고 또 한 번 놀랐다. 그래서 프랑스군은 당시 프랑스의 농촌과 비교하여 자존심이 상한다는 요지의 보고서를 본국에 보내기도 하였다.

한편 개화기에 동양 3국을 여행한 어떤 외국인은 한국을 '학자의 나라land of scholar', 중국을 '상인의 나라land of merchant', 일본을 '무사의 나라land of warrior'로 구별하였다. 일본인 근대화의 아버지로 불리는 후쿠자와 유키치福澤諭吉 : 1835~1901는 정한론을 주장한 인물이다. 그는 한국이 비록 군사력은 약하지만 교육열이 높아 집집마다 글을 읽고 있는데, 일본은 칼싸움만 즐기고 있으므로 한국인의 교육열을 배워야 한다고 주장하였다. 최근 미국 대통령 오바마도 여러 차례 한국의 교육열을 배우자고 주장하였다.

미국에 사는 한국 교민이 자식이 공부를 못하여 학교에서 질책을 받은 일이 있는데, 그 학생의 부모는 학교에 가서 "내가 자식을 잘못 가르쳐서 이렇게 되었다"고 사과한 일이 있었다. 이 말을 들은 미국 선생은 놀라움을 표시하였다고 한다. 자식이 공부를 못하는 것을 부모의 잘못으로 받아들이고 있는 태도에 놀란 것이다. 이런 자세가 한국인의 무서운 교육열이라 할 수 있다.

제5장

홍익인간과 경제

1. 경제적 관점에서 본 홍익인간상

홍익인간형 지도자는 '공공적 이익'을 추구하는 강력한 지도력을 갖춘 지도자로서 국민의 경제적 복지를 극대화시키는 지도자이다.[Rodrik(1992)] 사람은 일하려고 하지 않는 속성이 있기 때문에 복지를 늘리면 늘릴수록 사회적 문제를 발생시킬 수 있다. 그러므로 인간의 존엄성을 위한 기본권리와 함께 스스로 부양해야 하는 의무를 강화하는 천리에 따른 복지를 적극 추진해야 한다.[강정모(2014)] 또한 지도자들이 국민들에게 제대로 봉사할 수 있도록 한국의 지배구조가 개선되어야 한다.[조윤제(2013)]

지도자의 필수적인 소양은 전략가가 되는 것이다. 전략이란 목표나 목적에 입각한 우위창출체제이고 전략가는 우위창출체제를 고안하는 사람이어야 한다. 지도자가 우위창출체제에서 도출한 차별화된 목표나 목적은 사람들에게 목적의식을 부여한다. 지도자는 조직을 생존할 수 있도록 움직이는 전략가들이다. 국민의 선택과 결정에 따라 국민과 국가의 성패가 결정되기 때문에 훌륭한 지도자를 선택해야 하며, 그런 측면에서 보면 국민 모두가 전략가가 되어야 한다.

모든 지도자들과 국민들이 명심해야 할 것은 "소선小善은 대악大惡이 될 수 있고 대선大善은 비정非情할 수 있다"는 것이다. 홍익인간은 대선을 행해야 함을 의미하고, 선비 또한 그렇다. 따라서 현대적 지도자도 탁월한 능력으로 무장해야 함을 의미한다. 대한민국이 선진국이 되려면 지도자들이 대선을 행해야 하며, '홍익 이화弘益 理化 및 자유민주주의와 시장경제이념'을 공유하는 사회로 바뀌어야 할 것이다.

대한민국의 건국이념이며 정치이념이고 교육의 구현정신인 홍익인간이념은 대한민국이 선진화되기 위해 모든 국민이 한마음으로 단결할 수 있는 정신적인 구심점이 될 수 있으며, 세계화 시대에 적합한 새로운 사고의 틀로 손색이 없다는 것을 이미 홍익인간의 이념에서 확인하였다. 이것을 새로운 가치관으로 재정립하면 국민대통합을 이루기 위한 생각의 틀로 삼을 수 있어 선진화된 상생발전의 기본 틀이 될 수 있다.

한국경제의 지속적인 성장을 위해서는 건전한 기업가정신이 필수적이다. 한국이 일자리를 많이 만들기 위해서는 국가경쟁력을 높여야 하고 국가경쟁력을 높이기 위해서는 잘못을 남의 탓으로 돌리지 말고 자기 탓으로 돌려 자신과의 싸움에서 이겨내는 생활신조를 생활화하는 것이 중요하다. 선진 강대국들도 나라가 어려워지면 그것을 극복하기 위하여 국민들의 애국심, 근면, 자조, 정직, 의무, 협동, 통합 등의 생활신조를 되살리려고 하였다.강정모 외(2012) 홍익인간정신을 현대에 되살리면 결국 지식·정보·일자리·재물을 증진시켜 풍요로운 사회를 만들 수 있다. 그렇다면 사람과 사람, 사람과 법인, 법인과 법인 사이의 생산적 관계로 정의되는 경제요소를 홍익인간정신에 어떻게 반영하여 발현시킬 수 있을까?

자본주의의 발전원리인 성과에 따른 차별화 장치를 강화하는 정책을 펼쳐야 풍요한 부를 창출할 수 있다. 시장은 잘되는 경제주체를 선택하고 지원하는 경제적 차별화 장치이다. 경제적 차별화란 경제적 기여에 따라 상응하여 보상하는 것을 의미한다. 즉, 시장은 스스로 노력하는 자만을 도와 모두를 돕는 동기부여의 작동장치이다. 홍익인간의 내면적 요소인 근면성, 자조성, 협동성, 창의성, 수월성, 공정성, 역동성, 정직성 등과 같은 요소들을 교육을 통하여 전파하고 사회제도에 반영시키며, 조선시대의 사대부에 해당하는 현대의 지도자들이 솔선수범하여 실행에 옮겨야 한다.

2. 홍익부등식으로 나타낸 홍익인간상

그러면 홍익인간은 어떠한 사람이어야 할까? 홍익인간은 공공적 이익에 헌신하는 전략가이고 전문가이며 실천하는 지성인이다. 현대 경제사회에 적용하면 지식·인정·물자·정보 등의 원활한 소통과 통합을 추구하여 공동체에 순가치를 줄 수 있는 인간과 법인을 의미한다. 그럼으로써 지식知識·정신精神·인정人情·의사意思·정보情報·일자리·물자 등이 물처럼 넘쳐흘러 부익부富益富 빈익빈貧益貧의 양극화와 갑甲과 을乙의 대립이 없는 사회를 만들 수 있는 그런 조직구성원이다. 그러면 이와 같은 홍익인간상을 경제학적 관점에서 홍익부등식으로 도출해 보도록 한다.

인간은 물질적·정신적·사회적 수단매체의 한계를 극복하기 위하여 수단매체를 고도화하기 위한 노력을 끊임없이 해왔다. 인간의 삶과 일의 방식은 고도화될수록 점점 수단매체가 우회적으로 되었다. 인간이 개발하고 창조한 지식과 지혜 등은 일의 실현가능성과 생산성을 높여주는 정신적 수단매체이다. 인간은 혼자서는 살아가지 못하는 사회적 동물이기 때문에 가정·조직·국가 같은 공동체 사회 속에서 잘 적응하고 협동하며 무난하게 살아갈 수 있는 사회적 수단매체가 필요하다. 수단매체의 고도화를 위한 필요조건은 근면·자조·협동·열정·혁신·창조·인내력·자연탐구이며 이들이 융합하여 인류문명의 발전은 물론 한국의 경제발전도 이룰 수 있다.

계량화가 가능한 소망인 목적함수는 선택과 포기의 결과이다. 선택은 반드시 포기하게 되므로 이를 금액으로 환산한 기회비용이 생기며, 이는 희생을 감수하는 가치관을 전제로 한다. 유한한 자원을 효율적으로 활용하기 위해서는 비용을 최소화할 필요가 있다. 비용최소화는 단기적 또는 장기적 관점이냐에 따라 달라지고, 개인적 관점이냐, 조직의 관점이냐 혹은 국가적 관점이냐에 따라 결과가 달라진다.

최적의 해는 구조에 의해 영향을 받고 전체최적大善은 부분최적小善과 같지 않으므로 서로 갈등관계에 있다. 이는 개인이나 기업차원의 최적이 국가 차원의 최적과 같지 않고, 국가 차원의 전체최적과 부분최적이 다를 수 있기 때문이다.

현대철학이 풀어야 할 가장 중요한 과제 중 하나는 생존경쟁에서 발생하는 문제를 해결하는 것일 것이다. 인간의 생존경쟁에서 선택할 수 있는 삶의 모형은 나 살고 너 죽고, 나 살고 너 살고, 나 죽고 너 죽고, 나 죽고 너 사는 4가지 유형이 있을 것이다. 이중 공생한다는 것은 '나 살고 너 살기' 모형이고 이의 실천방법을 찾는 것이 중요하다.

시장경제체제에서 인간에게 크게 이익이 넘쳐흐르게 하는 '나 살고 너 살기' 의 기본은 거래이며 시장에서 이것이 조정된다. 시장에서 재화와 서비스의 교환을 가능하게 하는 일반적인 필요조건은 다음과 같다. 소비자는 재화와 서비스의 가치^{V}가 지불해야 할 가격^{P}보다 적지 않다고 느끼면 구입하게 된다. 이를 식으로 표시하면

재화나 서비스 가치^{V} $\geq$ 재화나 서비스 가격^{P} 혹은 순가치$^{V-P}$ ≥ 0 (1)

식 (1)을 만족시키면 생산자^{기업}는 소비자에게 $(V-P)$만큼의 순가치를 주는 것이다. 생산자^{기업}가 소비자에게 기여한 순가치가 零인 생산자는 겨우 생존할 수는 있으나 큰 발전을 기대할 수는 없을 것이다. 재화나 서비스의 경쟁력은 $(V-P)$로 나타낼 수 있다. 생산자가 경쟁력 있는 재화나 서비스를 시장에 공급하려면 제품의 가치를 높이고 가능한 한 가격을 낮추어야 한다.

생산자의 입장에서는 재화나 서비스의 가격^{P}이 생산비용보다 작지 않아야 생존할 수 있다. 단기적으로는 손해가 나더라도 장기적으로는 가격이 단위비용보다 작지 않아야 한다. 이를 식으로 표시하면

재화나 서비스 가격^{P} $\geq$ 재화나 서비스 단위당 생산비^{C} 혹은 $(P-C) \geq 0$ (2)

식 (2)가 성립하면 생산자^{공급자}는 손해를 보지 않게 되어 생존할 수 있다. 그러면 생산자는 식 (1)로 나타낸 $(V-P)$만큼 소비자에게 주고 $(P-C)$만큼을 받는 관계를 만들 수 있게 된다. 식 (1)과 (2)에서 식 (3)을 도출할 수 있다.

$$\text{재화 · 서비스 가치}^{V} \geq \text{재화 · 서비스 가격}^{P} \geq \text{재화 · 서비스 단위비용}^{C} \quad (3)$$

이는 소비자가 지불할 용의가 있는 재화나 서비스의 가치^{V}는 재화나 서비스의 가격^{P}보다 작지 않아야 하고, 재화나 서비스의 가격^{P}이 재화나 서비스의 단위생산비^{C}보다 작지 않아야 한다는 것을 나타낸다. 소비자는 $(V-P)$를 얻고, 생산자는 $(P-C)$를 얻는 공생의 삶을 실현하기 위한 필요조건이다. 이 공생의 개념은 나만의 이익을 추구하며 살아가는 삶과는 현격한 차이가 있고 이러한 공생의 삶을 추구하기 위한 조건이 바로 홍익인간이념이며, 이를 '홍익(인간)부등식' 이라 부를 수 있다.

이는 시장에서 거래되는 재화나 서비스뿐만 아니라 인간과 조직 및 국가에게도 그대로 적용될 수 있다. 사람의 가치가 자기의 가격^일당이나 봉급 혹은 연봉^보다 작지 않으면 누구든 그 사람을 필요로 하여 고용할 것이고, 사람의 가격^봉급^이 자신의 생계비보다 작지 않으면 지속적으로 풍요로운 생활을 할 수 있다. 또한 그가 받는 평생소득이 그를 키우는 비용보다 작지 않으면 그는 사회에 기여하는 것이 되어 인생이 가치가 있게 된다.

홍익부등식을 충족시키지 못하면 생산자^기업^는 망하고 개인은 존재가치를 인정받지 못할 것이다. 홍익부등식 오른쪽 항의 부등식을 실현하기 위해서는 비용최소화의 노력인 근검절약이 필요하다.

기업이나 개인이 홍익부등식을 충족시키면 '나 살고 너 살기' 식이 되어 기업의 생명력은 길어지고 개인은 삶의 보람을 느낄 것이다. 삶의 보람에 충만한 개인은 더 창조적 인간이 되고 이를 실천하는 기업은 기업의 사회적 책임을 다하게 되므로 존경받는 창조적 기업이 될 것이다. 이는 모든 인간 · 제품 · 예술 작품 · 정부기관 및 비정부기관에도 적용될 수 있다.

이 홍익부등식은 경제학적으로 다음과 같이 해석할 수 있다. 완전경쟁시장에서 균형가격은 수요와 공급에 의하여 결정되고 그 균형가격에서 균형거래량이 결정된다. 여기에서 수요곡선은 소비자가 지불할 용의가 있는 한계혜택을 나타내고 공급곡선은 한계비용을 나타낸다. 시장에서 팔리는 재화와 서비스의 $(V-P) \geq 0$을 전

〈그림 5-1〉 소비자잉여, 생산자잉여 및 총혜택

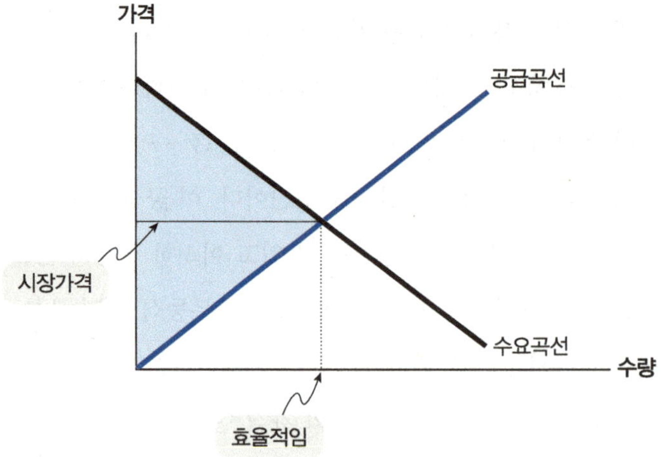

부 합치면 소비자잉여가 되고, $(P - C) \geq 0$을 전부 합하면 생산자잉여가 될 것이다. 소비자잉여와 생산자잉여의 합은 수요곡선과 공급곡선 사이의 삼각형 면적이며 [그림 5-1]에서 청색 음영 면적이다. 수요량과 공급량이 같아지는 균형거래량을 생산하여 거래하면 사회적으로 얻는 혜택이 가장 커진다. 그러나 이 수준보다 덜 생산하거나 더 생산하여 거래하면 사장손실이 발생하여 오히려 사회 전체의 혜택은 줄어들게 된다. 따라서 모든 개인과 조직이 홍익인간부등식대로 실천한다면 국내적으로나 세계적으로 얻는 총혜택이 최대화되는 상태가 되어 사회적으로 효율성을 달성할 수 있게 될 것이다.

최근에는 기업들이 사회적 책임corporate social responsibility ; CSR을 다하는 것을 넘어 사회와 공유할 수 있는 공유가치를 창출creating shared value ; CSV하는 시대로 접어들었다. 공유가치 창출은 기업이 가진 전문성을 통해 사회에 필요한 가치를 창출하고, 이는 다시 기업의 수익증대로 연결되는 경영활동으로 기업의 이익과 사회적 이익을 동시에 추구함으로써 경제적 가치와 사회적 가치를 조화시켜 기업과 공동체가 공생할 수 있는 가치를 창출하는 것을 의미한다. 따라서 이는 사회공헌활동과 윤리경영 등을 통해 사회적 책임을 다하여 빈부격차를 줄이고 환경보호 등에 기여하지만 기업의 이익창출과는 관계가 없는 사회적 책임과 구별되는 개념이다.

세계적인 기업인 삼성전자가 자신의 전문분야인 IT기술을 스마트한 교육·의료·고용·건강·환경 분야에 접목시켜 일자리를 창출하며, 사람과 사회를 건강하게 만드는 새로운 발전 틀을 개발하고 있는 것이 공유가치창출 경영의 좋은 예이다.

3. 홍익인간 재세이화[弘益人間 在世理化]와 시장경제

제도는 사람들의 생각과 행동을 바꾸고 제도가 바뀌면 사람들의 생각과 행동도 변한다. 자유 없이 정치발전과 경제발전은 기대할 수 없다. 정치적으로 인권의 존엄성은 자유의 가치가 신장되면서 인정되기 시작했다. 경제적인 측면에서도 자유는 경제발전에 결정적인 역할을 했다. 인류가 급속한 경제발전을 이룩하기 시작한 시기인 18세기 후반부터 발전의 동인으로 작용한 것이 자유와 공동체 의식이었다. 자유는 창의성을 유발하여 신제품을 만들어 내고 이는 다시 상품의 수요를 유발하면서 경제발전의 선순환이 가속화되었다. 선진국에서는 지난 250년 가까이 창의성을 유발한 개인의 자유가 신장되었으나 공동체를 훼손하지 않는 범위에서 자유를 추구하였다. 공동체 또한 개인의 자유를 위축시키지 않고 오히려 개인의 자유를 신장시키면서 함께 발전하였다. 공동체 의식이 건전한 사회발전의 동인으로 작용한 것이다. 결국 개인과 공동체가 더불어 발전하는 것이 상생발전[건전한 경제사회발전]의 요체이다. 개인의 자유가 지나치면 책임을 수반하지 않는 자유방임주의가 되거나 과잉이기주의로 변하여 오늘날과 같은 대립과 갈등을 유발하는 요인으로 작용한다.[박세일(2008)] 따라서 공동체 의식에 입각한 개인의 자유추구가 상생모형의 기본이 될 것이다.

한 국가의 지속적인 발전을 위해서는 사적인 이익의 추구와 공공이익에의 헌신 사이에 적절한 균형유지가 필요하다. 사회 전체적으로 국민이 편안하고 행복하게 살려면 경제뿐만 아니라 정치·사회·문화의 선진화가 같이 이루어져야 하는데, 이는 질 높은 국가지도력뿐만 아니라 국민의식의 선진화와 제도의 선진화가 동시에 추구되어야 가능하다. 정치인은 솔선수범하여 공익우선의 자세를 견지하고, 품격과 절제된 언어, 겸손한 자세, 세계화와 정보화 시대의 흐름을 간파하는 통찰력과 국민에 대한 봉사정신을 갖추어야 한다. 사회적으로는 공중도덕과 법치로 질서가 바로 서야 한다.

발전단계가 고도화되어 제반 사회현상이 복잡해지고 중층화될수록 제대로 된 분업질서가 필요하고 각자가 하는 일이 다른 사람에게 해가 되지 않고 생산적이고 이로운 일이 되도록 자기 맡은 일에 대하여 최선을 다하는 자세가 중요하다. 정보화와 세계화에 의한 무한경쟁 시대에는 사람과 사람 사이, 사람과 조직법인 사이, 조직과 조직 사이 등 사이의 질이 중요한 경쟁력의 원천이 된다. 사람과 사람, 사람과 조직, 조직과 조직 사이를 결합시켜 생산적인 관계로 만드는 요소는 정직성, 근면성, 신뢰성, 진실성, 협동성, 투명성 등일 것이다. 사람과 사람, 본사와 하도급업체가 상호신뢰 속에 정보를 공유하고, 협동적 관계를 유지하는지 아닌지에 따라 이들이 만드는 제품의 품질과 경쟁력은 크게 달라질 것이다. 이런 구조에서는 하나가 잘못되면 자기도 영향을 받을 수밖에 없으므로 가치사슬에 연계된 모든 사회의 발전을 도모해 나가는 발전모형을 만들어 나가야 한다. 강정모 외(2012) 이에 적합한 정신자본이 홍익인간이념弘益人間理念으로 상생발전의 모형에 필요한 근본이념이다.

우리나라에서 정부수립 이래 추구하고 있는 홍익정신은 국조의 개천개국 이념인 홍익인간 재세이화弘益人間 在世理化를 뜻한다. 이것은 불교의 자비慈悲, 유교의 인의예지仁義禮智, 기독교의 믿음 · 소망 · 사랑信望愛과 같다고 할 수 있으나 "살아있는 동안 잘 다스려 인도하라" 고 한 재세이화의 궁극목표를 포함하고 있는 것이 다른 점이다. 따라서 弘益人間 在世理化는 "弘益 理化로 지식과 정보 및 재물을 불려서 넘쳐나도록 풍요롭게 하여 잘 다스려 인도하라" 는 것으로 정리할 수 있다.

이상에서 살펴본 홍익인간이념과 홍익정신을 경제적 개념으로 해석하면 '사람과 사람, 사람과 법인, 법인과 법인 사이에 정신, 지식과 정보 및 재물을 불려서 넘쳐나도록 하여 널리 이로운 생산적 관계' 로 정의할 수 있다. 국민 모두 각자가 스스로 선택한 목적을 자유롭게 추구해 얻은 부산물이 사회 전체의 공동선으로 되돌아오면 가난한 절대다수를 번영시킬 수 있으므로 홍익인간이 되는 것이다.

다만 경계해야 할 것은 개인적 부의 본능적 추구가 사회의 생산력을 확대시킨다고 해도 무분별하거나 불공정한 방법을 용납해서는 안 된다는 것이다. 또한 어떠한 사회도 대다수가 가난하고 비참한 생활을 한다면 결코 행복하다고 할 수 없으므로 국민 전체에게 식 · 의 · 주를 제공하는 일부 사람들에게 그들이 부유하게 살만큼의 몫을 허용하고, 나머지를 자신들의 노동생산물에 대해 분배해서 갖도록 하는 것이 공평할 것이다.

여기서 명심해야 할 것은 국가의 법과 원칙의 지배가 전제되어야 시장질서에 의한 국부증대와 공평한 소득분배라는 공동선을 이룰 수 있다는 것이다. 여기서 법과 원칙이라는 것은 사유재산권과 자유노동권직업선택의 자유에 입각한 자유시장경제체제이다. 풍요로운 삶의 전제조건인 경제발전은 노동생산성과 노동효율성을 지속적으로 향상시키는 것이다. 이를 위해서는 비교우위와 규모의 경제에 입각한 전문화와 분업 및 시장거래가 이루어져야 한다. 자유노동, 자유기업 및 자유무역이 인간의 경제적 번영의 지름길이 되며, 이로 인하여 정신적 생활도 윤택해질 수 있다. 우리가 매일 소비하는 모든 물건이 얼마나 많은 사람들의 손을 거쳐 만들어졌는가를 생각해 보라. 이때 모든 사람들이 각자의 올바른 정신홍익인간정신에 입각하여 자기 일을 충실하게 하면서 사익추구 행위를 했다면 비록 공익증진을 의도하지 않았더라도 공익의 증진에 기여하게 되므로 결국 올바른 정신에 의한 개인의 욕망추구가 경제와 사회 발전의 원동력이 될 수 있다. 개인의 이기심에 기초한 자유시장경제는 인류를 번영으로 이끈 정치제도를 만들어 냈지만, 이상적인 사회를 건설하겠다는 꿈에서 출발한 카를 마르크스의 사회주의는 전체주의 독재국가를 만들고 말았다는 역사적 사실에서도 이것을 확인할 수 있다. 장오현(2013) 참조

제6장

요약 및 결론

조선이 미개하다는 암시를 깔고 있는 개화사상은 일제강점기뿐 아니라 광복 후에도 서양 편향의 근대화이론과 맞물려 대표적인 근대사상으로 각광받고 있는데 이러한 사대사상에 기댄 개화사상은 결국 우리 민족에게서 홍익인간, 선비사상을 앗아갔다. 지금은 세계가 제국주의적 힘의 논리에 회의를 품고 새로운 시대정신을 모색하는 시점이다. 시급한 일은 손상된 국민의 자존심을 회복하여 한국인의 정체성을 분명히 하고 그것을 토대로 민족 문화를 선양하는 것이다.

21세기의 대변혁은 20세기와 다른 새로운 발전 틀과 발전정신을 요구하고 있다. 따라서 경제체제도 새로운 발전의 틀에 맞도록 바뀌어야 한다. 그리고 새로운 경제체제에 맞는 사고의 틀을 전통적 사상에서 찾아 현대에 맞게 조정하여 진화된 새 발전정신으로 제시할 필요가 있다. 필자는 이에 적합한 것이 홍익인간정신이라고 본다.

'보이는 손' 인 국가의 정의, 법과 원칙의 지배가 제대로 작동하지 않으면 '보이지 않는 손' 이 작용하는 시장에서 시장질서가 제대로 작동하지 않아 국부의 증대와 공평한 소득분배가 이루어지지 않아 공동선을 달성할 수 없다. 애덤 스미스는 정의가 없으면 사회가 무너지기 때문에 정의의 규칙은 시장에서 보이지 않는 손이 작동하기 위한 도덕적 기초라고 말한다. 정의의 규칙이 바로 설 때, 국민 각자가 스스로 선택한 목표를 자유롭게 선택하여 로드맵을 본능적으로 추구할 수 있다. 그럼으로써 자유의 부산물이 국가 전체의 총체적인 공동선共同善으로 되돌아와 가난한 절대다수의 국민을 번영의 길로 인도할 수 있다는 것이다.

홍익인간이념은 배달국 이래로 우리 민족국가의 건국이념·통치이념·정치이념·교육이념·윤리이념으로 자리잡았던 사상이다. 따라서 홍익인간은 1949년 12월 31일 교육기본법의 교육이념이 된 후는 물론 그 이전에도 한국인의 인적자본 형성에 많은 영향을 주었다. 이것을 현대 경제이론에 적용시킨다면 세상에 정신·지식·인정·의사意思·정보情報·일자리·물자 등이 물처럼 넘쳐흐르게 하는 것이다. 또한 막힘이 없는 원활한 소통이 이루어지게 된다. 경제성장과 부富의 축적에 기여한 각자의 몫에 따라 고르게 배분되는, 상생하는 공동체를 형성하게 된다. 스스로 노력하는 자력갱생구조이므로 부익부富益富와 빈익빈貧益貧의 양극화가 없다. 그러나 홍익인간은 모두가 똑같이 나누는 평등을 의미하는 것이 아니라 살아있는 동안 잘 다스려 인도하라는 것으로서 보편적인 자유, 정의, 평화의 방향으로 동화시키는 것을 뜻한다. 따라서 홍익인간이념은 경세제민의 경제발전정신이라고 할 수 있다.

이를 구현하기 위하여 홍익인간이념에 입각한 양질의 인적자본을 양성하는 데 필요한 경제정책의 수립, 경제발전을 위해 필요한 정신적 및 심리적 효과의 중요성에 대한 공식적 인정, 정당조직과 운영을 비롯한 정치자금법의 개정, 공직자의 보수체계와 정치체제 등의 변화가 포함된 경제발전모형이 필요하다. 그리고 이러한 한국형 '홍익경제' 발전모형에 반드시 수반되어야 할 국민의 기본의식이 바로 홍익인간정신이라고 할 수 있다.

홍익인간정신을 경제발전의 필수조건인 발전정신으로 발현시키기 위해서는 홍익인간형이 정립되어야 한다. 필자는 현대적 의미의 홍익인간형과 필요정책을 다음과 같이 정의하고 제시한다. ① 홍익인간은 인류의 발전과 복지에 헌신하는 로드맵이 있는 전략가이며 전문가를 의미한다. ② 시장경제의 도덕적 기초인 자연적 자유와 정의가 바로 서야 한다. ③ 국민 모두가 기회를 인식하고 포착하여 목표를 성취하는 능력을 키울 수 있도록 정치 · 사회적으로 안정되고 사회질서가 바로 설 수 있는 국가적 정책을 강화해야 한다. ④ 국민 각자의 다양성을 살려 그들만의 분야에서 각자의 방법으로 사회에 공헌하도록 한다. ⑤ 개개인의 창의성은 치열한 경쟁과 혁신 속에서 기회를 만들어 내는 것이므로 정신과 지식 면에서 내실 있는 교육훈련을 지속적으로 시켜야 한다. 이를 위하여 정신자본의 형성에 더 많은 비중을 두는 교과과정의 변화가 필요하다. ⑥ 기술, 기예 및 기능 교육을 강화하고 장인정신을 발휘할 수 있는 토양을 조성해 주어 창업을 활성화해야 한다. ⑦ 공정성과 역동성은 성과에 상응하는 차별화 전략을 통하여 유지될 수 있다. 차별화에 역행하여 평등을 추구하면 수월성을 질식시켜 역동성은 훼손될 뿐이다. ⑧ 근면 · 자조 · 정직 · 절제 · 배려와 같은 도덕성과 신뢰 · 협동 · 존경과 같은 협력성은 거래비용을 감소시켜 전반적인 효율을 한 단계 끌어올리고 오래 멀리 함께 가는 공생발전을 이루는 데 필수적인 요소임을 인식해야 한다.

이상에서 제시된 홍익인간형을 한마디로 표현하다면 '공공적 이익을 추구하는 창조적 의지와 담대한 결단을 내릴 수 있는 지도력을 갖춘 지도자' 일 것이다. 이러한 지도자와 함께 경제발전의 필요충분조건인 정치 · 사회적 안정을 기하고 국방을 튼튼히 하며, 사회질서를 확립해야 한다. 또한 국민들에게 경제성장의 과실이 골고루 돌아가도록 함으로써 홍익문화를 창달할 수 있고 나아가 세계의 자유, 정의 및 평화의 확립에 지도적 위치에서 공헌할 수 있을 것이다.

이상, 홍익인간형의 지도자와 필요한 정책을 홍익인간이념과 선비사상에 근거하여 논하였다. 이제 한 가지, 21세기의 문화적 성격에 맞는 제안을 하고 싶다. 흔히 21세기를 문화의 세기라고 한다. 문화가 상품이 되고 돈이 되며, 산업이 되는 세기라는 뜻이다. 이때 상정해 볼 수 있는 문화 캐릭터로 홍익인간인 선비를 꼽을 수 있지 않을까? 부패하고 부정한 세상에 끝없이 도전한 성리학적 명분을 가진 독특한 캐릭터, 끊임없이 수행함으로써 일상생활을 종교 이상의 엄숙한 경지로 이끌어 올리고 청렴 · 청빈 · 절제 · 검약의 정신으로 삶 자체를 이상화한 특별한 캐릭터 '선비' 는 국적國籍이 무색해져 가는 세계화시대에 제시할 수 있는 한국적 지식인상으로서 충분한 상품가치를 발휘할 수 있을 것이라고 확신한다.

제2부

경제발전론, 시장경제체제 및 한국경제 기적의 비밀과 과제

제7장

부의 창출과 경제발전론의 변화 양상

1. 부(富)의 창출 역사
2. 경제발전론의 이론적 변화 양상

1. 부富의 창출 역사

1.1 부의 기원

경제학에서 가장 근본적인 문제의 하나는 부가 어떻게 창출되고 국가는 어떻게 더 많은 부를 더 빨리 창출 · 순환 · 축적함으로써 백성이 부유하고 부강한 국가를 만드는가에 있다. 모든 사람들이 원하는 재화나 서비스를 원하는 양만큼 더 좋게 만들기 위하여 혼신의 노력을 하게 만들어 사람들이 원하는 각종 재화나 서비스의 생산이 끊임없이 늘어날 수밖에 없게 하는 것이 부민덕국富民德國의 가장 좋은 전략이다.

사람들이 부를 만드는 방법은 크게 네 가지다. 첫째, 기업가起業家정신이다. 기업가정신은 발견과 혁신의 원천으로 자신뿐만 아니라 국민경제 번영의 진정한 원천이 된다. 둘째, 가치가 있는 재화나 서비스, 정보 등을 제공하고 그 대가를 받는 방법이다. 이 재화나 서비스의 생산에 기여한 노동과 자본 등 생산요소에 대한 대가인 임금, 임대료, 이자 등의 부가가치의 합계가 소득으로 부를 형성하는 것이다. 셋째, 자산가치의 상승분을 현금화하는 방법이다. 부동산이나 주식가격이 오른 뒤 이를 팔아 소득을 올리는 것이다. 넷째는 남이 벌어놓은 부를 이전받는 것이다. 증여나 상속을 받거나, 뇌물을 받거나, 남의 것을 훔치거나, 떼쓰고 위협해서 돈을 받아내는 것 등이다. 생산에 기여하지 않고 임금을 받거나 생산에 기여한 것보다 더 많이 받는 것도 생산에 기여한 것보다 덜 받아가는 사람이 생기기 때문에 이전소득이다. 집단민원이나 이익집단의 로비로 보조금·보상금·지원금 등의 명목으로 정부예산을 받아내는 것도 이에 포함된다.

네 가지 방법 중 경제적 부가가치의 창조는 첫째와 둘째 방법에 의해서만 이루어진다. 셋째와 넷째 방법은 개인적 차원에서는 소득의 증가지만 국민경제적 차원에서는 소득이전에 불과하므로 국민소득 증가에는 전혀 기여하지 못한다. 따라서 대부분의 사람들이 부가가치 창조보다 남이나 정부의 돈으로 편하게 살 궁리만 하고 재테크와 투기에만 노력하고 관심을 갖는다면 그 경제는 곧 성장을 멈추게 될 것이다.

사람들은 부가가치를 창조하는 것보다 재테크나 소득이전이 더 쉽기 때문에 가능하면 재테크로 돈을 벌거나 보조금을 받아 먹고사는 것을 선호한다. 따라서 정부의 정책은 경제주체들의 이런 성향을 억제하고 되도록이면 기업가정신을 고취해 부가가치를 창조하여 소득을 올리도록 유도해야 한다.

기업인企業人과 근로자 등 모든 경제주체가 생산적으로 일해서 돈을 버는 것에 관심이 없거나 포기한다면, 기업인들은 새로운 투자와 기술혁신을 통해 기업을 키우겠다는 의욕을 잃고 근로자들은 부지런히 땀 흘려 일해서 부富를 축적하려는 의지를 잃어버리며, 기업들은 돈을 쌓아놓고만 있게 되고 근로자들은 되도록 덜 일하고 더 많이 받아가는 것에만 관심이 있을 것이다.

따라서 진정한 경제혁신은 온 국민의 경제 정력精力이 나눠 먹기나 돈 굴려 먹기가 아니라 생산적으로 일해서 부가가치를 창조하는 데 집중되도록 정책과 제도를 개혁하는 것이어야 한다.

1.2 부의 창출 역사

세계 1인당 GDP는 2000년 달러가치로 1만 2천 년 전에는 약 90달러, 1750년에는 약 180달러, 2007년에는 7,995달러였다. 결국 세계 1인당 GDP는 1만 1,750년 동안 겨우 2배 증가했지만 18세기 중반 이후 약 250년 동안에 현재 인류 부의 97% 이상을 축적하였다. 이런 발전의 역사는 올바른 발전사상과 창의성에 기반한 혁신에서 왔다고 할 수 있다.

〈그림 7-1〉 세계 평균 1인당 GDP

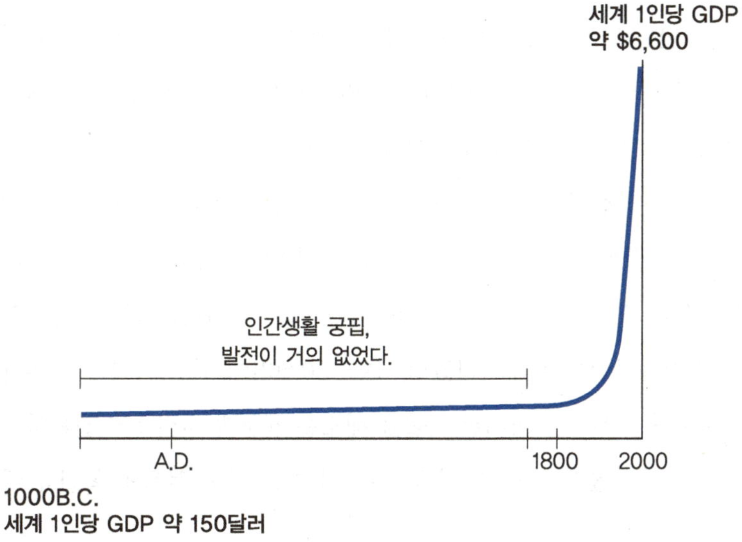

인류가 18세기 중반 이후에 경제적 도약을 이루어낼 수 있었던 이유는 다음과 같다. 경제적 자유, 기업가정신, 과학과 기술의 발달로 인한 산업혁명, 시장의 확대로 인한 노동의 분업과 전문화, 활발한 기업[1] 활동 때문이다. 또한 18세기 말부터

1. 영국 동인도회사는 1600년 국왕의 특허를 받아 조직되었으며 18세기 초에서 19세기 중엽까지 인도에서 영국 제국주의의 앞잡이 역할을 하였다. 1612년까지 투자자들로부터 자금을 모아 개별 무역업무를 하였다. 이후 잠정적으로 주식회사가 되었다가 1657년에는 영구적인 주식회사로 발족하였다. 1825년과 1862년 사이에 일련의 법령으로 유한합자회사가 탄생하였다. 네덜란드 동인도회사는 네덜

19세기에 걸쳐 일어난 정치 · 사회 · 정신적 자유혁명도 경제발전을 촉진할 수 있는 발전정신을 이끌어내는 데 기여하여 경제발전을 촉진하였다.[2] 1750년경 이후에 일어난 사회적 기술의 혁신이 폭발적인 부의 증가를 가져온 이유는 다음과 같다. 첫째, 이전의 시행착오를 바탕으로 축적된 지식이 과학의 출현으로 물리적 기술이 가속화되었고, 새로운 지식의 창출에서 합리적인 연역과 실험적 사고가 중요한 역할을 하였다.

둘째, 시장경제, 즉 시장을 통한 경세제민經世濟民의 출현이다. 시장경제의 발전은 사회적 기술의 진화로, 핵심 동력으로는 영국 의회민주주의의 발전과 미국혁명을 들 수 있다. 사회적 기술의 진화과정으로 협력을 통하여 조직능력이 가족 단위에서 사업비즈니스단위로 확대되었고, 동시에 사회적 및 물리적 기술공간이 같이 진화하고 결합되어 선택의 단위인 모듈이라는 식별단위가 만들어졌다. 기업가는 이 모듈을 전략적으로 결합하여 사업계획을 만들어낸다.

셋째, 기업가정신이다. 시장경제는 진화를 위해 경쟁하는 기업 계층조직으로 구성된 체제이다. Beinhocker(2006), 287～296쪽 19세기 미국, 영국 및 북유럽 국가에서 시장경제에 기반이 되는 사회적 기술이 터를 잡았고 사업계획의 선택과정에서 통치자의 자리는 기업가정신으로 대체되었다. 19～20세기에 걸쳐 과학은 막대한 물리적 기술을 창출하였고 시장은 이러한 기술을 새로운 제품과 서비스로 전환하는 사업계획의 진화를 촉진하였다. 물리적 기술, 사회적 기술 및 사업계획 혁신 간에 선순환

란드에서 인도 · 동남아시아 지역으로의 경제적 진출을 위해 1602년에 세운 칙허(특허) 회사로 세계 최초의 다국적 기업이며, 처음으로 주식을 발행한 최초의 주식회사이기도 하다. 조선에 억류된 서양 사람으로 널리 알려진 헨드릭 하멜은 동인도회사에 고용된 선원이었다. 일본에서는 1868년에 최초의 주식회사가 탄생하였다.

2. 서양이 동아시아를 앞서기 시작한 시기는 산업혁명을 시작한 1750년경부터이다. 그 이전에는 동서양이 농경사회라 서양이 동아시아보다 나을 이유가 없었으며 오히려 동아시아가 발명과 경제력 면에서 크게 앞섰다. 서양이 동아시아를 앞서게 된 이유는 노동과 자본 등을 생산적 목적으로 뭉치게 한 기업(특히 주식회사)이라는 조직과 기업을 통해 국민의 힘을 뭉치게 한 자본주의 제도의 발명 때문이다. 동아시아가 서양보다 도자기 1700년, 종이 1400년, 우산 1200년, 지폐 850년, 인쇄 700년, 성냥 100년 앞서 발명하였다. (송병락(2010), 19～20쪽)

이 일어나 세계사에 유례가 없는 거대한 경제발전을 이루었다.

넷째, 기업의 등장이다. 기업은 인류가 18세기 중반 이후에 경제적 도약을 이루어낼 수 있었던 계기가 된 인류 역사상 가장 위대한 발명품의 하나이다. 기업은 한 개인 혹은 다수의 사람들이 공동으로 관리하는 하나 혹은 다수의 사업이다. 여기서 사업이란 이윤을 만들 목적으로 물질, 에너지 및 정보를 한 상태에서 다른 상태로 전환하는 개인 혹은 다수의 사람들로 조직된 집단을 뜻한다. Beinhocker(2006), 280~282쪽 기업은 서로 의사소통을 통하여 상호작용이 일어나 한 사람이 발상아이디어을 제공하면 다른 사람은 더 좋은 방법을 제안하여 더 좋은 발상이 되고, 지식과 지식이 만나 더 좋은 지식이 창조 · 전파 · 공유되는 더 큰 지식을 갖는 지식공동체가 된다. 기업은 일자리를 제공하고 개인이 감당할 수 없는 자원의 한계를 극복하며, 위험을 분산시키는 역할을 통하여 인류발전에 크게 기여하여 왔다.

기업은 인간이 필요한 모든 것을 공급하고 생업이 번창하는 인간사회를 만들지만 기업은 기본적으로 이윤추구의 조직이다. 기업의 이익은 투자자에게 배당으로, 직원에게 급료로, 정부에 세금으로 지불되고 장래 투자를 위해 보유된다. 따라서 수많은 기업이 번창하는 나라에서는 소득과 일자리, 행복과 여유가 넘쳐나게 된다.

결국 기업은 인적 및 물적 자본을 융합하여 재화와 용역을 생산하는 생산주체가 되므로 일자리를 만들고 국민총생산을 창출하는 것이 되며, 물적 집합을 유기적으로 조직하는 사람들의 조직이 되는 것이다. 그렇다면 기업의 사활을 결정하는 것은 결국 사람, 즉 경영전략가이므로 경제발전은 개인과 기업의 자기성취 동기를 유발하는 유인구조를 발굴하는 일에 달려 있다.

다섯째, 부강한 나라들은 경제를 지속적으로 발전시킬 수 있는 자기성취 동기를 유발하는 좋은 경제제도와 정치제도를 가지고 있다. 아제모글루와 로빈슨(2012) 나쁜 경제제도는 한 계층의 소득과 부를 빼앗아 지배계층의 부를 늘려주는 '착취적extractive' 경제제도이다. 좋은 경제제도는 누구나 공정한 경쟁환경 속에 경제활동을 펼칠 수 있으며, 사유재산을 확고히 보장하고 법을 공정하게 집행하는 '포용적inclusive' 경제제도이다.

착취적 경제제도 하에서는 정신자본과 기업가정신이 질식되고 국민들이 생산적 활동에 능동적으로 참여해 부가가치를 창출하기보다는 연줄을 앞세워 지대를 차지하는 데 골몰한다. 포용적 경제제도에서는 기업가정신을 고취하며, 자신을 계발하여 지식을 축적하고 자본을 투자하며, 기술혁신을 통해 생산에 기여하여 경제 전체의 생산성을 높이고 부를 창출하고 축적한다.

한 나라의 운명을 좌우하는 경제제도는 정치과정을 통해 결정되기 때문에 결국 정치제도에 달려 있다. 미국이 부강해진 것은 모든 국민들에게 기회가 주어지는 경제제도를 만드는 데 정치권력을 썼기 때문이고, 북한과 필리핀이 빈곤에서 벗어나지 못하는 것은 다수의 국민희생 하에 소수 지배계층의 사리사욕을 위해 정치권력을 사용했기 때문이다. 아제모글루와 로빈슨(2012)

여섯째, 포용적 경제제도는 포용적 정치제도의 기반 위에서 지속가능하지만, 경제성장과 관련한 정치제도의 핵심은 법적 안정성과 강력한 중앙정부이다. 이는 권력을 사회 전반에 고르게 배분하여 자의적 권력행사를 제한하는 것이며, 다원주의에 바탕을 둔 강력한 정부가 핵심이다. 이와 같이 포용적 정치제도로 형성된 포용적 경제제도는 자원의 보다 공정한 분배로 사회적 통합을 이루어 체제의 지지 세력들을 확대하여 선순환을 이루는 포용적 정치제도의 기반을 강화하도록 한다.

일곱째, 경제적 자유의 발달이다. 경제적 자유는 인적자본의 활용을 활성화시키기 때문에 경제발전을 촉진시켜 번영을 가져와 자유민주주의의 발전을 일굴 수 있었다. 경제적 자유화는 의사결정을 수많은 소비자와 생산자 및 기업가에게 분산시킨다. 의사결정의 분산은 다양한 생각과 삶의 목적 등 다원적 사회를 형성하게 되고 이는 권위주의나 전체주의 대신 다원적 대의제 민주주의의 씨앗이 된다.

그 좋은 예가 일본 · 한국 · 대만 · 중국과 같은 동아시아 국가들이다. 동아시아에서는 강력한 중앙정부 하에서 정치 · 사회적 안정 하에 경제적 자유화에 입각한 빠른 경제발전이 민주주의보다 우선하였다. Kwon and Kang(2011)

20세기에 들어 인권과 평등을 중시하는 민주주의가 보편적인 정치체제로 자리 잡았다. 그렇지만 세계 도처의 많은 민주주의국가들이 경제발전까지 이룩하지 못한 것은 정치적 평등이 핵심인 민주주의와 더불어 경제적 평등이념을 지나치게 앞세우고 경제적 차별화에 역행하였기 때문이다.

경제적 차별화는 차별대상의 다양성을 전제로 하며 다양성은 발전이 일어날 수 있는 토양을 제공한다. 경제적 차별화가 실효적 유인정책이 되려면 각 주체가 경제적으로 자유로운 결정에 입각하여 이루어낸 성공과 실패의 결과에 대한 권리와 책임의 한계를 정하는 사유재산제도의 확립이 전제되어야 한다. 따라서 경제적 차별화를 위해서는 정치적 안정과 불확실성의 제거, 개인의 자유와 창의성이 보장되는 자유민주주의의 확립이 중요하다. 결국 정치제도와 경제제도의 질도 인적자본에 의해 좌우되기 때문에 경제발전은 개인, 기업, 정부공무원 및 정치인들의 자기성취 동기를 유발하는 유인구조를 발굴하는 일에 달려 있다고 할 수 있다.

2. 경제발전론의 이론적 변화 양상

영국에서 발전한 경제학은 공리주의utilitarianism에 입각하고 있다. 공리주의는 공리성utility을 가치의 판단기준으로 하는 사상이다. 어떤 행위의 옳고 그름은 그 행위가 인간의 이익과 행복을 늘리는 데 얼마나 기여하는가 하는 유용성과 결과에 따라 결정된다고 본다. 넓은 의미에서 공리주의는 효용 · 행복 등의 쾌락에 최대의 가치를 두는 철학 · 사상적 경향을 통칭한다. 하지만 고유한 의미의 공리주의는 19세기 영국에서 벤담Jeremy Bentham, 1748~1832, 밀James Mill, 1773~1836, 존 스튜어트 밀John Stuart Mill, 1806~1873 등을 중심으로 전개된 사회사상을 가리킨다. 공리주의는 인간들이 자신의 욕망을 자유롭게 추구하는 활동을 시장에서 수요와 공급의 법칙에 따라 가장 조화롭게 충족시킬 수 있는 자율적인 작동장치로 보고 대체로 자본주의를 옹호하였다.

마르크스주의는 마르크스Karl Marx 1818~1883와 엥겔스Friedrich Engels 1820~1895에 의해 기초가 다져진 사상에서 출발 · 전개되었던 사상 · 학설 등을 통틀어 이르는 말로 과학적 사회주의라고도 한다.

마르크스주의는 공리주의 인간관은 수용했지만 시장이 욕망의 조화를 가져오기 보다는 자본가와 노동자 계급이 충돌하고 투쟁하게 만들어 사회를 파국으로 몰고 갈 것이기 때문에 궁극적인 해결책으로 사유재산과 시장을 폐지하는 공산주의를 추구했다.

이 두 관점은 자본주의에 대해 상반된 생각을 갖고 있지만 '욕망추구 존재' 의 인간관을 공유한다. 한편, 베버Max Weber, 1864~1920는 인간을 자기 나름의 주관적 의미를 가지고 행동하는 '의미추구 존재' 로 본다. 의미는 욕망처럼 단순히 관찰되는 것이 아니라 해석되고 이해되어야 한다는 관점에서 베버는 자본주의를 욕망추구 이상의 의미추구 현상으로 본다.윤원근(2012)

경제발전은 단순히 자원이나 화폐, 에너지 등 경제적 요소의 상호작용에 따른 발전과정으로만 치부할 수는 없다. 그보다는 오히려 사회구성원들이 이익을 주고받으며 공동운명체로 더 좋은 상태나 높은 단계로 나아가는 것이다. 이것은 경제적 · 정치적 · 인구 통계적 및 문화적 요인들이 상호작용하여 성장과 변화를 거듭함으로써 나타나게 되는 복잡한 사회현상으로 양적 성장은 물론 질적 변화까지 포함하는 개념이다.

사실 사람이 정신까지 새롭게 태어난다는 것은 불가능하다. 인류가 오늘날과 같이 되기 위해서는 유인원에서 직립원인Homo erectus으로, 다시 직립원인시대부터 백만 년이 넘는 시간 동안 수많은 유인원 개체나 종중에서 분화되고 선택되며 증식되는 과정을 거쳐 진화하고 발전해야만 하였다. 인류가 이처럼 분화 혹은 차별화differentiation → 선택selection → 증식amplification 과정을 거쳐 진화하고 발전하였던 것처럼 경제도 생존경쟁, 인구증가 및 인류의 생산성 향상 노력 사이의 끊임없는 경주라고 볼 수 있다. 따라서 경제를 끊임없이 진화하는 불균형적이고 불안정한 생태계로 본다면 경제발전도 인구통계적 · 과학기술적 · 경제적 · 정치적 · 사회적 · 문화적 요인들이 상호작용하여 진화하고 발전하는 힘든 과정으로 이해해야 한다. 더욱이 세계화가 가속화되면서 경제는 더욱 복잡하게 작동하여 제대로 분석하고 예측하여 해결책을 내놓는 것이 아주 어렵게 되었다. 이에 따라 경제문제의 본질을 찾아내는 새로운 접근방법으로 복잡계경제학과 진화경제학이 부상하였다. 이들의 주장에 따르면 진화와 경제학은 상호 밀접하게 연관된 것[3]으로서 경제발전 역시 장기간에 걸쳐 일어나는 복잡한 진화과정에 비유할 수 있다는 것이다.

이는 인간의 이기심과 합리성의 가정에 입각하여 단순화한 전통경제학의 균형이론과는 상당한 차이가 있다. 전통경제학의 핵심은 경제현상을 단순화하기 위해 사람들이 이기심에 따라 행동하고 이기심을 극대화하기 위해 복잡한 계산을 합리적으로 완벽하게 해낸다고 가정하지만 현실은 그렇지 못하다.

또한 전통경제학에서는 부의 핵심적인 원천이 자원과 노동력이라고 주장하지만, 최근의 경향은 부의 원천을 끊임없이 지평을 확장해 가는 지식과 새로 등장하는 기술 중에서 찾는다. 시장에서 선택된 기술이나 사업전략만 살아남고 복제되어 확산된다는 것이다. 혁신이 쌓일수록 경제체제는 진화하고 부는 급증하게 된다. 이 과정에서 자유로운 사업환경과 사유재산권을 보호하는 법률 · 금융 · 제도, 발전정신, 기업가정신 및 부정부패 척결 등 사회적 기술이 아주 중요한 역할을 하게 된다.

전통적 지혜와는 반대로 시장은 사회경제적 불균형을 해결하기 위한 충분한 역량을 가지고 있지 못하다. 따라서 발전을 고양하기 위한 정책과 조치들은 정책개입과 시장기능에 대한 균형 있는 시각에 입각하여야 한다. 이런 맥락에서 현대사회의 실정에 더 적합한 새로운 발전모형을 탐색할 필요가 있다.

2.1 전통경제학과 복잡계경제학

경제학에서 더 근본적인 문제의 하나는 왜 어떤 나라들은 성장하는 반면 다른 나라들은 빈곤에서 벗어나지 못하는가? 이다. 또 하나의 문제는 낙후된 경제가 서양국가들이 밟아온 전통적 성장경로와 다소 다른 성장경로를 따라 지속적인 경제성장을 성공적으로 할 수 있는가? 이다.

3. Beinhocker(2006), 216~217쪽, 안현실 · 정성철(2007), 355~357쪽 참조

전통경제학이라 할 수 있는 신고전파경제학은 합리성을 가정한다. 즉 결정권자에게 가용한 선택의 기회가 주어지면 가장 좋다고 생각하는 것을 선택한다는 것이다. 이 가정은 열린 경쟁시장에서 기업들이 사회적으로 용인되는 기대이윤을 획득하여 정상적으로 생존할 수 있다는 생존성을 전제로 하고 있다. 그러나 후진국의 기업들은 안정된 선진사회와는 달리 완전히 열린 경쟁시장 체제에서는 정상적인 경영을 방해하는 요인들이 많아 생존성을 위협받게 되므로 합리성을 전제로 한 신고전학파경제학 이론을 적용하기 어렵다. 이뿐만이 아니다. 신고전파경제학은 완전경쟁시장, 완전한 정보, 거래비용이 없다고 이상적으로 가정할 뿐만 아니라 한 균형에서 다른 균형으로 즉각적으로 이동하여 시간개념이 없는 정태적 균형경제를 가정하고 있으며, 소비자를 비롯한 경제주체들이 항상 합리적일 수는 없는데도 꼭 같은 능력, 선호도, 조건 및 부를 갖는 수평적 평등을 가정하고 착오와 편견을 배제하는 등 현실과 너무 동떨어져 있다. 이는 근대 경제학의 원조로 추앙받는 알프레드 마셜 Alfred Marshall(1842~1924)이 경제학은 살아있는 인간을 연구대상으로 하는 학문이며, 경제학도는 냉철한 머리와 따뜻한 마음을 가져야 한다고 한 것 중 냉철한 머리가 상징하는 합리성만을 강조하였다고 할 수 있다. 또한 이는 최근에 부상하여 지지기반

표 7-1 **복잡계경제학과 전통경제학의 비교**

구분	복잡계경제학	전통경제학
역동성	개방적, 동태적, 비선형적 불균형 시스템	폐쇄적, 정태적, 선형적 균형 시스템
행위자	개별적 모형, 귀납적 경험 법칙에 의한 의사결정, 불완전 정보, 착오와 편견의 제약, 시간에 따른 학습과 적응.	집단적 모형, 복잡하고 연역적 계산에 의한 의사결정, 완전한 정보, 착오와 편견 배제, 학습과 적응 필요성 없음(행위자는 이미 완벽).
네트워크	개별 주체 간 상호작용의 명시적 모형, 시간에 따른 관계 망상조직의 변화	주체들은 경매 등 시장 작동장치를 통한 오직 간접적 상호작용
창발성	거시와 미시 간 구분 없음. 거시유형은 미시적 행태와 상호작용의 창발적 결과	미시와 거시 경제학은 별도의 학문분야로 존재
진화	차별화, 선택 및 증식의 진화과정이 시스템의 혁신을 유발하고 질서와 복잡성을 증가시킴.	내생적으로 혁신을 창출하거나 질서 및 복잡성의 증대를 가져오는 작동장치는 없음.

자료출처 : Beinhocker, Eric D. 2006. *The Origin of Wealth*, Harvard business School Press, 97쪽.

을 넓히고 있는 복잡계경제학과는 너무나 대조적이다〈표 7-1〉 참조.

경제발전 현상은 일반적으로 대단히 불균형적이고 불평등적이다. 잘하는 경제주체와 잘 못하는 경제주체가 병존하며, 개인별 · 기업별 · 지역별로 경제적 성과가 다르다. 그러나 전통적 경제이론은 경제현상을 균형이라는 틀에 넣어 분석하기 때문에 이처럼 불균형적인 경제발전 현상을 다루는 데 문제가 있게 된다.

즉, 경제발전의 보편적인 현상은 개인이나 조직, 혹은 지역이나 성공한 혁신가들이 사회의 역할모형으로서 각 분야의 발전을 이끄는 것이기 때문에 대단히 불균형적인 현상이며, 균형적 발전과 거리가 멀다. 따라서 완전경쟁모형에 입각한 신고전학파의 경제성장모형은 경제발전이론으로 적합하지 못하다. 또한 신고전학파의 성장모형은 다수의 동일한 경제주체들의 원자적 경쟁과 완전한 정보에 입각하고 있는 닫힌 균형체제이기 때문에 서로 다른 역량을 가진 주체들이 상승작용으로 창출하는 발전과정을 설명하는 데 미흡한 점이 많고, 시너지 효과 역시 부분의 합이 전체가 되는 선형적 관계로 설명하기에는 부족한 점이 많다. 반면에 복잡계경제학은 전체가 부분의 합을 초과하는 비선형적 관계를 택하여 비선형적 상호작용을 본질로 하며, 이러한 상호작용으로 기존의 체계나 질서와는 다른 차원의 새로운 체계나 질서를 만드는 열린계체제로 열린 불균형체제이다. 이와 같은 차이점 때문에 복잡계경제학이 전통경제학의 대안으로 부상하고 있다.[4]

2.2 신고전학파경제성장이론과 동아시아경제발전모형

동아시아 국가들일본, 한국, 대만, 싱가포르, 홍콩 및 중국의 1인당 생산은 1965년부터 1995년까지 30년간 연평균 4.7%로 증가한 반면 서구 국가들의 경제는 산업혁명을 포함하는 1820년부터 1998년까지 178년간 연평균 1.6% 성장하였다.Maddison(2006) 또한 1950 ~ 1999년간 국내총생산은 미국과 유럽 국가들이 약 5배 증가한 반면 동아

4. 자세한 것은 Beinhocker(2006), 79 ~ 97쪽과 좌승희(2008), 41 ~ 65쪽 참조.

표 7-2　　1950~1999년간 국내총생산 증가 배수(1999년 GDP/1950년 GDP)

미국	5.1
5개 유럽국(프랑스, 독일, 이태리, 스페인, 영국)	5.0
중국	25.6
홍콩	28.0
한국	38.9
싱가포르	36.7
대만	46.8
일본	16.1

자료출처 : Maddison 2001, World Bank, World Development Indicators Online (see http://www.worldbank.org/data/wdi2004/index.htm)

시아 국가들은 약 16~47배 증가했다. 동아시아의 이처럼 빠른 경제성장은 다른 개발도상국 경제의 70% 이상이 선진국 경제의 평균 성장률보다 느리다는 면에서 특히 괄목할 만한 것The World Bank Report(1993)인데, 이처럼 경이로운 경제발전을 이룬 동아시아경제발전모형은 신고전학파경제성장모형과는 상당히 다르다.Kwon(1994) 경제발전의 성공이 지역적으로 밀집될 가능성은 대략 만분의 일 정도라고 세계은행 보고서1993년가 지적한 것과는 달리 이들 국가들이 동북아시아의 일본에서부터 동남아시아의 인도네시아에 이르기까지 지역적으로 몰려 있다는 점도 종래의 고성장 국가들이 지역적으로 흩어져 있는 것과 아주 큰 차이를 보이고 있다. 이렇게 지역적으로 밀집된 경제성장은 서구의 경제발전 접근방법과 비교하여 동아시아의 경제발전 접근방법이 독특하다는 점에서 정책당국자뿐만 아니라 학자들에게도 관심을 끌게 한다.

〈표 7-3〉의 동아시아발전모형은 동아시아 국가들의 경제발전을 설명하기 위하여 전개한, 현실에 기반을 둔 경제이론들과 가설들을 전통적 이론들보다 더 정밀하게 통합하고 정리한 것이다. 동아시아경제발전모형과 신고전학파경제성장모형과의 차이점은 케인즈 모형과 신고전학파경제성장모형 사이에 존재하는 차이만큼 크다. 케인즈 이론은 주로 단기 쟁점에 관한 것인 반면에, 동아시아경제발전모형은

신고전파모형처럼 경제성장이론이지만 정부의 역할이 광의의 사회간접자본의 한 요소로 취급된다.

표 7-3 **동아시아모형과 신고전파모형의 비교**

동아시아경제발전모형	신고전파경제성장모형
1. 불완전경쟁시장 : 외부성 및 규모의 경제로 인한 시장의 실패	1. 완전경쟁시장
2. 정부는 경제적 자원의 일부분	2. 자유방임주의로 정부는 불간섭
3. 국제무역은 규모의 경제와 비교우위로 발생함	3. 국제무역은 정태적 비교우위로 인하여 발생함
4. 수출촉진을 위한 적극적 접근방법을 사용 – 수출촉진과 수입대체의 공존 – 수출촉진과 수입대체의 상호배타성은 이해를 잘못한 것임	4. 수출촉진을 위한 정책중립성이나 정책의 부재
5. 비교우위의 전략적 개편이 중요	5. 자연발생적인 정태적 비교우위
6. 요소가격 왜곡이 필요함	6. 요소가격 왜곡은 비효율적인 자원배분을 야기함

동아시아경제발전모형의 기원은 일본의 메이지시대1862~1912년로 거슬러 올라간다. 동아시아 국가들은 서구로부터 기술과 과학지식을 빌려왔지만 동아시아 국가들이 처음에 그들의 경제발전을 생각하고 조직하고 실행한 방법은 어떤 특정한 서구의 경제사상에 의해 방해받지 않은, 독특하게 동아시아적인 것이었다. 대체로 자유방임적인 환경 속에 개인의 발명과 기술혁신에 입각하고 있는 서구의 경제발전 방법과 달리, 일본 메이지시대의 경제발전은 국가건설의 필수부분이었다.Morishima (1982) 일본이 서구를 따라잡아야 한다는 긴급한 필요성과 경험 있는 자본가들의 부족은 메이지정부로 하여금 확대되는 외부자원의 격차에 대처하는 빠른 수입대체를 달성하기 위하여 현대식 공장을 건설하고 운영하는 산업경영자의 역할을 하도록 하였다. 이러한 일본정부의 인식은 제1차 세계대전까지 정부의 투자가 민간투자보다 많은 현상으로 나타났는데 1884년에 66%, 1901년에 54%를 기록하였다. 정부의 투자가 민간보다 많은 이러한 일본의 경험은 대만에서도 유사하게 나타나며, 일본 재벌자이바쯔 : zaibatsu의 탄생을 둘러싼 환경과 정부의 협력관계는 한국의 재벌과 역시

아주 유사함을 알 수 있다.

1) 경제발전에서의 정부의 역할

동아시아 경제발전이론은 정부가 개입해야 한다 혹은 개입해서는 안된다에 관한 이론이 아니고 대신에 인적자본, 정보 및 경제적 동기에 관한 이론이다. 경제주체는 확대된 인적자본, 정보 및 동기가 필요하고 이들이 어디로부터 오는가는 중요하지 않다. 그것들은 민간부문이나 정부부문에서 올 수 있다. 이 점이 동아시아 경제발전이론을 신고전학파이론과 구별짓는 요인 중의 하나이다.

정부개입을 정당화시키는 경제적 상황은 완전경쟁의 가정을 무력화하는 규모의 경제, 외부성, 불완전한 정보, 유치산업 보호 혹은 기초연구의 필요성 등이 있는 시장이 실패하는 경우이다. 만일 시장실패가 존재한다면 국내든 국외든 자유로운 거래에 대한 주장은 성립하지 않는다. 시장실패가 있는 자유방임경제는 파레토 효율이 달성되지 않으므로 그런 경우에는 정부의 개입이 필요하다. 시장실패를 보충할 정부개입의 가장 중요한 부문은 가격이나 동기에 반응하지 않는 구조적 경직성으로부터 유래한다. 많은 개발도상국가들에서 자본의 부족 및 고비용, 수요의 불확실성 및 정보의 부족으로 인한 위험성은 투자를 꺼리게 한다. Amsden[1989]과 Wade[1990] 등은 정부가 시장실패에 대응할 수 있는 방법의 주요 사례로 일본 · 한국 · 대만 및 싱가포르의 경험을 인용한다. Singer[1949]와 Nurkse[1953]는 낙후된 경제를 가장 자세히 기술하고 있다. 경제적 빈곤을 영속화시키는 2개의 악순환을 강화시키는 Nurkse의 이론은 낮은 저축, 부족한 자본, 제한된 시장규모 및 투자유인 결여의 상호작용으로 구성된다. 이 너무 낮은 소득 및 수요에 대한 처방으로 Rosenstein-Rodan[1943]이 제안한 강력한 일괄적 추진[big-push]은 종합적인 투자계획이 수요를 창출하고 투자 프로젝트가 이윤을 남기도록 기반시설에 대한 투자가 함께 이루어지는 것이다. 종합 투자계획은 투자 동기를 획기적으로 증가시키도록 종합적인 계획주체에 의하여 수행되어야 한다.

2) 수출촉진과 수입대체의 공존 및 비교우위의 전략적 재편성

불완전경쟁시장과 규모의 경제가 있다면 수출진흥과 수입대체의 공존 및 비교우위의 전략적 변화가 새롭게 일어날 가능성이 있다. 무역을 통한 공업화를 추구할 때, 비교우위를 재편성하는 동시에 적극적인 수출촉진과 수입대체를 결합하는 정책을 추구할 수 있다. 한국과 대만이 도약기 이전인 1950년대의 원시적인 수입대체 단계에서 수출촉진과 수입대체 결합단계로 어떻게 이동하였고 이것이 그들의 비교우위를 변화시키기 위하여 어떻게 사용되었는가를 보자. 이 접근방법은 신고전학파의 접근방법과 아주 대조적이다.

첫째, 수출진흥을 정의하는 데 많은 모호성이 있었다. 신고전학파에게 수출진흥은 수출동기가 수입대체 동기와 거의 같은 정책중립성이나 어떤 정책 동기가 없는 것을 의미하였다. 반면에 비신고전학파혹은 적극적 정책주의자들의 관점은 수출진흥이 수입대체에 대하여 정부가 다양한 지원과 통제를 통하여 적극적으로 수출을 진흥하는 것을 나타낸다. 둘째, 문제는 수출진흥과 수입대체를 2개의 상호배타적인 정책선택으로 취급해야 하느냐는 것이다. 이 이분법에 따르면 동아시아 국가들의 경제적 성공은 대외지향적 수출진흥전략에 연유하는 한편, 라틴아메리카 국가들의 활력 없는 경제실적은 수입대체전략을 채택한 탓이라는 것이다. 기본적으로 수출진흥의 개념의 근거가 되는 정통적 국제무역이론은 무역과 투자유형이 정태적 비교우위에 의하여 결정된다고 한다. 그래서 최선의 정책은 엄격한 비개입주의를 견지한다. 신흥공업국들Newly Industrializing Countries ; NICs이 추구한 것은 수출진흥의 중립성도 아니고 전통적 비교우위도 아니었다는 것은 명백하다.

Liang1992은 처음으로 극단적인 2분법 분류를 넘어 무역전략을 구분하는 체계를 공식화하여 적극적인 수출진흥과 적극적 수입대체의 옹호가 동시에 공존할 수 있다는 논리를 제공하였다. 후진국들이 당면하고 있는 기본적인 정책이슈는 수출증대를 추구하면서 수입대체산업들을 보호하는 방법이다. 전통적인 2분법적 체계하의 정의에 의하면 수입대체전략은 수출에 역행하고 수입억제 대신에 수입자유화가 수출촉진을 위한 가장 직접적인 수단으로 믿었다. 그렇지만 Liang[1992]과 Milner[1994]는 수입대체전략이 반드시 수출에 역행하고 수입옹호가 수출확대와 양립할 수 없는 것은 아니라는 것을 발견하였다. 한국과 대만의 경험은 수출진흥과 수입대체가 공존이 가능한 전략일 뿐만 아니라, 경제발전의 초기단계에서 주의 깊게 선택되고 잘 조정된 수입대체정책이 대외지향정책의 성공에 필요하다는 것을 나타낸다.

다음의 정책조치들을 생각해 볼 가치가 있다. 첫째, 현재의 수출 및 수입 품목을 주의 깊게 검토하라. 이것은 앞으로 무슨 다른 품목을 수출할 수 있고 수출을 확대시키기 위하여 어떤 동기의 유형과 정도가 필요한가를 아는 데 도움이 된다. 둘째, 일단 잠재적인 수출품목들이 정해지면 새로 선정된 산업들이 수입대체의 초기단계에 편입되어 이 제품들의 수출경쟁력이 충분해질 때까지 국내에서 처음으로 생산되고 판매되는데, 이것이 수출진흥과 초기 수입대체 단계이다. 셋째, 수입대체와 수출진흥의 초기단계에서 성공하면 이제 수입대체와 수출진흥의 잠재력이 있는 산업에서 준숙련 노동집약적인 산업으로부터 숙련된 자본집약적 산업으로 점차 단계별로 이동하며, 이것이 수출진흥과 제2차 수입대체 단계이다. 각 과정을 따라 잠재력이 있는 수출진흥과 수입대체산업의 선정과 일괄적인 수입대체와 수출진흥정책 수립에서 정부와 업계 간에 면밀한 조정이 필요하다. 초기 수입대체 기간에 전반적이거나 부분적인 수입제한이 가능하다. 그러나 일단 수출진흥정책이 시행되면, 정부는 수출부문에 필수적인 제품들에 대한 수입제한을 완화해야 한다.

한국과 대만 모두 적극적으로 다양한 수출산업을 선별하기 시작한 1970년대 중반까지 초기 수입대체정책과 수출진흥정책보다 제2차 수입대체정책에서 더 구체적인 부문별 수입대체정책을 수립하였다. 이 기간 전에 수출진흥정책은 대체로 부문별 구체성 없이 전 산업에 걸쳐 적용되었다. 수입경쟁산업을 선별적으로 보호하고 수출을 촉진함으로써 국가는 현재의 수출실적을 위험에 빠뜨리지 않으면서 장기적인 비교우위를 개발할 수 있다. 더구나 수출부문에 대한 수입통제를 선별적으로 자유화함으로써 일시적으로 보호할 가치가 있는 유치산업들을 위험에 빠뜨리지 않고 무역으로부터의 이익을 향유할 수 있다. 요컨대, 후진국들은 수입보호와 수출성장을 선택할 필요가 없다.

마지막으로 Krugman[1979], Dixit and Norman[1980] 및 Lancaster[1980]가 지적한 바와 같이 국제시장은 전형적으로 불완전경쟁적이고 무역은 상당한 정도로 비교우위보다 규모의 경제에 의하여 주도된다. 이러한 관점의 정책시사점은 정부지원을 받는 특정 산업들은 세계시장에서 외국 경쟁자들보다 전략적 우위를 점할 수 있다는 것이다. 이러한 의미에서 새로운 접근방법은 적극적인 무역정책에 대한 논리적 근거를 제공한다. 동아시아 국가들의 경제에 광범위하게 적용된 산업정책에서 그들의 수출의 변화유형은 대체로 정부의 지원을 통한 동아시아 국가의 기업들이 설계한 비교우위의 전략적 변화를 반영한다는 것을 알 수 있다. 이러한 요인들을 고려하면 동아시아경제발전모형이 작동하도록 하는 4개의 상호연관된 요인들은 인적자본, 물적자본, 정부 및 수출지향성이다. 물적자본은 생산함수에서의 중요성 때문에 추가되었다. 자본형성은 국내저축과 해외저축에 의하여 영향을 받는 반면에 정부는 이 자원들의 동원에 많은 영향을 준다.

2.3 컨센서스

1) 워싱턴 컨센서스

냉전 후 선진 자본주의 국가들은 자본주의 자유시장 경제체제가 사회주의 국가들의 붕괴와 동아시아의 경제기적을 가져왔다고 결론짓고 1990년에 자유시장주의인 워싱턴 컨센서스Washington Consensus : Williamson(1990)를 만들어 전파하였다. 워싱턴 컨센서스는 경제의 투명성, 사유화 및 자유화로 이동하는 한편 자본흐름을 개방하여야 한다고 주장하였다. 1998년에 아시아의 금융위기가 발생한 후 워싱턴 컨센서스는 IMF가 구제금융을 조건으로 이들 지역의 재정긴축, 이자율과 환율의 현실화, 자본시장 개방 등을 강제할 수 있도록 큰 영향력을 발휘하였다. 그러나 워싱턴 컨센서스는 이것을 채택한 아르헨티나나 인도네시아와 같은 국가들의 10년간의 실망스런 경제적 성과로 인해 신뢰를 잃어 이를 대체할 대안이 요구되었다. Rodrik(2006) : 974와 Lee and Mathew(2010) 1990년에 Williamson이 조직적으로 체계화하고 공식화한 워싱턴 컨센서스 10개의 항목은 다음과 같다. 적자예산의 통제와 같은 긴축재정, 기초 건강과 교육 및 사회기반시설로의 공공지출 우선순위 조정, 면세기준의 하향과 한계세율의 인하와 같은 세제개혁, 우대금리의 폐지와 같은 금융의 자유화, 안정적 환율의 유지, 관세의 인하와 철폐와 같은 무역의 자유화, 해외직접투자의 유입에 대한 장벽 제거, 국영기업의 민영화, 새로운 기업진입을 방해하는 규제의 철폐 및 재산권의 보장이다.

첫 5개 항목은 안정적 거시경제의 유지에 관한 것인 반면에 나머지 5개 항목은 사유화, 자유화 및 규제철폐와 같은 시장화의 확대에 관한 것이다. 워싱턴 컨센서스는 자유주의 시장경제의 우월성을 전제로 후진국들의 경제성장을 촉진하기 위하여 균형재정, 이자율과 환율의 현실화, 국제무역과 외국인직접투자의 자유화, 공기업의 민영화, 규제완화, 재산권보장 등을 주축으로 하는 거시경제정책 안정화와 시장경제화를 핵심 요소로 삼아 경제의 민영화, 자유화, 세계화를 독려하고 촉진하는 정책이었다.

모든 국가들이 그러한 방향으로 나아가기를 원한다는 면에서 각 항목에 이의를 제기하기는 어렵다. 그렇지만 핵심 요소인 거시경제정책 안정화 및 사유화 · 자유화 · 규제철폐는 역량강화와는 거리가 멀기 때문에 워싱턴 컨센서스에는 실물경제를 운용하는 역량강화가 존재하지 않고, 선진국모형의 일방적 강요와 도입만 있을 뿐이었다. Rodrik(2006) 및 Lee and Mathews(2010) 따라서 경제발전의 지침으로는 다음과 같은 면에서 부적절하다고 할 수 있다. 경제발전은 선진국과의 격차를 줄이려는 전략적 목표가 있는 추격과정이며, 연속적인 역동적 과정이기 때문에 워싱턴 컨센서스는 첫째, 인적자본 등 역량강화가 성공적인 경제발전에 꼭 필요하다는 인식이 부족하며, 둘째, Gerschenkron 1962이 주장한 '후발주자 효과'를 고려하지 않았다는 문제가 있다.[5] 마지막으로 워싱턴 컨센서스는 10여 개의 국가경제를 파괴한 나쁜 족

적을 남긴 종말적인 오만의 표상이었다. Ramo(2004) : 4

2) 베이징 컨센서스

워싱턴 컨센서스에 대응하여 대두된 베이징 컨센서스Beijijng Consensus : Ramo(2004)는 워싱턴 컨센서스를 추종하지 않고도 경제기적을 이룬 중국의 경우를 대상으로 한다. 점진적 · 단계적 경제개혁, 개방정책의 채택, 수출주도적 성장전략, 조화롭고 균형적인 발전전략, 실질적이고 이념적인 개혁, 국가별 발전정책을 강조한 베이징 컨센서스는 중국의 역할증대로 각광을 받았으나 기본적으로 비민주주의적 국가주도의 발전모형을 제시할 뿐 구체적 내용이 빈약하다. Yang(2010)

베이징 컨센서스는 중국의 국제적 발전, 경제, 사회 및 정치의 전반적인 풍경을 개조하기 위한 모형이라 할 수 있다. 이것은 단일의 강력한 중심重心이 있는 세계에서 나라를 어떻게 발전시키고 그들의 생활방식과 정치적 선택을 보호하면서 국제질서에 조화시키려고 하는 세계의 다른 국가들에게 경로를 제시하기 위한 것이라고 할 수 있다.

베이징 컨센서스의 논리적 명제는 혁신, 지속성과 평등, 민족자결이론으로 공정하고 평화로운 질적 성장을 촉구하는 한편, 사유화와 자유무역과 같은 것은 아주 조심스럽게 접근해야 한다고 한다. 이것의 목표는 독립을 유지하면서 성장하는 것으로서 경제특구와 같이 냉혹한 혁신과 실험, 국경과 국익의 적극적 방어, 3조 3,304억 달러2015년 말의 외환보유고와 같은 비대칭적 권력수단의 축적으로 정의된다.

베이징 컨센서스에서 자주 언급되는 필수적인 강력한 단어는 변화, 새로움 및 혁신이다. 이 모든 것의 목적은 중국의 '和平屈起화평굴기' 로 베이징 컨센서스는 평화적 부상을 위한 도구로 보인다. 중국은 개혁의 모순을 해결해야 하고 새로운 정치문화를 개척해야 하며 세계가 중국을 바라보는 방향으로 전환해야 한다는 것이다.

베이징 컨센서스는 경제적 변화뿐만 아니라 사회적 변화에 관한 것도 포함하고

5. 자세한 것은 Lee and Mathews(2010) 참조.

있는데 이는 워싱턴 컨센서스에서는 찾아볼 수 없는 것이다. 1990년에 추진된 워싱턴 컨센서스에서는 소홀히 다루었던 발전경제학의 원래 목표인 사회를 개선하기 위하여 경제학적 관리방식 도입을 포함한 베이징 컨센서스는 정치, 삶의 질 및 세계의 세력균형 등 경제학에 관한 것이 아닌 많은 관념들도 포함하고 있다.

베이징 컨센서스는 세계에서 개발도상국들의 입장을 어떻게 조직하는가에 관한 단 3개의 정리로 요약될 수 있다. 첫째는 혁신의 가치를 바꾸는 것이다. 이는 개발도상국들이 후진기술보다는 오히려 첨단기술로 발전을 시작해야 한다는 것이다. 중국을 구할 유일한 방법은 지식이고 혁신이 유일한 해결책임을 강조한다.

둘째는 지속가능하고 공정한 발전을 위한 환경조성에 관한 것으로서 중국의 발전 접근방법은 중국사회가 불안정하기 때문에 혼란관리이론이 되어야 한다는 것이다. 이는 중국발전모형이 지속성과 평등을 우선 고려해야 한다는 것으로서 일단의 중국의 경제학자들은 안정이 경제성장에 필요한 가장 중요한 요소라고 말하였다. Ramo(2004) : 23

셋째, 베이징 컨센서스는 거대한 패권세력을 제거할 지렛대 사용을 강조하는 민족자결 이론을 포함한다. 현재 중국은 강한 경제력과 국가권위의 엄격한 방어를 근간으로 하는 중국식 모형에 입각하여 역사상 가장 큰 비대칭적 초강대국을 건설하고 있으며, 종합적인 세계 안전보장전략을 원하여 중국 자신의 안전보장과 아시아태평양 지역 안전보장까지 추구하고 있다. Ramo(2004) : 34

혁신, 비대칭, 평등 및 새로운 시민상의 개발로 더 안전하고 더 공평한 세상을 만드는 희망으로 요약될 수 있는 베이징 컨센서스는 점진적 · 단계적 경제개혁, 개방정책의 채택, 수출주도적 성장전략, 조화롭고 균형적인 발전전략, 실질적이고 이념적인 개혁, 국가별 발전정책을 강조한다. 2008년의 세계금융위기와 중국의 역할증대로 베이징 컨센서스는 각광을 받았으나 실제로는 신중한 재정정책, 경제개방, 사유화, 시장자유화, 저인플레 및 사적 재산권으로 특징지어지는 신고전학파적 시장이론을 추구하였고, 점증하는 소득불균형과 대내외불균형을 심화시켰으며, 비민주주의적 국가주도의 발전모형을 제시할 뿐 구체적 내용이 빈약하다는 것이 베이징

컨센서스의 단점이다. Yang(2010)

3) 동아시아 컨센서스

동아시아 국가들의 발전경험은 유례가 없는 경제성장과 비전통적인 성장경로라는 면에서 큰 관심을 끌어왔다. 동아시아의 성장경로는 산업혁명의 성장경로와는 아주 대조적인데, 사실 비유럽문화권의 경제발전 가능성은 전혀 예측하지 못한 일로 서구의 주류 경제학자들의 관점은 아주 비관적이기까지 하였다Kuznets(1973) : 254.

동아시아 국가들의 경제발전에 고유한 성공요인들을 밝힌 많은 논문과 책들 중에서 가장 유명한 논문은 World Bank1993의 「East Asian Miracle」이다. Amsden1994, 2001, Wade2004 및 Kwon1994, 2004이 지적한 바와 같이 East Asian Miracle은 신고전학파경제학의 관점에서 동아시아 국가들의 성공을 설명한 세계은행World Bank의 시도였다.

많은 경제학자들은 동아시아에 적용된 경제발전을 위한 산업정책이 효과가 있었고 비신고전학파적이었다고 본다. 동아시아의 경제발전 경험을 이론으로 구축하려고 처음 시도한 사람은 P. Kuznets1988이었다. 그는 고투자율, 수출확대, 정부개입, 인적자본에 대한 투자 및 잘 개발된 신기술 흡수역량을 요인으로 정형화하였다. Kwon1999, 2004은 경제를 낙후하게 만드는 두 개의 기본적인 요인이 인적자본의 결여와 경제적 기회를 이용하는 동기의 결여인 반면에 비교우위의 전략적 개편과 결합된 수입대체 및 수출진흥의 공존은 동아시아의 경제적 성공에 결정적이었다고 지적한다.

가장 최근에 동아시아모형을 공식화한 것은 Storm and Naastepad2005와 Lee and Mathews2010, 및 Kwon and Kang2011이다. Storm and Naastepad2005는 동아시아의 경제적 성공을 7개로 정형화하여 노동생산성과 자본축적을 강조하여 설명한다. Lee and Mathews2010는 워싱턴 컨센서스의 대안으로 동아시아경제발전모형의 일종인 BeST 컨센서스를 제시하였다. 그들은 동아시아 국가들의 성공을 가져온 요인으로 10개의 교훈을 제시하였는데 (a) 역량구축, (b) 한 단계에서 다음 단계로의 역동적 이행, (c) 후발주자 노력을 포착하기 위한 제도적 기반의 구축에 관한 것으로 정리될 수 있다. 여기에서 2개의 중요한 대리인, 역량강화과정 구축 및 제도적 기반 구축은 모두 정책으로 증강된 인적자본의 제목으로 분류될 수 있다Kwon and Kang(2011).

Kwon and Kang2011은 단지 3개의 명제로 구성된 모형을 제창하였다. 첫째, 모든 것을 포괄하는 증강된 인적자본policy-augmented human capital ; PAHC을 동아시아모형의 핵심 명제로 제창한다. 제2명제는 정치적 안정이다. 일반적인 관점과 대조적으로 정책으로 증강된 인적자본이 필요조건이라면, 정치적 안정은 충분조건이다. 제3명제는 민주주의가 경제성장을 위한 필수적 전제조건이 아니라는 것이다.

4) 서울 컨센서스

서울 컨센서스는 2008년 세계금융위기 이후 범세계적 경제를 지속적으로 발전시킬 수 있는 21세기 신발전패러다임이다.한반도 선진화재단(2011) 개발도상국에서 중진국이 된 한국의 성공적 발전모형과 21세기 새로운 상황을 반영한 대한민국의 선진국 진입을 위한 발전전략이 다르기 때문에 두 가지 시대적 요구에 답하려는 것이다. 서울 컨센서스 1은 신자유주의에 기초한 워싱턴 컨센서스의 대안으로 한국의 선진화를 위한 신발전패러다임이고, 서울 컨센서스 2는 후진국에서 중진국이 되려는 후진국들에게 제시할 수 있는 발전전략 내지 발전패러다임이다.

서울 컨센서스 1의 10대 패러다임은 다음과 같다. ① 정신자본을 중시해야 한다. ② 지구촌과 통합을 지속적으로 확대해야 한다. ③ 세계화부문과 비세계화부문을 병진竝進 발전시켜 이중구조를 축소시켜야 한다. ④ 교육투자의 효율을 높이고 세계지식생태계를 활용해야 한다. ⑤ 투자가 선도하는 공생적 발전을 도모해야 한다. ⑥ 경제발전의 목표를 성장극대화가 아니라 고용극대화에 두어야 한다. ⑦ 정부의 역할을 민관협치로 바꾸고 지방주권의 시대를 연다. ⑧ 대중영합주의를 극복하고 자유민주주의를 성공적으로 정착시킨다. ⑨ 통일한반도시대를 열어 세계공헌국가, 세계모범 국가로 거듭난다. ⑩ 현장주의 · 역사주의 · 제조주의를 소중히 하는 국가전략을 가져야 한다.

서울 컨센서스 2의 후진국 중진국화 10대 전략은 다음과 같다. ① 가능한 한 세계화를 한다. ② 정치안정, 강력한 지도력 및 우수한 관료가 필수조건이다. ③ 고등교육 등 인적자원을 위한 투자는 다다익선이다. ④ 국민들의 애국심이 발전의 원동력이다. ⑤ 관 주도의 경제개발계획이 중요하다. 어떻게든 국민들에게 꿈과 자신감을 주라. ⑥ 모든 국가정책에서는 항상 상과 벌을 통한 유인체계가 명확해야 한다. ⑦ 정치적 · 경제적 부패는 줄일수록 좋다. ⑧ 수출지향의 발전전략은 핵심적으로 중요하다. ⑨ 금융의 세계화는 적극 활용하는 것이 좋다. ⑩ 민관이 합작하여 성장극대화에 온 힘을 다하여야 한다.

제8장

자본주의 정신과 시장경제체제

1. 자본주의 시장경제 창달의 조건

모든 개인과 기업들이 인간이 원하는 제품을 원하는 양만큼 더 좋게 만들기 위하여 혼신의 노력을 하게 동기를 부여할 수 있으면 국민들이 원하는 각종 재화와 서비스의 생산이 끊임없이 늘어날 수밖에 없게 된다. 이것이 다름 아닌 경제성장이고 국부의 증대이다. 인류 역사상 가장 과학적인 방법으로 그 원리를 밝힌 것이 애덤 스미스가 1776년 저술한 『국부론』이다. 경제학과 자본주의 시장경제는 바로 이 책에서 시작되었다.

국부론은 국부창출이 근본적으로 민간부문의 몫이지 정부의 몫이 아니라고 하고 근본적으로 다음 두 가지 문제를 해결하고자 했다. 어떻게 하면 국부를 계속 늘릴 수 있는가? 어떻게 하면 경제 내부의 질서를 잘 유지할 수 있는가? 전자는 거시문제, 후자는 미시문제이다. 경제 내부의 질서유지는 소비자들이나 생산자들이 서로에게 해를 끼치지 못하도록 하는 것이고 생산자들로 하여금 소비자들이 원하는 상품을 원하는 양만큼 최소의 비용으로 생산하도록 만드는 것이다.

국가 간의 경제경기에서 승리하면 국민들은 풍요로운 삶을 누리고 국가는 국력이 신장된다. 경제경기는 바로 시장경제 경기로 엄격한 규칙이 있다. 운동경기에서는 선수들이 규칙을 심하게 위반하면 당장 퇴장당하나 경제경기에서는 선수를 퇴장시킬 길이 없으므로 온 국민이 높은 수준의 규칙을 잘 지켜야 된다. 경제경기는 전 국민이 참여하여 24시간 쉬지 않고 계속되고 모든 제품과 서비스를 다 사용하며, 승패는 전 국민에게 영향을 미친다. 시장경제 경기에서 선수인 국민들이 활기차게 뛰어 경제를 활력 있게 만드는 길은 규칙을 철저히 지키면서 경제경기를 하도록 하는 것이다.

한국에서 자본주의가 시작된 것은 1948년 헌법이 제정되고부터이다. 자본주의 자유시장경제는 인간에게 가장 자연스러운 것을 하도록 한다. 따라서 너무나 쉽고 자연스러워서 많은 사람들은 이를 경제체제로 받아들이려고 하지 않는다. 이를 해결할 수 있는 방법은 다음 7가지를 잘 하는 것이다.[1]

1.1 사유재산권의 보장

자본주의는 생산수단, 특히 자본의 사적 소유를 인정하고 경제자본의 배분과 조정이 시장에서 자발적 거래에 의해 자유롭게 결정되는 가격기구를 통하여 개별 경제주체들의 자유경쟁에 의하여 의사결정이 분권적으로 행해진다. 재산권이란 재산의 소유 · 관리 및 통제권, 재산에서 발생한 소득에 대한 권리, 재산의 매매 및 처분권, 재산을 사용하여 생산활동을 하거나 신규기업 창설권리 등이다.

자본주의가 재산권의 철저한 보호를 주장하는 이유는 다음과 같다. ① 재산의 소유 동기는 인간의 본성이며 이는 인적자본을 최대한 활용할 수 있게 한다. 항산恒産은 항심恒心의 전제조건이다. 인간은 항산이 늘어날 때 안정감과 자신감을 갖기 때문에 재산을 국가에 다 빼앗긴 공산국가 사람들은 항상 불안 속에서 살아간다. ② 지역 간 수급 불균형의 시정, 제품의 개선, 신제품 개발 등을 잘 할 수 있게 만든다.

1. 송병락(2010), 412~426, 435~438쪽 참조.

③ 사람들을 열심히 일하게 만든다. ④ 재산을 가장 잘 관리할 수 있게 만든다. 어떤 재산이건 가장 잘 관리할 수 있는 사람은 바로 소유자이기 때문에 제일 좋은 방법은 소유자를 확실하게 정하는 것이다. ⑤ 재산의 장래가치를 높인다. 재산의 소유자는 가치를 높이기 위하여 부단히 노력하므로 재산의 가치를 가장 잘 높이는 길은 바로 소유권을 정하는 것이다. ⑥ 재산을 생산수단인 자본으로 전환케 하는 가장 좋은 방법이다. 중국은 공산주의 때 재산의 100%를 국가가 소유했으나 현재는 국가기업의 상당수를 민간기업으로 전환했고 시장경제를 활성화하기 위하여 이를 계속 추진할 것이다.

Maddison[2001]에 의하면 1950년의 한국 1인당 국민소득은 태국, 필리핀, 인도네시아, 말레이시아, 심지어 스리랑카보다 낮았다. 그러나 1948년에 제정된 헌법이 사유재산을 보장하는 등 시장경제체제가 뿌리 내리자 1인당 국민소득이 이들 나라들과는 비교할 수 없을 정도로 빠르게 증가했다.

인간이 가장 좋아하고 또한 바람직한 소유는 정당한 일을 최선을 다하여 한 다음 노력의 대가로 돌아오는 것을 차지하는 것이다. 이런 소유를 마음껏 늘려갈 수 있도록 하는 것이 자본주의 시장경제의 핵심이다. 자유기업경제를 잘 발전시키기 위해서는 재산권을 철저히 보호하며, 기업은 가급적 소유자를 정해 소유자경영을 할 수 있게 하는 것이다.

공산주의 신봉자였다가 전향하여 경제제도 연구로 노벨경제학상 수상자가 된 North[2005]는 다음과 같이 설명한다. "공산혁명에 성공한 소련 지도자들은 무엇보다 자본주의의 뿌리를 철저히 뽑아야 된다고 생각해서 시장과 화폐를 없앴다. 토지를 비롯한 거의 모든 것을 국유화하여 상품, 가격, 이윤, 임금도 존재할 수 없게 만들었다. 노동자들에게도 정부가 강제로 일자리를 할당했다. 임금은 돈이 아니라 현물로 받게 했고, 생산목표는 금액이 아니라 수량으로 정해 주었다. 이 과정에서 혁명 지도층은 막강한 통제력을 행사할 수 있게 되었다."

1.2 시장에 의한 생산과 분배

시장이란 사는 사람과 파는 사람이 어떤 재화나 서비스를 거래할 수 있도록 하는 모든 것이다. 백화점 매장, 옷가게, 인터넷, 음식점, 휴대폰, 컴퓨터, 홈쇼핑TV, 증권거래소, 경매시장 등이 모두 시장이다.

공산국가는 금년에 휴대폰을 누가 몇 개 생산해야 하고 누가 소비해야 하는가를 정부가 마음대로 결정한다. 그러나 정부가 관여 않고 내버려 두더라도 만들고 싶은 사람이 나타나서 만들어 팔고 사고 싶은 사람도 나타나 알아서 사는 시장거래를 통하여 제품의 수급이 자연스럽게 이루어진다. 곧 시장에 의한 생산과 분배이기 때문에 자본주의를 시장경제라고 한다. 시장은 유기체라 잘못되었을 때는 바로잡을 줄 아는 지혜도 있는 점이 정부주도의 통제경제와 큰 차이가 있다.

사는 사람은 자신의 사정수요의 결정요인을 감안하여 사고, 파는 사람도 자신의 사정공급의 결정요인을 감안하여 판다. 어떤 제품이던 간에 그 가격과 거래량은 정부가 아니라 이해 당사자인 수요자와 공급자들이 자신의 사정을 모두 감안하여 모두 득을 볼 수 있게 만드는 것이 시장에 의한 교환이고 홍익인간 활동이다. 이것이 '수요 · 공급의 법칙' 이고 시장에 의한 생산과 분배의 핵심원리이다. 자신의 이익을 위해 열심히 일하는 게 남에게 이롭게 되는 것이 바로 시장이고 홍익인간이다. 이 황금률보다 더 좋은 방법은 없다. 시장에 의한 생산과 분배가 잘 이루어지기 위해서는 생산자나 소비자 모두 자유롭게 거래활동에 참여할 수 있어야 하며, 그만두고 싶을 때는 언제든지 그만둘 수 있어야 한다. 이를 듦entry과 나감exit의 자유라 하고 듦과 나감이 자유로워야 자유시장이라고 할 수 있다.

1.3 자본주의와 자유의 가치

자본주의는 자유주의의 원리가 실행되는 사회경제체제이다. 자유주의는 사유재산 · 재화와 사상의 자유로운 교환을 주창하고 민간경제 활동에 대한 정부의 개입을 최소화할 것을 제안한다. 자유주의는 다른 사람의 자유를 침해하지 않는 한 각 개인은 자유롭게 자신의 방법대로 자신의 목표를 추구할 수 있는 정치적 신념이다. 자본주의를 채택한 국가의 목표는 다른 사람에게 해를 주지 않는 한 개인의 일에 간섭하지 않고 개인의 생명과 재산을 보호하는 것으로 그로 인해 사유재산과 사적 계약이 존중된다. 따라서 자본주의 국가에서 사람들은 자유롭게 생각할 수 있고 그 덕분에 자연과학, 인문학 및 사회과학 등 모든 학문분야에 대한 탐구정신이 왕성히 발휘되었다. 스스로 선택한 삶을 개선하기 위해 열심히 일하고, 거래하며, 저축 · 투자하여 분업과 전문화가 촉진되었다. 산업혁명으로 인한 교통통신의 발달로 무역이 더욱 확대되고 시장이 커졌다. 국가 간 분업과 전문화가 심화되어 더 다양하고 많은 재화와 서비스가 생산되고 경제발전이 이루어져 더 많은 사람들이 시장경제로 통합되었다. 이는 세계 곳곳에서 변화의 물결을 일으켜 새로운 산업혁명이 되었고 수세기 동안 이어졌다. 따라서 생산과 소득이 증가하고 삶의 질이 크게 개선되었다.[2]

세계적인 프레이저 연구소Fraser Institute에 따르면 경제적 자유란 "정당한 방법으로 갖게 된 재산을 타인의 물리적 침해로부터 보호받을 뿐만 아니라 타인의 자유를 침해하지 않는 한 자신의 재산을 사용 · 교환 · 증여할 수 있는 자유이다"라고 한다. 프레이저 연구소의 경제적 자유의 주된 내용은 개인의 선택의 자유, 시장을 통한 자발적 거래의 자유, 시장진입과 경쟁의 자유, 타인의 침해로부터 개인과 개인재산의 보호이다. 경제적 자유가 많은 나라일수록 소득수준과 경제성장률이 더 높으며, 환경보호 면에서 앞선다. 또한 경제적 자유가 많은 나라의 사람들이 더 오래 살며, 인권 면에서 앞선다.

세계에서 제일 못 사는 후진국이나 굶어 죽는 사람들이 많은 공산국가의 특징은 경제적 자유가 없는 것이다. 공산국가에서는 국가가 개인의 직업을 정해 주고 각종 제품을 생산하고 분배해 개인이 마음에 드는 사업을 할 수 없다.

자본주의는 자유를 최고의 가치로 여기지만 많은 사람들은 자본주의를 돈에 최

---

2. 안재욱(2015), 150~174쪽 및 민경국(2015. 10. 3.) 참조.

고의 가치를 부여하고 부유한 자본가들을 위한 사회로 잘못 인식하고 있다. 이는 카를 마르크스가 산업혁명 이후 전개된 사회를 자본주의라 부르며, 그 사회는 부유한 자본가만을 위한 사회라고 한 데에서 연유한다. 그가 그렇게 오해한 이유는 제1차 산업혁명이 전개됐던 자본주의 초기 근로자들의 삶이 궁핍하였을 뿐만 아니라 빈부격차가 컸기 때문이다. 그러나 당시 노동자들의 궁핍한 삶은 대부분 그 이전 시대로부터 물려받은 유산으로 실제로는 전 시대에 비해 삶이 훨씬 나아졌고 빈부격차도 작았다. 그럼에도 불구하고 마르크스는 당시 근로자 삶의 한 단면만 보고 자본주의가 자본가들만을 위하는 체제라고 치부하였다. 자본주의는 결코 돈에 최고의 가치를 두는 사회가 아니라 개인의 자유를 중요시하며 자유주의 이념이 실현되는 사회다.

이런 사상에 의한 자본주의체제가 도입된 이후 인류의 생산력이 증가하면서 과거와는 비교할 수 없을 정도로 잘살게 되어 인류의 삶의 질이 달라졌다. 번영의 혜택은 특정 집단에 국한되지 않고 모든 사람에게 돌아가 유아 사망률이 격감했으며 인류의 평균수명이 늘어났다. 자본주의를 택한 사회의 사람들은 과거의 왕과 귀족보다 훨씬 더 청결한 환경에서 살고 능력과 소망을 갖고 있는 사람들은 누구나 자신의 사회적 지위를 향상시킬 수 있게 됐다. 자본주의가 도입되어 사람들의 생활 형편이 나아진 이후에 문화도 꽃피우기 시작했다.

모든 영역에서 더욱 위대한 성취를 이루기 위해 필요한 것은 사람들이 향유할 수 있는 자유다. 누구든지 자유롭게 발명 · 발견하고 정신적인 가치를 추구하는 사회가 자본주의다. 자본주의는 문제가 전혀 없는 완벽한 체제는 아니지만, 그 어떤 체제보다도 개인의 자유를 바탕으로 하는 더 인간적인 가치가 실현되어 각자는 인적자본의 축적을 위해 노력하고 인적자본이 최대한 활용될 수 있게 된다.

자본주의는 자본가의 이익이 아니라 대중을 위한 체제이다. 자본가들은 투자해 낙후된 지역의 일자리를 창출하고 생산성을 향상시키므로 노동자를 착취하는 것이 아니다.

1.4 정당한 사익私益추구는 경제발전의 원동력

인간의 합리적이고 정당한 사익추구는 사람들이 보다 더 자발적이고 능동적으로 경제행위를 하게 만드는 커다란 원동력이다. 일한 결실을 자신이 가져갈 수 있을 때 사람들은 더 자발적으로 열심히 일하고 나아가 사회 전체적으로 경제발전을 견인하는 막강한 원동력이 된다. 음식점이 손님이 좋아하는 음식을 더 맛있고 싸게 만들려고 최대한 노력하는 것은 사실 자신에게 돌아오는 사익 때문이다. 인간의 본성 중 하나인 사익추구 동기를 최초로 유일하게 긍정적으로 본 자본주의는 더 많이 노력하는 사람이 더 많은 보상을 받아야 한다는 이념을 갖는다. 정당한 사익추구를 긍정적으로 평가하기 시작한 이래 세계 경제가 극적으로 발전하기 시작한 것이 이를 잘 보여준다. 가난과 굶주림에 시달리던 인류가 자본주의 시장경제가 본격화된 후에 비약적인 발전을 거듭함으로써 수천 년간 제자리에 머물던 1인당 GDP가 250년 만에 37배나 급증하는 기적을 보였고 세계인구도 대폭 증가하였다.

애덤 스미스는 『국부론』에서 개인의 정당한 사익추구가 공익에도 이바지한다고 말했다. "인간은 누구나 자신이 자유롭게 처분할 수 있는 모든 자본을 생산물의 가치가 최대가 되고 가장 큰 이득이 되도록 이용할 수 있는 방안을 찾아내려고 끊임없이 노력한다. 일반적으로 공익을 증진할 의도도 없고 얼마나 해야 하는가도 잘 모른다. 자신의 안전이나 이익만을 생각하는데 마치 보이지 않는 손의 인도를 받아서 하는 것처럼 공익을 증진하게 된다. 스스로의 이익을 추구하는 것이 사회의 이익을 의도적으로 추구하는 경우보다 더 효율적으로 증진하게 되는 경우가 빈번하다" 개인이 목표로 하는 것은 자신의 이득이지 사회의 이득이 아니다. 그러나 자신의 이득에 관한 연구를 통해 그는 자연스럽고 필연적으로 사회에 가장 이득이 되는 이용방안을 선호하게 된다. 즉, 홍익인간하는 것이다.

『국부론』의 큰 장점의 하나는 인간의 본성이 사익을 추구한다는 사실에 입각하여 국부증진의 방법을 밝힌 것이다. 『국부론』에서 스미스가 소망한 '자연적 자유와 완전한 정의의 사회'의 규칙은 시장에서 보이지 않는 손이 작동하기 위한 도덕적 기초이다. 인간은 사익을 정당한 경쟁을 통해서 열심히 추구하면 결과적으로 공익에 크게 기여하게 된다는 것이 애덤 스미스의 유명한 '보이지 않는 손' 의 원리이다.

보이지 않는 손의 원리는 사익추구를 바탕으로 한다. 예를 들면 우리나라 전자나 자동차 회사들이 사익을 열심히 추구하느라고 국내외의 다른 회사들과 치열한 경쟁을 하게 되면 결과적으로 세계적인 제품을 만들게 된다. 이것은 국민들에게 큰 도움을 주고 수출을 통해 귀중한 외화를 벌어들여 공익을 크게 증진시킨다. 즉, 사익을 열심히 추구한 결과가 저절로 공익증진으로 나타나 홍익인간이 되는 것이다.[3]

사람들이 자신의 정당한 이익을 추구하는 가운데 의도하지 않았던 결과, 즉 사회나 국가 전체의 이익도 증진시키는 과정을 애덤 스미스는 시장의 '보이지 않는 손' 의 작용으로 표현했다. 200여 년도 훨씬 이전인 18세기에 살았던 옛 사람들도 알고 있었던 이런 진리를 21세기에 살고 있으면서도 여전히 파악하지 못하고 사익과 공익을 대립적인 것으로 보는 사람들이 많다.

정당한 사익추구가 공익실현으로까지 자연스럽게 이어지는 구조를 이해하지 못하는 근저에는 시장에서의 거래 특성에 대한 무지와 오해가 자리하고 있다. 시장 거래에 참여하는 사람들 모두는 자신들의 정당한 사적 이익을 추구하며, 그렇기 때문에 거래가 성사됐다는 말은 거래에 참여한 모두가 그 거래로부터 이익을 얻게 된다는 말과 같다. 즉 자기 이익을 추구하기 위해 거래가 이뤄지지만 이 과정에서 타인의 이익도 자연스럽게 충족시켜준다. 거래는 일방적이 아닌 상호적이다. 시장에서는 이런 상호이익 주고받기가 연속적으로 일어나면서 사회 전체의 이익도 증대된다. 정당한 사익추구가 보이지 않는 손에 이끌려 자생적이고 자발적인 협력 망을 구성하고 공익의 실현에도 이바지하는 것이야말로 자유시장경제가 보여주는 기적이다.

어떤 사람들은 스미스가 이기심만으로 시장경제가 작동된다고 주장했기 때문

---

3. 연암 박지원(1737 ~ 1805)이 220여 년 전 시장 역할과 개인의 정당한 사익추구를 긍정적으로 평가한 것은 애덤 스미스의 "정당한 사익추구가 곧 공익에도 공헌한다" 는 것과 일맥상통한다. 사농공상士農工商이라는 신분제가 위세를 부리던 시절에 그의 안목이 국부론과 비교할 때 20여년의 차이가 날 뿐이라는 것은 실로 놀라운 일이다.

에 자본주의 시장경제는 근본적으로 잘못되었다고 하나 그렇지 않다. 도덕철학자인 그는 『국부론』을 쓰기 전에 쓴 『도덕감정론』에서 인간들이 이기적으로 행동하는 시장경제에서의 도덕적 기초로 '공감 원리'를 제시하였다. 자본주의는 윤리적 뒷받침이 있으면 제일 좋은 제도가 되나 그렇지 못하면 천하에 못된 제도가 될 수 있다. 일하지 않고 남이 일해서 벌어 놓은 것을 탐내거나 안하무인으로 행동하는 것은 자본주의의 정당한 사익추구가 아니다. 자본주의는 이타심도 강조한다.

사회주의자들이 자본주의에 대한 주된 비판은 모든 사람이 출발선상에서 균등하지 않다는 것과 경쟁의 결과가 균등하지 않다는 것이다. 인간은 각양각색으로 다 다르다. 이들을 모두 평등화하는 것이 사회정의라면 '사회정의'란 말은 다른 정의를 해칠 수 있으므로 사용하면 안 된다. 대처 수상은 그레셤의 법칙이 악화가 양화를 몰아내는 것처럼 사회정의 같은 나쁜 발상이 다른 좋은 발상을 몰아낸다고 했다.

1.5 다양성과 경쟁

건강한 숲에는 다종다양한 나무와 풀이 자라듯이 시장경제가 건강하게 성장하기 위해서는 다종다양한 경쟁자가 있어야 한다. 건강한 시장경제의 생명은 다양성에 있다. 다종다양한 경쟁자가 많을수록 인간은 역량을 최대한 발휘하고 키우기 위하여 최선을 다한다. 이는 마치 홍익인간의 만유병육 또는 만물병육과 같다. 시장경제의 발전을 가로막는 것은 경쟁자를 인위적으로 평준화하거나 획일화하는 것이다. 한국기업을 모두 지주회사나 중소기업 또는 그룹으로 동일하게 만들거나 모든 기업그룹을 해산해야 된다는 주장은 시장경제의 경쟁원리와 맞지 않는다.

경쟁을 치열하게 하는 길은 경쟁자에게 돌아가는 몫의 차이를 인정하는 것이다. 시장경제는 경쟁을 잘 할수록 더 많은 혜택을 누릴 수 있도록 하고 무엇이든지 가장 잘 하는 사람이 더 많은 혜택을 누릴 수 있도록 하여 사람이나 기업이 무엇이든지 최선을 다할 수 있도록 하는 것이다. 경쟁은 경쟁자 간의 차이를 전제로 하고 치열할수록 참여한 사람에게 돌아가는 혜택의 차이도 크게 만든다. 만인의 평등을 목표로 하는 공산주의는 경쟁을 허용하지 않는다. 경쟁은 다음과 같은 중요한 역할을 한다.

(1) 치열한 경쟁은 생산자나 소비자로 하여금 서로를 해치지 못하게 만들고 오히려 서로에게 도움이 되도록 최선을 다하게 한다. 예를 들어, 우리 가전제품 회사들 간의 치열한 경쟁은 소비자에게 마음대로 값을 올려 받지 못하게 한다. 소비자들 간의 경쟁은 소비자들도 마음대로 값을 깎아서 살 수 없게 만든다. 생산자인 음식점들은 치열한 경쟁 때문에 소비자인 손님들에게 최선의 서비스를 다하게 만든다.

(2) 치열한 경쟁은 자율규제 장치를 만들어서 기업들로 하여금 자원을 가장 효율적으로 사용하게 만든다. 치열한 경쟁을 하는 우리 가전제품이나 자동차 회사들은 소비자들이 바라는 제품을 바라는 양만큼 더 싼값에 만들려고 혼신의 노력을 한다. 시장경제에는 '자동감시장치' 같은 시장의 규율이 작동하기 때문이다. 공산주의 명령경제에서는 열심히 일하지 않으면 국가로부터 처벌을 받기 때문에 열심히 일하지만, 시장경제에서는 경쟁자들이 서로 감시하는 자동감시장치가 그렇게 만든다. 경쟁은 개인이나 기업으로 하여금 게으름을 피우지 못하게 함은 물론 역량을 최대한 발휘하고 개선하도록 최선을 다한다. 예를 들면, 수험생들이 일류대학에 추첨이 아닌 성적순으로 입학하게 하면 서로 실력을 높이려고 최선을 다한 결과 입학하지 못한 학생도 성적이 크게 높아지므로 경쟁은 모든 수험생들의 실력을 최대로 높이게 만든다.

(3) 치열한 경쟁은 경쟁자들로 하여금 끊임없는 기술발전과 혁신을 촉진한다. 전 세계 휴대폰 회사들은 치열한 경쟁 때문에 하루가 다르게 혁신적 제품을 만들어낸다.

(4) 개인이나 기업이 사익을 열심히 추구하더라도 공정한 경쟁을 하면 마치 보이지 않는 손이 작동하는 것처럼 결과적으로 공익을 증진시킨다.

(5) 무능한 생산자를 골라내서 퇴출시키는 자동정화기능이 있다. 공산국가에서는 음식점들이 음식을 잘못 만들어도 권력자의 명령만 잘 따르면 되나 시장경제에서는 맛없는 음식을 만드는 음식점은 자동적으로 퇴출된다.

1.6 친親자본 · 기업 문화

자본은 노동의 친구이자 보편적 번영의 열쇠이다. 자본이 노동자의 생산성을 증가시켜 소득을 높이고 생활수준을 향상시키는 데 중요한 역할을 한다는 것은 물고기를 잡는 데 맨손보다 그물이나 배와 같은 자본재를 이용하는 사례에서 쉽게 알 수 있다. 자본재 생산을 위한 투자재원은 미래를 위하여 현재의 소비를 억제한 저축이다. 자본투자는 노동생산성을 향상시켜 임금을 더 많이 받게 하여 삶의 질을 향상시키는 원천이 된다. 미국이 인도보다 근로자의 임금이 높은 이유는 미국의 1인당 자본장비율이 더 높아 생산성이 더 높기 때문이다.[4]

자본은 지난 60여 년간 한국 기업들이 폭발적인 투자로 일자리를 창출하고, 근로자 임금이 수십 수백 배 오를 수 있게 하여 빈곤한 사람이 노동만으로도 잘 살 수 있게 만들었다. 기업가의 창조와 발견이 역동적인 변화를 가져오고 이에 맞춰 자본재의 생산구조가 역동적으로 변했기 때문에 자본이 성장의 원천이고 번영의 열쇠라고 할 수 있다. 저축이 늘수록 투자재원이 늘어나고 투자가 늘수록 일자리가 늘어난다. 그에 따라 생산구조가 복잡해지고 심화되어 재화와 서비스의 생산이 역동적이게 되어 번영을 가져온다.

진정한 번영은 소비재와 자본재 생산단계를 위한 투자증대를 위한 저축에 달려 있다. 이런 생산적인 자본축적을 가능하게 하는 것은 이윤추구와 기업가정신을 허용하는 자유시장경제체제의 기업이다. 자본의 발목을 잡는 규제를 없애야 한다. 그런 정부의 간섭과 규제는 경제적 자유를 제한하여 저성장과 실업을 야기하며 그로 인해 가장 큰 타격을 받는 부류는 근로자일 것이다.

100년 전에 오스트리아학파 경제학자 오이겐 폰 뵘바베르크Eugen von Böhm-Bawerk(1851~1914)는 자본은 노동착취와 불평등의 화신이란 사회주의 논리가 횡행하던 20세기 초에 자본이야말로 노동의 친구요 번영의 열쇠라고 주장하였다.[5] 자본은

4. 민경국, 「자본, 진정한 노동의 친구」, 한국경제신문, 2015. 4. 4 A21쪽. 참조.

5. 피케티(Piketty, 2015)의 『21세기 자본』은 양식, 논조 및 결론이 마르크스 이론과 유사한데, 마르크스

노동의 친구라고 하는 뵘바베르크의 인식이 옳다는 것은 우리의 경험으로도 입증된다. 1975년 40.5%였던 한국의 근로소득 분배율이 2012년 60.3%로 높아진 것은 자본축적이 증가하면서 나타난 현상이다.

이러한 발전을 위해서는 대규모 공장이 더 효율적이고 생산구조가 중층적으로 복잡해질 필요가 있으며, 그러기 위해서는 더 많은 자본축적이 필요하였다. 시간이 흐름에 따라 물질적으로뿐만 아니라 정신적 및 문화적으로도 풍요로워졌다. 이런 풍요로움의 혜택은 특정 집단이 아닌 모든 사람들에게 확대되었다.

국민을 먹여 살리고 국부를 창출하는 것은 기업이다. 기업은 생활에 필요한 재화와 서비스를 생산하여 제공하는 과정에서 일자리와 소득, 그리고 국부를 창출하므로 최고의 구빈救貧기관의 역할을 하며, 인적 · 물적 자원을 꿰어서 보배로 만드는 역할 뿐만 아니라 수많은 사람의 힘을 뭉치게 한다. 따라서 국민들이 기업가를 좋아하고, 기업하기를 원하며, 부富를 긍정적으로 생각하고 부자를 좋아하는 나라는 시장경제라는 경제경기에서 승리하여 부자 나라가 될 수 있다. 그렇지 못한 나라의 국민들은 항상 가난과 싸우면서 살아가게 된다.

미국은 비즈니스 사회이고 일본은 회사사회이다. 미국의 젊은이들은 보통 공무원보다 기업경영인이 되는 것을 선호하고 일본도 마찬가지다. 그러나 한국의 젊은이들은 기업경영인보다 공무원을 선호하는 경향이 강하다. 남미인들은 기업경영인보다 축구선수를 선호하고, 중동에서는 성직자가 기업가 위에 군림하며, 후진국일수록 정치인이나 정부관리가 기업경영인 위에 군림한다. 이런 나라에서는 자유기업경제를 꽃피우기 힘들다.

한국의 반 기업정서가 세계 일등인 이유는 다음과 같이 생각해 볼 수 있다. ① 사농공상士農工商의 전통적 가치관 때문에 옛날에는 뛰어난 능력이 있는 사람들은 과거시험에 합격하여 출세하고 권력을 휘두르는 것을 최고의 이상으로 삼았다. 지금도 행정고시나 사법시험에 합격하는 것을 기업경영인이 되는 것보다 출세한 것이라

의 이론은 현실과 부합하지 않고 결점이 많아 이론적 가치가 없음에도 그 이론을 되풀이 한 것으로 보인다고 평가하였다. 이학용(2015).

고 믿는 젊은이들이 많다. ② 공산주의와 가장 오래 첨예하게 대치하는 상황에서 공산주의자들로부터 반기업적인 선전선동을 많이 접했기 때문이다. ③ 국민들이 지나치게 강한 평등의식을 갖고 있다. 공산주의가 결과의 평등을 위한 것이라면, 자본주의는 기회의 평등을 위한 것이다. 자본주의는 평등한 선상에서 출발하여 더 빨리 뛴 사람에게 더 많은 혜택이 돌아갈 수 있게 만들기 위한 것이다. 그러므로 경쟁의 결과로 나타난 차이를 강조한다.

1.7 정부의 경제적 기능과 법치주의

공산국가의 정부는 국민을 통제하고 먹여 살려야 된다고 믿으나 실제로 국민을 성공적으로 먹여 살린 예는 없다. 시장경제와 관련하여 정부의 가장 중요한 역할은 보이는 손인 법에 의한 경제운영, 즉 법치다. 법에 의하지 않고서는 정책담당자나 권력자가 어느 개인이나 기업에게 자의적인 처벌을 내리거나 봐주기를 할 수 없다. 또한 법 이외의 이유로 불이익을 당할 때는 법의 보호를 받을 수 있게 하는 정부가 법치정부이다.

싱가포르를 세계 일류 선진국으로 만든 리콴유Lee Kuan Yew(2000) 수상이 가장 염두에 둔 것은 외교, 국방, 치안, 경제 네 가지였다. 정부의 경제적 역할은 국민을 잘 먹여 살리는 일로 정부의 주된 기능이다. 국민의 복지를 극대화하기 위해서는 국방, 치안 및 외교를 잘 하는 것이 모든 나라에 공통된 정부의 기본 기능이다.

기업은 이윤, 소비자는 효용, 정부는 국민복지를 극대화하려고 노력한다. 국민복지의 주 결정요인은 국부國富이므로 국부의 창출이 곧 국민복지를 증대시키는 길이다. 글로벌 경쟁시대에는 범지구적 경쟁력 우위기업이나 산업이 없는 경우 국부창출이 어려우므로 정부가 우리 기업, 조직체, 정부 및 국민의 범지구적 경쟁력을 향상시키기 위해 노력해야 한다. 국부창출을 잘 해야 국가 경제목표를 잘 달성할 수 있다. 자유시장경제체제에서 정부의 경제적 역할은 시장경제체제가 잘 작동할 수 있도록 하는 것과 경제목표를 달성하는 것이다. 시장경제체제가 잘 작동하면 시장경제라는 나무는 좋은 열매경제성장 · 안정 · 형평 및 삶의 질 향상를 맺는다. 시장경제체제의 원활한 작동을 위한 정부의 역할은 다음 세 가지이다.

(1) 국가 차원의 제도적 기반 제공이다. 축구경기에 손으로 공을 만지면 안 되는 규칙이 있듯이 시장경제 경기에서도 남의 재산에 손을 대면 결코 안 된다는 등의 분명한 규칙이 있다. 정부는 이런 경기규칙을 잘 정하고 생산자나 소비자 모두 이를 잘 지키도록 만들어야 한다. 시장경제에서는 국민 모두가 선수가 되어 우리가 가진 인적 및 물적 자원을 우리 자신을 위하여 최대한 잘 사용하려고 노력할 때 잘 되는 것이다. 앞서 말한 시장경제 창달의 6가지 조건 모두가 충족되도록 하는 것이 나라 차원의 소프트웨어 제공이다.

(2) 국가 차원의 물적 기반시설 제공이다. 생산자나 소비자가 시장경제활동을 잘 하려면 정부가 도로, 전기, 정보통신, 수도, 철도, 항만, 공항 등의 필요한 기반시설을 잘 제공해야 한다. 물적 기반시설은 좁은 의미의 사회간접자본이고 여기에 소프트웨어를 포함한 것은 넓은 의미의 SOC이다. 정부는 또한 생산자나 소비자들이 경제활동을 잘 할 수 있게 행정구역을 정한다. 지방자치단체가 앞으로 할 일은 시장이 잘 작동되도록 하는 것이다.

(3) 시장실패의 교정이다. 정부기구는 서비스의 제공자란 관점에서 보면 독점이고, 독점체제는 원천적으로 비효율을 내포하고 있다. 객관적인 국정평가체제를 잘 만들어서 독점의 폐해를 막는 것이 중요하다. 공기업을 민영화하고, 중앙정부의 기능을 지방정부나 민간단체로 이관하고, 중복되는 정부기능을 통합하며, 공무원의 생산성과 정부행정의 효율성을 높이는 등 작고 효율적인 정부를 만들어야 한다. 시장의 실패와 정부의 실패에 대해서는 학자에 따라서 견해를 달리하나 여기서는 노벨상 수상자인 조지프 스티글리츠 교수의 견해를 따랐다.

재화와 서비스를 생산주체 기준으로 분류하면 민간기업만이 생산할 수 있는 것사유재, 정부만이 생산할 수 있는 것공공재, 정부도 생산할 수 있고 민간기업도 생산할 수 있는 것준공공재으로 나눌 수 있다. 생산 활동 면에서 보면 공공재국방, 치안, 외교관련 서비스만 생산하는 정부가 가장 작은 정부이다. 생산 면에서 본 작은 정부의 장점은 다음과 같다. ① 민간기업이 더 잘 생산해 공급할 수 있는 재화나 서비스는 민간기업이 맡게 함으로써 국민은 더 좋은 재화나 서비스의 혜택을 누릴 수 있다. ② 공무원의 수를 최소로 할 수 있다. 공무원 수의 감소는 정부규제, 조세 및 준조세의 감소로 이어진다.

스미스는『국부론』에서 밝힌 위의 자본주의 시장경제를 잘 하기 위한 조건 7가지 중 재산권 이외의 6개는 시장체제의 구성요인이라고 한다. 그래서 이 7가지를 재산권의 보장과 시장체제에 의한 생산과 분배의 두 가지로 요약할 수 있다. 자본주의 시장경제를 잘 하는 길은 이 두 가지를 잘 하는 것이다.

2. 자본주의 정신

2.1 자본주의 정신의 역할

자본주의의 동력은 자본의 크기보다는 자본주의 정신의 발전에 있다. 근대 자본주의 정신은 일에 대한 엄격한 의무와 책임에 기초를 두고 있다. 이는 정당한 경제활동을 통한 부의 획득 및 축적을 위한 헌신과 소득을 개인적 향락을 위해 사용하지 않으려는 금욕적 태도를 바탕으로 한다. 이와 같은 프로테스탄트 윤리는 초기 자본을 축적시켜 자본주의를 발전시킨 주요한 원리로 작용하였다.[6] 자본주의 정신이 존재하면 자본이 생성되고 화폐가 공급되어 그 정신을 수행하는 수단 노릇을 하지만, 자본이 있다고 해서 자본주의 정신이 생겨나는 것은 아니다.

베버가 말하는 자본주의 정신은 '노동의 합리적 조직'이다. 그것은 다섯 가지로 설명된다. ① 노동하는 것은 그 자체로 가치가 있다. ② 정직하고 근면한 노동을 통해 돈을 버는 것이 인생 최고의 목표이다. ③ 감정의 동요에 따라 시간을 허비하는 것을 경멸하고, 촌음까지도 이성으로 잘 계획해서 실천하는 생활을 한다. ④ 돈

6. 막스 베버 저 · 김상희 역(2006), 46~47, 164~187쪽 참조.

을 더욱 많이 벌기 위해 쾌락, 행복, 즐거움 등을 포기하고 쓸데없는 휴식과 게으름을 물리친다. ⑤ 돈을 모으기 위해 절약하고 검소하게 생활한다. 자본가든 근로자든 이런 정신을 가진 사람들에 의해 움직이는 것이 자본주의이다.윤원근(2012)

합리적 자본주의는 서구에 많은 영향을 준 칼뱅주의 기독교의 '예정 교리'에 입각하고 있다. 예정 교리는 첫째, 사람들이 자신의 삶을 독립적으로 꾸려가도록 자극했다. 누구도 신의 결정을 알 수 없으며, 한번 내려진 결정은 결코 번복될 수 없었기 때문에 사람은 홀로 자신에게 주어진 운명을 책임져야 한다. 이러한 신앙 태도에서 근대 개인주의가 형성되었다.

둘째, 예정 교리는 개인들을 신의 영광을 증대시킬 수 있는 능력예로 전문 지식과 기술 등을 위주로 하는 합리적 조직 형태로 결합시켰다. 이 조직은 혈연, 지연, 신분 등과 같은 인맥이 아니라 합리적 규칙을 중심으로 운영되어 어떤 전통적인 조직보다 탁월한 효율성을 나타냈다.

셋째, 예정 교리는 아랫사람이 윗사람에게 존경을 표해야 했던 전통사회의 위계질서 풍습을 개혁하였다. 칼뱅주의자들은 인간에게 과도한 존경을 표하는 것을 피조물 숭배라고 여겨 배척했다. 이러한 반反권위적 태도는 민주주의 문화의 기초가 되었다.

넷째, 예정 교리는 무슨 직업에 종사하든 하느님의 소명으로 여기고, 정직하고 근면한 직업 생활을 하도록 격려했다. 정직하고 근면한 직업활동에서 오는 성공은 자신이 구원받았다는 사실을 증명해주는 증거이다. 예정 교리에 의하면, 직업활동에서 신의 영광을 아무리 많이 드러낸다 하더라도 그것이 구원에 영향을 미칠 수는 없으나 직업활동에서 성공했다는 것은 구원받았다는 증거는 될 수 있다는 것이다.

다섯째, 예정 교리는 삶 전체를 금욕적으로 통제하는 방식으로 철저하게 자기관리를 하도록 자극했다. 구원받은 사람이라는 것을 증명하기 위해서는 마음 내킬 때 선을 행하는 것이 아니라 순간마다 선과 악의 싸움에서 악을 억제하고 선을 행하는 방식으로, 자신의 삶 전체를 아주 계획적으로 꼼꼼하게 관리해야만 했다. 이를 위해 매일 생활 계획표를 꼼꼼하게 만들어 그 계획표대로 살고 있는지 아닌지를 자세하게 점검해야 했다. 감정적 충동에 따라 무계획적으로 행동해서는 지속적으로 선행을 할 수 없으므로 촌음이라도 헛되이 낭비하지 않고 자신의 욕망과 성격을 통제할 수 있는 금욕적인 행동이 필요했다.

여섯째, 예정 교리는 부의 축적을 긍정적으로 보도록 동기를 부여했다. 부의 축적은 신의 소명을 수행하는 미덕이었다. 직업생활의 성공을 통해 얻어진 물질과 돈은 구원에 대한 확신을 증명하는 표시였다. 위험시되었던 것은 재산을 갖고 놀면서 흥청망청 쓰는 것이고, 그 결과 게으름과 성적 욕망에 빠져 종교생활을 제대로 하지 못하는 것이었다. 죽으면 영원히 휴식할 수 있으므로 살아 있는 동안에는 자신의 구원을 증명하기 위해 신의 일을 쉼 없이 행해야 한다.

예정 교리는 그것을 수용한 사람들에게 전혀 새로운 삶의 의미를 제공하여 자본주의 정신의 원천이 되었다. 예정 교리는 절대주권자인 신이 자신의 뜻대로, 일부 사람만 구원되도록 예정해 놓았다고 주장하여 노동을 합리적으로 조직하는 자본주의 정신을 형성하는 데 커다란 영향을 주었다. 그러나 자본주의가 일단 하나의 제도로 작동하기 시작하자, 그 정신의 원천이었던 종교적 신앙은 사라졌다 막스 베버 저 · 김상희 역(2005), 187~190쪽.

이제 자본주의는 종교적 신앙의 의미를 추구하는 활동에서 단지 생존을 위해 적응해야 하는 것으로 변했다. 즉 물질을 위한, 물질에 의한, 물질의 자본주의로 변했다. 썩은 정신으로 돈을 추구하는 천민자본주의를 벗어나지 못하면 어떤 나라도 자본주의를 건강하게 유지할 수 없다. 자본주의 정신을 건강하게 유지하기 위해서는 어떤 형태로든 돈 이상의 삶의 의미와 윤리 · 규범, 직업에 대한 소명 및 기업가정신이 뒷받침되어야 한다. 다시 말하면 인간을 위한, 인간에 의한, 인간의 자본주의로 전환되도록 재구축되어야 한다. 이는 홍익인간은 천도天道의 구현이 목적이지 國利民福이 목적이 아니며, 의식주만을 영위하려는 육신의 삶인 횡생橫生이 아니고, 정신의 삶을 사는 삶인 종생縱生으로 망령됨을 고쳐 神仙眞人의 길을 알도록 하는 것과 같은 맥락이다.

2.2 기업가起業家정신과 홍익인간정신

개인소득의 결정 요인은 자본, 노동, 능력, 기업가정신, 출신배경 등이지만 모든 분배 관련 논의에서 기업가정신에 대해서는 거의 언급하지 않고 있다. 이는 자본주의에 대한 올바른 이해를 방해하는 치명적인 오류이다. 기업가정신과 경쟁이야말로 자본주의의 원동력이기 때문에 이 원동력을 무시하고 분배논리를 주장하는 것은 자본주의에 대한 오해를 불러와 반자본주의 정서를 강화시키기 때문이다.

기업가정신이란 번영의 중요성을 일깨워주는 핵심적인 단어이나 그 단어가 쓰이는 구체적인 문맥은 아주 다양하다. 기업가정신은 종종 위험부담자나 지도자의 임무조항, 개혁가나 창업가의 혁신, 경제발전의 수단 혹은 부의 불공평한 분배 요인을 의미한다. 경영대학에서 기업가정신은 새 사업을 시작하는 창업과 같은 의미이며, 경제발전의 정책 입안가들은 기업가정신을 촉진하기 위한 보조금 정책에 관하여 관심이 많다. 시장질서와 시장에서의 기업가의 역할을 의심하는 사회운동가들은 기업가의 이윤이 과도하므로 소득과 부가 재분배되어야 한다고 믿는다.

경제학은 불행하게도 기업가정신의 개념과 기능에 대해 말한 것이 별로 없지만 세 가지 흐름으로 대별된다. 조지프 슘페터는 기업가정신에 의해 이뤄지는 기업가 혁신을 위한 '창조적 파괴'를 경제성장의 원동력으로 본다. 프랭크 나이트Frank H. Knight(1985~1972)는 기업가는 책임 있게 불확실성을 감수하는 대가로 이윤을 얻는 사람으로 본다. 이즈리얼 커즈너Israel M. Kirzner(1930~)는 기업가의 이윤기회를 인식하고 기업가적 발견과정에 참여하는 모두를 기업가로 본다.황인학 (2015. 8. 8.) 최영백2015은 미제스Ludwig Mises, 하이에크Friederich Hayek, 커즈너Israel Kirzner 및 드러커Peter Drucker의 관점과 대체로 일치된 기업가정신의 개념을 자세히 설명하고 있다.

1) 기업가정신의 정의

기업가정신은 본질적으로 이윤창출 기회의 발견과 개척을 통해 경제발전의 원동력이 된다. 첫째, 기업가정신은 반드시 혁신적이다. 다른 사람들이 일상적으로 하는 것에서는 기업이윤이 가능하지 않기 때문에 경제적 이윤을 낼 수 있는 새로운 방법을 도입해야 한다. 둘째, 기업가정신은 창조적이어야 한다. 이윤은 재화를 좀 더 가치 있게 쓰는 과정에서 발생하고 부富를 증가시키기 때문이다. 셋째, 기업가정신은 더 생산적이 되는 학습과정이다. 기업가는 혁신을 통해 부를 창조하는 방법을 배우기 때문에 늘 학습하는 과정 중에 있다.

혁신 · 창조 및 학습의 기업가정신의 개념을 이해하기 위해서는 사물을 주어진 대로만 볼 게 아니라 열린 견해를 가지고 봐야 한다. 그럼으로써 사물의 다양한 용도와 가치를 발견하고 학습할 수 있다. 한 사물의 가치는 추구하는 목표와 목표를 달성하기 위한 사물의 유용성에 대한 각자의 지식에 입각하여 개인이 결정하는 것이다.

한 사물의 경제적 중요성은 시간과 각자의 지식수준에 따라 사람마다 다른 가치를 가질 수 있다. 사물의 가치는 그것의 값진 용도를 아는 사람들에게는 금전적 가치가 크지만, 그 유용성을 알지 못하는 사람들에게는 가치가 거의 없다. 따라서 사물의 가치는 한 사람에게는 쓰레기이더라도 다른 사람에게는 보물이 될 수 있다. 예를 들면, 19세기에 다이아몬드 원석은 아프리카 원주민에게는 장난감이었지만, 영국의 탐험가에게는 고가의 보석이었다. 19세기 말까지 중동지방에서는 땅에서 솟아나오는 악취 나는 흑갈색의 액체를 구역질 나는 백해무익한 것으로 보았으나 내연기관의 연료로 가공될 수 있다는 것을 안 미국인은 그것을 '검은 황금'으로 보았다. 천지에 흔한 모래규소는 정보기기에 꼭 필요한 실리콘 웨이퍼로 가공된다. 만일 두 사람이 한 사물을 다르게 평가한다면, 반드시 그 가치를 더 높이 평가하는 사람이 그것을 소유할 것이다.

기업가정신은 어떤 것이 사람들이 통상 생각하는 것보다 더 높은 가치가 있는 용도를 갖는 것을 발견하는 것이다. 기업가의 이윤은 다른 사람들이 생각한 것보다 더 높은 가치가 있는 용도를 발견하는 것에 대한 보상이고, 발견된 가치에 대한 정당한 요구이다.

엄격하게 말해서, 우리 모두 기업가정신을 갖고 있다고 할 수 있다. 모든 사람은 주어진 환경 하에서 각자는 최선을 다하여 최선의 결과를 얻으려고 노력하며, 보다 더 좋은 방법을 발견할 때마다 그 발견을 이용하려고 할 것이기 때문이다. 그렇지만 기업가정신이라는 용어는 대부분 기업이라는 조직을 통하여 상당한 경제적 이윤의 기회를 발견하고 부를 창출하여, 많은 사람들이 혜택을 얻어서 다른 사람들이 따라하게 되는 경우를 일컫는다.

기업가가 새로운 부를 창출할 수 있는 기회를 발견한다는 것은 상황에 대한 개인적 인식과 역량의 문제로 객관적 확실성이 희박하다고 할 수 있다. 그 기회가 새로운 부를 창출할 수 있는가에 대한 성공 여부는 그것을 실행해 보기 전에는 아무도 올바르게 예측할 수 없기 때문이다. 기업가적 기회의 발견은 종종 적절한 시간과 장소에 우연히 있게 된 누군가에 의해 갑자기 이루어지기 때문에 우발적이다. 기업의 역사를 보면 새로운 부의 창출 기회 발견에 대한 공통적인 결정요인은 없다. 아무도 누가 성공한 기업가일지, 어떤 종류의 혁신이 어떤 분야에서 만들어질 것이라고 예측할 수 없고, 따라서 계획할 수도 없다.

아무도 누가, 언제, 어디서, 어떻게, 무엇을 발견할 것인가를 모르기 때문에, 최선의 방법은 시장에서 모두가 최상의 역량으로 기업가정신을 발휘하여 각자의 발상을 시도하도록 하는 것이다. 많은 사람이 실패할 것이고 더 많은 사람들은 시도하기를 주저할 것이다. 그러나 누군가는 성공적으로 혁신할 것이고 그 성공은 차례차례 넓게 모방될 것이다. 이것이 자유경쟁 시장체제의 진정한 이점이다. 즉, 각자의 발상을 기꺼이 역량을 다하여 자유롭게 끊임없이 시도해보고 실험해봄으로써 그 결과로부터 혜택을 보거나 고통을 받는 경쟁을 통하여 증명된 승자를 선택하는 것이 자유시장의 이점이다. 이것이 바로 자유경쟁 시장체제 하에서 기업혁신과 경제발전이 어떤 다른 형태의 경제체제보다 더 빠르고 더 활발한 이유다.

2) 기업가정신과 정부의 정책

지금까지 논의된 기업가정신의 개념을 고려해보면 시장경제를 통제하려는 어떤 계획이나 정책도 기업가정신을 방해한다는 것을 쉽게 알 수 있다. 모든 집단의 사람들이나 모든 종류의 사업을 혁신할 것 같지 않게 막거나 불리하게 하거나 혹은 더 많이 혁신하기 쉽게 다른 사람들에게 과도한 이익을 주는 것이 정당하다고 인정되는 사전적 이유가 없기 때문이다. 시장에서 누가, 언제, 어디서, 어떻게, 무엇이 성공할 것인가를 알 수 없기 때문에 이를 역행하는 어떠한 행위도 기업가정신의 실험영역을 좁히고 기업혁신을 저해하며, 낭비를 초래하고 새로운 부를 창출할 수 있는 기업가정신의 순을 자르게 되어 결과적으로 더 적은 혁신과 경제발전의 지체를 초래할 것이다. 또한 산업정책이 성공한 것처럼 보이는 경우에도 새로운 부를 창출할 수 있는 더 좋은 기회를 희생시켰을 가능성이 크다.

그렇다면 역동적인 시장경제를 작동하게 하는데 정부의 역할은 무엇인가? 정부의 역할과 기업가의 역할은 아주 다르다. 정부는 기업가가 되는 것이 아니라 모든 기업가들이 기업가정신을 발휘하여 자유롭게 밤낮으로 새로운 부를 창출할 수 있는 기회를 찾아 경제발전의 역동적인 원동력이 될 수 있는 장치를 만드는 것을 도와야 한다. 즉 기업가가 권력과 결탁하여 득을 보거나 어떤 특정 이익집단이 공공성의 사유화로 이득을 얻기보다는, 기업가들이 새로운 부를 창출할 수 있는 기회를 발견하고 만들 때만 득을 볼 수 있는 제도를 만드는 것이다.

따라서 정부의 역할은 과감한 개혁으로 정치인들의 인기영합주의적 자원재분배를 억제할 수 있는 제도를 만들고, 정부의 경제에 대한 간섭의 영역을 줄여 부정부패의 온상을 발본색원하며, 공무원들의 공명정대한 애국심을 고취시켜 정부 자체의 효율성을 높이도록 하는 것이다. 또한 국민 모두에게 정당한 기업이윤과 정당하지 않은 정경유착과 부정부패에 의한 부의 축적이 다르다는 것을 각인시켜야 할 것이다. 특권층이 승패를 결정하는 시장에서는 정경유착은 사라지지 않을 뿐만 아니라 혁신적 기업은 설 자리가 없고 지속가능한 성장도 기대하기 어렵기 때문이다.

휴대폰 단말기 제조 원가, 통신비 원가 및 아파트 분양 원가 등 상품이나 서비스 원가를 공개해야 한다는 주장의 의도는 가격을 통제하겠다는 것이다. 즉, 원가를 공개해 가격을 적정 수준으로 통제함으로써 기업들이 폭리를 취하지 못하도록 한다는 것이다. 이런 주장은 언뜻 그럴듯해 보이나 시장에서 가격이 형성되는 데에 공급자와 소비자 양측이 상호작용한다는 사실을 간과하고 있다. 시장가격은 공급자들과 소비자들이 서로 그 가격에 합의하고 거래해야만 비로소 형성된다. 원가 공개 주장은 상품이나 서비스 가치의 객관적 평가에 입각한 것이나 상품이나 서비스의 가치는 각 개인의 주관적 판단에 따라 얼마든지 달라질 수 있다.

원가 공개 등을 통한 가격통제는 해당 상품이나 서비스를 시장에서 공급을 중단시키거나 축소시키고 제품의 질을 낮출 뿐이다. 가격을 낮추고 싶다면 신기술 개발과 혁신, 기업 간 경쟁이 치열하게 전개되도록 해야 한다. 따라서 가격통제는 기업가정신을 질식시킬 수 있다.

3) 기업가 이윤의 정당성 문제

기업가의 이윤은 정당한가? 기업가 이윤은 기업가가 새로운 부를 창출할 수 있는 기회를 발견함으로써 얻을 수 있으며, 여기서 발생하는 이윤은 기업가의 창조물이므로 정당하다. 기업가는 한 사물이 다른 사람들이 알고 있는 것보다 더 높은 가치가 있는 용도를 갖고 있다는 것을 발견함으로써 이윤을 만든다. 즉 현재의 소유자로부터 그가 공정하다고 생각하는 가격에 그 사물을 사고 그것을 더 높은 가격에 파는 것이다. 본질적으로는 기업가 이윤은 우수한 지식과 정보에서 파생된다.

기업가가 정의의 규칙을 어기고 있다는 증거가 없을 때도 많은 사람들은 기업가 이윤이 정당하지 않다고 의심하는 것 같다. 이와 같은 의심은 기업가 이윤에 대한 비기업가들의 무지와 관련이 있다. 만일 기업가 이윤을 질투하는 비기업가들이 기업가가 안 것을 알았다면, 그들 자신들은 이윤을 만들 수 있었을까? 누군가가 공정한 수단으로 이윤을 만들었다는 것은 그 누군가가 다른 이들이 알지 못한 무언가를 알았다는 의미다. 이 점을 암묵적으로 인정하지 않을 수는 없다. 몇몇 사람들은 기업가가 그들이 모르는 무언가를 알았지만 자신들은 그 성공을 모방하려고 시도하지 않았다는 것을 깨닫고 그들의 무지를 인정하였을 것이다. 그렇지만 더 많은 사람들은 그들의 무지를 인정하는 것을 몹시 싫어한다. 대신에 그들은 오히려 기업가가 이윤을 만들 수 있는 유일한 방법은 어떤 알려지지는 않았지만 부정한 수단이라고 주장할 것이다. 그들은 부러움이 얇게 숨겨진 표현인 사회적 정의를 몹시 필요로 할 것이다. 사회적 정의에 대한 요구를 해결하지 않으면, 기업가정신은 질식될 것이고 모두가 장기적으로 고통을 받을 것이다.

사회적 정의에 대한 요구를 다루는 데 필요한 첫 단계는 사과하거나 달래려고 하는 것이 아니고 기업가 이윤이 정당하다고 확신을 갖고 주장하는 것이다. 한 사물을 다른 사람들이 인식하는 것보다 더 가치 있게 만드는 것은 기업가가 발견하는 한 사물의 가치 있는 용도에 대한 지식이다. 지식은 가치를 창조한다. 그러므로 기업가 이윤은 창조자를 위한 당연한 보수이다. 모두가 기업가인 우리들 중에서 누군가의 발견은 많은 가치가 있고 다른 사람의 발견이 덜 가치가 있다는 것은 정당하다. 더구나 사물이 가치 있는 용도로 쓰일 수 있다는 것을 발견함으로써 가치가 없는 사물을 가치 있는 사물로 전환시켜 부를 창조할 수 있는 가능성은 많은 사람들로 하여금 가치 있는 지식을 발견하기 위하여 열심히 일하도록 자극할 것이다.

4) 기업가정신의 역할

기업가정신과 경쟁은 소득불평등 심화와 개인 부의 무제한 축적을 가로막는 자생적 힘이 작용하도록 견제하는 중요한 역할을 한다.민경국(2015) 기업가적 경쟁의 본질은 창조와 혁신이다. 이는 다른 사람보다 먼저 새로운 것을 창출하고 타인들이 알아차리지 못한 이윤기회를 포착하는 기민성이다.

기업가정신과 경쟁은 무한정으로 부를 축적하도록 내버려두지 않는다. 마차를 공급해 큰돈을 버는 백만장자가 있으면 한편에서는 새로운 기술개발로 기존의 마차보다 값싸고 질적으로 우수한 자동차 · 기차와 같은 제품을 만들어 파는 혁신가가 등장한다.

대체상품을 개발하거나 생산비용을 낮추는 기술개발을 통해 싼값으로 공급하는 혁신경쟁으로 경제가 성장하면서 생산자의 기업가치가 정체되거나 줄어들고 지금까지 누리던 부자의 위치가 흔들린다. 따라서 기업가정신과 경쟁은 경쟁자들이 기존의 부자를 추격하고 추월하는 과정에서 중요한 역할을 한다. 시장에서 부자는 늘 그런 추격과 추월을 당할 위험에 노출돼 있다. 혁신적 기업가가 등장해 현재의 부자를 추격하면 그의 부는 감소하고 소득격차가 줄어든다. 추격 과정에서 기존의 부자가 누리던 이윤의 일부 또는 전부가 경쟁자들에게로 이전되기 때문이다.

미국의 유명한 경제학자 커즈너는 기업가정신은 소유재산과 아무 관련이 없다고 인식하고 있다. 저렴한 필요재원을 발견하는 것 그 자체도 기업가정신의 소관이기에 자원소유가 기업가정신의 전제조건일 수 없다. 미제스는 기업가정신은 교육도 필요 없다고 한다. 기업가정신은 경영대학 졸업장이 아니라 예리한 통찰력 · 판단 · 직관 및 인지적 지도력에서 오고 미지의 것을 발견하는 것이기 때문에 알려진 것을 가르치는 교육과 무관하다는 것이다. 따라서 재산도 없고 양질의 교육을 받을 돈도 없는 가난한 사람도 기업가정신이 왕성할 수 있다. 경영학 교육은 경영자가 되는 교육일 뿐이다.

사업 실패자, 학교 중퇴자 혹은 이민자처럼 가난한 야심가는 이윤기회의 인지전략에서 매우 유연한 반면 부자는 경직적이고 보수적이다. 기업가정신은 '굶주림정신'이 강력하게 작용하기 때문에 부자가 부를 유지하기보다는 가난한 사람이 부자를 추격하여 추월할 가능성이 더 크므로 혁신경쟁에서 가난한 사람이 기존의 부자보다 결코 불리하지 않다. 가난한 집안에서 태어나 배우지 못했어도 거부가 된 인물로 고故 정주영 회장이 대표적이다. 무일푼의 빌 게이츠가 마이크로소프트를 설립한 것도 기업가정신 덕이다. 세계 각국 100명의 억만장자 가운데 자수성가한 사람이 73명이었고 가난한 집 출신으로 대학을 나오지 못한 부호가 8명이나 된다. 따라서 기업가정신과 경쟁을 통해 부의 축적을 견제하는 게 자유시장이라는 걸 직시해야 한다.[7]

7. 기업가정신이 얼마나 중요한가는 1975년부터 1991년까지 미국의 가난한 계층의 신분상승 통계가 보여준다. 1975년 최하위 20%에 속한 사람 중에 5%만이 1991년에도 여전히 가난했고, 나머지 95%는

3. 경제발전과 자본주의 시장경제체제

3.1 자본주의 시장경제체제

홍익경제는 자유민주주의와 자본주의 자유시장 경제체제에서 꽃을 피울 수 있을 것이다. 왜냐하면 자본주의 시장경제가 인간의 필요를 충족시켜준다는 의미에서 가장 우월한 제도라는 것이 역사적으로 증명되었기 때문이다.

사회주의의 강점은 그 이상理想이다. 근로자와 농민이 고르게 잘 산다는 세상을 만든다는 것인데 그 이상은 우리 모두가 바라는 것이다. 그러나 소득이나 부의 분배와 관련한 형평성에 대해서 자본주의보다 사회주의가 낫다는 주장은 역사적으로 반대로 나타났다. 사회주의가 제시하는 방법은 적합하지 않기 때문이다. 모두에게 가진 것을 고르게 나누어 주고 기업인들에게 우호적이지 않으며, 지식인들을 홀대하고 종교를 박해하는, 그런 사회는 발전할 수 없기 때문에 그 이상은 절대로 성취될 수 없다. 능력에 따라 일하고 필요에 따라 분배받아 쓴다는 사회주의가 내세우는 의도는 좋으나 정보, 집행능력, 체제운영 집단이나 도덕성의 문제 때문에 분배적 이상을 실현한 사례가 없다. 반면에 자본주의 시장경제는 시장 자체에 동기를 부여하는 차별화 기능이 있어 노력을 이끌어내고 분배가 이루어지기 때문에 시장에서의 노력과 기여에 따른 분배는 가장 공정한 분배라고 할 수 있다. 그러나 시장경제라는 경기에서 탈락한 사람과 경기에 처음부터 참여하지 못한 사람에 대한 배려는 반드시 필요하며, 과잉복지는 경계하여야 할 것이다.

사유재산제도, 경제선택의 자유, 기여에 따른 분배 등에 기초한 자본주의 시장경제에 대립되는 것은 사회주의 계획경제이다. 사회주의 경제체제에서는 정부의 경제 담당자가 모든 기능을 수행한다. 자본주의 시장경제체제는 사유재산제와 개인의

사다리 위쪽으로 이동했다. 그중에서 80%는 중산층 또는 상류층으로, 그 3분의 1은 최상위 20%로 이동했다. 그 결과 기존의 부자들이 밀려났다. 양극화는 단기적 현상을 기술할 뿐, 장기적 추세가 아니다. 흥미롭게도 소득과 부의 분배는 장기적으로는 매우 안정적이라는 게 일반적인 주장이다.

선택의 자유에 입각하여 다양한 수많은 가계 · 기업 및 정부가 각각 분권화된 의사결정을 하고 시장에서 자유로운 경쟁을 펼쳐 무엇을, 어떻게, 누구를 위하여 생산할 것인가와 같은 핵심적이고 기본적인 경제문제를 해결함으로써 사회구성원의 복지를 최대로 증진시키고자 하는 경제체제이다.

두 체제의 본질적 차이는 결국 경제문제의 해결을 자생적 시장질서에 맡길 것인가 아니면 소수 엘리트들의 계획에 맡길 것인가로 귀착된다.최광 · 이성규(2010) 그러나 자본주의 시장경제의 형태도 시대와 환경의 변화에 따라 균형 잡힌 법과 제도를 통해 다듬고 조직하여 지속가능하게 해야 한다. 자유로운 경쟁도 지나치면 효율성을 해칠 수 있으므로 경제적 효율성을 저해하지 않는 범위 안에서 경쟁이 이루어져야 할 것이다.

자본주의 시장경제는 시장 및 가격에 의해 경제문제가 해결되지만 시장과 정부로 구성된 현대의 혼합경제체제에서는 안전 · 보호의 기능과 시장실패 교정기능과 같은 정부의 역할이 강조된다. 그렇기 때문에 정부 또한 실패할 수 있다는 균형 있는 시각이 필요하다. 정부기능의 틀은 질서안전유지기능, 자원배분기능, 소득분배기능이다. 정부는 국민경제의 시장에서 심판과 보호의 역할을 수행하고, 시장의 효율적 작동을 위해 법과 규칙을 만들어 시행하며, 교육, 국방, 도로, 통신, 공원 등 공공적인 재화와 서비스를 생산하여 공급하고, 세금을 부과하고 조세를 징수하며, 경기 변동을 막고 경제안정을 위해 조치하고, 소득의 공정한 분배를 위해 노력하며, 정보를 수집하고 전파하며, 정부의 고유한 역할을 가지고 시장이 실패할 때 개입한다.

사회, 특히 경제적 측면의 각종 혼란과 고통은 기본적인 경제원리와 자본주의의 본질에 대한 이해의 부족 및 자본주의를 뒷받침하는 사회질서의 경기규칙에 대한 정책당국과 사회구성원 모두의 이해부족과 문제의 핵심을 보지 못하는 데서 초래되는 것으로 보인다.

경제발전과 문화의 창달에는 정치 · 경제 · 사회적 안정이 필요조건이다. 따라서 경제적 번영에 필수적인 정부의 보호기능을 우선적으로 강조하여야 하고 국민들에게 인식시키고 협력하도록 하여야 한다. 즉, 시장경제에서 시장이 제대로 작동하기 위해서는 국토방위, 치안질서유지, 사유재산권의 보호, 공무원의 정당한 공무수행 보장과 보호 등과 같은 정부의 보호 기능이 확실히 시행되어야 한다.

자본주의 경제발전은 생산성이 선형적으로 증가하는 과정이 아니라 복잡경제가 비선형적으로 창발하는 과정이다. 창발적 발전은 네트워크화 된 주체들 간의 비선형적이고 협력적인 상호작용을 통해 창출되는 시너지의 공유를 통해서만 가능하다.좌승희(2011) 오늘날의 자본주의 경제는 시너지를 공유하는 경제주체들, 즉 개인 간 · 기업 간 · 개인과 기업 간 · 개인과 정부 간 · 기업과 정부 간의 네트워크를 통해 끝없이 발전의 유전자가 공유되어 퍼져나간다. 따라서 네트워크 자본주의경제는 성공기법의 공유를 통한 동반발전의 마당이라고 할 수 있다.

3.2 경제성장과 기업의 기능

1) 기업의 기능

선진국은 기업의 수가 많고 규모가 크지만 후진국은 정반대이다.[8] 국부를 직접 만드는 것은 정치가나 민주화 인사가 아니라 기업경영인이다. 기업경영인이 의욕을 잃으면 기업이 경쟁력을 잃고, 나라 경제도 경쟁력을 잃는다. 정부가 세계적 경쟁우위 기업을 만들려면 정부의 세계적 경쟁력부터 높여야 한다. 마이클 포터 교수는 국민소득에는 필요조건민주화된 제도 + 거시경제정책 + 법체계 등과 충분조건기업의 운영, 전략, 관련 산업, 수급조건 등이 있는데, 그 공헌도는 전자가 19%이고 후자가 81%라고 했다.

국민을 먹여 살리는 것은 기업이다. 윈스턴 처칠은 기업을 마차를 끌고 갈 튼튼한 말에 비유했다. 박정희 대통령이 이병철 삼성그룹 창설자에게 기업의 소임에 대하여 질문했을 때 그는 이렇게 답했다. "기업하는 사람의 본분은 많은 사업을 일으켜 많은 사람들에게 일자리를 제공하면서 그 생계를 보장해 주는 한편, 세금을 납부하여 그 예산으로 국토방위는 물론이고 정부운영, 국민교육, 도로, 항만시설 등 국

8. 송병락(2010) 130~137쪽 참조.

가운영을 뒷받침하는 데 있다고 생각합니다." 이병철, 『호암자전』

기업의 기능은 다음과 같다. ① 기업이 생활에 필요한 재화와 서비스를 생산하는 과정에서 소득이 발생하므로 국민소득은 대부분 기업에서 나오고 국민을 먹여 살리며, 국부를 창출한다. ② 제품의 생산과 판매로 번 돈을 관리하고 증식한다. ③ 기업은 인적 · 물적 자원을 꿰어서 보배로 만드는 역할 즉, 인간의 능력을 뭉치고, 키우고, 발휘하게 할 뿐만 아니라, 수많은 사람[9]의 힘을 뭉치게 한다. ④ 기업은 일자리를 창출하므로 최고의 구빈救貧기관의 역할을 한다. 우리나라의 공공부문 인력은 약 160만 명이고 인구 대비 3.12%에 불과하기 때문에 기업이 일자리를 만들어야 한다. ⑤ 기업은 정부수입의 대부분인 조세수입과 세외수입의 원천이다. 기업과 개인이 납부한 조세수입은 물론, 세외수입인 수수료, 입장료, 벌과금 등 역시 그 원천은 기업이다. ⑥ 기업이 경제발전을 주도하였고 경제발전이 민주화를 촉진시켰으므로 기업이 정치민주화를 촉진하였다고 할 수 있다. ⑦ 기업은 범세계적 인재를 가장 많이 육성하여 인적자본을 축적하는 산실이다. 교육과 훈련을 통하여 사람과 자원의 가치를 높이고, 국제특허등록의 90% 이상을 출원하므로 기술혁신을 주도하며, 조직 관련 기술을 발전시킨다. ⑧ 기업은 정보를 수집하고 기회를 포착하여 실행하는 경제전쟁의 투사이며 수출의 첨병이고 세계화의 주역이다. 삼성전자나 LG전자 직원 중 해외 장기파견자와 단기파견자 수를 모두 합하면 해외에 파견된 한국 외교관의 수보다 각각 더 많다고 한다. ⑨ 사회질병도 예방한다. 기업이 고성장할 때는 일자리가 많기 때문에 사람들이 실직을 걱정하지 않아 민심도 안정되나 기업이 없는 가난한 나라에서는 실업자, 환자, 불평분자, 범죄자들이 많아 사회가 불안하다. 병든 사회를 예방하거나 고치는 가장 좋은 방법은 기업의 활성화를 통한 일자리 창출이다.

9. 삼성전자는 2015년 6월 기준 해외 19만 명과 국내 10만 명을 합쳐 약 29만 명이고, 월마트는 220만 명이다.

2) 중소기업과 대기업의 기능

기업은 위와 같이 다양한 기능을 하지만 중소기업과 대기업의 기능에는 차이가 있다. 중소기업의 기능은 크게 세 가지이다. ① 생계형 중소기업은 주민들의 일상생활과 관련된 재화와 서비스를 공급하며, 고객이 대부분 지역주민들이므로 친밀한 유대관계를 형성한다. ② 성장벤처형 중소기업은 혁신을 촉진하며, 대기업으로 성장이 가능하다. ③ 대기업이 필요로 하는 재화나 서비스를 공급한다. 자동차 부품을 생산하는 중소기업이나, 대형 건설회사가 건설한 아파트에 도배 · 창문 · 전기 관련 공사 등을 담당하는 중소기업들이 좋은 예이다.

중소기업의 일반적인 기능은 다음과 같이 나누어 볼 수 있다. ① 전문화된 재화나 서비스를 생산 · 공급한다. ② 국가경제의 유연성을 촉진한다. 대기업은 설립하기가 어려울 뿐만 아니라 망했을 때 전체 경제에 충격이 크나 중소기업은 보다 쉽게 설립할 수 있고, 경제에 큰 부담 없이 바로 그만둘 수도 있다. ③ 중소기업의 업종은 대부분 노동집약적이므로 새 일자리를 대기업보다 많이 만들 수 있다. ④ 자유기업경제 발전에 필수적인 혁신적이고 모험심 있는 기업경영인을 양성하는 훈련장의 역할을 한다. 중소기업은 경영자에게 포괄적인 학습능력 개발의 장이 된다. ⑤ 출판회사나 제약업체들처럼 대기업과 치열한 경쟁을 하는 경우 대기업의 경쟁력을 높인다. ⑥ 창업을 통한 사업의 보람과 만족감을 얻을 수 있게 한다.

중소기업의 역할을 논할 때는 생계형 중소기업, 성장 벤처형 중소기업 및 대기업과 협력관계에 있는 중소기업 등으로 구분할 필요가 있다. 대부분의 중소기업은 생계형이다. 채소가게, 꽃집, 자신의 집을 사무실로 사용하는 컨설턴트 등 개인, 가족의 생계수단이나 가업으로 경영되는 것이다. 성장벤처형 중소기업은 개인보다는 팀에 의하여 운영되며, 신제품 및 서비스의 개발 등으로 빠른 성장이 가능하다. 가장 유명한 예는 마이크로소프트이다.

대기업의 기능은 크게 4가지로 나눌 수 있다. ① 철강 · 조선 · 자동차 · 반도체 등의 산업에 필요한 대규모 금융자본과 물적 및 인적 자본의 조달이다. 한국은

1970년대 초부터 대기업이 중화학공업 발전을 주도해 왔다. ② 기술도입 및 상용화와 관련된 학습중심지 역할을 한다. ③ 협력업체들과 형성하는 네트워크의 중핵 역할이다. 윌리엄 프라이드 등의 공저 『비즈니스』제8판에 따르면 GM사는 32,000개의 중소기업들로부터 부품을 사고, 11,000개의 독립된 판매회사에 자동차를 판매하므로 많은 기업들과 형성한 기업 연결망의 중핵이다. 국내 자동차나 전자회사들의 경우에도 마찬가지이다. ④ 국가경제 전체의 연구개발을 촉진한다.

대기업은 이런 강점이 있으나 조직의 비대화나 관료화로 인해 유연성을 잃을 수 있다. 반면 중소기업은 고객의 수요와 급변하는 경영환경에 유연하게 대응할 수 있고 고객과의 관계도 긴밀하게 유지할 수 있다.

미국 『포춘』지가 매년 작성하는 Fortune 500의 세계적인 대기업 명단을 보면 2015년 미국은 128개로 1위이고, 중국92, 일본54, 프랑스31, 독일29, 영국26, 한국17의 순이다. 일반적으로 선진국일수록 더 많은 성공적인 대기업을 보유하고 있고 후진국은 기업 수도 적으며 규모가 작다. 한국의 17대 그룹의 매출 총액은 9,430억 달러로 세계 최대 회사인 미국 월마트의 매출 총액 4,762억 달러의 약 2배이다. 일본

표 8-1 **포춘 글로벌 500**(국별)

	2005	2006	2007	2008	2009	2010	2011	2012	2014	2015
미국	176	170	162	153	140	120	134	132	128	128
프랑스	39	38	38	39	40	38	33	31	31	31
독일	37	35	37	37	39	37	34	30	28	29
영국	35	38	33	34	26	29	30	26	28	26
이탈리아	8	10	10	10	10	11	10	9	9	9
중국	16	20	24	29	37	46	61	73	100	92
일본	81	70	67	64	68	71	68	68	57	54
한국	11	12	14	15	14	10	14	13	17	17
대만	2	3	6	6	6	8	8	6	5	8
인도	5	6	6	7	7	8	8	8	8	7
싱가포르	1	1	1	1	2	2	2	2	2	2

의 대기업은 거품경제가 터진 1990년대 초 이후 많이 감소했다.

기업의 수를 보면 한국은 2013년 약 367.7만 개이고 대기업은 3,448개, 중소기업은 367만 개[99.9%]이다. 일본은 2012년 542.3만 개이고 대기업 55,219개, 중소기업은 536.8만 개[99%]이다. 미국은 2012년 572.6만 개이고 대기업은 18,219개, 중소기업은 570.8만 개[99.7%]이다. 미국에는 종업원 1～4명의 기업들이 무수히 많다. 독일은 2014년 366.3만 개이고, 대기업은 25,644개, 중소기업은 363.8만 개[99.3%]이다. 미국, 일본, 독일은 소 · 중 · 대기업의 수가 모두 많고 튼튼하다. 미국은 소기업이 많다. 이들이 잘 성장하여 중기업이 되며 중기업이 잘 성장하여 대기업이 되어 기업 피라미드가 크고 보기 좋은 삼각형 모양이다. 독일은 중기업[mittelstand]이 특히 튼튼하다.

4. 시장의 기능

4.1 시장에서 거래의 의미

시장에서 자발적으로 일어난 거래가 어떻게 이득을 발생시키고 전문화 · 분업 및 비교우위를 촉진하는가를 보자.

화창한 어느 날 공원에서 산책하는 철수와 영희는 날씨가 좋아 색안경과 모자를 착용하고 싶었으나 둘 다 가져오지 않았다. 그들은 각각 2만원밖에 없으며 공원에는 2만원에 하나를 사면 하나를 더 주는 할인 상점이 있다. 영희는 색안경을, 철수는 모자를 선택했고 공원에서 만나 경제적 상호작용을 한다고 하자. 영희는 색안경을 두 개, 철수는 모자를 두 개 가지고 있으므로 철수가 영희에게 모자를 주고 영희의 색안경을 받기를 원할 것이다. 이 예에서 모자와 색안경의 수에는 아무런 변화가 없이 자발적인 재화의 교환으로 그들은 전보다 더 좋은 상태가 된다.

이제 두 생산자의 경우를 살펴보자. 인쇄를 잘하는 석호와 시를 잘 쓰는 예지가 희소성에 직면해서 선택을 한다고 하자. 예지가 하루 종일 시를 쓰면 10편을 쓸 수 있고 석호는 10개의 축하카드를 인쇄할 수 있다. 그러나 각자가 자신의 시를 인쇄한 카드를 만들어 팔기를 원하면 예지는 잘 못하는 인쇄에, 석호는 잘 못하는 시를 쓰는 데 많은 시간이 들기 때문에 각각 한 개의 축하카드만 만들 수 있다.

만일 두 사람이 상호작용할 수 없다면, 이들은 각각 하루에 한 편의 시가 적힌 축하카드 한 개만을 팔 수 있다. 예지는 축하카드가 없는 열 편의 시를 쓸 수 있고 석호는 시가 없는 열 장의 카드를 만들 수 있지만, 이렇게 하면 수입을 올릴 수 없다. 이제 이들이 상호작용하면, 둘은 거래를 할 수 있다. 석호는 자신이 만든 축하카드에 예지의 시를 인쇄해 그 카드를 돈을 받고 예지에게 팔 수 있고 이렇게 하면 예지도 사람들에게 축하카드를 팔 수 있다. 이러한 합의를 통해 하루 종일 예지는 시만 쓸 수 있고 석호는 인쇄만 할 수 있다. 이제 이들이 서로 거래할 수 없었던 경우에 모두 두 장의 축하카드를 만드는 데 사용한 같은 시간과 노력으로도 10장의 축하카드를 만들어 팔 수 있게 된다.

석호는 예지에게 그의 인쇄 서비스를 돈을 받고 제공하거나 예지와 석호가 하나의 기업을 만들어 동업할 수도 있다. 이 경우 이들의 경제적 상호작용은 시장이 아니라 기업 내부에서 이루어진다. 상호작용이 시장이나 기업 내에서 이루어지든 관계없이 거래이득은 축하카드 생산이 2장에서 10장으로 5배나 증가한 것이다.

위의 예는 경제적 상호작용이 사람들이 더 잘하는 것에 집중하게 하는 전문화를 허용한다는 것을 보여준다. 예지는 시 쓰는 데 석호는 인쇄에 전문화한다. 이처럼 전문화는 분업을 발생시킨다. 분업은 어떤 사람이 잘하는 일에 전념하게 하여 전체 생산을 분할하여 생산을 증가시킨다.

위의 예는 비교우위라는 또 하나의 중요한 경제학적 개념을 제시한다. 일반적으로 한 개인이나 집단이 다른 개인이나 집단보다 상대적으로 더 적은 시간과 노력으로 어떤 재화를 생산할 수 있다면, 그 개인이나 집단은 그 재화를 생산하는 데 비교우위를 갖는다. 예를 들어 석호는 예지에 비해 시를 쓰는 것보다 축하카드를 인쇄하는 데, 예지는 석호에 비해 시를 쓰는 데 비교우위를 갖는다. 이때 사람들이 비교우위를 갖는 기술에 전문화하여 분업을 하면 생산은 증가한다.

자본주의 시장경제에서는 무엇을, 어떻게, 누구를 위해 생산할 것인가에 관한 대부분의 결정이 시장에서 상호작용하는 개별 소비자, 기업, 정부 및 비정부기구와 같은 서로 다른 조직에 의해 이루어진다. 시장경제가 갖고 있는 핵심적인 특징은 다음과 같다.

첫째, 시장에서 대부분의 가격은 개인과 기업에 의해 자유롭게 결정된다. 사회주의 계획경제에서는 대부분의 가격이 정부에 의해 책정되어 경제의 비효율을 초래한다. 예를 들면, 1990년 소련이 붕괴하기 전에는 빵 가격이 사료 값보다 싸게 책정되어 가축에게 더 많은 생산 공정을 거쳐야 하는 빵을 먹이는 일이 발생하였다. 시장경제에서도 임대 아파트의 가격을 통제하는 등 제한은 있지만 대부분의 가격이 시장에서 자유롭게 결정된다.

둘째, 사유재산권은 시장경제의 또 다른 핵심요소이다. 사유재산권은 개인들에게 토지를 비롯하여 기타 자원들을 보유하거나 팔 수 있는 법적 권리를 부여한다. 사유재산권이 없다면, 사람들은 그들이 원하는 것을 무엇이든지 대가를 지불하지 않고 얻을 수 있으므로 그들의 소득이나 재화를 보호하기 위하여 많은 시간과 노력을 사용해야 할 것이다. 또한 사유재산권을 가진 시장 참여자들이 얻는 소득에 대한 권리는 물론, 그들이 잘못하여 발생하는 손해를 스스로 감당하게 하여 사람들에게 동기를 부여한다. 사유재산권이 없다면 사람들이 전문화하여 분업이 가져다주는 이득을 얻으려는 동기를 갖지 않을 것이고, 사회 전체적으로도 전문화가 가져다주는 추가적인 이득을 얻지 못할 것이다.

4.2 정보소통체계와 경제학습장으로서의 역할

시장경제에서는 자유롭게 결정되는 가격이 무엇을, 어떻게, 누구를 위하여 생산하는가를 결정하는 데 핵심적인 역할을 한다.

(1) 가격은 소비자들의 기호나 기술의 변화가 일어날 때, 무엇이 생산되어야 하고 소비되어야 하는가에 대한 신호를 보내는 역할을 한다. 대학생의 기호 변화에 관

한 정보가 자전거와 자동차의 생산자에게 어떻게 신호를 보내는지 보자. 학생들이 더 많은 자전거를 살 때, 다른 조건이 일정하면 자전거 가격은 오른다. 이는 기업이 자전거를 더 많이 생산하는 것이 이익이 된다는 신호를 보낸다. 또한 자전거 부속품의 가격도 상승하게 되며 그와 함께 경금속의 생산이 증가해야 한다는 신호를 발산한다. 금속 가격이 오르면서 금속제조 근로자들의 임금은 상승할 것이다. 따라서 가격은 소비자로부터 시작하여 멀리 금속제조 근로자에게 이르기까지 더 많은 자전거가 생산되어야 한다는 신호를 보낸다.

이것이 가격은 신호이며, 탈 언어적 소통이고, 거대한 소통체계라는 것을 의미한다. 가격구조는 수백 수천만 명의 의견, 선호, 생각을 통합하여 전달비용을 거의 발생시키지 않고 모든 사람들에게 전달한다. 가격을 통한 소통은 눈과 귀로는 물론 인지능력으로도 볼 수도, 들을 수도, 알 수도 없는 범세계적인 거시 우주로까지 확대시킬 수 있다. 가격구조는 모방이 불가능한 장엄한 소통 망이다. 따라서 시장의 제일 덕목은 가격소통의 탁월성이고 이것에 입각하여 효율적인 자원배분이 이루어진다.

가격을 통한 시장소통의 또 다른 특징은 암묵적 지식의 소통이다. 그런 지식은 말이나 글로 전달할 수 없지만 행동으로 표현할 수 있다. 재주, 발상, 특정한 재화에 대한 선호, 기업가정신 등에 내장된 지식과 같은 것이다. 그런 지식들은 경제인들의 구매와 판매 행위를 통해 가격구조에 반영된다. 따라서 사람들이 가격에 적응하는 것은 가격에 구현된 타인들의 의견 · 선호 · 생각 등을 심의하고 학습한다는 것을 의미한다.[10]

(2) 가격은 사람들이 생산이나 소비를 변경하도록 하는 동기를 제공한다. 자전거 가격 상승은 기업에게 더 많은 자전거를 생산하도록 하는 동기를 준다. 자전거 한 대당 더 높은 가격을 받기 때문에 그들은 더 많이 생산한다. 만일 일시적이 아닌 큰 가격 상승이 있다면, 새 기업이 자전거 사업에 진입할 것이다.

10. 민경국, 「시장은 '소통부재' 주장은 틀렸다」, 한국경제신문, 2015. 2. 13. A34쪽 참조.

(3) 가격은 소득분배에 영향을 준다. 자전거의 수요가 증가함에 따라 자전거의 생산이 증가하고 그 영향으로 자전거를 생산하는 근로자는 더 많은 수입을 올리고 더 많은 돈을 주고 자전거를 사는 사람들의 소득은 감소한다.

(4) 시장의 중요한 기능은 정보를 처리하고, 조정하며, 동기를 부여하는 것이다. 시장은 한 장소에 모여 있지 않더라도 정보를 처리하고 조정하며 행동의 동기를 부여하는 장치로 작용한다. 구매자수요자와 판매자공급자가 서로 만날 필요도 없다.

(5) 시장은 기업과 개인의 이기적 행동을 끊임없이 길들이는 훈련장이다.[11] 이기심이 행동원리가 된 근대 이전에는 아는 사람끼리의 작은 그룹으로 형성된 공동체가 지배했는데 그 질서원리는 이타심이었다. 그러나 인구증가와 함께 사회규모가 커지면서 인간관계가 아는 사람들끼리보다 낯선 사람들끼리의 관계로 진화하면서 이기적 행동의 여지가 점차 커졌다. 그러나 흥미롭게도 근대에 등장한 문화적 진화는 이기적 행동을 그냥 두지 않고 길들이는 체제를 탄생시켰는데, 그게 사유재산 계약자유를 기반으로 하는 시장이다.

시장은 이기심을 스스로 규율하는 세 가지 장치를 내장하고 있다. ① 인간행동이 조화되도록 하는 행동조정이다. 인간행동들이 서로 조화로워야 한다는 의미의 행동조정은 인간들은 혼자 살 수 없고 서로 협력해야 한다는 전제를 가진다. 이게 노동자와 사용자가 멋대로 행동할 수 없는 이유다. ② 소비자들의 구매력을 유인하는 기업들의 경쟁으로 사익추구를 통제한다. 품질이 나쁨에도 비싸게 팔아 이익을 추구하는 행위를 시장은 내버려 두지 않는다. 소비자들이 등을 돌리기 때문이다. 이윤추구방법을 바꾸는 방법밖에 없다. ③ 사익추구를 훈계하는 것은 예의범절, 재산존중, 상商관행 등 자생적으로 생성되는 행동규칙들이다. 이들을 안 지키면 사람들은 불특정 다수로부터 비난을 받고 평판도 나빠져 사업 협력자로 선정되지 못하고 배척당한다.

따라서 시장은 사익추구가 지배하는 세계가 아니라 절제와 신중의 미덕을 배우

---

11. 민경국, 「시장은 이기심을 길들이는 훈련장」, 한국경제신문, 2014. 12. 24. A38쪽 참조.

고 훈련해 이기심을 길들이는 거대한 도道장이다. 이 속에서 기업과 개인들은 타인들의 공감을 얻을 수 있는 새로운 행동방식을 끊임없이 개발하고 검증한다. 인류 문명과 번영은 시장의 그런 진화의 결과이다.

(6) 시장은 시장참여자들과 그들의 성과를 지속적으로 평가하여 보상함으로써 차별화한다. 시장은 항상 스스로 노력하고 성공하는 주체만을 골라 우대함으로써 그들이 잘 적응하도록 하고 더 많이 지원하는 차별화 장치이다. 시장은 경제적 차등과 차별을 통해 모두를 일으키고 발전의 길에 나서게 만드는 역할을 한다. 이 과정에서 흥하는 이웃의 성공기법이 물이 흐르듯 서로 무임승차를 통해 퍼져나간다. 따라서 자본주의 시장경제는 그 본질상 성공기법을 서로 무임승차함으로써 동반성장을 만들어 내지만 그렇다고 모두를 경제적으로 동등하게 만들지는 않는다.

모든 거래는 자발적 거래조건의 합의과정을 거치기 때문에 시간, 노력 및 금전적 비용을 수반하며 거래비용이 높을수록 재화와 서비스의 공급은 장애를 받는다. 따라서 시너지를 일으키는 시장은 거래비용이 높으면 시너지 창출자에게 적절히 보상하지 못하여 경제적 차별화에 실패할 수밖에 없으므로 창발을 쉽게 만들어내지 못한다.

경제적 차등과 차별은 자본주의 경제가 초래하는 약점이지만 발전을 위한 경제적 동기를 부여하는 자극제가 된다. 또한 민주주의의 평등개념은 시장경제의 차별화 개념과 상충되므로 이들이 조화를 이루도록 해야 한다. 즉, 평등도 효율성을 떨어뜨리지 않고 발전을 위한 동기를 질식시키지 않는 범위 내에서 이루어져야 할 것이다.

(7) 시장경제는 수평적 관계를 기초로 하는 시장과 수직적 명령관계를 기초로 하는 기업 및 정부와 같은 조직으로 구성된다. 조직은 거래비용을 회피할 수 있기 때문에 거래비용이 높은 경제활동은 조직 내에 흡수하여 생산활동과 시장을 확대시킨다. 또한 조직은 외부효과를 내부화하여 시장의 차별화기능의 실패를 교정할 수 있다. 따라서 대표적인 민간조직인 기업과 전형적인 공공조직으로서의 정부는 시장경제의 창발과 발전의 주체가 된다. 민간기업이 시장의 차별화기능 실패의 일차적

인 교정 역할을 하지만 홍하는 기업은 후발기업들의 무임승차 대상이 되므로 기업 역시 복잡경제 진화의 무임승차 현상에서 예외가 될 수 없게 된다. 따라서 삼성과 같은 위대한 일류 기업은 쉽게 생기고 유지되는 것이 아님을 알 수 있다.

민간조직들 간의 무임승차와 동반상승시너지 창출 유실현상을 교정하는 마지막 보루는 공공조직의 전형인 정부이다. 정부는 기업을 포함하는 경제주체들의 비선형적 상호작용에서 발생하는 외부효과와 그로 인한 시장의 차별화기능을 교정하는 역할을 할 수 있다. 정부의 역할은 동반상승의 원천이지만 시장에서 무임승차당하는 홍하는 개인과 기업을 차별적으로 우대함으로써 이들이 내재화한 발전의 유전자를 지속적으로 창출 · 복제 · 전파시키도록 돕는 것이다. 즉 정부는 제도와 법적 장치를 통해 시장의 동기부여기능차별화기능을 강화시켜 경제발전을 촉진시킬 수 있다. 그러나 이러한 제도보다 더 중요한 것은 발전정신으로 이것을 최우선적으로 진홍하는 것이 거래비용도 줄이고 신뢰와 통합을 이루는 첩경이라 할 수 있다.

(8) 시장은 끊임없는 경제적 차별장치일 뿐만 아니라 경제적 차별화의 축소판이다. 거의 모든 시장참여자들은 경제적 차별화를 통하여 서로의 가치를 결정한다. 경제적 차별화를 부정하면 경제적 침체는 피할 수 없다. 경제발전의 보편적인 현상은 개인이나 조직, 혹은 지역이나 성공한 혁신가들이 사회의 역할모형으로서 국가의 각 분야 발전을 이끄는 것이기 때문에 대단히 불균형적인 현상이다. 성공은 또 다른 성공을 낳기 때문에 이미 성공한 사람이 경제에 더 많이 공헌하는 경향이 있고 이는 경제적 보상에서의 차이로 반영된다. 따라서 경제발전과정에서는 부와 경제력의 집중 및 집적이 필연적으로 일어나며 이런 일은 자연스런 현상이다. 그렇지만 집적은 정부보호로부터도 오기 때문에 능력을 지원의 남용에서 오는 집적과 혼동하지 않도록 주의해야 한다. 공공정책은 경제발전의 유인 동기를 파괴하는 방법이므로 집중과 집적을 위협하는 내용을 담는 것을 삼가야 할 것이다. 정부는 집중과 집적을 발전과정의 자연스런 현상으로 보아야 하며, 경제적 차별화를 상세하게 기술하여 경쟁적 환경을 조성하고 유지하도록 도와야 한다.

(9) 시장경제는 시장 · 기업 및 정부의 차별화 원리의 실천이 경제도약의 필요

조건이다. 경제가 발전하려면 모든 경제주체들이 외부와의 상호교류와 작용을 통하여 새로운 정보 · 지식 및 기술을 지속적으로 흡수하여 서로 동반상승을 창출 · 흡수 및 향유할 수 있어야 한다. 경제주체들이 열린 체제 속에서 비선형적인 상호작용을 통해 동반상승을 창출함으로써 부분과 다른 새로운 거시적 현상을 창출해 내야 한다. 동반상승 창출자는 경제주체들이 상호작용하는 과정에서 성공하는 개인, 조직, 지역 등이 될 것이며, 이러한 일류 혁신가들이 많이 생겨 많은 동반상승을 사회에 확산시킴으로써 사회 전체가 향상되는 과정이 바로 발전이다.

이처럼 시장에서 자발적인 거래를 하게 되면 시장 참여자 모두에게 이익을 주게 되고 국가의 부를 증진하게 된다. 국가의 부를 늘리는 방법은 상호교환에 있다.

제9장

한국의 경제개발 여건과 경제도약기의 경제 전환[1]

1. 경제개발 여건과 잠재력(1900 ~ 1960년대 初)
2. 경제도약기의 경제 전환(1950년대 말 ~ 1970년대 初)
3. 한국의 기업형성

한국의 올바른 경제목표는 경제성장, 경제안정, 형평 및 삶의 질 향상이다. 경제목표를 달성하기 위해서는 인적자본, 물적자본, 지형 등 각종 자원을 효율적으로 활용해야 한다. 국가자원을 잘 활용하기 위해서는 범세계적 경쟁력 있는 기업들을 많이 만들어야 하며 이를 위해서는 전략을 잘 세워야 한다. 경제성장은 역동적 효율의 결과이므로 효율을 성장과 별개의 목표로 설정할 수 없다. 효율은 특정 시점에서의 효율인 정태적 효율 및 투자, 기술진보, 신지식 등에 따라 정태적 효율이 변하는 동태적 효율로 나눌 수 있다. 경제성장은 동태적 효율에 의해서 결정된다.

첫째 경제목표인 경제성장은 누구나 좋은 직업을 얻어 소득과 재산이 늘어 생활수준이 향상될 수 있도록 한다. 경제성장으로 일자리가 늘어나는 것은 누구나 바라고 그것은 개인이 속한 가정의 행복을 의미한다. 북한과 대치하고 있고 4대 강국 틈에서 살아가야 하는 한국은 국가안보 차원에서도 경제성장이 꼭 필요하다.

OECD는 경제성장의 목적이 '지속가능한 최대의 경제성장과 고용 및 생활수준 향상' 이라고 한다. 협약(헌법) 제1조 미국의 고용법은 정부의 역할을 '최대의 고용과 생

1. 강정모(2005), 제1장 제3절과 제4절 참조.

산의 촉진' 으로 규정한다. UN 193개 회원국은 새천년개발목표의 첫 번째 목표를 개발도상국들의 성장을 통한 극심한 빈곤의 해소로 설정했다. 한국이 경제성장을 중시하는 이유를 송병락2010 : 42~47은 경제주체의 생산능력을 향상시키는 경제성장이 생활수준을 향상시키고, 일자리를 창출하고, 범세계적 경쟁시대에는 성장하지 못하면 퇴출되며, 성장 이외의 경제목표를 달성할 수 있게 하고, 인간의 본성과 부합하며, 자유경쟁시장의 속성이고, 4대 강국 속의 생존을 위한 국가안보이며, 한국의 높은 수입의존도로 지속적인 수출을 필요로 하고, 통일에 대한 대비이며, 민주화를 촉진하기 때문이라고 열거하고 있다.

둘째 목표인 경제안정은 고용, 물가, 국제수지 안정을 의미한다. 사람들은 실업률이 높거나, 물가가 급등하거나, 국제수지 적자가 지속되면 불안하게 된다. 나라경제가 불안하면 범죄율이 높아지고 질병 · 자살 등이 많아진다. 경제불안정은 정치 · 사회 불안정으로 이어진다. 기업들이 범세계적 경쟁력을 잃으면 국제수지가 적자로 될 가능성이 많고, 큰 폭의 국제수지적자는 경제위기를 불러올 수 있으므로 국제수지 흑자는 해외의존도가 높은 한국에게 꼭 필요하다.

셋째 목표인 형평은 소득이나 재산을 획득할 수 있는 교육과 같은 기회의 균등을 의미하지 결과의 평등을 의미하지 않는다. 경제적 능력을 상실한 사람들에게 최저생활을 보장하여 절대적 궁핍을 면하게 사회안전망을 강화하는 것이다. 유치원생들이나 대학생들에게 돈을 똑같이 나누어주는 것은 대표적인 결과의 평등이다. 그러나 유치원생이 자라서 대학생이 될 수 있게 하는 것은 기회의 평등이다. 소득과 재산 면에서 만민의 평등은 공산주의식 평등이다.

넷째 목표인 삶의 질 향상은 소득의 증가로 더 좋은 품질의 재화를 소비할 수 있게 하는 것이다. 경제성장은 삶의 질 향상을 가져올 수 있다.

4대 경제목표는 모두 중요하고 서로 긴밀하게 연결되어 있다. 나라경제는 안정된 가운데 경제성장을 잘하고 형평이 이루어질 때 삶의 질이 향상되나, 모두 만족할 만한 수준으로 달성한 나라는 드물고 다 달성한 나라는 복 받은 나라이다. 상대적 중요성은 경제발전 단계나 국가에 따라 다를 수 있다. 이 중 한 개도 달성하지 못한 나라도 있고 한두 개만 달성한 나라도 있다. 한국은 고도 성장기에는 성장문제를 잘 해결하였으나 국제수지는 만성적인 적자였다. 경제도 안정되지 않아서 에너지 파동, 땅값 상승, 농산물 가격 파동, 부동산 가격 폭등 등이 수시로 발생하였다. 어느 나라나 4가지 목표를 다 달성하기는 힘들고, 달성하였더라도 지속할지는 보장할 수 없다. 장기적으로 다 누릴 수 있는 나라는 범세계적 경쟁력이 있는 나라만이다.

1. 경제개발 여건과 잠재력 1900~1960년대 초

경제발전은 학습과정을 수반하고 학습은 시간이 걸리며, 진공상태에서 어쩌다 발전하는 것이 아니다. 한국의 빠른 변화에 대한 모든 실마리가 1950년 및 1960년대에 드러난 것은 아니며, 그 이전의 조건에도 세심한 주목이 필요하다.

1.1 식민지시대의 유산

한국이 진정한 의미로 현대적 산업에 처음 노출되고 사회기반시설에서 상당한 변화를 경험한 것은 35년간 1910~1945의 한일합방 이전의 적어도 10년간을 포함하는 약 45년 동안의 일본 식민통치 하에서 일어났다. 식민통치 하에서 한국의 경제적 변화는 개량된 종자와 비료의 공급, 협동 프로그램, 사회기반시설에 대한 투자를 통한 농업생산성의 중요한 변화로 시작하였다. 일본이 처음에 농업생산성을 강조한 것은 한국을 일본의 인구증가에 필요한 식량공급기지로 보았기 때문이다. 한국은 쌀, 면화 및 비단을 수출하는 대신에 일본의 섬유 및 비료 시장이 되었다. 더구나 일본은 필요로 하는 쌀, 면화, 광산물을 조달하기 위하여 한국의 사회간접자본에 많은 투자를 하였다. 그 결과 한국은 교통 및 통신망을 확충하고 공공보건을 향상시켜 사망률을 획기적으로 감소시켰으며 현대적 교육제도를 확립하였다. 제2차 중일전쟁 1930~1937과 제2차 세계대전 1939~1945이 있었던 1930~1945년 사이에는 식민지의 전략적 중요성이 더욱 증가하였다. 일본은 비농업부문에 더 많이 투자하여 초기에는 경공업부문에 이후에는 중화학공업부문에 투자하였고 한국은 화학제품 생산에, 대만은 조선 · 기계 및 정유공장에 투자하였다. 한국과 대만의 공장에는 주로 일본 기업들이 투자하였고 주로 일본인들이 소유하고 운영하였다. 식품 · 식물성기름 및 가공식품을 생산하는 제한된 수의 중소기업들만이 일본 대기업들의 하청업자로 허가됐다. 따라서 한국인들이 공장을 운영하고 기술을 습득할 기회는 제한되었음에도 불구하고 이 기간에 실제로 한국의 인적자본은 상당히 증가하였다.

자주 제기되는 질문은 한국에 남은 일본의 식민지 유산이 과거에 식민지였던 다른 많은 식민지에 비하여 이로웠느냐는 것이다. 이 질문에 대한 답은 간단하지 않다. Mason1980에 의하면 인적자본 면에서 일본의 식민지 유산은 이전에 100개의 서구 식민지들보다 특별히 더 낫다고 할 수 없다고 한다. 그럼에도 불구하고 식민통치 하에서 한국의 경제성장률은 1910～1940년 동안 3%로 여타 세계의 경제성장률보다 상대적으로 높았다. 그 경제성장이 한국인들에게 혜택을 주었는가 혹은 한국인 기업들이 발전노력에서 소외되었는가는 별개의 문제이다.

일제 식민지주의자들은 한반도에 독자적인 산업구조가 아닌 일본 식민지 경영의 틀에 맞는 종속적인 산업구조를 강제하였을 뿐만 아니라 제품 판매시장 및 식량과 원료의 조달 시장으로 기능하도록 하였다. 남쪽에는 쌀과 섬유를 중심으로 한 농업과 경공업을, 북쪽에는 거대한 수력발전소에서 생산되는 전기와 풍부한 지하자원을 이용하는 중공업을 육성하여 남농북공南農北工의 기형적인 산업구조가 되었다.[2]

해방 직전 발전설비 총용량 약 172만kw 중 남한은 11.5%, 북한은 88.5%를 차지하였고 흥남질소비료공장, 고주파공장, 조선인조섬유 같은 거대 산업시설이 북한에 건설되었다. 흥남질소비료공장에서 생산되는 비료는 경원선 · 경부선 · 호남선 등을 통해 곡창지대는 물론 일제가 점령한 만주 일대까지 공급되었다. 반면에 남한에는 비료가 없이는 수확이 부실한 농지에 북한 전력으로 가동되는 조선맥주, 소화기린맥주, 조선유지, 태창직물 등 소규모 경공업 시설이 위치하였다. 당시 중공업은

2. 자세한 것은 김용삼(2013), 56～68쪽 참조.

남한 21% 북한 79%로 금속공업은 90%가 북한에 위치한 반면 방직공업의 생산은 85%가 남한에서 이루어졌다. 금속 기계공업에 필수적인 지하자원 매장량은 남한에는 거의 없었고 유연탄, 무연탄, 흑연, 중석 등의 생산도 북한이 독차지하였다. 1940년 남북한의 공업생산액 분포비율은 화학 18 : 82, 금속 10 : 90으로 북한이 압도적이었다.[3]

1.2 조정기1945~1950년대의 인적자본 축적과 토지개혁

많은 정치적 사건이 있은 후, 한국은 일본의 식민통치로부터 해방되었다. 해방은 모든 기업가들 · 관리자들 및 기술자들의 갑작스런 공백을 가져와 생산활동이 일시적으로 중단되었다. 해방은 대한민국을 남과 북으로 분단시켜 주권과 통치권 행사는 38선 이남으로 한정되었고 남과 북 사이의 경제적 연결은 단절되었다. 당시 갑작스런 국토분단은 민족과 시장은 물론 지하자원 및 동력의 분할 등 날벼락 같은 상황을 초래하였다. 이 기간은 정부를 운영하는 방법과 경제를 관리하는 방법을 학습하는 회복기였다.

1948년 9월 이승만 대통령이 발표한 국정운영에 관한 시정방침의 기본 방향은 농 · 공균형의 산업국가 건설에 두되, 이를 위해 6대 정책과제로 식량증산, 생필품 자급자족, 동력원 개발, 지하자원과 수산자원의 적극 개발, 교통통신망의 조속한 복구, 황폐한 산림의 복구 등을 내세웠다. 이를 도모하여 생산촉진과 실업자 해소를 동시에 이루어나가겠다는 것이다. 그러나 1950년에 6 · 25전쟁이 발발하여 남한 산업시설의 3분의 2가 파괴되었다. 이 기간은 6 · 25전쟁으로 인한 일시적인 회복 및 조정기간이라 할 수 있다. 조정기간에 일어난 2가지 주목할 만한 사건은 인적자본의 향상과 토지개혁이었다.

교육이 인적자본을 향상시키고 사회경제적 통합과 현대화를 촉진하기 때문에

3. 김용삼(2013), 48~50쪽 참조.

경제발전에서 교육의 역할은 많은 주목을 받아왔다. 해방 후 한국정부가 이룩한 중요한 업적은 인적자본에 대한 대규모 투자이다. 한국의 문맹률은 1945년에 86.6%였으나 1950년 6월 1일부터 시작된 의무교육의 시행으로 문맹률은 거의 완전히 없어졌다. 의무교육에 관한 법률은 1948년 헌법이 제정 · 공포되고, 1949년 12월 교육법이 공포되었으며, 1952년 교육법시행령이 제정되었다. 한국의 무상 의무교육 기간은 6년이었다.[4] 실제로 1950년대까지 한국에서 인적자원 개발의 수준은 한국의 1인당 GDP의 2～3배에 해당하는 국가들과 비교할 만한 수준이었다.Cole and Lyman(1971) ; Scitovsky(1986)

한국은 두 번의 중요한 토지개혁을 시행하였다. 첫 번째는 1947년 미 군정청이 귀국한 일본지주들의 토지를 재분배한 것이고, 두 번째는 1949～1950년 동안 한국정부가 실행한 토지개혁이었다. 농업발전과 토지개혁은 1950년대에 정부정책의 핵심이었다. 토지개혁은 소작료 감소계획, 경작자와 거주자에게 공공토지의 매각, 현재의 점유자들에게 토지소유권을 제한하는 경자유전계획 등 3단계로 이루어졌다. 토지개혁은 시골의 지주들을 도시사업에 종사할 수 있도록 하고 소농들과 소작인들이 그들 자신의 재산을 얻을 기회를 갖게 하는 데 성공했다. 더구나 이 새로운 기회는 소농과 소작인들이 그들의 금융 및 실물 자원을 효율적으로 사용할 엄청난 동기를 제공하였다. 토지개혁은 소득분배를 크게 개선시켰고 인적자본 축적을 촉진하였으며, 토지이용의 개선을 크게 촉진시켜 생산성을 크게 증가시켰다.

1.3 경제도약 전의 경제적 조건 1950년대 말～1960년대 초

식민지화의 누적적 경제효과와 해방 후의 경제발전에도 불구하고 경제도약 직전의 한국은 최빈국으로 1961년 1인당 GNP는 85달러에 지나지 않았다. 1961년 한국의 제1차 산업농림업부문의 비중은 44.1%였고, 제2차 산업광공업 및 건설업의 비중은

4. 한국의 무상 의무교육은 읍 · 면지역은 1992년에 중학교 1학년 학생부터 시범적으로 실시하였고, 도시지역은 2002년에 중학교 1학년 학생부터 실시하였다.

17.0%였다. Kuznets[1956, 1957]가 열거한 최빈국의 특성인 제1차 산업부문의 비중 54.6%와 제2차 산업의 비중 13.7%의 기준에 따르면 당시 한국의 구조적 특성은 가장 낙후된 발전을 나타낸다.

1960년대 초까지 한국의 수출은 GNP의 1～2% 수준이었다. 주요 수출 품목은 금속광물 및 농축산물, 동식물성 원료, 생선, 돼지, 생사 등 1차 생산품들이다. 공산품 수출품목들은 생사, 합판 및 면직물에 불과하였다. 6 · 25전쟁 후에 수출과 국내 저축은 거의 없었기 때문에 한국의 재건계획과 수입은 미국의 경제원조로 충당되었다. 1953～1962년간에 한국 GNP의 연평균 성장률은 4.0%였다.

2. 경제도약기의 경제 전환 1950년대 말～1970년대 초

경제발전은 계속적 변화와 관련하여 시행착오를 통하여 학습하고 탐색하는 과정이다. 학습은 수입하던 상품을 국내에서 생산하는 데 응용된다. 국제수지 고려 외에 수입대체 활동의 보호에 대한 경제적 논리는 학습과정의 지속뿐만 아니라 기회를 확대하는 것이다. 한국 경제발전의 독특함은 초기 수입대체 단계로부터 수출진흥과 수입대체의 공존단계[제2단계]로의 전환에 있다. 따라서 경제 전환을 수입대체와 수출진흥으로 양분하여 해석하는 것은 잘못이라는 점에 주목할 필요가 있다.

2.1 초기 수입대체

1) 경제적 논리성

수입대체의 발상은 특정 수입품을 국내에서 생산함으로써 경제는 더 자급자족적이고 다양화되며 국제수지를 개선할 수 있다는 것이다. 수입대체의 정도는 종종 단일품목 혹은 품목군에서 총가용생산[수입 + 국내생산]에 대한 수입비율의 변화로 측정된다. 특정부문에서 이 비율의 감소는 수입대체가 진행되고 있음을 의미한다. 경제발전의 초기 단계에서 특정산업 소비재의 수입비율은 감소하지만 GNP에 대한 총수입비율은 주로 공업화에 필요한 자본재의 수입증가로 나타난다. 이것은 생산물 구성의 변화에 반영될 것이다. 수입대체정책은 종종 수입을 감소시키는 다른 보호장치 및 국제수지의 통제와 병행하여 관세, 쿼터, 자국통화의 고평가가 동반된다.

2) 한국의 초기 수입대체[1950년대～1970년대 초]

엄격히 말해서 한국의 수입대체는 실제로는 식민지시대부터 1970년대까지 계속되었으나 수입대체과정은 1950년대에 가속화되었다. 위에서 말한 바와 같이 수입대체는 처음에 비내구성 소비재의 수입을 국산품으로 대체하는 데 중점을 두었다. 이러한 수입대체는 제2차 수입대체보다 자본과 기술이 덜 필요하고 생산이 전형적인 개발도상국의 초기 자원부존조건을 밀접하게 반영하기 때문에 초기[제1차] 수입대체라고 부른다.

제1차 수입대체는 한국의 공업화 초기에 충격을 주었지만, 제한된 국내시장 때문에 그 효과는 오히려 빠르게 소진되었다. 가공식품의 수입률[수입/국내수요(총생산 − 순수출)]은 1955년 14.3%에서 1963년 5.1%로 감소하였고, 섬유의 수입비율은 36.5%에서 11.3%로, 최종소비재는 20.5%에서 2.7%로 각각 감소하였다.[김광석 · Roemer(1979)] 또한 1960년대 초까지 수입대체는 한국의 공업화에 커다란 영향을 주었다. Syrquin[1976] 방법을 사용한 김광석 · Roemer[1979]의 계산에 의하면, 수입대체는 1955～1963년간에 총생산물 증가의 30.8%를 기여했지만 1963～1970년 동안에는 14.8%로 감소하였다. 1955～1963년간에 가공식품, 직물 및 최종소비재에 대한 수입대체의 기여도는 각각 16.6%, 53.0% 및 15.4%였지만 1963～1973년간에는 각각 0.3%, −8.2% 및 −3.1%로 급격히 감소하였다.

3) 수입대체의 한계와 부수효과

수입대체의 목표는 국제수지 문제를 해결하는 것이지만 한국은 성공하지 못하였다. 수입대체를 통해 소비재의 수입을 줄이는 데는 성공하였지만 이는 공업화에 필요한 중간재와 자본재의 수입을 촉진하였다. 다시 말하면, 수입대체는 수입구조를 변경하였지만 총수입을 감소시키지는 못하였고 오히려 총공급GDP + 수입에서 수입의 비중을 증가시켰다. 동시에 한국의 과대평가된 통화는 수출증가에 악영향을 주어 국제수지 문제를 더욱 악화시켰다.

또한 수입대체정책은 수입재와 외환의 부족을 초래하였다. 실질적인 수출이 없었던 당시 외환의 유일한 원천인 외국의 경제원조는 주로 정부가 선호하는 몇 개 부문에만 혜택이 적용되었다. 이러한 관행으로 인해 부족한 외환의 소유자는 부족한 물자를 수입하여 높은 가격으로 판매함으로써 뜻밖의 횡재를 할 기회를 얻었다. 그러나 이러한 지대추구행위는 부패를 만연하게 하여 불만이 고조되고 정부를 불신하게 만들었다.

2.2 수출진흥과 수입대체의 공존 및 대외지향정책

1) 수입대체로부터 수출진흥 및 수입대체 공존으로의 전환 이유

한국의 수입대체 한계에도 불구하고 국제적으로 보호주의와 수입대체가 만연하고 선 · 후진국 간에 무역이 비관적이었던 때에 수입대체에서 수출진흥과 수입대체의 병행으로 전환하였다는 것은 특별한 의미를 갖는다. 그러한 선택은 경제적 논리에 의한 것처럼 보이지만 실제로는 대담함과 순박함이 혼합된 우연에서 나왔다.

한국은 수입대체의 초기 단계를 1960년대 초에 완결하였다. 박정희 군사정권 1961년은 경제정책을 미국원조 의존정책에서 자립경제 추구정책으로 전환하였다. 한국정부는 경제정책을 입안하고 실행하기 위하여 제1차 5개년계획을 세워 경제정책을 국가정책의 가장 우선으로 하였다. 제1차 5개년계획은 수입대체에서 수출로 정책전환을 막연하게 제시하였지만, 처음에 입안자들은 대외지향성의 명확한 개념을 가지고 있었다. 더구나 일련의 수출지원 조치들로 구체화된 개념은 효과가 있었고 예상하지 못한 성공을 거두었다. 어떤 학자들은 미국 경제원조의 종결이 새로운 정부로 하여금 이러한 선택을 내리게 하였다고 논리를 전개한다. 처음의 원인이 무엇이었든 간에 대내지향적 정책이 대외지향적 정책기조로 전환하는 실제 과정은 쉽지 않았을 것이다. 주목할 만한 수출품도 없고 노동집약적 공산품의 수출에서도 비교우위가 분명하지 않은 한국이 대외지향정책을 채택한 것은 분명히 용기 있거나 필사적인 행동이었을 것이다.

2) 대외지향정책

대외지향정책이 새로운 경제정책의 중심으로 부상한 상황에서 수출을 촉진시킨 중요한 조치들은 급격한 원화의 평가절하, 단일변동환율제도를 대체한 복수환율제도, 다양한 조세감면, 직접적 수출지원, 외화대출의 허용, 수출용 수입원자재에 대한 관세 환급, 수입 및 수출 금융제공, 투자를 촉진시키기 위한 법인세 감면, 특정산업에 대한 대규모 정부직접대출 등이다.

새로운 경제정책이 지대추구행위보다 생산 활동에 더 높은 동기를 확실히 부여한 것도 중요한 조치 중의 하나이다. 새로운 정책은 처음으로 사업가들에게 생산과 생산물의 수출로 이윤을 얻을 수 있는 기회를 제공하였다. 지대추구가 아예 없어진 건 아니지만 투자확대와 국제무역이 활발해지면서 지대추구행위의 대체수단으로 나타났다.

제1차 5개년계획이 시작되자 정부는 몇 가지 중요한 경영조치들을 결정하였다. 일련의 5개년계획을 통하여 정부는 수출성장을 포함한 야심찬 경제성장목표를 책정하였고 민간기업들을 길들이기 위하여 시행착오를 거듭하면서도 당근과 채찍 접근방법을 사용하였다. 그로 인해 1960년대 말까지 한국경제에만 있는 고유한 특성들이 나타나기 시작하였다.

3) 비교우위의 재조정

정태적 비교우위이론은 한국에서는 노동에 비해 자본이 빈약했던 1960년대 초에만 적용할 수 있었다. 수출이 주로 노동집약적 제품으로 구성되었다는 것은 놀라운 일이 아니었다. 그렇지만 특히 1970년대와 1980년대 한국 수출유형의 변화는 한국의 비교우위에 근거를 두고 있다고 할 수 없다. 대신에 무역은 한국의 기업들과 정부가 설계한 비교우위의 전략적 변화를 반영하였다. 무역당국이 이 목표를 달성하는 데 핵심 역할을 하였다.

수출진흥정책은 1970년대 후반에 제2단계 수입대체중간재 및 자본재로 강화되었다.Kwon(1990) 정부는 철강, 조선, 자동차 및 석유화학산업과 제품을 발전시키는 데 필요한 국내자원을 보완하기 위하여 해외금융을 1973년 43억 달러에서 1979년 203억 달러로 4.7배 증가시켰다. 또한 1970년대에 외화대출에 대한 이자지원이 매년 GNP의 약 6%에 달하였다.Hong(1990)

표 9-1 한국의 수출구조 (단위 : %)

	1960	1965	1975	1987	1995	1999	2001
식료품 및 산 동물 음료 및 담배 동식물성 유지	32.4	16.6	13.2	4.6	2.3	1.9	1.7
섬유, 광물 및 공산품	66.0	79.9	71.3	56.7	36.1	34.2	31.7
광물성 연료 및 중간재(생사 및 섬유)	49.7	21.2	3.0	1.0	3.4	5.1	6.4
공산품(합판, 섬유사 및 직물, 철강)	16.0	39.0	31.2	23.2	22.0	19.4	17.8
기타 잡제품(의복 및 신발)	0.3	19.7	37.1	32.5	10.7	9.7	7.5
화학제품	1.3	0.2	1.5	2.7	7.2	7.5	8.3
기계 및 수송장비	0.3	3.1	13.8	35.7	52.5	54.3	57.6
기타	–	0.2	0.2	0.3	1.9	2.1	0.7
총수출(100만 달러)	22	175	5,081	47.280	125,058	132,323	150,439

자료출처 : 경제기획원, 『주요경제지표』, 각 년도.

이러한 경험은 정부의 전략적 선택이 산업구조와 비교우위구조를 결정할 수 있다는 것을 나타낸다. 한국의 의도적인 비교우위 변화는 속도와 집중도에서 일정하지 않았다. 이 노력의 가장 주목할 만한 예로는 1968~1973년 사이에 건설된 포항제철을 들 수 있는데 세계은행은 처음에 이 계획을 반대하였다.

한국의 비교우위 변화는 한국 수출의 구조적 변화에서도 분명하게 알아볼 수 있다. 1960~1987년 동안에 GNP의 광공업 비중은 14.4%에서 32.3%로 증가하였고, 상품수출은 연평균 40%로 증가하였다. 〈표 9-1〉에 나타난 바와 같이, 1960년에 농수산물과 광산물인 제1차 산품 및 생사와 직물용 섬유인 중간재는 각각 32.4% 및 49.7%로 총수출의 82.1%를 차지하였다. 공업화가 진전된 1975년에 제1차 생산품과 중간재의 비율은 각각 13.2%와 3.0%로 총수출의 16.2%이었다. 반면에 공산품이 주종 수출품으로 부상하여 공산품합판, 섬유사, 직물, 철강의 비중은 1960년 16.0%에서 1975년 31.2%로 크게 증가하였다. 그러나 그 후 지속적으로 감소하여 2001년에는 17.8%에 불과하였다. 한편, 기계와 수송장비의 비중은 1960년 0.3%에서 1975년 13.8%로, 1987년 35.7%, 2001년 57.6%로 현저히 증가하였다. 1980년대까지 수출상품은 더 자본집약적으로 되었고 1980년대 후반에 주요 수출품으로 컴퓨터 · 반도체 · 컬러TV 및 자동차가 포함되었다.

1961년 10대 수출품을 순서대로 나열하면 ① 금속광석 및 괴, ② 생사, ③ 염장 및 건어물, ④ 돼지, ⑤ 콜라, ⑥ 채소류, ⑦ 생선 및 냉동어류, ⑧ 합판, ⑨ 동물류, ⑩ 진흙 및 기타 광물질이다. 1962년부터 1974년까지 공업화가 진행되면서 수출품목들은 공산품이 우위를 차지하게 되었다. 순서대로 나열하면 ① 의류, ② 전자제품, ③ 선박, ④ 직물섬유, ⑤ 스웨터, ⑥ 합판, ⑦ 강판, ⑧ 면제품, ⑨ 합성수지제품이었다.

한국의 대외지향정책이 자유무역정책과 전혀 동떨어진 것은 아니었다. 보조금과 지원으로 수출편향적이었던 수출진흥정책은 대칭적인 수입자유화 정책을 동반하지 않았다. 오히려 수입은 수량제한과 관세장벽에 의해 엄격히 통제되었고 1978년이 되어서야 수입자유화가 이루어졌다. 수량제한에 입각한 수입자유화 정도는

1966년까지 단지 평균 5%에 지나지 않았고 1967～1979년간에는 평균 40.5%였다.[Kim(1990)]

4) 저축, 투자 및 금융

보잘것없던 투자와 저축은 1961년에야 국내총생산[GDP]의 상당한 부분을 차지하여 총저축은 GNP의 2.9%였고 총국내투자가 GDP의 13.2%였다. 그 후 투자는 활기를 띠어 총국내투자가 GDP에서 차지하는 비율이 1966년 21.6%에서 1990년 37.1%로 증가하여 국내총생산의 성장을 가속화시켰다. GNP에서 저축이 차지하는 비율은 투자비율에 훨씬 못 미쳤다. 저축률은 1965년까지 한 자리 숫자에 머물렀지만 그 후 점차 증가하여 1973년에 20% 벽을 깼다. 또한 저축-투자 격차도 대체로 1973년경에 좁혀졌다. 1960년대 초에 저축-투자 격차는 해외순차입과 해외순이전[해외원조]인 해외저축에 의하여 충당되었다.

한국경제의 두드러진 특징은 생산기술, 즉 비교우위 혹은 산업조직이나 소득분배를 변화시킨 고유한 제도적 배합이라 할 수 있다. 경제발전에 필요한 자금에 대한 한국의 고유한 접근방법 중 하나는 정부, 은행 및 사업체의 긴밀한 연결을 통하여 정부가 정책금융 대출을 제공한 것이었다. 이 정부의 정책금융 대출은 양 칼날을 가지고 있어 정부 대출 덕분에 경제는 성장했지만 민간기업 활동에는 족쇄가 되었다.

대부분의 기간에 국유인 시중은행들은 저리의 정부직접금융을 사업에 제공하는 수동적 역할을 하였다. 이자율은 낮게 유지되어 1970년대에 실질이자율은 영이거나 음이었다. 이는 공식적인 은행이자율과 시장이자율 사이에 격차를 크게 하여 국내저축과 투자수요 사이의 격차를 발생시켰다. 정부는 초과수요를 해외차입으로 충당하였다. 정부는 저리의 정부직접금융, 해외원조와 차입 및 정부지출로 1970년대에는 한국경제에 이용이 가능한 총투자자금의 3분의 2 이상을 직접 통제할 수 있었다. Hong[1990]의 연구에 의하면 매년 이자지원금은 1962～1972년 동안 GNP의

3%에서 GNP의 10%로 확대되었다.

한국의 국내 저축수준은 낮았고 외채는 정상적인 국제수준보다 높았다. 또한 한국기업들의 부채-자산비율은 평균보다 높았다. 1962년 총국내투자의 83.3%에 달했던 해외저축은 점차적으로 낮아져서 1972～1982년 사이에는 20～30% 정도였다.

5) 재벌

정책입안자들은 민간기업의 잠재력을 경제성장의 원동력으로 보았고 업계는 정부를 꼭 필요한 희소한 자본의 주요 원천으로 보았다. 슘페터[Schumpeter]에 의하면, 자본주의 사회에서 기업가들이 기사나 적어도 개척자로 행동할 때, 경제가 발전추진력을 유지할 수 있었고, 경제적 변화의 활동적인 추진력은 운명을 걸고 새로운 발상을 실행하고 기술혁신을 감행하는 통찰력과 용기가 있는 사람들로부터 나왔다는 것이다.[Heilbroner(1961), p.278] 확실히 초창기부터 한국에는 삼성, 현대, LG, 선경, 대우 등의 창업자들과 같은 전설적인 기업가들이 있었고 이들의 기업가정신은 신화와 영웅성 면에서 부족함이 없었다.

빠른 경제발전 초창기에 정부는 국제무대에서 경쟁력을 나타낸 기업가들에 유리하게 자원을 배분함으로써 명시적으로나 묵시적으로 대기업에 유리한 혜택을 주었다. 재벌은 현대기술을 요구하는 대기업군이나 대규모의 자본집약적 생산에서 오는 조직적 및 기업가적인 비교우위에 있었으므로 효율성이 우월하였다.

3. 한국의 기업형성

삼성 창업자 이병철[1910～1987] 회장은 "기업가는 기업을 구상하여 실현시키고 합리적으로 운영하면서, 국가가 무엇을 필요로 하는가를 발전적으로 파악하여 하나하나 기업을 단계적으로 일으켜 나갈 때 더없는 창조의 기쁨을 가지는 것 같다. … 기업가의 이러한 끊임없는 도전과 의욕이 국가경제발전에 하나하나 초석이 되고 원동력이 되는 것 아닐까?"[5]라고 하였다.

기업은 노동 · 자본 · 기술의 3대 생산요소를 결합하여 재화와 서비스를 생산한다. 노동력은 넘쳐났으나 자본과 기술은 턱없이 부족한 것이 당시의 실정이었다. 한국의 기업은 민족자본, 상업자본, 귀속재산에 입각하여 형성되었다고 할 수 있다. 우리가 본받아야 할 선구적 기업가들이 이윤창출뿐만 아니라 애국애족과 산업보국이라는 국가관을 실천하여 어떻게 자본을 형성하면서 기술을 개발하여 기업을 일으켰는가를 보자.[6]

3.1 민족자본과 상업자본에 의한 기업형성

해방 전에 민족자본에 의해 우리 손으로 일군 근대적 기업가는 경성방직의 김연수, 화신백화점의 박흥식 정도에 불과하였다.

경성방직(주)은 1919년 10월 총독부의 설립인가를 받았고 전국의 유지들에게 주식을 팔아 100만 원의 창립자본금을 마련하였다. 경성방직(주)은 '우리 옷감은 우리 손으로' 라는 기치로 출범한 한국 기업사상 최초이자 최대의 민족기업이었다. 1939년에는 중국 선양瀋陽 근처의 소가둔蘇家屯에 남만방적을 설립하였는데 이는 우리나라 기업의 최초 해외진출사례이다. 경성방직의 사장인 김연수는 27세 때인 1922년 경성방직에 입사하여 1945년 12월 사장을 사임할 때까지 23년간 단 한 푼도 월급은 물론, 퇴직금도 받지 않았다. 그의 경영신조는 사업의 민족적 필요, 영속성과 발전성, 종업원들이 생활할 수 있는 보수수준, 적절한 투자이윤의 검토이다.

경성방직 사장을 지낸 김용완과 김성수는 사회와 나라가 잘되는 일에는 거금을 쾌척하고도 자신들을 위한 씀씀이에는 자린고비 같았던 기업인이었다. 김용완은 사장 재직 시 전경련회장을 여섯 차례 역임하였는데 팬티를 기워 입고 10~20년은 족

5. 이병철, 『호암자전』, 중앙일보사, 1986. 71~72쪽.
6. 김용삼(2013), 제4장과 제5장 참조.

히 돼 보이는 한참 철 지난 양복을 입고 다닐 정도로 검소하였다. 경성방직을 창업한 인촌 김성수는 거부의 아들이었지만 한약을 달여 먹고 남은 약봉지를 모아서 노끈을 꼬아 쓰는 성미였다.

평남 용강군에서 태어난 박흥식은 '백화점 왕'으로 화신백화점과 전국에 450개의 연쇄점을 거느려 일본의 상권에 대항하였다. 경술국치의 해인 1910년에 형이 일경의 고문으로 목숨을 잃은 것이 빌미가 되어 14세 때 부친이 세상을 떠났다. 박흥식은 약관시절부터 상재가 뛰어나 17세 되던 해 진남포에서 쌀장사로 큰돈을 번 후, 1920년 고향에서 선광인쇄소로 전업했다. 이 전업은 1920년대 대정大正 데모크라시 여파로 신문, 잡지를 비롯한 각종 서적이 쏟아져 나오는 호황을 맞으면서 6년 만에 크게 성공하였다. 그는 24세에 거금을 갖고 혈혈단신孑孑單身 상경하여 선일지물사란 지류판매 회사를 차렸고, 1931년 금은을 취급하는 화신상회를 인수한 지 석 달 만에 일본이 금본위제에서 이탈하여 금의 수출을 금지한 탓에 금값이 폭등하여 횡재한다. 그 후 박흥식은 백화점으로 눈을 돌렸다. 1939년엔 화신무역주식회사를 설립하고 중국, 동남아, 유럽, 아프리카, 미국에 해산물, 운동화, 의약품, 사과, 명태, 간유 등을 팔았다. 일제의 거센 압력으로 조선비행기공업 등 군수산업에도 손을 대 공장을 건설하였는데 이때 한국 사람들을 2,800명을 모집해 두어 그들이 징병에서 벗어날 수 있게 하였다. 정부수립 직후 일제 식민통치에 협조한 죄로 반미특위 1호로 체포되었으나 이러한 사실이 애국충정으로 밝혀짐에 따라 처벌을 받지 않았다. 그는 1958년 정부에 원자력발전소 건설을 제안했다. 박정희 대통령 시절 원자력발전소 1·2호기 건설 추진과정에서 그의 회사가 1969년 6월 22일 웨스팅하우스의 가압냉각형용량 60만kw 원자력발전기 도입을 성사시켜 꽃을 피우게 된다. 그는 모친의 가르침대로 항상 근면하고 정직하였으며, 신용을 목숨처럼 여겼고 기업경영에 부채를 쓰지 않고 법을 어긴 적이 없었다고 한다.

삼성그룹의 창업자 이병철은 해방 후의 혼란상을 경험하면서 민생안정에는 경제질서의 확립이 선행되어야 하고 정상적 경제활동을 위해서는 정치안정이 불가결하며, 정치안정의 기반은 경제안정에 있다고 생각해 사업에 투신하기로 결심한다.

그리고 사람마다 가지고 있는 능력과 장점을 최대한 발휘할 수 있게 하는 것이 자신의 국가적 봉사와 책임임을 각성하고 인재 제일주의의 기업관을 세웠다고 한다. 또한 나라가 잘 되어야 사업과 가정도 있고 거시적 안목으로 기업발전과 국부형성에 이바지해야 하는 것이 참다운 기업가정신이라고 생각하여 사업보국을 강조하였다.

다른 나라처럼 민족자본이나 상업자본을 축적할 기회를 변변히 갖지 못하였기 때문에 그 출발은 몹시 초라하였으나 투철한 사업보국의 기업가정신을 실천한 대한전선의 설경동, 태창의 백낙순, 락희오늘날의 LG의 구인회, 동양그룹의 이양구 등은 우리나라 1세대 홍익인간형 기업가들이다. 황해도 연백 출신의 서성환은 1945년 아모레퍼시픽의 전신인 태평양화학공업사를 설립하였고, 김철호는 17세 때 일본으로 건너가 기계기술을 배워 경성공업이란 회사를 차리고 자전거 수리업을 시작한 것이 오늘날 세계적인 상표로 성장한 기아자동차가 되었으며, 강중희는 약품도매상에서 동아제약을 설립하여 국내 최대의 제약회사로 키워냈다. JW중외제약의 창업주인 이기석도 기업가정신을 실천한 대표적인 기업인이었다.[7]

3.2 귀속재산의 불하에 의한 기업형성

해방 직후 민족기업이라고는 경성방직을 비롯하여 5～6개 회사에 불과하였고 나머지는 일본인들이 남기고 간 기업들인 귀속재산이었다. 미국 군정청은 관리인을 두어 관리하였는데 얼마 후 귀속재산을 민간에 불하하는 과정에서 주로 재산관리인들이 귀속기업체의 새 주인으로 등장하게 된다. 당시에는 인플레이션이 극심해 귀속재산 취득 대금을 장기분할 상환할 수 있도록 규정한 조항으로 불하받는 사람은 거의 무상으로 받는 거나 다름없었다. 따라서 귀속재산의 불하는 국내 기업형성에 결정적 성공요소로 작용하게 된다. 귀속재산으로 기업을 일군 사례는 다음과 같다.

일본 기린맥주가 세운 영등포의 소화기린맥주는 박승직 상점의 후계자 박두병

7. 김용삼(2013), 162～163쪽 참조.

이 관리인이 되어 회사의 주인이 되었고 이 회사를 토대로 두산그룹이 설립되었다. 국내에 화약을 독점공급하던 조선유지는 그곳에 근무하던 유일한 한국인 김종희가 관리인이 되어 한화그룹을 일구는 원천이 되었다. 수원의 선경직물은 기계주임 최종건이 자치위원장 자격으로 연고권을 얻어 SK그룹의 원천이 되었다. 국내 맥주의 원조인 삿포로비루는 여흥 민씨의 후예인 민덕기가 인수하여 조선맥주로 사명을 바꾼 후 크라운맥주, 하이트맥주로 바꾸어 국내 최대 규모의 양조 관련 기업으로 성장하였다. 대구에서 양말 공장을 하던 정재호는 이기붕이 불하받아 친척에게 맡겼던 구례하방직, 강일매가 불하받은 조선방직 부산공장을 인수하여 대선방직, 조선방직으로 성장시켰다. 해방 전 소규모 공장을 운영하던 김지태는 아시아견직의 관리인이 되어 전국의 제사공장을 인수하여 국내 최대의 생사회사로 키웠다. 일본인이 운영하던 영강제과에 근무하던 민후식, 신덕발, 박병규, 한달성은 이 공장을 불하받아 해태제과로 성장시켰다.

김성곤은 보성전문 상과를 졸업한 후 상공은행 대구지점에 들어갔다가 2년 만에 처가와 삼공유지라는 소규모 비누공장을 차려 큰돈을 번 후 비누공장을 처분하고 일본인들이 놓고 간 방적기를 불하받고, 안양에 있는 조선직물공장 구내 일부를 임대해서 금성방직을 설립하였다. 6 · 25전쟁의 와중인 1950년 8월 6일 공장이 폭격당해 잿더미가 되었으나 운크라UNKRA 원조자금을 배정받아 영국제 방적기와 일본제 기계를 도입, 공장을 복구하여 재기에 성공한 후 시멘트 사업에 도전하여 쌍용그룹을 일구었다.

귀속재산을 불하받은 귀속기업체 중 지금까지 명맥을 이어온 기업은 겨우 40~50여 개에 불과하다. 그 핵심은 유능하고 자격 있는 관리인 선정에 있음에도 불구하고 연고권자나 정실에 의해 경영능력이나 기술이 없는 능력이 부족한 관리인을 선정한 탓에 1944년 6월에 전국에 9,323개였던 사업장이 1946년 11월에는 5,249개로 43.7%가 사라졌다.

3.3 무역에 의한 기업형성

정크무역, 마카오무역, 홍콩무역 같은 범세계적 차원의 기업활동에서 보세가공품을 수출하는 수출입국의 경제성장 틀을 제시한 선구자가 천우사의 전택보이다. 함북 문천군이 고향인 그는 부친을 따라 북간도로 이주하여 용정의 영신학교 고등과를 졸업했다. 그 후 일본 고베고상高商에 진학하여 1930년 우등으로 졸업했고 그 뒤 미국의 내셔널시티 은행 고베 지점에 한국인 최초로 입사했다. 그는 1931년 귀국해 고향에서 금융조합을 설립하여 이사로 5년여 간 운영하면서 조선일보 방응모의 권유로 잠시 조선일보 사무국장을 맡았으나 용정에서 잣, 쌀, 소 등을 매매하여 자본을 모은 후 치치하얼에서 정미소를 운영하고, 만주 교하현에 선만鮮滿홍업주식회사를 차려 대규모로 쌀을 재배하여 성공하였다. 1941년에는 함북 도문에 동만상사를 세워 함흥에서 어물을 구매해 중국에 파는 본격적인 무역업을 하면서 무역의 묘미와 본질을 깨닫게 된다. 1946년 미쓰비시 경성지사는 신대한상사로 이름을 바꾸고 전택보는 부사장으로 활동하다가 1947년 4월 천우사를 설립한 후 홍콩에서 보세가공을 통한 수출산업화를 보고 수출한국의 길로 이끄는 기폭제 역할을 한다.

전택보는 1954년 필리핀 마닐라, 1960년 뉴욕과 도쿄에 지점을 설치하고 1959년 천우사에 보세가공부를 두어 가발과 의류봉제품을 수출하기 시작한 후 항공부와 선박부를 설치했고 합판을 만드는 대성목재를 인수하였다. 1960년 합판 수출을 개시한 이래 1961～1963년 동안 단일품목으로 가장 많은 수출을 기록하여 합판은 전략적 수출품목이 되었다. 이밖에도 조화造花, 완구, 야구글로브, 화물선을 수출했다. 한편으로는 포플러 심기와 창경원 동물원의 복원에 앞장서 농림축산업 발전에도 큰 역할을 하였다. 전택보는 전경련의 전신인 한국경제협의회를 창안하여 송대성, 김용완, 최태섭, 심상준과 협력하여 산파역할을 하였으며, 5 · 16 직후 국가재건최고회의에 출석해 보세가공의 필요성을 역설하여 국가시책으로 결정하도록 하였다.

정재호는 삼호공업사라는 양말공장을 차려 운영하다가 25세 때 일본의 근대화된 방직공장을 견학하고 앞선 제도를 열심히 배워 삼호공업사를 단계적으로 발전시켰다. 해방 무렵에 삼호공업사는 국내 굴지의 메리야스공장으로 성장해 있었다. 6 · 25전쟁으로 부산으로 밀려간 그는 무역업으로 부를 축적하여 삼호방직을 창업하고 대전방직과 조선방직을 인수하여 한국 제1의 방직 왕에 올랐다. 그는 수출이 살길이라는 것을 예견하고 섬유제품의 수출에 나서 뉴욕, 함브르크, 도쿄, 오사카 등지에 해외지사를 설립하여 국내 최초로 'Made in Korea'가 찍힌 면포 수출에 성공했다. 1964년에는 수출실적 1위에 올라 전택보와 더불어 보세가공 무역을 개척한 선구자라는 평을 듣는다.

이정림은 개성 송도보통학교를 졸업한 후 선친의 유훈에 따라 송래상회라는 도매상의 점원으로 들어가 상리를 터득한 후 21세 되던 해에 고무신 가게를 차려 직물 분야로 사업영역을 확장하였는데, 손대는 사업마다 번창하여 1937년 25세에는 젊은 나이에도 불구하고 거상 대접을 받았다. 해방 후 그는 서울에 개풍상사라는 수출 전문기업을 열고, 6 · 25전쟁 때 부산으로 옮겨 전시 무역업으로 큰 부를 축적했다. 이 자본을 바탕으로 운크라 자금으로 건설된 문경시멘트 공장을 인수하여 대한양회를 설립한다. 전후복구 경기호황으로 시멘트 수요가 폭증하자 호황을 구가하며 국내 다섯 손가락 안에 꼽히는 갑부 대열에 올랐다.

해방 직후 개시된 정크무역은 중국의 텐진天津, 다렌大連, 칭다오靑島 등지에 주둔해 있던 일본군이나 일본상사의 창고에 보관 중인 농산물, 화공약품, 공산품, 생필품 등을 비공식적인 경로로 한국으로 실어오고 대금은 오징어, 말린 새우, 미역, 한천, 인삼 등을 지불하는 물물교환 형태의 원시적 무역이었으나 물자가 부족한 시절이라 10배가 넘는 이득을 낳는 노다지 장사였다.

정크무역으로 성공한 조중훈은 어려서부터 재봉틀이나 유성기 같은 기계를 분해하고 조립하는 재주가 특별하였다고 한다. 그는 집안이 몰락하여 휘문학교를 중퇴하고 해양대학교의 전신인 해원양성소 기관과를 졸업한 후 일본 고베의 군수산업체에 취업, 2등 기관사 자격증을 취득하고 중국, 동남아 등을 돌아다니며 사업가의 꿈을 키웠다고 한다. 1943년 귀국한 그는 이연공업사를 차려 기계 수리업을 시작하였으나 일제가 회사의 기계들을 징발해 갔기 때문에 1년도 안 돼 문을 닫고 징용을 피하기 위해 용산의 군수품 공작창 자동차 운송부 관리직원이 되었다. 1945년 트럭 한 대로 한진상사를 창업하였는데 이는 수송보국의 신념으로 자산 38조로 키운 한진그룹의 모태가 되었다. 당시 운수업은 천한 사업이라 경쟁이 별로 없었으며 트럭 한 대의 가격은 요즘의 점보제트기 한 대와 맞먹을 정도였다고 한다.

평북 철산이 고향인 설경동은 아홉 살에 아버지를 잃고 홀어머니를 모시고 땔감 장사로 생계를 이어가다 신의주로 나가 압록강을 넘나들며 쌀장사를 시작하였다. 어느 정도 돈이 모이자 함경도 청진으로 이주하여 두만강을 넘나들며 쌀장사를 한지 5년이 안되어 함경도를 장악한 미곡상이 되었다. 학교 공부를 한 적이 없는 그는 틈 날 때마다 책을 구해 읽었는데 26세 되던 해에 어선 3척을 구입해 직접 정어리 잡는 동해수산회사를 설립하여 해방 무렵엔 어선 70척과 어군 탐지용 경비행기 2대를 보유한 큰 선단을 이루어 동해안 북부지역의 으뜸가는 거부로 등장하였다. 그는 번 돈으로 경기도 여주와 이천에 1만여 평의 농장을 구입했다. 38선이 그어지면서 단신으로 월남한 그는 이 농지를 팔아 대한산업이란 무역회사를 차려 해산물과 인삼을 수출하고 일용잡화를 수입하여 재기에 나선다. 그는 중석 수출, 밀가루와 비료 수입으로 번 돈으로 방직공장을 인수, 대한방직이란 이름을 내걸고 이어 대한전선을 불하받아 독점이나 다름없는 형태로 전후복구사업에 참여했다. 이 회사는 재벌을 이루는 모태가 되었고 그는 자유당의 재정부장으로 정치에 참여하였다.

3.4 6 · 25전쟁과 미군 공사를 계기로 발전한 건설회사

건설하면 떠오르는 정주영은 1915년 강원도 통천군에서 태어나 15세에 보통학교를 졸업하고 가출해 서울로 와 정미소에서 쌀을 배달하면서 경험과 신용을 쌓아 경일상회라는 미곡상을 차려 경영하다 조선총독부의 미곡통제정책으로 가게 문을 닫는다. 1946년 중구 초동에 귀속재산 200평을 불하받아 현대자동차공업사 간판을 걸고 자동차 수리공장을 시작한 것이 현대그룹의 출발이다. 그리고 자동차공업사가 번창하면서 건설회사 간판까지 내건 것이 현대건설의 출발이다. 1950년 현대

자동차공업사와 현대토건을 합병하여 현대건설주식회사로 이름을 바꾸고 사무실도 중구 필동으로 옮겼으나 5개월 후 6 · 25전쟁이 터져 정주영은 동아일보 외신부 기자였던 동생 정인영과 피난길에 나선다. 일본 아오야마青山학원 출신으로 영어를 유창하게 구사할 수 있는 정인영은 부산 피난처에서 미군 공병대 맥칼리스터 중위의 통역으로 배치됐다. 공병장교 맥칼리스터는 유엔군이 일선에 배치되기 전에 머무르는 숙소가 턱없이 부족하여 자신의 통역인 정인영에게 의지했다. 정인영의 연락을 받고 달려간 정주영에게 맥칼리스터가 할 수 있는 것이 무엇이냐고 물었을 때 그는 무엇이든지 할 수 있다고 자신 있게 대답했다. 그렇게 하여 맡은 일이 휴교 중인 학교 교실을 깨끗이 꾸며 숙소로 만드는 것이었다. 그렇게 해서 한 달 동안 불철주야 일하며 번 돈이 커다란 가방에 가득이었다. 미군 공사는 전선을 따라 이동하면서 시공을 해야 했으므로 유엔군이 서울을 탈환하자 서울로 왔다. 그리고 정주영이 세운 회사는 서울대학교 문리대와 법대건물 공사, 미8군 전방기지사령부 개조공사, 아이젠하워 대통령의 숙소 공사, 유엔군묘지 단장 공사 등 미군 발주공사를 거의 도맡다시피 하는 실력 있는 건설업체로 성장하였다.

1950년대 3년간 계속된 전란으로 파괴된 산업시설과 사회기반시설의 전후복구와 주한 미군의 주둔에 필요한 인천 제1도크 복구공사, 오산비행장 활주로 공사, 각종 시설 건설로 막대한 대규모 건설수요가 창출되고 발주되면서 건설시장은 활기를 띠었다. 당시 근대적 기술이나 대규모 공사 시공경험이 없던 우리 건설업계는 미군공사에 참여하는 과정에서 선진 건설기술을 가진 미국의 기술자와 감리자들을 접촉하면서 국제표준규격의 시방서, 설계도, 계약 등 완전히 다른 차원의 세계 최고 수준의 건설기술과 문화를 익히게 된다.

삼환기업은 창업 이래 주로 미군시설공사를 시공함으로써 미군 공병단을 통해 익스포즈드 콩크리트 공법 등 선진기술을 도입하는 데 선도역할을 맡아와 1960년대에 조선호텔, 3 · 1빌딩, 호텔신라 등 고층빌딩 건설을 주도하였다.

현대건설은 1953년 고령교 복구공사 시 장비부족과 근로자 파업 등으로 큰 시련을 겪어 막대한 손해를 보았음에도 불구하고 공사를 완수하여 신용을 쌓는 데 성공한다. 또한 1957년 9월 착공한 전후 국내 최대 규모의 한강인도교 복구공사를 계기로 한국을 대표하는 5대 건설회사로 손꼽히게 된다. 현대건설은 오산비행장 활주로 공사, 1959년 6월에는 건국 이래 최대 공사였던 인천 제1 도크 복구공사를 연이어 진행하면서 말이 통하지 않고 시방서대로 장비를 확보해야 하는 고충 등을 극복하는 한편, 현대 직원들의 실무교육장으로 활용하여 고통과 시련을 통해서 시방서에 의한 서류작성, 엄격한 품질관리 등을 배우고 발전하고 성장한다.

미군 공사는 1962년 연간 1,400만 달러를 넘어 국내 공사 시공실적의 12.6%를 차지한 후 1965년을 고비로 격감하였다. 그러나 대신 경제개발5개년계획 수행으로 정유공장, 비료공장, 시멘트공장 등 대규모 기간산업, 소양강댐, 고속도로, 대규모 발전시설, 공단조성, 항만과 주택, 도시 토목공사, 지하철 등 대형 건설사업이 발주되면서 건설업은 한국의 근대화를 견인하는 산업으로 각광받아 경제적 부를 축적했다.

또한 건설사들은 미군 공사와 국내 공사를 통해 쌓은 기술과 경험으로 1960년대 미군의 해외주둔지인 괌, 알라스카, 베트남에서 군납공사로 활동영역을 넓혀간다. 현대건설은 1965년 11월 한국 건설업체로는 최초로 태국 파타니-나라티왓 고속도로이철민 현장소장를 시공하였다. 그 경험은 후에 경부고속도로 건설의 귀중한 자산이 된다. 이어 경남기업이 태국의 중앙방송국탑 건설, 공영토건이 1965년 3월 일본 요코다 미군기지 공사를 수행하였다.

건설업은 건설 원부자재, 공학기술, 고도의 숙련기술 노동력이 결합된 고부가가치산업의 종합산업으로 중동 건설시장에 진출하여 고용창출, 외화자금조달, 경상수지개선, 중산층의 확대와 경제발전에 결정적 기여를 하였다. 해외건설은 한국국부 축적에 가장 크게 기여하여 1977년 한국경제성장에 기여도가 30%, 1979년에는 70%까지 이른 것으로 추정된다. 또한 1974년에는 석유파동의 충격을 거의 단독으로 흡수하여 지주역할을 하였으며, 자본집약적 경쟁력 강화와 중화학공업으로의 구조개편에 소요되는 막대한 투자자금의 가장 큰 자금원, 첨단기술축적을 통한 인력양성, 산업의 국제화 창구역할을 하여 산업구조 고도화의 전략적 무기가 되었다.

동양그룹을 일으킨 이양구는 함남 함주군 출신으로 어릴 때 아버지를 여의고 행상으로 학비를 마련해야 할 정도로 가정형편이 어려워 중학진학을 포기하고 함흥에서 일본인이 운영하는 모리나가森永제과의 방계회사인 함흥물산이라는 식료품 도매상 사환으로 입사한다. 그는 8년간 근무하며 사장인 시노자키로부터 오사카 상인의 기본 정신인 정직과 신용을 바탕으로 한 교훈을 뼛속 깊이 익힌 후 23세 되던 1937년 대양상회라는 가게를 차려 독립한다. 사업이 번창할 즈음 기업정비령이 내려지자 상회를 닫고 징용을 피할 겸 함흥식량영단에 경리로 취직한다. 해방 직후 소련군의 약탈을 경험한 그는 1947년 5월 맨주먹으로 월남하여 자전거 한 대로 과자행상을 시작하여 식료품 도매상으로 확대하였다. 그리고 1949년 고향 선배와 동양식품회사를 차렸으며 일본인이 남기고 간 모리나가제과 영등포공장을 불하받아 새 출발하려는 차에 6 · 25전쟁이 터졌다. 부산으로 피난을 간 그는 1951년 삼양물산을 차려 설탕과 밀가루 수입과 도매업에 뛰어들었다. 그는 신용을 바탕으로 이병철의 제일제당 판매권을 얻은 후 풍광제과를 인수하여 사명을 동양제과로 바꾸었고, 1954년 삼양제당공업을 설립하여 생산 분야로 업무를 확대했다. 이양구는 제과와 설탕으로 번 돈으로 삼척시멘트를 1957년에 인수하여 사명을 동양시멘트로 바꾼 후 노후설비를 대대적으로 교체하고 시설을 확장하여 공장면모와 직원들의 사기도 일신한다. 그 후 시멘트의 수요폭발로 승승장구하며 대기업으로 도약하여 수입대체효과를 거두었다.

3.5 기업의 성패를 좌우한 기업가정신

산업화 과정에서 변화의 흐름을 읽지 못하고 현실에 안주한 기업들은 경쟁의 대열에서 낙오했다. 대표적인 낙오자 중의 한 사람이 백범 김구에게 경교장[8]을 헌납한

8. 서울시 종로구에 있는 백범 김구가 1945.11 ~ 1949. 6.26일까지 사용했던 사저임.

광산재벌 최창학이다. 그는 1923년 평안도 구성의 조악동 광산에서 금광을 발견한 지 불과 5년 만에 조선 8도의 거부가 된 후 사회사업에 헌신하여 운영난에 빠진 정주의 오산학교 · 경동학교 · 무학여자학교에 거금을 희사하여 학교의 명맥을 잇도록 도왔다.

최창학의 재산은 1945년에 약 2,600만원1,400만 달러이나 되었으나 지속성장이란 차원에서 한계를 노출하였다. 적당한 투자처를 찾지 못한 그는 당시 유행하던 정크무역, 마카오무역 등 무역업자를 상대로 사채업을 시작하였고, 무역업에 손댄 사람치고 그의 돈을 빌려 쓰지 않은 사람이 없을 정도였다. 그러나 극심한 인플레이션으로 돈 가치가 폭락하자 앉은 자리에서 재산이 크게 줄어드는 상황에서 적당한 산업자본화의 기회를 살리지 못하여 끝내 재기하지 못하고 역사의 뒤안길로 사라졌다.

우리나라는 뿌리 깊은 사농공상의 신분질서로 인해 공업이나 상업이 발달하기 어려운 사회구조여서 해방 전 한국의 부자들은 지주, 양조장, 정미소 등의 소유주 정도였다. 그러나 소규모의 가내수공업 수준이었던 기업들은 해방, 건국, 6 · 25전쟁, 전후 복구, 5 · 16을 거치면서 비슷한 시기에 수조 원대 거대기업군으로 연이어 등장하였다. 비판론자들은 당시 기업가들의 자본축적과정이 특혜적인 귀속재산불하, 외국원조 등 떳떳하지 않다고 이의를 제기하나 아무리 특혜적 · 시혜적으로 귀속재산을 불하받고 은행융자나 원조물자를 배정받았어도 기업의 성패는 결국 기업가정신에 달려 있었다고 할 수 있다.

기업가정신은 굳이 회사를 소유하거나 경영하는 기업인에게 국한된 개념이 아니다. 근로자 · 자영업자 · 공무원 · 정치인도 불확실성과 위험 속에서 기회를 인식하고 포착하여 학습하며 혁신하고 창조하여 과업을 성취시키는 행동에 나서면 기업가起業家 · entrepreneur이다. 따라서 근로자는 혼을 바친 제품으로, 공무원은 사명감과 영혼이 있는 공복으로서 업무효율과 성과로, 정치인은 올바른 정치행위를 위해 노력하는 것이 기업가정신의 일환이다. 따라서 경제는 물론이고 정치, 행정, 사회 각 분야에서 생산적인 기업가정신이 함께 왕성하게 발현될수록 경제활동은 더욱 활발해지면서 성장잠재력도 빠르게 높아진다.

애덤 스미스는 『국부론』에서 경제성장은 수많은 중소기업들 간의 치열한 경쟁을 통하여 얻어진다고 하였다. 그러나 슘페터Joseph Schumpeter(1883～1950)는 완전경쟁식 경제발전보다는 소수 대기업들의 혁신적인 전략과 치열한 경쟁의 결과로 얻어진다고 하여 대기업 · 혁신 및 전략의 중요성을 처음으로 주창하였다. 한국은 철강, 조선, 자동차, 휴대전화, 석유화학 등에서 중소기업보다 혁신에 유리한 소수의 대기업들이 세계시장에서 혁신적인 제품과 전략으로 치열하게 경쟁하여 성공하였기 때문에 1970년대 초부터 슘페터식 경제발전을 중시하였다.

최근에는 제도와 기업가정신의 중요성을 재인식하는 분위기가 확산하는 추세다. 한국에 앞서 성장의 한계와 청년실업에 시달리던 유럽연합EU은 근본 해법으로 기업가정신의 재점화를 내세우고 '기업가정신 2020 실행계획'을 세워 회원국에 배포까지 했다. 이는 전통적 성장이론과 처방에 의존해서는 EU가 당면한 경제난국을 해결할 수 없다고 판단한 것이다.

우리도 성장한계를 극복하려면 제도와 기업가정신에 초점을 맞춰야 한다. 성장은 생산요소가 좌우한다는 이론으로는 한국의 과거와 현재 상황을 제대로 설명할 수 없다. 과거에는 노동 · 자본 · 기술의 생산요소가 부족해도 고도성장했지만 지금은 미활용을 걱정할 만큼 여유가 있어도 저성장의 늪에 빠져 있다. 경제성장은 생산요소가 아니라 기업가정신에 의해 좌우되고, 기업가정신은 경제활동을 규율하는 법령 · 관행 · 문화 등의 제도에 영향을 받는다. 따라서 한국 경제의 성장엔진을 되살리려면 기업가적 활동을 위축시키는 제도부터 개선해야 한다. 한국의 제도 수준은 OECD 34개 회원국 중 29위여서 개선의 여지가 많다. 그만큼 제도혁신을 통해 성장잠재력을 높일 수 있는 여지도 많다.

제10장
한국경제 기적의 비밀

1. 제도개혁과 기업가정신의 창발
2. 시장경제체제의 선택 및 경제발전
3. 비교우위에 입각한 인적자본과 기술혁신에 대한 투자
4. 대외지향적 발전전략: 수입대체와 수출진흥 정책의 병행
5. 국가안보와 정치 · 사회적 안정
6. 범세계경제체제로의 편입
7. 기업가정신企業家精神
8. 독창적 전략

경제발전은 학습과정을 수반하고, 학습은 시간이 걸리며, 진공상태에서 어쩌다 발전하는 것이 아니다. 변변한 자원도 없고 남 · 북이 분단된 한국이 단기간에 빈곤 탈피, 북한 및 러시아 경제 추월, 선진경제권 OECD 가입, 수출 5천억 달러가 넘는 무역대국 등 한강의 기적을 창조한 것은 제도개혁의 단행으로 봉건 사회의 해체와 국가발전의 원동력인 '새로운 국민' 의 창출, 홍익인간의 교육이념과 교육열에 입각한 인적자본 및 이승만 대통령이 토대를 놓고 박정희 대통령이 강화시킨 시장경제 덕택이었다고 해도 과언이 아닐 것이다.

한국이 경제발전을 위하여 경제제도를 조직하고 실행한 방법은 어떤 특정한 서양의 경제사상에 의해 지배되지 않은 고유한 것이었다. 대체로 자유방임적인 환경에서 개인의 발명과 기술혁신에 입각하고 있는 서구의 경제발전방법과 달리, 한국의 초기 경제발전은 시장이 없거나 미미하였기 때문에 시장의 기능을 정부가 대신 주도하여 국가건설의 필수적인 일부분으로 이루어졌다. 한국이 국민들을 도탄과 북한으로부터의 군사적 위협에서 벗어나게 하고 국방을 튼튼히 하기 위해서는 경제발전이 절박한 시대적 과제였기 때문이다. 가난에서 벗어나야 한다는 절박함과 경험 있는 자본가들의 부족은 우수한 인적자본을 조기에 축적한 한국정부로 하여금

확대되는 외부자원의 격차에 대처하는 빠른 수입대체를 달성하기 위하여 현대식 공장을 건설하고 운영하는 산업 경영자의 역할을 하도록 하였다. 이러한 한국정부의 인식과 역할을 다하기 위해서는 정부주도적인 투자가 필요하였고 정부와 민간기업의 협력관계는 한국의 대기업그룹을 탄생시키는 환경을 조성하였다.

많은 경제학자들은 한국이 시행한 산업정책이 신고전학파적 경제발전 도구들은 아니었으나 효과적이었다고 평한다. 일찍이 쿠즈넷P. Kuznets(1988)은 한국을 비롯한 동아시아 국가들의 경제발전은 높은 투자율, 수출확대, 정부개입, 인적자본투자 및 신기술의 흡수역량 개발에 크게 의존하였다고 하였다. Kwon1998, 2004과 Kwon and Kang2011은 경제를 낙후하게 만드는 요인들을 인적자본의 부족, 경제적 기회를 이용할 동기의 부족 및 수출진흥과 수입대체의 병존을 통한 비교우위의 전략적 개편의 실패라고 설명하고 있다.

한국은 산업화 초기 개발시대1960년대와 1970년대에 노동, 자본, 원자재 등 생산요소 투입의 효율성을 높이는 추격형 경제성장 전략[1]을 택하여 동태적 비교우위가 있는 산업들을 성장동력으로 육성시켜 산업의 포트폴리오를 부단히 변화시켜 왔다. 1990년대에 글로벌경제시대가 도래하자 지식과 정보를 자본, 노동 등과 같은 생산요소와 결합시켜 정보통신산업과 같은 새로운 산업을 성장동력으로 삼아 선진국을 바라보게 되었다.

경제성장률은 연평균 7%를 기록하여 세계 경제성장률 3.5%의 2배 이상이었다. 1인당 국민소득은 경상가격으로 1962년 104달러에서 2014년 27,970달러로 증가하였다. 2005년 불변가격으로는 1인당 국민소득은 22배 증가하였다. 동 기간 세계 1인당 실질 평균소득은 2.4배 증가하였다.

국내총생산GDP 규모는 2005년 불변가격으로 1962년 298억 달러에서 2014년 1조 2,387억 달러로 41배 증가하였다. 동 기간 세계 GDP는 1962년 10조 2,448억 달러에서 2014년 58조 1,484억 달러로 5.7배 증가하였다. 한국의 GDP가 세계 경

---

1. Hong(2002)과 이근(2014) 참조.

표 10-1　　한국과 세계의 1인당 국민총생산과 GDP 규모 성장추이

구분			1962(A)	1970	1980	1990	2000	2010	2014(B)	B/A
1인당 국민 소득	한국 (달러)	경상가격	104	291	1,778	6,642	11,968	22,151	27,970	269
		불변가격	1,123	1,967	3,926	8,829	15,162	22,236	24,566	22
	세계 (달러)	경상가격	488	801	2,514	4,276	5,443	9,472	10,721	22
		불변가격	3,274	4,243	5,096	5,854	6,683	7,611	8,009	2.4
	한국/세계 (%)	경상가격	23	34	71	155	220	234	261	
		불변가격	34	46	77	151	227	292	307	
GDP	한국 (억 달러)	경상가격	27	94	678	2,847	5,616	10,945	14,104	522
		불변가격	298	634	1,497	3,785	7,128	10,987	12,387	41
	세계 (억 달러)	경상가격	15,268	29,520	111,544	225,423	332,917	655,882	778,451	52
		불변가격	102,448	156,341	226,089	309,250	408,716	527,015	581,484	5.7
	한국/세계 (%)	경상가격	0.2	0.3	0.6	1.3	1.7	2.1	1.8	
		불변가격	0.3	0.4	0.7	1.2	1.7	2.1	2.1	

주　　: 불변가격 2005년 기준임 (Constant USD).

자료출처 : World DataBank, *World Development Indicators*.

제에서 차지하는 비중은 1962년 0.3%에서 2014년 2.1%로 증가하여 한국경제규모의 순위는 1962년 37위에서 2014년 13위로 올라섰다. 한국의 경제성장은 아시아 국가들뿐만 아니라 세계적으로도 유례없는 것으로 평가된다.

한국의 경제발전은 북한과 비교하면 더욱 대조적이다. 1962년 한국의 GDP 규모는 북한보다 약간 앞선 수준이었으나, 1960년대 후반부터는 북한을 훨씬 능가하게 되었다. 1962년 북한에 뒤지던 1인당 GDP도 1970년경부터는 북한을 앞서기 시작해 1980년에는 북한 783달러의 2배 이상인 1,674달러에 이르렀다. 이 격차는 계속 벌어져 2010~2014년 남한의 1인당 GDP는 북한의 최소 29배나 되었다.

표 10-2 남 · 북한의 1인당 GDP 비교 (단위 : 경상가격 기준, 미 달러)

구분	1960~1964	2010~2014
남한 1인당 GDP 평균	91.5	24,945
북한 1인당 GDP 평균	150.8	850

자료출처 : World DataBank, *World Development Indicators*. 박진, 『북한재정의 현황과 추이』, KDI 정책보고서 94-23, 한국개발원.

한국의 수출규모재화와 서비스는 1961년 1.2억 달러에서 2014년에는 7,142억 달러로 5,951배 증가하였다. 1961~2014년 간 한국의 수출증가율은 연평균 16.2%로 경제성장률의 2배 이상이었고, 세계 연평균 수출증가율 9.9%의 약 1.6배였으며, 다른 신흥국들보다 훨씬 높아 파격적인 성과를 이루었다. 한국의 수출규모의 순위는 1961년 56위에서 2010년에는 7위로 올라섰다. 한국보다 수출규모가 큰 나라는 중국, 미국, 독일, 일본, 네덜란드, 프랑스뿐이다. 수출과 수입을 합한 무역규모는 2014년 세계 8대 교역국이 되었다.

모든 나라에서 경제력의 원천은 인적자본, 좋은 제도, 기업가정신, 안전보장과 정치 · 사회적 안정인데 해방된 우리나라가 새로 출발하는 데 운이 좋게도 이런 토

표 10-3 한국의 수출 성장 추이 (단위 : 억 달러)

구분	1961(A)	1970	1980	1990	2000	2010	2014(B)	(B)/(A)
수출 (경상가격)	1.2	12	205	737	1,966	5,315	7,142	5,951
수출 (2005년 불변가격)	3	26	170	476	2,021	5,041	6,535	2,178

자료출처 : World DataBank, *World Development Indicators*.

대를 구축할 수 있었다. 한국이 그동안 괄목할 만한 경제발전을 이룩할 수 있었던 요인은 국가안보와 정치·사회적 안정, 제도개혁, 시장경제체제의 선택, 인적자본과 기술혁신에 대한 투자, 대외지향적 발전전략, 범세계적 경제로의 편입, 기업가정신, 독창적 전략으로 요약할 수 있다.

1. 제도개혁과 기업가정신의 창발

경제는 사람이 하는 것이다. 개인이든 법인이든 인적·물적·지적 자본에 투자할지를 결정하는 것은 기업가정신의 문제다. 이런 의사결정은 그 사회의 가치관, 전통적 관행·법령·문화 등의 제도와 환경에 영향을 받는다. 제도는 기업가정신과 성장을 연결하는 핵심고리다. 더글러스 노스를 비롯한 신新제도경제학자들이 제도를 경제성장의 궁극적인 결정 원인이라고 하는 것도 같은 맥락이다. 유영익 전 국사편찬위원장은 '대한민국 발전의 비결' 이란 글에서 오늘날 대한민국이 향유하는 경제적 번영과 정치적 자유의 이유를 다음과 같이 설명한다.

> "대한민국 건국 초창기에 집권한 국정의 주역들은 조선 왕조의 근대적 개혁 전통과 독립운동가들의 신 국가건설 청사진에 바탕을 두고 전체 국민의 사회적 능력을 극대화함에 필요한 일련의 제도개혁을 단행함으로써 국가발전의 원동력이 되는 '새로운 국민' 을 창출했다. 이 새로운 국민이 없었으면 대한민국의 기적적인 경제발전은 불가능하였을 것이다. 대한민국 초창기에 국정 주역들이 추진하여 성사시킨 제도개혁은 한국 역사상 미증유의 혁명적 개혁들이었다. 또한 그것은 제2차 세계대전 이후에 탄생한 140여 다른 신생국에서는 대체로 시도되지 못한, 오로지 대한민국에서만 성공적으로 추진된 개혁들이었다. 대한민국 초창기에 국정 주역들에 의해 추진된 제도개혁이야말로 유사 이래 처음으로 누리는 경제적 풍요와 정치적 자유를 가능하게 만든 최대의 요인임과 동시에, 1945년 이후 탄생한 여러 신생국 가운데 유독 대한민국만이 경제발전과 정

치 민주화를 달성할 수 있었던 비결이라고 생각한다."

첫째, 1948년 건국은 일제가 병탄하기 이전의 조선 왕조를 복구하거나 그 시대의 문명 회복이 아니라 과거와의 확실한 단절이자 새로운 탄생이었다. 1948년부터 1960년까지 자유민주주의체제를 채택하여 양반제도와 식민지시대 폐습을 근절시키고 남녀평등사상을 실현시켜 인적자본이 발휘될 수 있는 토대가 구축되었다.

둘째, 홍익인간을 교육의 기본이념으로 하고 대한민국 건국 초창기에 국정주역들이 추진한 제도개혁을 강화하여 인적자본 형성에 성공하였고 이렇게 형성된 인적자본으로 하여금 경제발전의 추동적인 세력이 되도록 하였다.

셋째, 동유럽이 도미노 식으로 공산화되고 스탈린의 공산주의 팽창정책으로 공산주의가 만연하였던 시대에 자유민주주의와 시장경제체제를 선택하여 기업가정신의 창발과 경제발전의 토대를 구축하였다. 더구나 6·25전쟁으로 인해 공산주의를 피해 북에서 남으로 거대한 인구의 이동50만~600만 명 추정이 일어났으며 이때 내려온 대다수 사람이 지식계급이거나 지주였다. 이는 남한에는 지력의 폭발, 북한에는 지력의 공백을 야기하였고 기존 계급구조의 해체를 촉진시켰으며, 경쟁의식이 창발한 결과 '노력한 만큼 잘살 수 있다'는 생각의 변화가 일어났다. 이는 정주영, 이병철 같은 기업가를 탄생시키는 토대가 됐다.

넷째, 의무교육제도의 도입과 교육기반의 대대적 구축으로 문맹을 퇴치, 인적자본을 빠르게 확충하여 자유민주주의가 정착할 수 있는 기초를 닦고 산업화와 민주주의를 위한 고급인재를 육성할 수 있었다.

다섯째, 농지개혁을 단행하여 지주 토지소유제를 청산하고 자작농의 토지소유제를 확립하여 농업생산성을 향상시켜 민심을 안정시키고 시장경제를 정착시키며 공산화를 막는 기반을 다졌다.

여섯째, 한·미상호방위조약의 체결과 국군 전략증강의 약속을 받아낸 한·미 동맹의 강화는 물론 63만 명 이상의 대군을 육성하여 국방을 튼튼히 하였기 때문에 국방과 안보에 대한 부담을 덜고 경제개발에 국력을 집중할 수 있었다.

일곱째, 수출품이라고는 김, 한천, 머리카락, 텅스텐 정도였던 시절에 발전소 같은 사회간접자본 기반시설을 건설하기 시작하고 시멘트 · 수입대체산업을 육성하여 공업화의 단초를 여는 등 일련의 획기적인 제도개혁을 달성했다.

여덟째, 전후복구와 경제부흥의 와중에 1955년 8월 26일 국제통화기금IMF과 국제부흥개발은행IBRD에 가입하고 1967년에는 관세 및 무역에 관한 일반협정GATT에 가입하여 우리나라가 범세계적 경제체제에 편입할 수 있었다.

아홉째, 이러한 제도개혁으로 홍익인간이념의 교화의 기반이 되는 인적자본을 축적하고 기업가정신의 창발을 마음껏은 아니더라도 발휘할 수 있는 토대를 마련하여 혁신을 구체화하고 생산성을 향상시킬 수 있었다.

2. 시장경제체제의 선택 및 경제발전

2.1 농지개혁

1946년에 단행된 북한의 농지개혁은 무상몰수 무상분배 방식이어서 국가공산당 농지의 경작권소작권만 인정하고 농지소유권을 인정하지 않은 채 25%의 농업현물세를 납부하도록 하여 농민들이 지주들의 소작인에서 국가의 소작인으로 전락한 이름만 바뀐 허울만 좋은 농지개혁이었다.

반면, 미 군정청은 1947년 일본인 소유 토지에 대한 불하를 추진하기 위해 1946년 2월 신한공사[2]를 만들어 일본인이 소유했던 귀속농지인 당시 남한 총경지의 13.4%에 해당하는 토지 199,029정보를 505,072농가의 농민들에게 매각하여 분배하였다. 분배방식은 토지의 생산량의 3배에 해당하는 양을 현물로 20%씩 15년에 걸쳐 분할 · 상환하는 유상분배였다. 이와 같은 방식은 정부수립 이후 한국정부에 의한 농지개혁의 근간이 되었다.[3]

2. 신한공사는 미 군정법령 제52호로 1946년 2월 21일 남한지역 동양척식주시회사 자산을 근간으로 설립하였다. 김성호 외(1989), 228쪽 참조.

성진근 외2004에 의하면 해방되었던 1945년의 총 경지 232만 정보 중 소작지는 147만 정보로서 63%이었고, 1950년부터 5년간 분배된 농지는 102만 정보라고 한다. 1948～1950년 동안 두 번에 걸쳐 시행된 남한의 농지개혁은 토지의 소유권을 인정한 유상몰수 유상분배로 진정한 의미의 농지개혁이었다. 1948년 3월에는 신한공사가 소유하고 있던 일제 침탈의 상징이었던 동양척식주식회사와 일본인 소유의 토지 중 귀속농지를 정부수립 직전에 과거 해당 농지의 경작자소작농수 : 104,724와 매매계약을 체결하는 방식으로 약 125,034정보 중 임야와 대지 등을 제외한 76,747정보를 분배하였다.[4]

또한 1948년 11월 22일 농림부의 농지개혁법 시안이 발표되어 1949년 2월 4일 국무회의를 통과하였다. 그러나 일부 조항에 대한 이의 제기로 개정안이 마련되어 1950년 3월 25일 이승만 대통령의 서명으로 법률로 확정되었고, 동법시행령3월 25일, 시행규칙4월 28일 및 농지분배 점수제 규정이 6월 23일 제정 · 공포되어 시행되었다. 6월 25일 북한이 남한을 침략하기 이틀 전의 일이었다.[5]

6 · 25전쟁 이전에 농민들이 내 자본과 내 땅을 갖게 된 덕분에 남한 각 지역의 인민혁명을 기대했던 공산주의자들의 꿈은 물거품이 되고 말았다. 만일 6 · 25전쟁 전에 농지개혁이 시행되지 못했다면 공산군 점령 치하에서 대부분의 농민들은 토지의 무상몰수 무상분배라는 감언이설에 현혹되어 남한이 적화되었을 가능성이 높다는 것이 농지개혁을 연구한 전문가들의 분석이다.

약 68만 4천 정보의 소작농지가 123만 6,558명의 소작농에게 매도되었고 지불방식은 해당 농지의 평년 수확고의 1.5배를 5년간 나누어 현물로 상환하도록 하여 분배조건이 지주보다는 농민에게 훨씬 유리하였다. 그 결과 전 농지의 92%가 자작농의 차지가 되었는데, 그 성과는 농지개혁의 성공사례로 꼽히는 일본과 대만의 농지개혁 실적을 능가한다는 평을 받고 있다. 토지를 내놓은 지주 총 17만여 명 중

3. 김성호 외(1989), 379～392쪽 참조.
4. 김성호 외(1989), 410쪽 참조.
5. 자세한 것은 김성호 외(1989), 제4～5장 ; 김용삼(2013), 105～108쪽 참조.

84%인 14만여 명이 50석 미만의 지가보상을 받은 군소지주였다.

지주들은 농지의 보상으로 지가증권地價證券을 받았는데 그들은 6 · 25전쟁으로 인한 막대한 전시 인플레이션이 발생한 탓에 휴지조각으로 변한 지가증권을 팔아 생활비로 썼다. 특히 호남지역의 대지주 계급은 몰락의 길을 걸었다. 그 결과 유일한 민족자본이었던 대부분의 농지자본은 불과 11%만이 산업자본화에 성공하였다.[6] 군소지주들의 지가증권도 제 역할을 못하고 소비되어 중소기업의 뿌리가 취약한 경제구조가 된 탓에 근대화와 산업화 과정에서 기업들은 만성적인 자본부족에 시달리게 되었다. 경방의 창업자 김성수, 삼양사 창업자 김연수, 두산그룹 창업자 박두병, 선경직물 창업자 최종건, 한국화약의 창업자 김종희 등 일부가 지가증권을 활용하였을 뿐이다.

파란만장한 우여곡절 끝에 시행된 농지개혁은 6 · 25전쟁으로 산업자본화에는 성공하지 못하였으나 우리 사회에 엄청난 파장을 일으켰다. 첫째, 남한의 농민들이 내 땅을 소유하게 됨으로써 베트남이나 필리핀에서처럼 공산주의에 동조하지 않아 남한의 공산화를 막아 사회안정에 기여하였다. 둘째, 농지분배가 균등하게 이루어져 소득분배가 공평하게 이루어졌다. 셋째, 소작료로 부유한 생활을 보장받던 지주계급이 소멸됨으로써 지주-소작인 간의 계급갈등이 하루아침에 없어졌다. 그 덕분에 근대화 출범 초기부터 반상의 구분과 빈부격차가 무너져 첨예한 계급갈등 없이 균질 사회로 출발하였다. 넷째, 토지개혁 후에는 금수저를 물고 태어난 지주도 없었고 자본과 땅을 갖지 못한 농민도 거의 없어서 모두가 공평하게 경쟁할 기회를 얻었다. 다섯째, 광복 직후 토지소유 농가가 불과 10%에서 1960년대 초에 70%로 증가하여 농업이 산업화 이전에 많은 인구를 고용함으로써 정치 · 사회적 안정에 기여했다. 여섯째, 가족농이 자기 땅에서 농사를 지으며 생산량을 극대화해 발생한 잉여수입을 저축했고 그 자금이 인적자본 축적과 산업자금의 모태가 되어 수출제조업을 육성하는 데 사용되면서 산업화로 나갈 수 있는 기반을 다졌다. 일곱째, 토지개혁으

---

6. 김용삼(2013), 110~111쪽 참조.

로 증가된 정부재정수입을 농지개량사업과 농업생산시설을 확충하는 데 사용하여 농업생산을 크게 증가시킬 수 있었다.

결과적으로 차별 없는 시대가 열려 기회균등이 실현된 덕분에 농심農心이 '할 수 있다는 정신' 인 의욕과 동기를 제공하게 되어 시장경제체제의 기반이 마련되었고, 경자유전耕者有田으로 자작농체제와 미흡하나마 민족자본형성의 기반이 동시에 마련됨으로써 한국 자본주의의 눈부신 발전이 가능하였다.

반면 필리핀, 태국, 인도네시아, 말레이시아 같은 동남아 국가들은 농지개혁을 하지 못해 지금도 소수의 지주가 땅의 대부분을 차지하고 있다. 때문에 가족농이 산업화의 기반을 제공하지 못했다. 그런 점을 감안하면 한국이 해낸 성공적인 농지개혁의 업적을 높이 평가해야 한다.

2.2 시장경제체제의 선택과 강화

한국이 경제기적을 이룩할 수 있었던 가장 중요한 요인은 사유재산권이 보호되는 상황에서 모든 경제주체들이 자기책임 아래 자유롭게 경제활동을 하는 시장경제체제를 선택한 것이다. 1948년 8월 건국된 대한민국의 정부가 채택한 시장경제체제는 시장경제 활동에 대한 제약이 적지 않았다. 제헌헌법은 사회정의 실현과 균형 있는 국민경제의 발전을 위하여 경제적 자유를 제한할 수 있게 하였고, 중요한 지하자원과 수산자원을 국유화하는 등제85조 사회주의적이었으며, 운수, 통신, 금융, 보험 등의 기업은 국영 또는 공영이었고, 대외무역은 국가가 통제하였으며제86조, 사영기업을 국유 또는 공유로 하거나 경영을 통제 · 관리할 수 있도록 하였다제87조.[7]

이후 1954년 제3차 헌법 개정으로 경제활동의 자유를 확대하고 자원개발과 대외무역에 대한 국가통제를 완화하였으며, 시장경제체제를 강화하는 조치를 취하였다. 그 대표적인 예가 해방 전 일본인들이 소유하던 자산을 국가가 몰수하여 보

7. 김기환(2013), 45~56쪽 참조.

유하고 있던 적산을 민간인에게 불하하고, 일부 계층만이 소유하던 농지를 유상으로 매입하여 많은 농가와 농민들에게 유상으로 분배해 사유재산 보유 인구를 크게 늘린 것이다. 또한 기존의 사회적 신분제도를 해체하여 사회적 계층이동을 촉진시켜서 많은 사람들이 보다 능동적이고 적극적으로 경제활동에 참가하는 동기를 부여하였다.

시장경제체제는 1962년 5.16군사혁명으로 등장한 박정희정부의 제5차 헌법개정으로 더욱 강화되었다. 헌법 제18조 2항에 영리를 목적으로 하는 사기업의 이익은 근로자가 균점한다는 조항을 폐기하고, 제111조 1항에 "대한민국의 경제 질서는 개인의 경제상의 자유와 창의를 존중함을 기본으로 한다"고 선언함으로서 경제적 자유와 창의성을 존중할 것을 명문화하였다. 그리고 1962년 제1차 경제개발 5개년계획에 착수하고 추진하면서 환율과 이자율을 현실화하고 관세를 인하하는 등 시장경제원리에 보다 충실하게 경제를 운영하였다.

1970년대에는 1969년 닉슨 독트린 발표 후 안보환경의 악화에 대처하기 위한 자주국방능력을 배양하기 위하여 정부주도의 중화학공업을 조기에 육성하고자 저금리 정책금융을 도입했으나 이로 인한 과잉투자로 인플레이션이 발생했다. 이에 물가를 통제하여 일시적으로 시장경제원리에 입각한 경제운영에서 벗어났지만 이는 국제경쟁력을 약화시켜 수출이 둔화되고 소득분배도 현저히 악화시켜 여러 가지 사회적 문제가 대두되었다.

1978년부터는 경제안정화정책을 추진하고 대외개방정책을 강화해야 한다는 의견이 제시되어 1980년 제5공화국 정부가 수립된 후 이를 적극적으로 수용하여 일련의 제도와 정책개혁이 추진되었다. 과도한 통화증발을 종식시켜 물가를 안정시키고 가격통제도 폐지하였으며, 1983년에는 종전의 점증주의방식의 예산제도를 영기준예산제도로 바꾸었고, 중화학공업육성을 위한 정책금융의 대폭적 축소와 은행 민영화에 착수하였으며, 수입자유화 예시제를 시행하여 무역자유화의 저항을 줄일 수 있었다.

1980년대에 시장경제원리가 확대 적용된 동시에 반대방향으로 진화된 부문이 노동부문이다. 한국은 1980년대 초까지 사용자측이 노동시장에서 다소의 독과점적 지위를 누리고 있었으나 정부의 개입으로 노동시장의 독과점으로 인한 경제적 비효율성을 피할 수 있었다. 그러나 1980년대 중반부터 급격히 분출된 민주화운동의 일환으로 1987년 노동법이 개정되어 노동조합 결성이 활성화되었다. 따라서 노동조합 수가 1985년 2,534개에서 1989년 7,861개로 급격히 증가하여 사용자에 대한 독과점적 지위를 행사하게 되었다. 이로 인해 1988～1990년간에 한국의 실질임금 상승률은 연평균 10.6%에 달하였는데 이는 노동생산성의 평균 증가율 3.8%의 3배에 육박한 수치였다. 뿐만 아니라 근로자들의 해고도 어렵게 만들어 고용의 유연성을 크게 떨어뜨렸다. 이는 대기업들으로 하여금 자본집약적 생산방식을 촉진시키게 했고 동시에 1992년 한 · 중 국교정상화 이후 기업들이 국내 생산시설을 해외로 이전시키는 원인으로 작용하였다.

1980년대 후반부터 1990년대 초까지 시장경제원리가 제대로 작동될 수 없었던 또 하나의 이유는 금융개혁의 부진이었다. 1980년대 초반부터 대외개방정책의 일환으로 금융개방을 적극 추진하여 1981년 7개의 시중은행이 민영화되고 1982～1983년에는 2개의 시중은행, 12개의 투자금융회사 및 58개의 상호신용금고가 설립되어 신용카드, 환매조건부채권, 양도성예금증서 등 새로운 영업을 할 수 있었다. 그러나 그 후 10년간은 금융부문의 개혁과 개방이 매우 부진하였고 1993년 집권한 김영삼정부도 금융실명제 이외에는 큰 성과가 없었다. 그러다가 1997년 초 금융개혁위원회를 만들어 악화되는 금융상황에 대처하려 하였으나 정치적인 이유로 금융개혁위원회가 건의한 광범위한 개혁들을 추진하지 못하여 1997년 11월 IMF 외환위기를 맞게 되었다.

1990년대 들어서면서 실물경제는 많이 국제화되었으나 금융부문의 개혁부진은 대외적 금융거래도 왜곡시켜 한국의 자본시장과 외환시장은 매우 후진적으로 운영되었다. 이로 인해 안정적인 장기외화자금이 한국 금융시장으로 들어오지 못하였다. 1990년대 중반 한국 금융기관들이 해외에서 도입한 자본은 대부분 초단기 차입금이었다. 그 이유는 외국 금융기관은 신용이 확실하지 않은 한국 금융기관에 장기보다는 단기융자를 선호하였고, 한국 금융기관들의 입장에서도 단기외자를 도입하여 국내외의 장기투자를 하는 것이 더 많은 이익을 창출할 수 있다고 생각하였기 때문이다. 따라서 한국 금융기관들은 정부에 국내 장기자본시장보다 단기자본시장을 먼저 개방하여 줄 것을 요청하였다.

경제학원리로는 단기자본시장보다는 안정적인 장기자본시장을 먼저 개방하는 것이 순리이나 1996년 OECD 가입조건을 충족시키기 위하여 국내업계의 요구를 받아들여 단기자본시장을 먼저 개방하였다. 이 정책으로 한국 금융기관의 부채는 단기외화차입금이었고 자산은 원화표시 장기대출인 더블 미스매치 문제를 초래하였다. 그 결과 국제금융시장이 불안해지자 한국 금융기관들은 자산의 유동성 부족뿐만 아니라 극심한 외화부족에 시달리게 되어 1997～1998년 외환위기를 겪게 되었다. 그 때문에 IMF뿐만 아니라 G7 국가들의 도움을 요청하게 되었다. 이때 IMF와 G7 국가들은 한국을 돕는 조건으로 몇 가지 정책과 제도 개혁을 요구하여 시장경제제도가 선진화되는 계기가 되었다.

이들이 요구한 조건은 첫째, 정리해고를 수용함으로써 노동시장의 유연성을 제고하라는 것이었다. 이에 한국은 노동법 개정과 새로운 노사관계 정착을 위해 1998년 정리해고법[8]을 제정하였다. 둘째, 한국의 단기자본시장뿐만 아니라 장기자본시장도 대폭 개방하라는 것이었다. 이에 한국은 자본시장과 금융산업을 적극적으로 개방하여 외국인의 주식취득한도와 장기채권시장에 대한 제약을 완전히 제거하였다. 셋째, 한국의 대기업집단에 대해 금융을 포함한 어떠한 특혜나 관행도 지양하고 보다 엄격하고 투명한 지배구조를 도입하라는 것이었다. 이에 한국은 부실기업을 정리해 30대 대기업집단 중 반인 15개를 해체하였고 사외이사제도 도입, 투자의사결정의 투명성 제고, 지배구조 개선 등을 통하여 기업 경영체제를 국제기준에 부합하게 개선하였다.

결과적으로 한국은 IMF 등의 요구를 수용함으로써 금융뿐만 아니라 기업의 지

8. 일반적으로 근로기준법 중 정리해고에 관한 제24조 및 제25조를 정리해고법이라고 한다.

배구조와 노동시장에 이르기까지 글로벌 기준을 채택하게 되었다. 이는 한국경제를 보다 시장경제원리에 가까운 경제로 만들었다.

시장경제체제 하에서는 앞에서 상술한 바와 같이 모든 경제주체들이 자기의 노력으로 발생하는 성과를 향유할 수 있기 때문에 능동적이고 적극적인 경제활동을 하는 동기가 생긴다. 그 결과 경제주체들은 시장에서 자유로운 거래로 서로 이익을 주고 형성된 가격은 사는 사람들과 생산하는 사람들에게 신호를 보내며, 정보를 처리하고, 비교우위와 전문화에 입각한 경쟁은 자원배분의 효율성을 높여 생산성을 높이고 기술개발을 촉진하게 된다.

또한 어느 경제체제나 생산자는 무엇을, 어떻게, 누구를 위하여 생산할 것인가를 결정해야 한다. 기업가들이 위험과 불확실성을 무릅쓰고 그런 역할을 자처하는 이유는 그런 결정에서 발생하는 이윤 때문이다. 시장경제체제 하에서는 그런 이윤이나 손실이 전적으로 기업가의 몫이 되며, 모든 사람들은 기업가가 될 수 있는 결정을 스스로 할 수 있다.

기업가들이 이런 역할을 하는 과정에서 생산에 참여하는 모든 사람들뿐만 아니라 다른 모든 생산요소의 생산성을 크게 높이고, 결과적으로 전체 경제의 성장이 촉진되어 모든 사람들이 혜택을 보는 홍익경제가 된다. 한편 사회주의체제에서는 이윤을 죄악시할 뿐만 아니라 국가에 귀속시키기 때문에 기업가들이 존재하지 않으므로 전체 경제의 성장과 발전이 질식되게 된다.

더구나 시장경제는 개인의 재산소유권 행사와 경제활동의 자유를 보장함으로써 경제발전을 촉진하여 정치적으로 자유민주주의의 발전을 촉발하게 된다. 자유민주주의 발전은 개인의 자유와 권익을 신장시킬 뿐만 아니라 창의성을 북돋아 정치 · 경제 · 사회 · 문화 모든 분야의 발전을 촉진하게 된다.

3. 비교우위에 입각한 인적자본과 기술혁신에 대한 투자

한국이 빠르게 경제성장을 이룰 수 있었던 요인은 어느 나라보다도 더 적극적으로 동태적 비교우위에 입각한 인적자본과 기술혁신에 투자하였기 때문이다. 한국의 가장 풍부하고 우수한 자원은 사람이고 모든 일의 성공여부는 사람에게 달려 있다고 하여도 과언이 아니다. 따라서 사람에 대한 투자가 가장 중요하므로 인적자본의 축적에 집중적으로 투자하는 것이 가장 동태적 비교우위를 살리는 것이다.

경제발전에서 인적자본이 중요하다고 제일 먼저 강조한 것은 1950년대 슐츠 Theodore Schultz(1902~1998)이었다. 그는 인간이 교육을 통해 새로운 지식과 기술을 획득하면 생산성이 증대되기 때문에 인적자본이 경제발전 추진력의 핵심이라고 하였다. 슐츠의 제자인 베커Gary Becker(1930~2014)가 이 이론을 더욱 발전시켰다. 데니슨 Edward Denison(1915~1992)은 1929~1956년간 미국 국민소득 성장의 약 23%가 인적자본에 의해 이루어졌음을 계량적으로 추계하였다. 이를 이론적으로 더욱 발전시킨 사람은 로머Paul Romer, 루카스Robert Lucas 등이다.

3.1 인적자본에 대한 투자

지식자본과 정신자본으로 이루어진 인적자본의 축적과 질적 개선은 교육과 훈련을 통하여 이루어진다. 교육은 개인의 생산성을 높일 뿐만 아니라 국민 상호 간의 상승작용으로 그 효과는 더 확대되어 국가 전체의 생산성을 높이고 국민소득을 높이게 되어 생산제품에 대한 수요도 높인다. 이와 같이 교육과 훈련에 대한 투자는 인적자본을 증대시키고 경제발전을 촉진하는 선순환의 효과를 불러오며, 이 효과는 일반적으로 교육수준이 높은 선진국보다 개발도상국에서 더 현저하게 나타난다.

한국은 전통적으로 홍익인간의 교화정신과 유교의 영향을 받아 학문을 해야만 신분상승을 할 수 있었기 때문에 교육을 중시하는 사회였고 지금도 마찬가지다. 이런 전통적 사상이 더욱 강화된 것은 1948~1950년간에 시행된 토지개혁으로 지주계급이 완전히 무너진 것과 관계가 있다. 전에는 토지를 많이 소유하면 일생동안 부유한 삶이 보장되었지만 토지개혁으로 그런 기반을 잃은 지주들이 새로운 생업을 찾을 수 있는 현대교육을 추구하게 된 것이다. 건국과 더불어 도입된 민주주의도 교육에 대한 수요를 부추겨 모두 교육을 통한 신분상승을 꾀하게 되었다.

특히 우리나라는 일제 식민지로부터 해방되어 독립하였기 때문에 망국의 원인, 일제 식민치하의 나라를 잃은 설움, 선열들의 독립운동에 입각한 철저한 애국애족 사상과 실천, 공산주의와 대치하여 국방의 중요성을 일깨우는 반공사상과 실천을 강조하였다. 그 때문에 지식교육은 물론 정신교육에 치중하여 정신자본의 형성에 더 많은 영향을 끼쳤다고 할 수 있다.

이런 현상은 의무교육에 대한 범국민적 요구로 나타나 1948년 제헌 헌법은 모든 국민이 균등한 교육을 받을 권리와 무상 초등학교 의무교육을 규정하였고 정부는 1949년 교육법을 제정하여 초등학교 의무교육을 실시하였다. 이러한 노력의 결과 6 · 25전쟁 이전까지 각 급 학교와 학생 수가 크게 증가하였다.

이승만정부가 총력을 기울인 것은, 홍익인간의 교육이념에 입각한 교육을 국가운영의 최우선과제로 삼아 산업화를 교육으로부터 시작한 것이다. 교육부문에 대대적으로 투자해 문맹을 퇴치하고 고급인재를 육성하는 등 산업 사회에서 요구하는 인력을 대량으로 배출하는 체제를 구축하였다. 초등의무교육은 1950년부터 실시되어 6 · 25전쟁1950~1953 중에도 변함없이 추진되었다. 광복 직후인 1945년 초등학교 취학률은 64%에 지나지 않았으나 1950년대 후반에 90%에 이르러 선진국 수준에 도달하였으며, 1965년에는 92%, 1990년에는 세계 최고인 100%에 이르렀다.

1950년에 시작된 초등의무교육 덕분에 1950년대 말~1970년대 동안 중등교육에 대한 수요가 급증하여 1985년에 중학교 의무교육을 실시하였다. 그 결과 중학교 취학률은 1966년 41.4%에서 2015년 96.3%로 증가하였으며, 같은 기간에 고등학교 취학률은 26.4%에서 93.5%로 증가하였고 고등교육의 취학률은 1980년 11.4%에서 2015년 68.1%로 증가하였다. 이는 선진국들과 비교하여도 높은 수준이다.[9]

한국의 교육열은 전쟁 중에도 고등교육을 확대할 정도로 높았다. 1951년 5월

9. 김기환(2013), 70~79쪽 참조.

표 10-4 초등학교 취학률 비교 (단위 : %)

	한국	아시아	아프리카	남미	북미	유럽	개도국	선진국	전 세계
1965	92.0	60.3	36.0	64.6	99.4	82.3	54.6	91.5	66.5
1990	100.0	80.5	52.2	87.1	100.0	88.9	76.5	91.6	79.0

자료출처 : 한국교육개발원 교육통계서비스. 김기환(2013) 〈표 2-8〉에서 인용.

정부는 부산, 광주, 전주 및 대전에 전시연합대학을 설치하여 전쟁 중에도 대학교육이 지속되었다. 더구나 대학 재학생과 해외유학을 가는 학생들의 징집을 보류해 주었으며, 군복무 중이라 하더라도 유학절차를 완료하면 제대시켜 유학을 갈 수 있도록 배려하였다. 이렇게 국운이 걸린 전쟁 중에 대학 재학생과 해외유학생을 배려한 것은 세계적으로 전무후무한 일이다. 더구나 전시에도 미국과 UN기구가 제공한 원조물자의 상당부분을 대학시설의 신축 및 복구에 배정하였다. 이로 인해 한국의 대학 수는 1945년 19개[1개 대, 18개 전문대 및 사범학교]에서 1953년 62개, 1960년 85개로 증가하였으며, 대학생 수는 7,819명에서 4만 5,344명, 10만 1,014명으로 급격히 늘었다.

1961년 5 · 16 군사혁명으로 집권한 제3공화국은 당시 대학졸업자의 취업률이 아주 낮기 때문에, 너무 많은 대학 및 대학생 수가 사회불안요인으로 작용할 것을 염려하여 대학 수와 대학정원의 증가를 최대한 억제하였다. 그러나 고등교육기관의 수는 1970년 232개에서 1980년대 358개로, 학생 수는 약 20만 명에서 약 65만 명으로 급증하였다.

표 10-5 중등 및 고등교육 취학률 추이 (단위 : %)

	1966	1970	1975	1980	1985	1990	1995	2000	2005	2010	2015
중학교	41.4	50.9	71.6	73.3	82.0	91.6	93.5	95.0	94.6	97.0	96.3
고등학교	26.4	27.9	40.8	48.8	64.2	79.4	82.9	89.4	91.0	91.5	93.5
고등교육	–	–	–	11.4	22.9	23.6	36.0	52.5	65.2	70.1	68.1

주 : 취학률 = 해당 연령 학생 수/해당 연령 인구.

자료출처 : 한국교육개발원 교육통계서비스.

표 10-6 **한국 고등교육기관의 양적 성장** (단위 : 개, 명)

연도별	학교 수	학과 수	학생 수	연도별	학교 수	학과 수	학생 수
1945	19	-	7,819	1985	456	3,126	1,277,825
1950	55	-	11,358	1990	556	4,009	1,691,681
1960	85	-	101,014	1995	327*	4,931	2,343,894
1965	199	-	141,636	2000	372	9,377	3,363,549
1970	232	1,120	201,436	2005	419	10,189	3,548,728
1975	287	1,427	318,683	2010	411	10,865	3,644,158
1980	358	2,575	647,505	2013	433	11,126	3,709,734

주 : 전문대학, 대학(교), 개방대학, 방송통신대학, 각종 학교, 대학원 등 모든 고등교육기관이 포함됨, 다만 학과 수는 대학(교)의 전 계열 전체 학과 수를 나타냄. 1990년 대비 1995년에 학교 수가 급감한 것은 이 시기 대학의 통폐합 때문인 것으로 판단됨.

자료출처 : 교육과학기술부, 『교육50년사』, 1998 ; 한국교육개발원 교육통계서비스.

그러고도 대학교육에 대한 수요가 계속 늘자 정부는 입학정원을 늘리되 대학생의 질적 저하를 우려해 졸업정원제를 도입하였으나 대학교육에 대한 수요가 너무 강한 탓에 졸업정원제 자체를 포기하였다. 이 과정에서 2013년 고등교육기관의 수는 433개로, 학생 수는 약 371만 명으로 각각 증가하였다. 2012년 기준으로 한국 고등학교 졸업생의 고등교육기관으로의 진학률은 79%이다. 25~64세의 생산가능인구의 고등교육 이수율은 41%에 달한다. 이는 OECD 평균인 33%에 비하여 아주 높은 수준이며, 특히 15~34세 인구의 고등교육 이수율은 66%에 달해 OECD 평균 40%보다 1.7배 높다. 이는 최근 대졸자들의 실업문제를 야기하고 있어 사회불안요인으로 작용할 것을 우려할 정도이다.

해외유학 기회도 크게 확대되었다. 정부는 1980년 이전까지 외환부족 등을 고려하여 해외유학을 규제하였던 정책을 1980년에 완화했다. 그 결과 유학을 위한 출국자 수는 1980년 4,215명에서 1987년 2만 6,478명으로 6.3배나 급증했으며 1988년에는 유학자율화의 시행으로 1988년 3만 2,267명에서 1997년 12만 5,177명으로 10년 만에 약 4배 증가하였다. 그러다가 1997년 외환위기로 일시적으로 감소하였지만 그 뒤 다시 증가하였다. 특히 미국 대학의 박사학위 취득자 수는 2007

년 1,529명으로 크게 증가하였다.

이와 같은 교육수준의 향상은 정부가 교육에 대한 지출을 지속적으로 증가시킨 결과였다. 그러나 정부예산 중 교육비 지출 비중은 1960년 15%에서 1996년 24%로 증가하다가 1997년 외환위기 이후 감소하여 1999년 20%, 2009년 18%를 기록하였다. 한국의 GDP에서 공교육비가 차지하는 비중은 2011년 7.6%로 OECD 평균인 6.1%보다 1.5%가 높으며, 8%인 덴마크와 7.7%인 아이슬란드에 이어 OECD 국가 가운데 3위이다. 그러나 한국의 GDP 대비 사교육비 비중 2%를 고려하면 한국의 GDP에서 교육비가 차지하는 비중은 9.6%로 세계 최고 수준일 것이다.

이와 같은 교육투자의 증대로 인한 인적자본의 질적 수준 제고는 한국의 기술혁신을 촉진하여 경제성장과 산업의 고도화는 물론 국제화에도 크게 기여하였다. 한국 교육의 경제성장에 대한 기여도는 접근방법과 분석모형에 따라 4~40%로 다양하게 나타나고 있다.[10]

3.2 기술혁신에 대한 투자

슘페터는 자본주의 시장경제에서 장 · 단기 경제성장의 추세를 결정하는 가장 큰 내생적 변수가 기술혁신이라고 하였다. 인적자본의 함수인 새로운 기술과 기술혁신은 투자를 촉진하여 경기를 활성화시키고, 기술이 성숙기에 이르면 투자가 둔화되어 경기가 위축되어 경제가 침체되지만, 다시 새로운 기술이 개발되면 기존 기술의 창조적 파괴를 가져오는 동시에 경기가 새로 상승한다는 것이다. 쿠즈네츠 Simon Kuznets(1901~1985)는 선진국들의 근대화 과정을 분석한 결과 전체 경제의 생산성 증가분의 약 75%가 기술발전에서 왔다고 밝히면서 기술발전은 경제성장과 발전의

10. 교육의 경제성장 기여도는 김동석 외(2012)는 1970~2010년간 0.3%p(4.6%), Lee(1996)는 1963~1982년간 10% 이상, 장창원(2007)은 1975~2004년간 40.7%로 추정하였다. 그러나 교육과 훈련을 통한 인적자본의 축적은 물질적 투자의 효율성을 높이는 직접적인 효과뿐만 아니라 간접적인 효과도 상당히 높기 때문에 인적자본의 실제적인 기여도는 기존 추정치보다 더 클 것이다.

원천이며, 과학기술의 발전이 역사발전의 주역이고 궁극적으로는 경제뿐만 아니라 정치와 사회 발전의 변화 속도와 폭을 결정한다고 주장하였다. 이 가설은 지난 60여 년간 한국 경제성장의 상당부분이 기술발전에 의존하였다는 것으로 대부분 증명되었다고 해도 과언이 아니다.

1960~1970년대 한국의 기술개발은 민간부문의 역량이 부족하여 주로 정부 주도로 이루어졌다. 정부는 국내 기술발전의 기반을 마련하기 위하여 1966년 한국과학기술연구소KIST를 설립하였고, 국내 기술을 신속히 발전시키기 위해 1967년 과학기술행정 전담인 과학기술처를 신설하였다.[11]

한국정부는 국내 기술개발은 물론 수출산업에 필요한 실용적 기술을 선진국에서 도입하여 토착화하기 위해서 KIST를 설립하였는데 한국 유학생 출신 중 학문연구보다 실용기술을 연구하는 전문가를 우선적으로 유치하였다. 유능한 해외인력을 유치하기 위해 정부는 당시 KIST박사급 연구원에게 대통령보다도 많은 월급 및 현대적인 아파트와 승용차까지 제공하는 등 파격적인 보수와 혜택을 제공하였다. 초기 KIST가 집중적으로 연구한 과제는 당시 동태적 비교우위가 있는 유망한 수출품이었던 소형 트랜지스터 라디오, 흑백 TV 등의 개발과 컴퓨터 소프트웨어의 국산화였다.

1971년에는 국내 고급연구 인력을 양성하기 위한 이공계 특수대학원인 한국과학원KAIST을 신설하였다. 1973년에는 '특정연구기관육성법'을 제정하여 국가전략사업의 기술수요를 해결하고 목표지향적인 연구개발을 담당할 16개 정부출연 전문연구기관을 설립하였다. 1974년에는 연구기관과 교육기관의 연계, 공동연구와 연구 활동의 촉진 및 투자효율성을 높이기 위하여 세계적 수준의 두뇌도시를 목표로 대덕연구단지를 착공하였다.

1980년대부터 정부는 첨단기술개발 경쟁과 선진국의 기술보호주의 강화에 대처하기 위하여 동태적인 비교우위가 있는 핵심기술의 자주적 개발 필요성을 인식하

---

11. 자세한 것은 김기환(2013) 77~79쪽 참조.

고 독자적 기술개발에 노력하였다. 한국이 첨단과학기술산업에 진출하기 시작하면서 기술도 모방 · 소화 · 흡수의 단계에서 개량 · 응용 · 개발의 단계로 심화되었다. 정부는 과학기술을 통한 경제개발을 중요한 비교우위 전략수단으로 인식하고 대통령이 과학기술진흥확대회의를 정례적으로 주재하면서 동태적 비교우위가 있는 과학기술의 국가적 중요성을 부각시켜 통치권 차원의 강력한 지원이 이루어졌다.

1970년대까지 기술혁신기반이 거의 없었던 민간부문의 연구개발 활동은 기업의 연구개발을 촉진하기 위한 재정 및 조세 지원정책이 마련되고 기술혁신기반 구축 등 기업의 기술혁신역량이 축적되면서 1980년대부터 활발해졌다. 정부는 1981년 '기술개발촉진법' 을 개정하여 국가 대형연구개발 사업에 국책연구소뿐만 아니라 민간기업연구소도 참여할 수 있도록 하였다. 이는 연구소 설립과 운영에 대한 기업의 부담과 위험성을 줄여 기업연구소 설립을 촉진하는 계기가 되었다. 또한 정부는 연구요원에게 병역특례제도, 각종 세제혜택 등을 제공하였다. 1985년 12월에는 중소기업의 연구전담요원 요건을 10인 이상에서 5인 이상으로 낮춰 중소기업 내 연구소 설립을 유도하였다. 그 결과 기업연구소의 수는 1999년 4,810개에서 2012년 2만 5,860개로 5.4배 급증하였다. 경제활동인구 천 명당 연구원 수는 1988년 3명에서 2011년 11.5명에 육박하여 일본 10명2010년, 미국 9.1명2007년, 독일 7.9명2010년 등 주요 선진국보다도 많았다. 민간부문의 연구개발비 비중은 1976년 35.7%에서 1990년 84.1%로 크게 증가하였으며, 2011년에는 74%였다.

4. 대외지향적 발전전략 : 수입대체와 수출진흥 정책의 병행

한국경제의 기적적인 발전요인은 수입대체와 수출진흥을 병진시킨 수출주도형 대외지향적 경제발전 전략 추구에 있다. 한국은 정부가 안정되기 시작한 1955년부터 각 분야의 산업화에 눈뜨기 시작하였으나 그 이전에 한국 산업사에 중대한 의미를 갖는 대체산업의 상징인 철강공장 건설과 제일제당 부산공장 건설 두 가지 작업이 추진되었다. 이승만 대통령은 철강공업이 산업문명의 핵심이며 철강이 산업의 쌀이라는 사실을 깨닫고 1953년 4월 4일 철강산업 진흥책을 마련하라는 특별지시를 내렸다. 관계부처는 대통령령으로 대한중공업공사를 국영기업으로 출범시키고 파괴된 공장복구를 위해 연산 5만 톤 규모의 평로를 건설하여 제강공장과 압연공장을 재건하기로 결정하였다. 1956년 평로 제강공장과 압연공장이 완료되었으며 1959년 본격적인 생산이 개시되었다. 이것은 제2차 세계대전 종전 후 최초의 중공업 프로젝트로 6 · 25전쟁 직후 외국차관 없이 우리자본으로 제강공장을 건설한 것이었다. 이 철강공장에서 수많은 기술자와 관리자들을 선발하여 국비로 서독으로 유학을 보냈고 이들이 돌아와 대한중공업 철강공장을 건설하는 주역이 되었으며, 후에 포항제철 건설에 대거 참여하여 신화의 주인공이 되었다. 따라서 산업계 인사들은 이승만 대통령이야말로 한국의 중공업의 기초를 닦은 인물이라고 평한다.[12]

이병철은 6 · 25전쟁 때 대구로 피난해서 자신이 설립한 양조장을 운영하던 사람들이 내놓은 사업자금으로 1951년 1월 부산에서 삼성물산(주)을 차려 고철과 탄피를 수출하고 생필품과 의약품을 수입하여 파는 무역업을 하여 엄청난 돈을 벌었다. 그리고 그 돈으로 100% 수입되던 설탕을 생산하기 위해 1953년 제당공장 건설에 착수한다. 1953년 설탕수입량은 2만 3,800톤이었지만 제일제당의 가동으로 수입의존도는 1954년 51%, 1955년 27%, 1956년 7%로 급격히 떨어졌다. 제일제당이 승승장구하자 다른 기업가들도 제당사업에 뛰어들어 동양, 삼양, 대한 등 7개 업체가 난립하게 된다.

이어서 이병철은 수입에 의존하던 양복지를 국산화하기 위하여 제일모직을 건설하여 대단한 성공을 거두었다. 이에 자극받은 기업가들은 앞 다투어 대한모직, 한국모방, 경남모직 등을 창업하고 다른 기업가들은 전시무역으로 축적한 상업자본을 락희화학, 한국유리, 대한양회 같은 산업시설 건설에 투자하게 된다. 6 · 25전쟁때문에 부산에서 일어선 이병철, 박흥식, 정재호, 이정림, 김성곤, 설경동 등이 세운 회사로 훗날 재벌의 반열에 오른 기업들은 제당업, 방직업, 모직업 등 경공업 생필

12. 자세한 것은 김용삼(2013), 210～214쪽 참조.

품 같은 수입대체품 생산과 무역업으로 부를 쌓아 시멘트, 전선 등으로 진출하였다.

오늘날의 LG와 GS 그룹을 일군 구인회도 진주에서 포목상으로 대상인이 된 후 24세 때인 1931년 주식회사 구인상회 사장이 된다. 그 후 부산으로 진출하여 조선흥업사란 무역회사를 차려 일본사람들이 만들어 놓고 떠난 '구리무' 여성 화장용 크림 장사에 나섰다. 그리고 구리무가 동이 나자 그는 락희화학공업사를 창립하고 여성용 크림을 제조하였다. 락희의 국산화장품은 단시간 내에 전국을 휩쓸면서 외제수입품을 대체하였다. 그 후 구인회는 플라스틱 분야로 눈을 돌려 밀수되던 칫솔, 비눗갑, 빗 등을 국산화하였다. 그 외 6 · 25전쟁 통에는 미국에서 최신형 플라스틱 사출성형기를 도입하여 플라스틱 그릇과 용기를 만들어 성공한 후 일용잡화에서 산업용 플라스틱 제품 및 치약으로 사업을 확장하였다. 전후복구와 산업발전 호황으로 사업이 걷잡을 수 없이 확장하는 와중에 전자제품을 만드는 금성사를 창업하여 라디오, 선풍기, 모터 전축, 전기냉장고, 텔레비전, 전화기, 교환기 등을 연이어 개발하여 수출, 오늘날 LG와 GS그룹의 뼈대를 구축했다.[13]

대외지향정책은 수입대체정책과 수출진흥정책으로 나누어 볼 때 한국은 1950년대에는 경공업제품에 대한 수입대체정책을 단기간에 시행하였으나 1962년부터는 경공업제품에 대한 수입대체정책과 수출진흥정책을 병행하여 수입대체로 인한 외화부족을 수출을 진흥시켜 극복하였다.

1960년대 초에 실시된 대외지향정책은 복수환율제도를 단일환율제도로 전환하면서 정부 고시환율을 달러당 130원1964년에서 255원1965년으로 현실화시키고, 외국 금융기관이 발행하는 수입대금결제 약속어음Letter of Credit ; L/C을 받은 수출업자에게 일반대출금리보다 훨씬 낮은 무역금융금리를 일률적으로 제공하였으며, 수출용 원자재에 대한 자동적 수입허용과 관세감면의 제공, 수출보험제도의 도입과 해외시장 개척을 위한 대한무역투자공사 등을 설립하여 수출을 진흥하였다. 1960년대에 추구한 경공업제품 수출 중심의 발전전략은 풍부한 저임금 노동력을 활용한 노동집

13. 김용삼(2013) 226~229쪽 참조.

약적 경공업 확대정책이었다.[14]

수출주도형 대외지향적 경제발전에서 중요한 것은 무역의존도가 큰 경제에서는 시장경제의 힘이 강하여 정부의 통제체제가 효과를 발휘하지 못하기 때문에 정부정책이 시장을 거스르지 못하도록 제어하는 것이다. 이를 통해 시장기능을 활성화한 반면, 정부의 개입정책으로 인한 비효율을 최소화한다. 따라서 나라를 개방하여 한국 기업들을 국제경쟁에 노출시켜야 한다.

교역은 비교우위에 입각한 분업과 전문화로 부족한 자원을 효율적으로 배분하게 되며, 해외자본 유치를 위해서는 투자환경을 개선하여 기업 친화적 환경을 조성해야 하고, 협소한 국내시장보다 광활한 세계시장에 제품을 판매해야 하므로 제품의 질을 높이고, 규모의 경제로 단가를 낮추어야 한다. 규모의 경제는 분업과 전문화를 심화시켜 신기술과 신제품 및 기술혁신을 촉진시키고 생산요소의 생산성을 더욱 높이게 되어 전체 경제를 역동적으로 만든다. 즉 수출주도형 대외지향적 발전전략은 경제정책을 입안하거나 정책을 시행할 때 시장적대적인 방법이 아니라 가능한 한 시장친화적인 해법을 찾도록 하는 압력으로 작용한다.

수출주도전략 및 시장우위정책은 1970년대 초 · 중반 방위산업을 위한 중화학공업 육성정책을 시행하면서 다소 후퇴하나 장기적으로는 전화위복이 된다. 정부는 방위산업의 중요성을 감안하여 중점육성 산업분야를 품질 위주로 철저히 선정하고 대대적인 육성정책에 들어갔다. 그와 함께 내자內資와 외자外資의 규모와 조건, 투자종류와 규모, 생산된 제품의 가격 등 기업의 중요한 의사결정 사항까지도 부정부패를 차단하기 위하여 정부의 결정에 종속시킬 정도로 정부개입의 강도가 강화되었다. 단기적으로 시장에 대한 정부의 과도한 개입이 과잉투자와 왜곡된 자원배분을 초래했을지 모르나, 장기적으로는 한국의 산업구조가 중화학공업으로 심화되는 계기가 되어 한국이 선진국의 문턱까지 오는 원동력이 되었다.

1970년대에는 국내의 저임금 노동력이 고갈되어 노동집약적 제품의 수출경쟁

14. 김기환(2013) 60~61쪽 참조.

력이 떨어짐에 따라 부가가치가 높은 자본 및 기술집약적 제품의 개발이 필요하였다. 더구나 월남전에서 미국의 고전으로 주한 미군의 감축과 닉슨 독트린에 따른 국가 안전보장 환경의 악화로 인해 자주국방의 강화를 위한 방위산업의 육성이 시급한 과제였다. 이러한 국내외 환경 변화로 철강 · 조선 · 비철금속 · 기계 · 전자 등 중화학공업을 전략산업으로 지정하여 대대적으로 선별적인 정책금융, 설비투자에 대한 세액공제와 특별감가상각 등 조세감면정책을 시행하고, 이 산업들을 보호하기 위하여 산업제품들에 대한 수입관세를 높게 부과하여 수입대체를 촉진하였다.

중화학공업 육성정책은 경제 전체에 구조적 불균형을 초래했고 증발된 통화와 생필품 부족은 높은 인플레이션을 유발하여 대외경쟁력을 악화시켜 1978년에는 수출이 감소하고 고용과 소득분배가 악화되어 정치적 불안이 고조되었다. 더구나 1979년 제2차 석유파동으로 인한 국제수지의 악화와 10 · 26사태, 1980년 냉해로 한국경제는 사면초가에 빠지게 되었다.

정부개입보다 시장우위정책이 복원된 1980년대 초반에 정부는 "경제성장을 위해 물가는 희생한다"는 케인즈식의 정책패러다임을 "물가안정이 우선이다"는 방향으로, 성장정책을 정부주도에서 민간주도로, 산업보호를 명분으로 한 보호무역정책을 개방화로 바꿨다. 1980년대 중 · 후반 한국경제는 중화학공업의 육성정책 성과와 시장우위정책의 복원으로 단군 이래 최대의 호황기를 누리게 된다.

1980년대 등장한 제5공화국 정부는 중화학공업 육성정책으로 파생된 부작용을 극복하기 위해 경제안정화시책과 대외지향적 발전전략을 적극적으로 추진하였다. 높은 인플레이션으로 높게 평가된 환율을 조정하였고 환율제도를 고정환율제에서 복수통화군제도로 변경함은 물론 해외투자 유치를 위한 투자환경을 개선하고 수입자유화를 체계적으로 추진하여 관세율은 1982년 23.7%에서 1994년 7.9%로 낮아졌고, 수입자유화율은 1980년 68.6%에서 1988년 95.4%로 높아졌다.

한편 1987년 제9차 개정헌법에서 도입된 '경제민주화'[15]는 정부개입 강화 방향으로의 전환을 의미한다. 경제는 경세제민을 의미하기 때문에 경제에는 경제민주화의 개념이 내포되어 있다고 할 수 있다. 경제민주화는 시장경제에 대한 정부의 규

표 10-7 한국의 관세율 추이

(단위 : %)

	1982	1984	1988	1989	1990	1991	1992	1993	1994
평균관세율	23.7	21.9	18.1	12.7	11.4	11.4	10.1	8.9	7.9
농산물	31.4	29.6	25.2	20.6	19.9	19.9	18.5	17.8	16.6
비농산물	22.6	20.6	16.9	11.2	9.7	9.7	8.4	7.1	6.2
원자재	15.5	11.9	10.6	3.9	3.9	3.9	3.3	3.2	2.8
중간재	25.4	21.5	18.7	11.7	11.7	10.7	9.3	7.8	7.0
최종재	33.1	26.4	13.3	13.3	13.3	11.2	9.4	7.9	7.1

자료출처 : 유재원 외, 임혜준 편, 『세계화와 개방정책 : 평가와 과제』, 대외경제정책연구원, 2005.

제와 개입, 기업경영의 자율성 축소, 복지특혜 요구를 비롯한 대중영합주의 정책의 논리제공자 역할을 톡톡히 하고 있다. 그 결과 1980년대까지 10% 수준을 유지하던 투자 증가율은 1990년대가 되면서 절반 이하4.4%로 떨어지고, 2003년부터 10년간 다시 그 절반 이하1.7%로 떨어졌다. 이에 따라 1970년대 10.3%, 1980년대 8.8%였던 연평균 성장률은 1990년대에 6.2%로 하락했고 2003년 이후 10년 동안 4.4%로 낮아졌다. 그마저도 최근 몇 년간은 2%대로 추락했다.[16]

표 10-8 한국의 수입자율화 추이

(단위 : %)

년도	1955	1965	1967	1971	1977	1978	1980	1985	1988
수입자유화율	40	37	67	60	53.8	64.9	68.6	87.7	95.4

자료출처 : 한국개발연구원, 『한국경제 60년사』, 2005.

15. '경제민주주의' 의 고전적 개념은 작업장이나 회사자본도 정치 민주주의와 같이 '1인 1표 주의' 로 지배시키려는 것이다. 현실적 모형으로는 1960년대 유고슬라비아연방이 도입한 '근로자 경영체제' 가 유일하다. 이 체제에선 종업원 5인 이상의 모든 사업체가 '근로자 경영기업' 이 된다. 또 근로자 대표기관인 '근로자평의회' 가 생산 · 판매 · 고용 · 분배 등 회사의 모든 의사결정권을 가진다. 이 체제의 문제점은 회사가 '기업' 이 아니라 '정치적 집단' 이 되는 것으로 곧 나타났다. 1인 1표 결정이 지배하자 모든 회사는 정치적 타협에 의해 노동력을 고용 · 배치했다. 표를 가진 기득권자의 해고는 불가능했고 고용도 없었다. 우량 기업들은 새 식구를 뽑지 않았다. 김영봉(2016) 참조.
16. 김기환(2013), 62~64쪽 참조.

5. 국가안보와 정치 · 사회적 안정

국가의 안전보장과 정치 · 사회적 안정은 시장경제체제의 성공적인 작동, 교육훈련을 통한 인적자본의 빠른 축적, 대외지향적 경제발전전략 등을 성공적으로 수행하는 데 없어서 안 될 정도로 경제발전에 필요충분조건이라 할 수 있다. 대한민국의 산업화는 광복, 건국, 전쟁 및 전후복구라는 급격한 변화과정을 거치며 시동이 걸렸다. 1945년 9월 8일 미국은 한반도 진주와 더불어 점령지역 행정구호원조를 시행했으나 이는 주로 식품, 피복, 의약품, 연료, 석유류가 주류였고 그마저도 1949년에 종료되었다. 한국정부는 정부가 수립된 후 4개월 만인 1948년 12월 한 · 미원조협정ECA 협정을 체결하였다.[17] 1949년 1월부터는 경제부흥 성격의 미국 경제원조처ECA에서 식량, 비료, 원면, 석유, 원료와 반제품, 공업시설 등의 물자와 발전함 2척, 기술원조 등을 제공하였고 이는 1951년까지 계속되었다. 정부가 한 · 미원조협정에 의거하여 각 부처별로 중장기계획을 수립 · 추진한 결과 1949년 말부터 경제가 안정되기 시작하였고 1950년부터는 미국 원조자금을 기반으로 제철, 조선, 시멘트, 비료, 판유리 등 주요 공업시설, 전력 및 지하자원 개발을 본격화하기로 하였다. 1950년 1월에는 한 · 미상호방위조약협정이 체결되어 원조담당기구가 ECA에서 상호안전보장처Mutual Security Agency ; MSA로 바뀌어 군사원조가 시작되었다.

1950년 6 · 25전쟁으로 산업시설은 큰 피해를 입었으며 변변한 기술이나 전문경영인, 기업가도 부족했던 시기에 전후복구와 부흥을 도운 결정적 요인은 미국의 원조였다. 휴전협정이 본격화되기 시작한 1953년 4월 '타스카 보고서'에 입각하여 아이젠하워 대통령은 1953년 8월까지 진행되어 왔던 MSA 원조를 전후 산업부흥을

17. ECA(Economic Cooperation Administration)는 미국 경제원조처로 이 협정은 마셜 플랜(Marshall Plan)으로 불리는 유럽부흥계획에 의하여 집행된 대유럽원조를 한국에도 제공한 한국판 마셜 플랜이다. ECA 원조로 도입된 물자의 판매대금은 한국은행에 원화로 표시된 '대충자금계정'에 적립되어 재정적자 보전이나 산업부흥을 위한 투자나 융자자금으로 사용하도록 하였으며 한국정부는 미국정부와 협의하여 이 자금을 이용, 종합경제부흥계획을 수립하였다.

위한 경제원조로 바꾸기 위해 대외활동본부[FOA]를 창설하여 미국의 대외원조기관을 일원화하였다. 1955년 6월에는 FOA를 폐지하고 국무성 내에 국제협조처[ICA]를 설치하여 군사원조는 국방성, 비군사원조는 국제협조처가 담당하도록 업무를 조정하였다. 그리고 한국 원조에 대한 감독책임을 주한 유엔군사령관에게 위임하고, 주한미 경제조정관실을 설치하였으나 경제조정관실은 1957년 7월 유엔군사령부로부터 주한 미 대사관 산하의 미국경제협조처[USOM]로 바뀌게 된다.

한국은 1953년 7월 휴전협정 이래 휴전상태에 있기 때문에 한국의 평화는 전쟁 속의 평화이다. 한·미동맹은 국가의 안전보장과 정치·사회적 안정에 절대적으로 기여하였으며, 그에 따른 경제원조와 인적자본 개발, 정책자문 및 외환위기 시 지원은 오늘날의 한국이 있게 한 원동력이라 할 수 있다.[18]

6.25전쟁의 유산은 첫째, 국가관리 계층의 탄생으로 4·19의 혼란을 극복하고 근대화 혁명을 주도한 5·16 혁명군인 세력이다. 그들은 6·25전쟁을 거치면서 숙련된 한국군을 길러야 전쟁에서 승리할 수 있음을 깨달은 미군이 한국군에 현대의 행정과 기술을 전수해 길러낸 것이다. 이들의 기술에 군대 조직을 통솔하는 경험이 합쳐져 한국에서 지도력을 발휘할 수 있는 계층이 탄생했다. 둘째, 대한민국을 이끈 계층은 군인계층과 함께 국비로 유학한 인재들이었다. 이승만 대통령은 교육의 소중함을 잘 알고 있었다. 그는 지역이나 신분보다 실력이 가장 중요하다고 생각했고, 이를 위해서는 교육이 절실했다. 그래서 6·25전쟁 이후 국비로 많은 인재를 유학시켰다. 이들이 대한민국의 국가발전을 이끌었다.

5.1 한·미동맹과 경제원조

한·미동맹의 가치는 값을 따지기 어려울 정도로 엄청난 것이었고 한국경제의 성공에 6가지 측면에서 큰 도움이 되었다. ① 한국 경제발전에 가장 중요한 요소인

---

18. 자세한 것은 권혁철(2011) ; 김기환 (2013) 제6장 및 김용삼 제6장 참조.

한반도와 주변의 평화유지 및 한국의 민주화에 큰 도움이 되었다. ② 미국의 확고한 대한국 방위보장에 힘입어 한국은 1970년대 전반까지 GNP의 4%라는 낮은 비용으로 평화와 안전보장을 효과적으로 유지하는 데 크게 기여하여 경제개발에 역량을 집중할 수 있었다. ③ 한국이 1970년대 초까지 미국에서 받은 막대한 재정원조는 재정균형 유지와 경제도약에 큰 기여를 하였다. ④ 1950～1960년대 한국의 인적자본 축적에 많은 도움이 되었음은 물론 그 후에도 많은 청년들이 미국으로 유학을 가는 중요한 배경이 되었다. ⑤ 미국정부는 한국의 경제발전 초기 단계부터 많은 정책자문을 하여 한국의 대외지향적 경제발전전략의 채택과 수차례의 경제위기 극복에 크게 기여하였다. ⑥ 대외지향적 경제발전을 하는 데 필요한 해외시장을 미국 시장을 열어 제공하였고 한국의 해외시장 접근을 위해 많은 도움을 제공하였다.

1953년 7월 휴전협정을 체결한 후 10월 1일 한국과 미국 간의 군사동맹인 한·미상호방위조약이 체결되어 지금도 약 2만 7,000명의 미군이 한국에 주둔하고 있다. 본 조약에 따라 미국은 한국이 공격을 받을 경우에 즉시 전폭적으로 군사개입을 하기 때문에 한·미동맹은 한국이 최소한의 국방비로 안전보장을 유지할 수 있게 했으며, 괄목할 만한 경제발전이 가능하게 하였다. 한국이 1960년 이후 지출한 국방비는 GDP 대비 6%를 넘은 적이 없었으며, 1990년대 중반 이후에는 3% 미만으로 감소하였다. 이는 북한이 국방비로 지난 50여 년간 GDP의 21～30%를 지출한 것과 크게 대조적이다. 한편 그간의 경제성장으로 지금 한국의 국방비는 북한 국방비의 3배 이상이다.

표 10-9 남·북한 국방비 지출 추이 비교

(단위 : 억 달러)

		1965	1970	1975	1980	1985	1990	1995	2000	2005
한국	지출금액	1.1	3.2	9.6	37.0	43.0	96.8	150.9	162.4	211.2
	%GDP	3.6	3.7	4.5	5.8	4.5	3.6	2.9	2.8	2.6
북한*	지출금액	6.1	9.9	20.2	33.9	35.0	49.6	62.4	50.0	–
	%GNI	26.1	24.9	21.6	25.1	23.1	21.4	28.0	29.8	–

* GNI는 한국은행의 추계치임.

자료출처 : 김기환(2013) 〈표 2-19〉에서 인용.

미국은 식량 · 물자 · 기자재 등의 직접원조를 통해서도 한국이 전쟁의 폐허로부터 회복할 수 있도록 도와주었다. 이 원조물자들은 국내시장에서 판매되었고 그 수익금은 미국 국제개발처USAID의 대충자금으로 계상되어 전액 한국정부의 예산으로 편입되었다. 그 원조금액은 1950년대 중반부터 1960년대 중반까지 한국정부 재정수입의 40～60%를 차지했으며, 어려운 여건 속에서도 식량과 각종 산업용 원자재 도입을 가능하게 해 산업의 기틀을 마련하는 데 도움이 되었다. 이 원조가 없었다면 국내저축이 부족하였던 한국이 경제발전의 토대를 마련하는 것조차 쉽지 않았을 것이다.

5.2 인적자원 개발과 정책자문 지원[19]

당시 큰 문제는 일제가 공학자와 기술인력 양성을 철저히 통제한 탓에 턱없이 부족한 각 분야의 이공계 전문가와 기술자, 고급 과학기술 인력이었다. 한 · 미동맹은 한국의 인적자본 기반을 확충하는 데 크게 기여하였다. 1951～1972년 사이 미국은 한 · 미 군사협력의 일환으로 총 3만 1,900명에 달하는 한국군의 각급 장교, 공무원, 교수, 전문인 등 1만 912명을 초청하여 미국의 각종 군사전문학교와 전문 교육기관에서 무상으로 단기연수를 실시하였다. 이들은 미국 체류기간 동안 군사기술이나 전문기술은 물론 현대적 사고방식과 경영기법까지 습득하여 귀국 후 군의 현대화뿐만 아니라 정책기획과 관리능력을 향상시켰고 후진을 교육시켜 한국의 경제발전에 크게 공헌하였다.

미국의 원조계획 중 가장 성공적인 것이 기술원조계획이다. 예를 들면, 서울대는 미네소타 주립대학과 공대 · 의대 · 농대 간에 계약을 체결하여 교수 상호교류, 학생유학은 물론 연구와 관련된 많은 각종 기계와 설비들을 들여왔다. 또한 워싱턴대학교와 연세대 · 고려대 간에 협정을 맺어 경영학과를 신설하여 수많은 인재들

19. 김기환(2013), 111～117쪽 참조.

이 선진 경영기법을 공부할 수 있게 되었다. 서울대 행정대학원과 국방대학원현재 국방대학교도 기술원조자금으로 설립되었다. 이밖에도 정부는 미국 국제개발처 자금으로 행정부 관리, 기업체 사원, 기술자들을 외국에 파견해 3개월 · 6개월 · 1년 단위로 연수를 시켰다. 그 하나의 사례가 당인리10만kW · 묵호5만kW · 마산5만kW의 화력 발전소 운영요원을 연수시켜 국내에 건설된 최신식 발전소를 효율적으로 운영한 것이었다.[20]

표 10-10 **군인 및 민간인 미국 연수 연인원**(1951∼1972) (단위 : 명)

	연수자 수
군인	31,900
민간인	10,912

자료출처 : 조성훈, 『한 · 미군사관계의 형성과 발전』, 국방부 군사편찬연구소, 2008 ; 문교부, 『문교통계 연보』, 1973. 김기환(2013) 〈표 2-21〉에서 인용.

당시 한국에 파견된 높은 안목과 역량을 가진 미국 원조단은 한국 관리들에게 "하루 빨리 자립경제로 나가려면 수출을 적극 장려하고, 외국회사의 자본과 기술을 유치하라"고 조언하였고 한국정부는 그 조언을 받아들여 1959년 외자도입법을 제정 · 공포하였다. 이런 노력이 1960년대 수출주도정책으로 꽃을 피웠고 걸프오일과 같은 석유회사, 영남화학을 비롯한 비료회사 등 외국기업이 한국에 진출하는 발판이 되었다.

한 · 미 군사동맹으로 다져진 긴밀한 유대관계는 6 · 25전쟁 후 많은 젊은이들이 미국으로 유학하는 계기가 되었으며, 인적자본 개발에 큰 역할을 하였다. 지난 50여 년간 한국인이 외국에서 취득한 박사학위 수는 미국이 압도적으로 많아 1948∼2011년간 총 3만 9천여 명의 유학생 중 57%에 달한다. 이들 대부분은 유학 초기에 각종 장학금 혜택을 받았으며, 현재도 한국의 고급인력 양성에 큰 공헌을 하고 있다. 또한 2011∼2012년 현재 미국의 대학 이상 교육기관에 유학 중인 한국 학생 수

20. 김용삼(2013), 251∼256쪽 참조.

표 10-11 한국의 해외 취득 박사 수(1948~2011)

국가	박사 수(명)	비율(%)	국가	박사 수(명)	비율(%)
미국	22,274	57.0	러시아	548	1.4
일본	6,341	16.2	캐나다	439	1.1
독일	2,909	7.4	대만	372	1.0
영국	1,696	4.3	호주	336	0.9
프랑스	1,634	4.2	필리핀	331	0.8
중국	1,136	2.9	기타	1,065	2.7
			총계	39,081	100.0

자료출처 : 한국연구재단. 김기환(2013) 〈표 2-22〉에서 인용.

는 7만 2천 여명으로 중국, 인도 다음으로 많다.

미국정부는 한국의 기술개발과 경제개발에 구체적이고 혁신적인 도움을 주기 위해 1966년 한국과학기술연구원[KIST]을 설립할 때 720만 달러의 직접원조와 180만 달러의 차관을 제공하였을 뿐만 아니라 KIST 운영을 위한 자문을 하였다. 존슨 대통령이 KIST 운영의 자문을 위해 지명한 대통령 과학기술자문관 도널드 호닉[Donald Honig] 박사는 KIST와 미국 오하이오에 있는 바텔연구소와 자매결연을 주선하였다. 또한 1970년 한국이 경제정책에 관한 최고의 연구기관인 한국개발연구원[KDI]을 설립할 때 미국은 AID 자금 중 13억 원을 출연하였고, 그 후 KDI 연구원들의 해외연수와 주요 정책 자료를 구입하는 데 117만 달러의 원조를 제공하였다.

1962년 제1차 경제개발 5개년계획을 시작할 때, 한국 파견 미국원조기구[USOM와 USAID]는 한국의 기본발전계획이 시장경제와 대외지향적 및 수출주도적 경제발전을 지향하도록 1964년 환율 단순화와 현실화, 저축증대를 위해 필수적이었던 1965년의 금리현실화 등 많은 조언을 하였다. 이를 위해서는 해외시장에 대한 접근이 불가피하였는데 미국은 경제발전 초기 단계부터 1970년대 말까지 거대한 자국시장을 한국에 조건 없이 개방하여 한국을 크게 도왔다. 그 결과 한국의 전체 수출에서 대미수출이 차지하는 비중이 1971년에는 49.8%에 달할 때도 있었다. 또한 한국이 1967년 관세와 무역에 관한 일반협정[GATT]에 가입하는 데도 많은 도움을 주었다.

더구나 미국은 한국과 일본이 협력하는 것이 미국뿐만 아니라 한국에도 이롭다고 믿어 1950년대 초부터 한·일 국교정상화에 많은 노력을 기울인 결과 1965년 한·일 국교가 정상화되었다. 이를 통해 한국은 대일청구권 및 차관을 포함 총 8억 달러를 일본으로부터 받아 대부분 포항제철 건립에 사용하였다. 또한 일본시장을 활용할 수 있었음은 물론 일본의 기술에 쉽게 접근할 수 있었다.

미국은 1980년 초 제2차 석유파동의 후유증과 박정희 대통령 시해 사건으로 한국이 당면한 위기를 극복하는 데 도움이 된 IMF의 대기성차관 주선은 물론, 그 액수를 대폭 증액해 한국이 대외적으로 큰 위기를 극복하는 데 큰 도움을 주었다. 또한 미국은 한국정부로 하여금 대한국제경제협의체IECOK를 개최하여 채권국에 대한 신뢰를 높이라고 조언하였고, 동년 6월 파리에서 세계은행 주재로 대한국제경제협의체 회의가 개최되도록 배후에서 많은 노력을 기울였다.

1997~1998년 IMF 외환위기 당시 1997년 12월 3일 합의가 한국의 외환위기를 해소하는 데 도움이 되지 않자, 미국은 한국에서 단기 외채자금이 추가로 빠져나가는 것을 막기 위해 단기채무를 장기채무로 전환해 주자고 G7 회원국들에게 제안하고 설득하여 한국이 국가부도사태를 피할 수 있도록 하였다.

2008년 세계금융위기 때에도 미국은 한국과 300억 달러에 달하는 통화스와프를 체결하였으며, 일본 및 중국과와도 각각 200억 달러에 해당하는 엔-원 및 위안-원 통화스와프가 체결되도록 하여 당시의 극심한 외환유동성 문제를 완화시켰다.

6. 범세계 경제체제로의 편입

한국은 전후복구와 경제부흥 와중에 1955년 8월 26일 IMF와 IBRD에 가입하고, 1967년 GATT에 가입하여 글로벌 경제체제에 편입되었다. 이는 대외지향정책을 성공적으로 수행하는 데 많은 자문과 지원을 받을 수 있게 하였고 수출증진에도 큰 기여를 하였다.

IMF와 IBRD는 1944년 12월 미국 뉴햄프셔 주 브레튼우즈협정Bretton Woods

Agreement의 결실로 탄생하였다. IMF는 제2차 세계대전 후 혼란한 국제통화 및 금융질서를 안정시켜 국가 간의 교역과 금융거래를 원활하게 하기 위해 미국 달러화를 기축통화로 삼고 달러의 금태환을 보장하며 환율을 금에 고정시켰다. IBRD는 국제자본의 이동을 원활히 하여 전후 경제부흥을 촉진할 목적으로 설립되었다. 이 기관들은 전후 국제통화와 금융질서의 회복과 안정에 큰 역할을 하였다.

GATT는 국제무역의 확대와 편익증대를 위해 1947년에 23개의 국가연합이 잠정적 협정 하에서 무역협정을 시작하여 1948년 1월에 발효되었다. GATT는 어느 국가든 멋대로 관세를 인상하거나 수입을 일정 수준으로 제한하는 수입할당제 같은 제도들을 설치하지 못하도록 규정하여 국제무역질서가 자유무역주의를 기초로 할 것을 규정하고 있다. 많은 국가가 관세인하와 무역자유화를 위해 1947년 이후 여덟 번의 무역라운드가 열렸다.

이 거대한 IMF-GATT 체제는 자유무역에 입각한 국제경제 질서를 창출하는 기본 축으로 1960년대 국제교역의 확대를 통한 경제발전을 목적으로 한 '케네디 라운드', '도쿄 라운드', '우루과이 라운드'로 발전하였다. 마지막 라운드인 우루과이 라운드는 1986~1994년 동안 지속되었으며, 무역자유화와 행정개혁에 기여하였다. GATT 체제는 1995년 세계무역기구WTO가 설립되기 전까지 48년 동안 전 세계의 평균관세를 40%에서 3.9%로 크게 낮추었다. 1990년대에는 대외지향적 발전전략이 더욱 확대되고 사회주의의 붕괴와 1995년 WTO의 출범으로 다자무역체계가 확대되어 교역상대국과 무역의 다변화가 확대되었다.

2000년대 이후 한국의 대외지향정책은 자유무역협정FTA의 확대로 요약된다. 세계는 무역을 지속적으로 확대시키기 위하여 2001년 도하라운드를 출범시켰으나 주요 회원국들 사이의 이견으로 현재까지 교착상태에 놓여 있다. 이론적으로나 경험적으로 볼 때 한국은 다자간 협상을 통한 무역기회의 확대가 가장 바람직하지만, 그것이 용이하지 않았던 2000년 이후 한국을 포함한 세계의 무역대국들은 쌍무적 자유무역협정FTA이나 지역무역협정regional trade agreement ; RTA에 의존하고 있다.

한국은 2004년 한 · 칠레 FTA 발효 후, 2015년말 기준 53개국과의 FTA가 발효 중이다. 또한 콜롬비아, 중국, 뉴질랜드, 베트남과의 FTA가 타결되었으며, 인도네시아, 한·중·일, RCEP[21] 16개국과 협상을 진행하고 있다.

한국이 아시아에서는 유일하게 세계 경제에서 가장 큰 시장인 EU, 미국, 중국 모두와 높은 수준의 FTA를 체결하였다는 강점을 잘 활용하면 현재 진행 중인 미국 주도의 환태평양경제동반자협정Trans-Pacific Partnership ; TPP와 중국 주도의 일대일로一帶一路 ; One Belt One Road 체결에도 큰 도움이 되고, 결정적인 역할을 할 수 있을 것이다.

7. 기업가정신起業家精神

로널드 레이건 미국 대통령은 취임사에서 '기업가는 새로운 일자리와 부富 및 기회를 창조하는 영웅들' 이라고 하였다. 작가이며 정치개혁가인 스마일즈Samuel Smiles(1812~1904)는 그의 저서 『자조론』에서 '완전무결한 기업가는 위대한 시인만큼이나 희귀한 것, 참된 성인과 순교자들보다 더 귀한 존재' 라고 정의하였다. 기업가는 올바르고 자유로운 상상력과 창의성에서 오는 이윤기회를 기민하게 인식하고 포착해 불확실성 속에서 위험을 감수하며 혁신하고 창조하고 학습하는 모든 사람이다. 따라서 기업가정신은 발견, 발명 및 혁신의 원천으로 자신뿐만 아니라 국민경제적 번영의 진정한 원천이 된다. 성장과 일자리는 혁신을 위한 민간부문의 숱한 시행착오의 과정에서 만들어진다. 기술혁신을 일으키는 기업가정신에 입각한 철강, 조선, 자동차, 화학, 반도체, 휴대전화, 인터넷 등의 발전은 모두 시장의 그 같은 과정의 결과다.

어느 한 기업가의 혁신은 다른 기업가의 행동에서 나온다. 고속도로·가솔린·수리시설 등의 시장이 없었으면 헨리 포드의 자동차 대량생산은 불가능했을 것이다. 고든 무어가 마이크로프로세서를 고안함으로써 스티브 잡스는 개인용 컴퓨터를

21. Regional Comprehensive Economic Partnership의 약자로 '역내포괄적경제동반자협정' 을 말한다. 아세안 10국, 한국, 중국, 일본, 호주, 뉴질랜드, 인도를 포함한 16개국의 지역 내 무역자유화를 위한 다자간 자유무역협정이다.

조립할 수 있었다. 이와 같이 기업가정신은 더 많은 기업가정신을 가능하게 하는 환경을 조성하므로 성장은 자기증폭의 과정이다. 기업가정신과 경제성장을 서로 연결시키는 것이 이윤기회의 발견이라면, 기업가의 이윤이 높다는 것은 곧 기업가가 그만큼 경제성장에 기여한다는 것을 의미한다. 기업가의 기민성은 끝없고, 성장의 잠재력도 한이 없다. 그래서 성장의 한계라는 말은 옳지 않다. 민경국(2013. 3. 16)

중소기업이 대기업으로 성장하는 것과 같이 경제성장에는 기존 기업의 새로운 상품과 새로운 생산방법 등을 창출하는 혁신과 같은 기업가정신도 중요하고, 종업원의 사내 기업가정신도 중요하다. 그리고 기업가정신은 경제분야에 국한된 개념이 아니라 정치와 행정, 사회 각 분야에서도 적용해야 하는 개념이다.

한 나라의 경제성장은 노동 · 자본 · 기술의 3대 생산요소가 축적돼야 비로소 가능하다는 것이 신고전학파성장이론의 요지이다. 그러나 한국의 경제기적은 기술은 커녕 자본은 물론, 경험도 없는 상태에서 자본은 외국에서 빌려오고, 기술은 외국에서 도입된 기술을 역공학逆工學 또는 창조적 모방을 통해 도입하여 산업을 일으키고 경제를 발전시켰기 때문에 자본과 기술의 축적은 경제성장과 동기화되었지 성장의 원인은 아니었다.

1993년 세계은행은 '동아시아의 기적' 이라는 보고서에서 한국의 고도성장은 인적자본, 물적자본 및 기술의 빠른 축적과 함께 자원을 생산적 용도에 효과적으로 배분하는 정부정책이 큰 역할을 하였다고 전통이론에 충실하게 분석했다. 그러나 2006년 노벨경제학상을 받은 미국의 경제학자 펠프스Edmund Phelps(1933~)는 "한국의 경제기적은 기업가정신에서 찾아야 한다" 는 취지로 신新고전학파성장이론의 한계를 꼬집었다.

여기서 유의해야 할 것이 기업가정신은 기업의 이익과 국가의 이익을 일치시켜 대선을 행한다는 것이다. 치열한 국제경쟁에서 기업들이 일자리를 만들어 생산을 늘려 국민의 후생과 국부를 증진시킨다면 기업인들은 전사와 같은 존재이다. 예를 들어 필라코리아FILA KOREA 윤윤수 회장은 세계 최초로 자회사에서 출발하여 본사를 인수 · 합병하였다. 그 후 아쿠쉬네트를 인수 · 합병하여 국부를 늘렸다.

8. 독창적 전략

8.1 상황 변화에 따른 전략의 지속적 개발

한국은 4대 강국 사이 속에서 생존해야 하였고, 국토가 자본주의와 공산주의로 분단되어 휴전상태인 전쟁 중의 평화상황에서 '싸우면서 일하고, 일하면서 싸우는' 식으로 경제발전을 하여야 하였으므로 전략이 가장 중요한 역할을 한 나라였고 앞으로도 그럴 것이다.[22] 드러커Peter Drucker(1909~2005)는 "어떤 길을 가야 하는가는 전략이고, 어떻게 가야 하는가는 전술이다" 고 하였다. 마이클 포터Michael Eugene Porter는 '전략이란 경쟁자와 다른 것을 하는 것, 같은 것을 다르게 하는 것' 이라고 말한다. 또 그는 비교우위를 결정하는 것은 자원이고 경쟁우위를 결정하는 것은 두뇌이며 전략이라고 하였다. 경쟁우위를 유지하기 위해서는 차별화전략, 저원가전략, 집중화전략, 지위선점전략, 시너지창출전략이 본질이라고 하여 경쟁우위는 궁극적으로 전략에 따라 결정된다고 할 수 있다.

한국은 시장이 거의 존재하지 않을 때인 1960년대에도 정부가 시장의 역할을 하여 시장경제를 활성화시켜 시장경제체제가 조기에 정착될 수 있게 하였다. 대외지향적 발전전략도 개발시대의 수입대체전략과 수출진흥전략의 2분법적인 사고에서 이들을 병행하여 수입대체정책에서 발생하는 외화부족 현상을 수출진흥정책으로 극복하는 지혜를 발휘하였다.

한국은 패러다임의 변화를 파악하여 경제특구와 같은 산업집적과 새마을정신으로 국민의식 개혁운동을 전개하고, 국부를 형성하는 산업구조와 수출구조를 국외 및 국내 상황에 적합하게 전략적으로 끊임없이 변화시켜 왔다. 산업구조를 1960년대 초의 1차 산업 위주에서 1960년대 후반에 경공업으로, 1970년대 후반의 중화학공업으로 변화시키고, 수출구조도 1960년대 초의 제1차 생산품에서 경공업제품으

---

22. 송병락(2010), 326쪽 참조.

로, 1970년대 후반의 중화학공업 제품으로 변화시켜 왔다. 한국은 경제발전 초기부터 국영기업에서 민간 기업으로, 중소기업에서 대기업과 대기업집단으로 이행하여 슘페터가 말한 소수의 대기업들이 혁신적 전략으로 치열한 경쟁을 하는 가운데 이루어지는 경제발전전략을 실천하였다.

한국이 기업과 산업의 범세계적 경쟁력을 단시간에 빨리 올릴 수 있었던 것은 산업집적형 접근방법을 통한 산업단지제도와 기업그룹제도가 있었기 때문이다. 〈표 11-6〉에 나타난 바와 같이 한국은 경제발전과정에서 주로 수직연관효과와 수평연관효과가 큰 수많은 산업단지를 조성하였다. 경제자유구역은 외국인투자 유치 정책의 일환으로서 외국자본과 기술의 활발한 국내유치를 유도하기 위해 정부가 지정하는 특정 지역 또는 공업단지를 말한다. 기능적인 면에서 무역중심형 특구, 생산중심형 특구, 역외금융센터, 복합형 특구 등으로 분류된다.[23] 한국은 외국인투자를 유치하기 위해 1998년 외국인투자지역, 2000년 자유무역지역, 2003년 경제자유구역 등 외국인투자에 대해 특별한 예와 지원을 제공하는 경제특구를 도입하여 운영하고 있다.

경제의 지속적 성장을 위해서 중요한 거시적 경제운영도 1997년 외환위기 시기를 제외하고는 재정긴축과 거시경제 안정을 위한 통화관리로 안정적으로 운영하여 1960년대와 1970년대의 만성적인 무역적자에서 벗어나 1980년대 후반부터 국제수지흑자 기조를 정착시킬 수 있었다. 또한 긴축재정기조는 한국이 다른 나라에 비해 낮은 조세부담률을 유지하는 데 도움이 되었다. 1980년대 한국정부가 택한 재정건전화 노력은 이례적으로 정부수입의 확대가 아닌 정부지출의 억제에 의존하여 지금까지 OECD와 G20 국가 중에서도 가장 낮은 국가채무비율을 유지하고 있다.

23. 송병락(2010), 122~124쪽 참조.

8.2 새마을운동

한국이 기적적인 경제발전을 이룩한 원동력 중의 하나로 새마을정신과 운동은 빼놓을 수 없다.[24] 한국은 빈곤의 악순환으로부터 벗어나기 위하여 근면 · 자조 · 협동이 중심인 새마을정신을 내세워 산업화를 이룩하여 경제적 근대화를 달성하고 민주화의 토대를 마련하였기 때문이다. 새마을운동은 새마을정신에 입각한 국민의식 개혁운동으로 '농심農心'을 일깨워 농민들은 물론 온 국민들을 단합시키고 농촌과 도시의 근대화를 제약해온 여러 가지 요인들을 동시에 제거한 전략으로서 근대화를 앞당긴 유일한 성공사례이다.

1970년대 정부는 국가공무원들, 사회지도층 인사들, 대기업들의 직업연수, 중소기업 종업원들에 대한 정신교육에서 농민의 성공사례를 빠짐없이 듣게 하였다. 성공사례를 발표한 농민들의 대부분이 학교교육도 제대로 받지 못하고, 남을 가르칠만한 과학적 지식이나 이론적 지식도 가지고 있지 않았음에도 불구하고 성공사례를 듣기를 희망하는 교육수요가 많았던 이유는 다음과 같다.

첫째, 농민들의 성공사례는 근면 · 저축 · 인내 · 자립 등의 생활신조로 충만해 있었기 때문에 비농업부문의 사람들도 성공사례를 듣고 스스로의 생활신조를 반성하고 고쳐야겠다고 마음이 움직이게 되는 경우가 많았기 때문이다. 그리하여 농민들의 성공사례에 대한 새마을교육이 10년 이상 성공적으로 지속될 수 있었다.

둘째, 정직한 농민들의 참마음인 농심이 배어 있어 감동을 주었기 때문이다. 농사라는 것은 '콩 심은 데 콩 나고, 팥 심은 데 팥 나는' 자연의 섭리에 따르기 때문에 정직해야 한다. 농민들은 자기 농사는 자기가 직접 지어야 하기 때문에 근면하고 자조정신이 없으면 풍작을 이룰 수 없을 뿐만 아니라 티끌모아 태산을 이루는 저축심이 없고서는 농가경제를 유지할 수 없다. 이와 같은 참마음을 우리는 농심이라고 부른다.

24. 자세한 것은 박진환(2005) 참조.

그러나 나라의 정치가 잘못되고 국민경제가 어렵게 되면 농민들의 농심은 잠재해 버린다. 농심이 잠재해 버린 농업은 발전할 수 없고 농촌은 가난에서 벗어날 수 없게 된다. 새마을운동은 잠재해 버린 농민들의 농심뿐만 아니라 고위공무원, 기업가, 시회지도층, 근로자들에게 근검절약, 저축 및 정직의 생활신조를 되살리게 하였다. 이는 국민정신 개혁운동으로 확산되어 1970년대 한국경제의 근대화를 촉진시킨 정신자본이 되었다.

새마을사업을 위해 한국정부는 1970년대 10년 동안 마을당 평균 2,000포대의 시멘트와 2.5톤의 철골을 무상으로 지원하였다. 이것을 1974년 시가로 환산하면 10년 동안 마을당 해마다 약 25만원200달러 상당의 물자가 지원된 셈이 된다. 마을당 농가 호수를 100으로 간주하면, 농가 호당 해마다 약 2만 5천원 상당의 물자를 개별 농가가 아니라 마을단위의 개발자원으로 하여 농촌의 전근대적인 요인들을 주민들의 공동노력으로 제거하게 한 것이 새마을사업이었다.

마을의 가장 큰 문제는 마을 주변의 좁은 도로와 마을 안길, 지붕개량, 농촌의 연료 대체, 식수공급 개선, 농촌의 보건진료소 · 마을회관 건립, 전등불, 전화사업 등이었다. 새마을사업으로 약 3만 3천개의 마을당 평균 총 2km의 마을길이 넓혀졌으며, 토지소유주들은 새마을사업들의 부지로 약 1,500평의 소중한 땅을 회사하였고 마을 주민들은 10년 동안 무보수로 노동력을 제공하였다.

새마을사업으로 마을마다 수많은 남녀지도자들이 양성되었으며, 새마을운동으로 "우리도 하면 된다" 는 자신감을 갖게 되어 농촌과 도시의 근대화를 앞당겼다. 또한 새마을사업과 새마을운동이 국민들의 정신개혁에 미친 영향은 돈으로 환산할 수 없는 엄청난 성과였다. 이는 한국인들이 40년이 지난 지금도 새마을운동의 뜨거운 열기를 잊지 못하고 한국의 개발도상국들에 대한 원조사업으로 채택하는 것에서도 알 수 있다.

새마을운동은 농촌에서 시작되어 도시와 공장으로 번졌다. 도시 새마을운동은 마을 길 넓히기, 반상회에 빠지지 말기, 이웃끼리 인사하기, 집 앞 청소하기, 쓰레기 아무데나 버리지 말기, 빈터에 꽃과 나무심기, 노인들 섬기기, 교통질서 지키기, 자연보호하기 등 아주 기본적인 것이었는데 이는 지금도 필요하다. 공장으로 번진 새마을운동은 1975년부터 성공사례들이 많이 발굴되었다. 노사협조를 위한 성공사례는 공장 새마을운동이 나아갈 방향과 사업의 내용을 제시해 준 창작품이었으며 지금과 같은 상황에서 더욱 절실히 요구된다.

근면 · 자조 · 협동의 새마을정신은 한국의 산업화를 이루는 데 기여한 한국의 청교도정신으로 한국적 자본주의 정신의 싹이었다. 땀 흘려 열심히 일해서 번 돈을 푼푼이 저축하여 축적한 자본으로 부자가 되어야만 부자에 대한 믿음과 존경이 생기고 자본주의 사회의 정당성이 생긴다. 새마을정신은 농촌, 기업, 사회, 국가 등의 지도층부터 농심을 고취시키고, 국민들의 기강과 인내심을 되살려 국민들의 기업가 정신을 드높였다.

한반도는 다른 나라들이 탐낼만한 많은 천연자원을 갖고 있지 않은 데다 지정학적 조건 때문에 지난 세월 동안 많은 국난을 극복하면서 살아왔고 아직도 국난은 끝난 것이 아니다. 한국이 선진국 진입과 남 · 북 통일을 달성하고 무한경쟁의 자유무역시대를 살아가기 위해서는 끊임없이 닥칠 국난을 극복하기 위한 생활신조가 절대적으로 필요하다.

제3부

홍익경제발전모형과 창조혁신생태계중심지

제11장

한국경제의 새로운 도전, 과제 및 비전

1. 한국경제의 도전과 과제
2. 새로운 발전 틀의 필요성과 21세기 한국의 비전
3. 산업집적[cluster]과 산업생태계
4. 한국적 모형

경제사회의 기본은 성장과 분배이다. 그런데 성장을 만드는 제1차 분배는 불균형 관계에 있고 수요를 위한 제2차 분배는 균형을 이루어야 하기 때문에 둘은 역설적 관계에 있다. 성장의 근원인 혁신은 실패를 통해 얻어지고 소수가 이룩하기 때문에 불균형 분배로 귀착된다. 따라서 성장을 촉진시키기 위해서 불균형적 성장으로 문제를 풀고 그 간격을 조세로 메우는 것이 일류 국가들의 상생모형이다. 지속가능한 혁신성장으로 경제적 가치를 창조하는 것은 시장의 영역이고 분배는 제도의 영역이다.

시장경제의 발전원리인 성과에 따른 차별화 장치를 강화하는 정책을 펼쳐야 혁신이 촉진되어 풍요한 부를 창출할 수 있다. 시장은 잘되는 경제주체를 선택하고 지원하는 경제적 차별화 장치로 경제적 기여에 따라 상응하여 보상하기 때문이다. 다시 말해 시장은 스스로 노력하는 자만을 도움으로써 모두를 돕는 동기부여의 작동장치이다. 즉, 생산을 통한 성장을 촉진하기 위해서는 과거 공산주의 체험에서 우리가 깨달은 것처럼 1/n은 안 된다는 것이다.

반면에 지속가능한 수요를 만들어내는 제2차 분배는 가처분소득으로 시장의 수요를 뒷받침하는 근간이다. 제2차 분배는 균형을 잡아야 한다. 제1차 분배는 성장을, 제2차 분배는 수요를 뒷받침하므로 각각을 분리하여 최적화해야 한다. 불균형 성장과 균형 분배, 이 두 가지를 조세로 균형을 맞춰 주는 것, 즉 시장소득과 가처분소득의 격차를 메워주는 것이 일류국가들의 조세정책이다. 한국은 OECD 국가들 중에서 제1차 분배와 제2차 분배의 격차를 메우는 역할이 가장 낮다.

따라서 성장을 촉진하는 불균형 성장과 균형 있는 분배가 바로 선순환 사회로 가는 길이다. 선순환은 경제적 가치와 사회적 가치의 순환이다. 성장을 위한 일자리 혁명에서 오는 불균형 시장 소득은 제1차 분배이고 분배의 갈등을 해소하기 위한 균형적인 가처분소득은 제2차 분배로 해결해야 한다.

반면에 인간의 복지에 중심을 두는 사회주의 입장에서는 분배가 무엇보다 중요하다. 자본주의 결과는 양극화이고 사회주의 결과는 저성장이다. 따라서 성장과 분배의 역설은 양극화와 저성장을 동시에 해결하는 것이 불가능하다는 것이다. 한국에서는 성장정책은 분배 문제로, 분배정책은 성장 문제로 폐기되고 있다. 결과적으

〈그림 11-1〉 선순환 홍익사회 구축

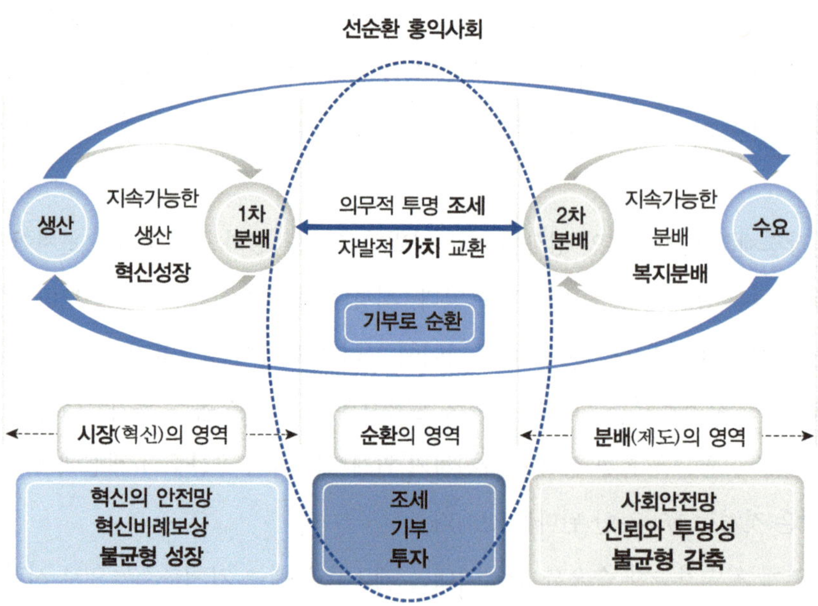

자료출처 : 이민화(2017), 269쪽에서 재인용.

로 우리는 양극화된 세력이 서로 협력을 못하여 저성장 양극화로 가고 있다.

이를 해결하는 방안은 성장과 분배를 분리하고 다시 순환시키는 것이다. 성장은 촉진하고 불균형은 축소시키는 것이다. 제도가 시장으로, 그리고 시장이 분배 영역으로 들어갈 때 이 세상에 비극이 발생했다. 따라서 이 선순환 과정이 경제가치와 사회가치를 순환시키도록 해야 한다. 성장을 위한 불균형 시장 소득을 제1차 분배, 그리고 갈등 해소를 위한 균형 잡힌 가처분소득으로 제2차 분배 문제를 극복하는 것이 경제사회의 핵심 과제이다.

1. 한국경제의 도전과 과제

지금 한국이 당면하고 있는 도전은 9가지로 정리된다. ① 세계경제의 틀[패러다임]의 변화, ② 2000년대 들어와 급격히 둔화된 경제성장과 증가하는 실업률[특히 청년실업률], ③ 노령화와 출산율의 감소로 인한 생산가능인구의 급격한 감소, ④ 1990년대 초부터 악화되던 소득분배, ⑤ 기술발전 정체 우려에 대한 불안감, ⑥ 새로운 틀에 맞는 가치관과 제도의 확립, ⑦ 중국과 신흥국들의 급격한 부상과 세계정치구도의 다극화, ⑧ 부정부패의 만연, ⑨ 우발적 요인들이다.

인류는 과학기술 활동으로 농업혁명, 제1차 산업혁명, 제2차 산업혁명 및 제3차 산업혁명을 일으켜 문명의 틀을 바꾸면서 발전하여 왔고, 현재 제4차 혁명이 진행되고 있다. 미국의 과학사학자인 토마스 쿤[Thomas S. Kuhn]은 "새로운 과학의 등장으로 패러다임이 생성되고 발전하며 쇠퇴하고 대체되는 과정을 되풀이 한다"고 하여 인류의 창조적 활동이 사회의 틀을 바꾼다고 하였다. 지금은 범세계적 경쟁력의 시대이고 한국은 무역의존도가 80%나 된다. 따라서 세계경제 틀의 변화는 한국에 큰 영향을 미치고 있다.

1.1 세계경제 틀의 변화와 제4차 산업혁명

1) 세계경제 틀[1]의 변화

최은수2012는 5가지의 대변혁이 20세기와는 판이하게 다른 틀을 만들어내고 있다고 지적한다. 5가지 대변혁은 다음과 같다.

첫째, 국가, 사회 및 조직의 틀이 수직사회에서 수평사회로 전환하고 있다. 이는 산업화시대를 지배했던 수직형 조직이 힘을 잃고 있음을 의미한다.

둘째, 공급자의 틀이 공급자중심 사회에서 수요자중심 사회로 전환하고 있다. 이는 국민이나 고객의 관점에서 판단할 것을 요구한다.

셋째, 의사결정 방식의 틀이 논리성을 관장하는 좌뇌brainstorming 지배에서 감성이 지배하는 우뇌heartstorming 지배로 전환하고 있다.

넷째, 부의 창조방정식의 틀이 액티브 인컴active income에서 패시브 인컴passive income으로 전환하고 있다. 이는 사람이 직접 일하지 않고 돈과 체제가 부를 창출하는 패시브 인컴의 시대가 열리는 것을 의미한다.

다섯째, 네트워크의 틀이 연결사회에서 초연결사회로 전환하고 있다. 이는 정보화기기가 만든 초연결사회가 조직과 기업경영, 나아가 국가경영의 많은 원칙을 바꿔놓고 있음을 의미한다.

과학기술의 발전 측면에서는 정보통신기술information and communication technology ; ICT의 발달, 신기술과 산업의 융·복합화 현상 확산, 소프트파워의 근간인 창의적 혁신 등을 창조혁신경제 발상의 배경으로 본다. 극한 엔지니어링에 입각한 최첨단기술의 진보에 따라 하드웨어적 발전보다는 창의적 혁신이 또한 성장의 핵심요소로 자리매김하고 있다. 과학기술 분야의 가치창출은 기술혁신보다 가치혁신value innovation, 개

1. 현실에 대한 기본가정이나 널리 퍼진 보편적인 일반이론으로 끊임없이 변한다.

방적 혁신open innovation, 참여형 혁신wiki-innovation으로 이루어지고 있다. 컨텐츠, 디자인 등 소프트 파워soft power의 근간인 창의력이 부가가치를 창출하는 핵심원천이 되고 있다.

2) 제1 · 2 · 3차 산업혁명

근대 산업화의 역사를 돌아보면 기술자와 기능인 및 기업인을 우대한 나라가 선진국이 되었다. 유럽 국가들의 공통적인 위기 원인이 취약한 제조업 경쟁력에 있기 때문에 국가경쟁력을 위해서는 제조업의 발전에 우선순위를 두어야 한다. 경제적으로 가장 강한 독일과 독일의 지원 없이는 파산할 위험에 있는 그리스의 산업을 비교해 보면 그리스는 제조업이 10%에 불과하고 서비스업은 76%인 반면 독일은 제조업이 26%건설업 포함 30%에 달한다. 이는 제조업이 없는 서비스업 발전은 사상누각에 불과하다는 것을 의미한다. 제조업이 강하기 위해서는 기술자와 기능인 및 기업가의 역할이 중요하다.

17세기까지만 해도 유럽의 중심 국가였던 프랑스는 1685년 루이 14세가 종교의 자유를 허용했던 낭트 칙령을 폐기하고 위그노라고 불리던 하류층 상공인들인 개신교도들을 해외로 추방하였다. 이들이 대부분 네덜란드로 이주하면서 네덜란드 경제가 발전하였고, 런던을 점령하고 영국 왕이 된 윌리엄 3세가 많은 네덜란드의 상공인 및 귀족을 영국으로 데리고 가 우대하면서 영국이 제1차 산업혁명을 촉발하였다. 위그노들이 네덜란드, 영국 다음으로 많이 간 나라가 독일이었다.[2]

기술자들과 기업인들을 우대한 영국에서 1750년 섬유산업이 선두주자가 되어 제1차 산업혁명이 시작되었고 1830년대까지 유럽으로 번져나갔다. 영국에서 제1차 산업혁명이 시작된 배경에는 식량증산과 인구증가로 신산업 창출의 여건 조성, 1760년대 지리적 행운 덕분에 석탄 증기기관의 보급 확산, 방적기 개량으로 면직물 공업의 기계화 가능, 1815년 증기기관의 발명으로 기차 생산 시작, 철의 제련방식

2. 서울대 공과대학(2016), 64～67쪽 참조.

혁신으로 기계와 수송용 철도건설 수요의 충당 등이 있다. 이 기술혁신은 기초과학 연구에 입각한 새로운 기술혁신이 아닌 기존 산업의 개량 수준이었으나 생산성은 폭증했다. 제1차 산업혁명의 핵심동인은 미래의 경제적 이익을 위해 당장의 위험을 무릅쓰는 대담한 기업가정신이었다. 이는 1825～1830년경 미국에 전해져 1855년 미국인들은 열정으로 가득 차 모든 산업에 걸쳐서 혁신성공을 이뤘다.

표 11-1 **단계별 제조업 혁명의 핵심요소**

	제1차 산업 혁명 (18～19세기)	**제2차 산업 혁명** (20세기)	**제3차 산업 혁명** (20세기 후반～21C 초)	**제4차 산업혁명** (21세기)
추세	Machine-based Production 공장제 기계생산체제	Mass Production 대량생산체제	Collaborative Manufacturing 협력적 생산체제	Digitalization of Manufacturing 제조업의 디지털화
핵심동인	수학, 석탄, 방적기, 증기기관, 철도	석유, 내연기관, 컨베이어벨트, 전기, 자동차	전자, 정보, 지식, 네트워크화, 융합화	가상 물리적 시스템, 인공지능 제어 초지능혁명, SW
주요 내용	▪ 기계혁명 ▪ 경공업 ▪ 면직물, 제철 ▪ 방적기계 개량 ▪ 인간의 생리적 욕구 충족	▪ 전기혁명 ▪ 중화학공업 ▪ 철강, 자동차, 항공, 조선, 석유화학 ▪ 인간의 안전의 욕구 충족	▪ 정보혁명 ▪ 신기술융합 (BT · CT · NT) ▪ 제조업의 서비스화 ▪ 신소재, 신에너지 ▪ 사회 귀속욕구 충족	▪ 지능혁명 ▪ AI, IoT, 로봇, 드론 ▪ 3D 프린팅, 가상현실, 자율주행차 ▪ 네트워크와 협력 ▪ 명예욕구 충족

자료출처 : 윤병규(2013) 35쪽과 김명자(2016)에서 재작성.

제2차 산업혁명은 1870년대부터 화학염료 · 전기 · 통신 · 정유 · 자동차 산업 등이 근간이고 기술혁신의 주체는 대기업이었다. 기술주도권이 영국에서 독일과 미국으로 옮겨가는 과정에서 역사상 최초의 과학 기반 기술혁신이 진행되었다. 또한 대량생산방식의 일관조립공정체제를 위한 포드주의Fordism와 과학적 관리의 테일러주의Taylorism가 전 세계로 전파되었다. 이와 같은 기술혁신과 대량생산체제가 경제와 사회를 변혁시켜 현대 산업사회를 출현시켰다. 그 속에서 체제 · 질서 · 통제 등의 개념이 핵심가치로 등장하고 기술지향주의가 힘을 얻었다.

제3차 산업혁명은 1960년대 후반부터 진행된 정보통신기술 혁명이다. 21세기에는 컴퓨터 · 인터넷 · 휴대전화에 기초한 기술혁신으로 일상생활은 물론 제조업의 디지털화가 급속히 진행되어 제조업과 서비스업 사이의 구별이 흐릿해지는 협력적 생산체제로 진화 · 확산되었다.[3] 협력적 생산이란 SNS social network service와 인터넷 internet 등 IT information technology 기반 온라인 공동체를 활용하여 생산자들뿐만 아니라 구매자들, 이용자들 및 투자자들까지 다양한 주체들이 상호협력을 통하여 제품에 대한 새로운 발상부터 상품화와 이익의 분배까지 이루어지는 체제이다. 협력적 생산에 입각한 제3차 산업혁명의 핵심동인은 정보와 지식 자체뿐만 아니라 네트워크화와 융합화이며, 이로 인해 BT bio technology, NT nano technology, CT culture technology 등 신기술 융합산업은 물론 신소재 산업 등이 주요 산업으로 등장하고 제조업의 서비스화가 진전되었다. 그 과정에서 범지구적 망이 구축되어 3D 프린터나 세계 곳곳의 공장을 연결함으로써 거대한 제조자 공간 Maker Space이 형성되어 개인 제조업의 부상을 예고하고 있다. 이런 제조업 혁명으로 인한 신소재, 더 싼 로봇, 더 똑똑해진 소프트웨어, 풍부한 온라인 서비스 및 3차원 인쇄기 3D 프린터 등은 미래에 수많은 중소기업에 더 많은 비교우위를 줄 것이다.

3) 제4차 산업혁명

산업은 생산과 소비의 순환과정이다. 소비는 인간의 필요성인 욕망에서 비롯되고 이것이 기술혁신의 가능성을 만들어서 생산과 소비가 순환되면 사업이 지속성을 만들어 준다. 기술의 가능성을 제공하는 것은 과학기술이고 인간의 욕망을 다루는 것은 인문학이며 사업의 지속성을 만드는 것은 경제사회의 분야이다. 지금까지 산업혁명은 기술쪽으로만 해석되었는데 기술과 욕망이 공진화하는 과정이라는 관점에서 분석해 볼 수 있다. 제1차 산업혁명에서는 기계 혁명이 제조 산업을 만들어 인간의 생리적 욕구를 충족시켰다고 볼 수 있다. 제2차 산업혁명에서는 전기 혁명이 서비스산업을 만들어 인간의 안정 욕구를 충족하였다.

인간의 욕망과 기술혁신이 공진화하면서 제1 · 2차 산업혁명으로 인해 물질의

3. Economist, Special Report : Manufacturing and Innovation – A Third Industrial Revolution, April 21, 2012.

〈그림 11-2〉 산업혁명은 욕망과 기술의 공진화(Co-evolution)

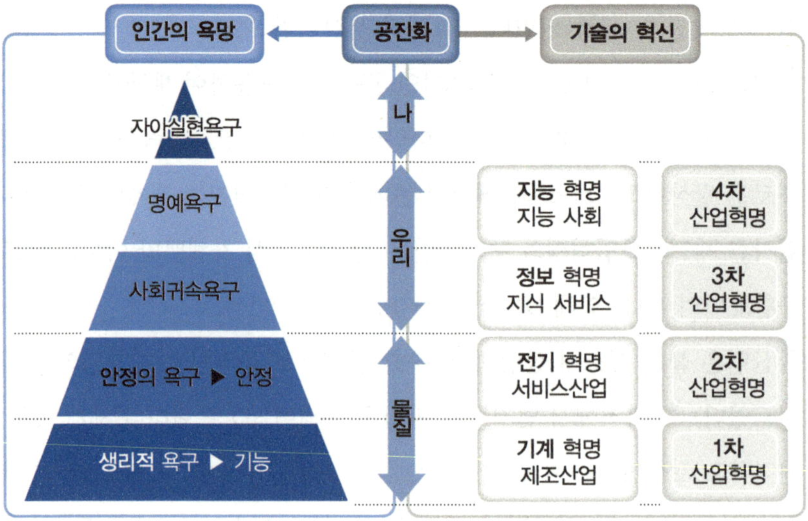

자료출처 : 이민화(2017), 24쪽에서 재인용.

공급이 확대되었다면, 제3차 산업혁명은 연결의 혁명으로 사회적 연결 욕구를 충족시켰다. 제4차 산업혁명은 인간의 능동적인 정신적 욕구인 자기표현과 자아실현이라는 매슬로우[4]의 욕구 제4·5단계에 도전하는 혁명이다.

제4차 산업혁명의 본질은 제조업의 디지털화로 사람·사물·공간이 인터넷으로 연결되고, 거기서 생산되는 빅 데이터를 기반으로 사이버와 물리적 체제가 연동된 사이버물리체제 Cyber Physical System로 재편되는 한편, 그 복합체제가 인공지능 artificial intelligence ; AI 기술에 의해 최적으로 제어되어 진화되는 초지능의 혁명이다.

2011년 독일에서 소개된 인더스트리 4.0의 지향목표는 제조업의 완전한 자동생산체제와 생산공정의 최적화를 구축하는 스마트 공장smart factory으로 규모의 경제에 대한 새로운 관점을 제공한다. 스마트 공장은 공장 내부뿐만 아니라 전후방 관련 기업들을 포함하여 가치사슬에 참여한 모든 기업들과도 정보를 교환하여 최적의 생산을 지향한다. 이러한 독일의 사이버물리시스템 도입은 2011년 기계산업의 대표

4. Maslow(1968, 1970, 1971) 참조.

적 미국기업인 GE의 산업인터넷industrial internet 도입에 영향을 받았다고 할 수 있다. 산업인터넷은 산업현장의 기계들에 센서를 내장하고 제품 진단 소프트웨어와 분석 솔루션을 결합해 기계와 기계, 기계와 사람을 연결시켜 기존 설비나 운영체계를 최적화하는 기술을 말한다. 현재 산업인터넷의 가장 큰 효과는 장비의 결함을 발견하고 예상치 못한 고장을 미연에 방지하는 데서 나타난다. 그 밖에도 장비에서 제공되는 실시간 정보들을 자동으로 분석하는 모니터링 시스템을 이용해 효율을 제고할 수 있다. 사물인터넷이 기반이 된 미국과 독일의 생산관리시스템의 전면 재편은 제4차 산업혁명 시대의 새로운 생산모형으로서 빠른 속도로 산업 전체로 확산되고 있다.

그 핵심에는 AI, 빅데이터, 사물인터넷Internet of Things ; IoT, Internet of Everything ; IoE, 가상현실virtual reality ; VR, 3D 프린팅, 자율주행차 등이 있다. 이들 기술의 융합으로 산업 간, 기술 간 경계가 무너지고 있다. 독일의 인더스트리 4.0 플랫폼, 미국의 산업인터넷 컨소시엄, 일본의 로봇혁명 이니셔티브 등이 선두에 있다. 이들 프로젝트에 의해 기술혁신은 물론 표준화 등의 글로벌 경쟁과 협력이 강화되고 있다. 제3차 산업혁명까지의 혁신이 제품과 공정의 혁신이었다면, 제4차 산업혁명은 제품, 공정 및 사업모형의 혁신이 핵심이라 할 수 있다.김명자(2016)

산업 디지털화는 기존 제조업의 가치사슬을 완전히 바꿔놓을 것이며, 한국의 제조업은 산업 디지털화에 미래가 달려 있다. 소비재 중심으로 발전했던 디지털화의 흐름이 산업 시스템 전반으로 옮겨가는 과정에서 스마트폰과 디지털 엔터테인먼트 기기 부문과 같은 소비재부문B2C의 디지털화가 진행되었고 그 초반엔 한국과 미국이 강한 면모를 보였다. 미국에서는 애플과 구글 등 디지털영역에서 성공한 기업이 무인자동차 개발 등 전통 제조업에 뛰어들고 있다. 한국은 국내총생산GDP의 제조업 비중이 30%가 넘는 만큼 산업 디지털화에 사활을 걸어야 한다. 제조업의 디지털화는 기업에 속도, 효율성, 유연성 등 3대 경쟁력을 제공할 것이다. 2020년까지 1만개의 스마트 공장을 구축하겠다는 한국의 '제조업 혁신 3.0 전략' 은 산업 디지털화를 위한 올바른 비전이다. 디지털화는 대기업 혼자 하는 것이 아니라 여러 중소기업과 협력해 생태계를 조성할 때 손쉽게 완성될 수 있다. 독일 경제에너지부 차관 마티아스 마호닉Maching(2015)은 "한국이나 독일 같은 제조업 중심 국가의 미래 경쟁력은 '생산방식의 디지털화' 를 완성하는 속도에 달려 있다" 고 말했다. 독일정부는 제품설계-자재조달-생산-유통 등 모든 과정에 사물인터넷 기술을 접목해 생산효율을 극대화하는 '신新산업혁명인더스트리 4.0' 전략을 세웠다. 이로 인해 독일은 연간 300억 유로 이상의 경제성장 효과를 보며, 공정생산성은 30% 증가하고 비용은 연간 2.6% 감소할 것으로 예상하고 있다. 마호닉은 인더스트리 4.0을 이끌어 갈 주체는 중소·창업기업이라며, 산업공정의 디지털화를 위해 다양한 스타트업신생벤처기업 발굴이 선행돼야 한다고 강조한다.

4) 제4차 산업혁명과 기술모형

제4차 산업혁명을 빅데이터, 산업인터넷, 인공지능 등 많은 개별적인 첨단기술의 융합으로 보는 것은 장님이 코끼리 만지는 것과 같다. 사람의 얼굴의 경우 눈, 코, 입 등이 따로따로가 아니라 어떻게 조화를 이루는가가 중요한 것처럼 기존 기술의 나열이나 개별 기술의 단순한 융합이 아니라 왜, 그리고 어떻게 융합되는가 하는 상호관계가 중요하다.

제1·2차 산업이 만든 기계 혁명과 전기 혁명이 제3차 산업혁명의 인터넷 혁

〈그림 11-3〉 제4차 산업혁명은 현실(제1·2차 산업혁명)**과 가상**(제3차 산업혁명)**의 융합**

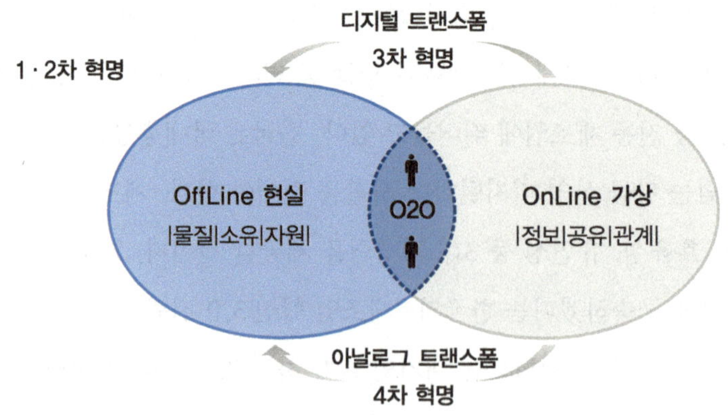

자료출처 : KAIST 문술미래전략대학원·이민화(2017), 197쪽에서 재인용.

명을 거치면서 현실offline 세상과 가상online 세상을 만들었다. 제4차 산업혁명은 제 1·2·3차 산업혁명이 만든 현실 세상과 가상 세상을 다시 융합하는 혁명이라고 할 수 있다. 따라서 제4차 산업혁명은 인간 욕망을 현실과 가상의 융합이라는 기술로 충족시킨다고 정의할 수 있다. 이 융합 과정은 현실에서 가상으로 가는 디지털 전환digital transform과 가상에서 현실로 오는 아날로그 전환analog transform폼으로 구성되어 있다.

제4차 산업혁명을 미국은 디지털 트랜스폼으로, 독일은 인더스트리 4.0으로, 일본은 고령사회를 대비하는 소사이어티 5.0으로, 중국은 제조업을 고도화시키는 제조 2025라고 부른다. 각각의 목적은 조금씩 다르지만 그 본질은 사이버 피지컬 시스템cyber phsical system ; CPS, 즉 가상과 현실의 융합으로 제4차 산업혁명을 진행하여 사회문제를 해결한다는 것이다.

결국 세상은 인간의 욕망을 충족하는 인문학과 이 인간의 욕망을 기술로서 가능성을 얘기하는 사물을 다루는 과학기술과 이 2개를 연결하는 경제사회가 초 융합하는 사회로 이를 초생명사회라 부른다. 이는 영어의 홀로라는 말에서 따온 자기 조직화하는 사회이다.

먼저 초생산기술혁명인 과학기술의 융합을 보자. 제4차 산업혁명에서 오프라인의 현실 세상과 온라인의 가상 세상이 융합하면 가치관이 충돌한다. 오프라인의 물질 세상은 원자로 이루어져 있고 소유의 세상이며, 한계효용체감의 법칙이 적용된다. 온라인의 가상 세계는 비트로 구성되어 있고 복제가 가능하며, 한계비용이 영0에 가깝기 때문에 소유보다는 공유의 세상이다. 이 2개 세상이 서로 충돌하여 융합의 갈등이 발생한다. 대표적인 공유기업들인 Uber나 AirBnb는 많은 국가에서 합법성의 논쟁에 휘말리고 있다. 이러한 논쟁은 온라인의 공유의 시각에서 바라보느냐 오프라인의 소유의 시각에서 바라보느냐에서 비롯된다. 그런데 이런 혼돈 속에서 거대한 새로운 기업들이 등장하고 있다. 그것이 바로 유니콘들이다.

글로벌 유니콘은 2009년과 2010년에 각각 1개, 2011년에는 분기에 하나씩, 2014년도에는 한 달에 한 개씩 등장하였다. 2015년에는 일주일에 한 개, 2016년에는 74개가 등장하여 불과 5년 사이에 등장빈도가 100배나 증가하였다. 이것은 새로운 기업의 생명 현상으로 표현할 수 있다. 이 외에도 자원 부족의 소멸, 기술의 공개구조, 마이너스 금리 등 많은 새로운 현상들이 등장하고 있다.

〈그림 11-4〉 제4차 산업혁명과 초생명사회(O2O와 평행모델)

Offline과 1 : 1 대응되는 Online 세상 → 현실의 한계를 극복

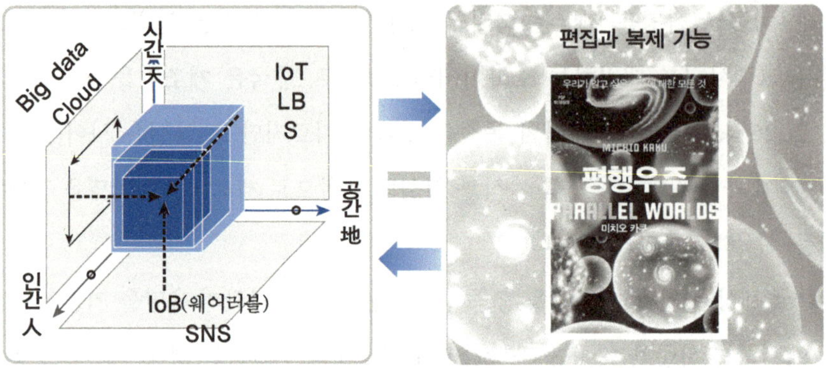

가상 세계의 예측(時間)과 맞춤(人間과 空間)으로
현실 세계의 최적화

자료출처 : 이민화(2018)의 '대한민국의 4차 산업혁명' 강의자료.

이런 유니콘들의 비밀은 현실의 한계를 극복하는 사업을 하고 있다는 것이다. 현실은 시간 · 공간 · 인간에 한계가 있다. 현실 세계에서 시간 · 공간 · 인간의 한계를 극복하는 방법은 시간 · 공간 · 인간을 자료화한 후 디지털 전환 기술을 이용하여 자료를 가상 세계로 옮기는 것이다. 그러면 현실에서 불가능했던 편집과 복제가 가능하게 된다. 현실 세계에서는 갑자기 눈을 키우고 코를 오똑하게 하는 것이 불가능하지만 포토샵에서는 얼마든지 가능하다. 이것이 디지털 트윈digital twin이다. 가상 세계에서 최적화된 것을 다시 현실로 가지고 나오는 아날로그 전환을 통해서 현실 세계가 최적화될 수 있다.

이 표준 예가 바로 항법장치navigator다. 항법장치에 목적지를 입력하면 현실 세계와 똑같은 교통 세계가 가상 세계에 만들어져 목적지까지 가는 최적의 공간을 맞

춰주고 정확한 도착 시간을 예측해 준다. 현실 세상에서 가봐야 아는 것을 가상 세계에서는 안 가봐도 알 수 있다. 지도, 자동차 및 교통로가 똑같다. 그런데 항법장치에서 얻을 수 있는 가치는 시간 절약, 에너지 절약 등 5조원이 넘는다.

O2O 융합은 공장, 병원, 학교, 여행 등 생활 구석구석으로 확대되고 있다. 이처럼 널리 퍼지게 된 이유는 이것이 현실과 가상 세계를 융합시키면서 디지털 전환과 아날로그 전환이 순환되어 최적화된 세상이 만들어지기 때문이다.

과거에는 항법장치를 만드는 비용이 많이 들어 O2O 융합이 활발하게 이루어지지 못했지만 이제는 자료 수집 · 저장 · 처리 비용이 많이 감소한 덕분에 만드는 비용보다 가치창출 효과가 더 커졌다. 결과적으로 우리 삶의 대부분 영역에서 O2O 융합이 확산되어 인간의 욕망을 더 쉽게 만족시킬 수 있다.

제4차 산업혁명은 자동화가 아니라 인간 생명의 자기조직화다. 현실 세계에서 자료를 오감처럼 사물인터넷IoT과 생체계측인터넷IoB이 수집한 자료를 클라우드에 저장하면 빅데이터가 되고, 이것을 인간의 전전두엽처럼 인공지능AI이 분석하면 시간을 예측하고 공간을 맞춰줘서 몇 시에 도착하고 어떻게 도착할 것인가가 나와 현

〈그림 11-5〉 4단계 융합과 O2O 평행모델

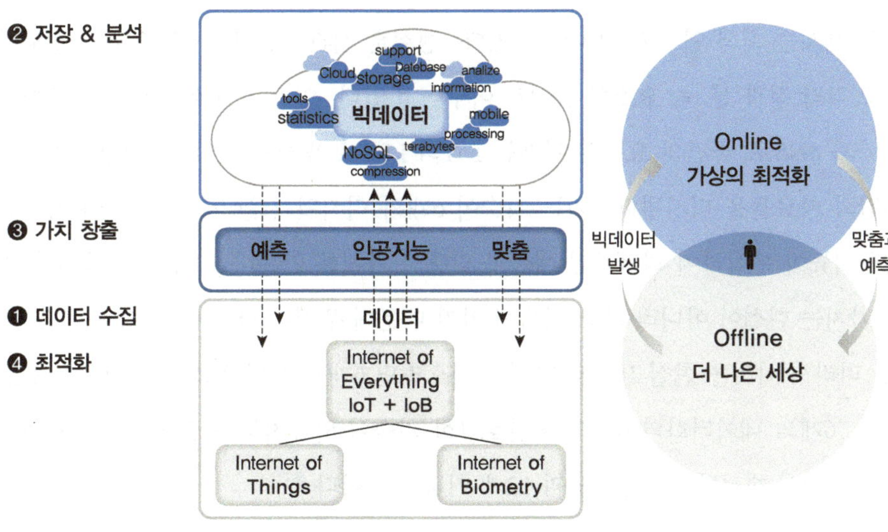

자료출처 : KAIST 문술미래전략대학원 · 이민화(2017), 198쪽에서 재인용.

실 세상이 최적화하는 수집, 저장, 질서, 최적화의 4단계 융합과정을 거치게 된다. 이 4단계 융합이 현실과 가상의 인간을 중심으로 융합하는 제4차 산업혁명에 똑같이 일어난다. 개별적으로 인공지능, 사물인터넷, 빅데이터, 클라우드 등이 어떤 관계를 갖고 있는가를 이해하지 못하면 제4차 산업혁명의 기술 모형을 이해하지 못한다. 따라서 특정 기술이 제4차 산업혁명을 대변하지 못한다. 다시 말해 제4차 산업혁명은 현실 세계에서 발생한 자료를 만들어서 가상화하고 가상 세계에서 최적화한 결과를 현실에서 예측과 맞춤을 한다.

이와 같이 자기 조직화된 세상을 만드는 것은 열린 세상에서 가능하다. 자동화는 닫힌 세상이고 반복되는 질서이나 자기조직화는 개방된 잘 짜여진 질서이다.

글로벌 유니콘들은 삶의 각 분야에서 현실과 가상을 융합하여 예측과 맞춤을 최적화하면서 인간의 놀고, 먹고, 공부하고, 일하고, 여행하고자 하는 욕망들을 충족시켜 예측과 맞춤의 가치를 만든다. 이와 같이 모든 것이 융합하는 데서 제품과 서비스는 이제 분리되지 않는다. 캐터필러 사는 제품 데이터를 통해서 사후 서비스[5]를 하고, 아마존은 서비스를 위해서 제품의 자료를 수집한다.

인공지능과 12개 기술모형은 제4차 산업혁명이 가지는 4단계 융합 개념과 현실과 가상의 융합 개념을 통합한다. [그림 11-6]에서 현실 세상은 회색의 바깥에, 가상 세계는 회색 안쪽에 배치되어 있다. 현실은 시간 · 공간 · 인간으로 구성되어 있고 각각 점과 선, 즉 요소와 관계로 이루어져 있다. 인간의 요소와 관계는 웨어러블[IoB]과 SNS로, 공간의 요소와 관계는 IoT와 LBS로 표시되어 있다. 시간 · 공간 · 인간의 자료들을 디지털화시키는 기술이 6개의 디지털 전환 기술이다. 이 자료를 인공지능이 분석하여 최적화된 예측과 맞춤의 가치를 만든다. 그런데 예측과 맞춤의 가치는 현실이 아니라 가상 세계에 있기 때문에 우리가 만질 수 없고 볼 수도 없다. 따라서 이것을 현실 세계로 가지고 나오려면 6개의 아날로그 전환 기술이 필요하다. 6개의 데이터화와 6개의 아날로그화 기술이 인공지능을 중심으로 순환하는 것이 여기서 제시하는 인공지능과 12개 기술 모형이다.[6]

---

5. 사후 서비스(after service)를 하는 것을 대비하여 사전 서비스(before servicce)를 함.

〈그림 11-6〉 AI와 12개 기술 모형

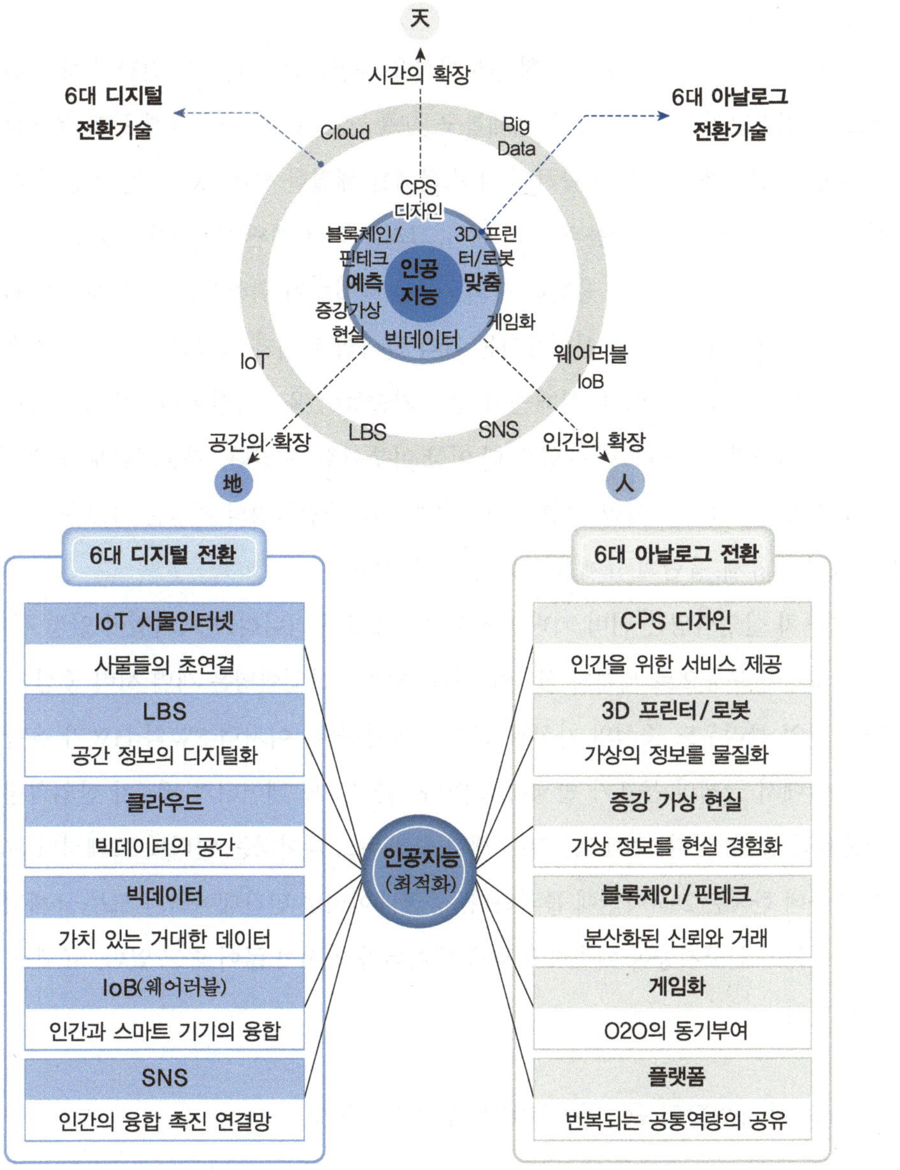

자료출처 : KAIST 문술미래전략대학원 · 이민화(2017), 203쪽과 이민화(2016), 34쪽에서 재인용.

6. 『대한민국의 4차 산업혁명』, 203쪽 참조.

제4차 산업혁명은 인공지능이 최적화한 결과를 다시 아날로그로 전환시키는 과정을 융합한 것이다.

사람을 위하고 사회를 위한 현실과 가상을 융합하는 기술들은 인간의 삶을 위한 제조업, 건강관리, 에너지, 보안, 재해복구, 교통, 집 · 건물, 기후환경 등의 문제들을 해결한다. 현실과 가상을 융합하여 사회 문제를 해결한 사례로는 특정 건물에 대한 에너지 시각화 및 조정, 소음과 대기 센서, 그리고 긴급 재난 복구 등이 있다.

그런데 가상과 현실을 융합해 사회문제를 해결하기 위해서는 규제 개혁이 필요하다. 과거 1기술 1산업의 시대에서는 각각 하나의 부서가 관장하는 새로운 기술로 새로운 산업을 만들었으나, 이제는 수많은 기술들이 융 · 복합된다. 이 융 · 복합되는 것을 제도가 가로막으면 융합은 더 이상 이루어질 수 없다. 기술개발보다 제도가 중요한 것이 제4차 산업혁명이다. 따라서 제4차 산업혁명의 핵심은 자료수집의 규제, 저장의 규제, 융합의 규제를 완화하는 데 있다.

제3차 산업혁명은 서버 기반의 SW 중심으로 우리나라 벤처기업이 앞장 서 인터넷 코리아 운동으로 세계의 선두에 섰다. 제4차 산업혁명은 개별 서버 중심이 아니고 산업 클라우드 중심의 가상과 현실이 융합한다. 이처럼 SW와 HW가 융합되자 한국에서 규제의 문제가 발생하고 있다. 클라우드 데이터가 제4차 산업혁명의 관문이라 할 수 있다. 2015년 기준 세계 클라우드 데이터는 인터넷 트래픽의 86%를 넘는데 한국은 2% 미만에 불과하다. 공공데이터와 민간데이터가 모두 규제되어 있기 때문에 인공지능이 예측하고 맞출 데이터가 없어서 굶어 죽고 있다. 규제를 풀어야 한다.

1.2 경제성장의 급격한 둔화와 실업의 증가

1) 경제성장의 급격한 둔화

한국이 당면한 근본 과제는 경제성장이 급격하게 둔화되고 저성장 기조가 지속되고 있는 점이다. 한국은 IMF 외환위기1997~1998년 전까지 30년 이상 연평균 8%

〈그림 11-7〉 기간별 잠재성장률

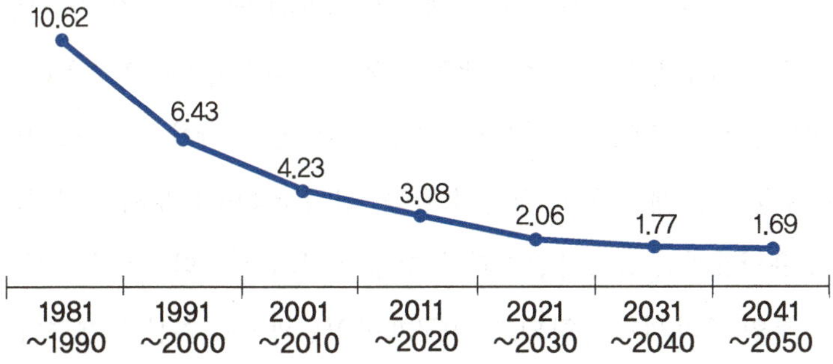

자료출처 : 한국경제연구원

수준의 경제성장을 유지하였다. 그러나 외환위기 후 연평균 경제성장률은 4.5% 수준으로 하락하였으며, 2002년 이후 2009년까지 지속적으로 하락하였다. 국내

표 11-2 각 산업의 취업유발계수와 고용유발계수

	취업유발계수			고용유발계수		
	2000	2005	2011	2000	2005	2011
농림어업	66.6	49.9	34.6	8.3	7.6	6.1
광업	14.7	11.8	9.1	11.4	9.4	7.3
제조업	15.2	10.9	7.2	10.0	7.8	5.4
SOC	18.8	14.4	10.6	15.4	12.6	9.4
창조서비스업	26.1	18.8	15.8	20.7	15.6	13.4
방송	17.7	12.4	9.7	13.3	10.0	7.8
연구활동	18.1	15.6	13.4	16.2	14.3	12.2
사업서비스	19.6	15.2	13.8	15.4	12.6	12.0
교육	33.9	22.8	18.8	29.4	20.2	16.5
문화 · 오락	29.6	19.3	15.9	18.3	12.6	10.5
기타 서비스업	25.3	19.1	15.9	15.3	12.6	10.9
전 산업	21.3	15.8	11.6	13.6	11.1	8.5

주 : 취업유발계수 = $\hat{l}(I - A^d)^{-1}$, 고용유발계수 = $\hat{l}_e(I - A^d)^{-1}$

자료출처 : 김승주(2013)에서 인용.

경제성장률은 2010년 6.5% 기록한 후 계속 하락하여 2014년 3.3%를 기록하여 저성장 기조가 고착화되고 있다. 또한 생산과 고용의 연결고리가 약화되어 고용증가가 미미하고 신수종사업의 발굴부재로 성장잠재력이 지속적으로 하락하고 있다.

또한 산업구조의 고도화 과정에서 국내 투자여건의 악화, IT 등 고용절약적 산업의 발전, 부품과 소재 산업의 경쟁력 취약, 신성장동력 확보의 부재 등으로 국내 경제의 취업유발효과와 고용유발효과가 크게 약화되고 있다. 또한 노동과 투자 등 생산요소의 투입 증가세가 둔화되고, 연구개발역량과 인적자본 경쟁력의 취약에 의한 총요소생산성 향상의 부진으로 잠재적 성장률이 급속히 하락하고 있다. 정치체제의 불안정성, 법 · 제도의 후진성, 노사 간 · 계층 간 갈등과 대립 심화로 국내 사회자본이 취약한 점도 성장잠재력 하락 요인으로 작용하고 있다.

2) 실업의 증가

실업문제는 한국이 당면하고 있는 가장 심각한 문제 중의 하나이다. 1990년대 중반까지만 해도 한국의 실업률은 2% 수준으로 거의 완전고용 상태였으나 외환위기를 겪으면서 실업률이 7%대로 크게 증가하여 실업이 심각한 사회문제가 되었다. 외환위기 후 2008년까지 일시적으로 통계상 실업률이 4% 이하로 떨어져 개선되는 듯했다.

2014년 한국의 통계상 실업률은 3.5%로 미국6.2%, 프랑스10.3%, 독일5.0%, 일본3.6%에 비해 매우 양호한 것으로 나타났지만 여기에는 취업준비자, 구직단념자 등을 포함하지 않아 실상은 훨씬 심각하다고 할 수 있다.황수경(2011) 2012년 한국경제신문과 현대경제연구원이 공식실업자에 구직단념자와 취업준비자, 취업무관심자를 포함하여 계산한 2011년 실질실업률은 11.3%로 같은 해 공식실업률 3.4%에 비해 훨씬 높게 나타난다.[7]

한국의 실업문제가 가장 심각한 계층은 청년층이다. 15~29세 청년실업률은

---

7. 『한국경제』, 2012년 1월 16일.

1991～1995년 연평균 5.7%에서 2006～2010년 연평균 7.7%로 증가하였으며, 2013년에는 8.0%, 2016년 6월에는 10.3%를 기록하였다. 청년실업률이 고착화되면서 취업을 위해 졸업을 미루는 학생이 많아졌기 때문에 대학의 휴학생 비율은 22%에서 32%로 급증하였다. 그 외에 취업기회의 부족으로 고통을 받는 또 하나의 계층은 상당한 수준의 교육을 받은 여성들과 은퇴한 고학력 인력들이다.

한편, 한국의 경제성장 둔화로 54～55세의 많은 근로자들은 일반기업들의 정년인 57세보다 조기 퇴직해야 했고 퇴직 후 생산성이 낮은 자영업 등에 종사할 수밖에 없는 처지가 되었다.

1.3 총인구와 생산가능인구의 감소

한국 인구는 2015년 5,100만 명으로, 급격히 진행되고 있는 낮은 출산율과 고령화로 인해 2030년에 5,200만 명을 정점으로 한 후 2060년 4,400만 명으로 감소하고, 생산가능인구는 2016년 3,704만 명으로 정점에 도달한 후 2060년 2,187만 명으로 감소할 전망이다. 한국의 생산가능인구 비중은 1966년[53.0%] 이후 계속 증가하여 2012년 73.1%로 정점에 이르렀지만 2015년 73.0%로, 2030년에 63.1%, 2060년에는 49.7% 수준까지 급격히 낮아질 전망이다. 한국의 신생아 수는 1970년 약 100만 명에서 2015년 약 44만 명 수준으로 감소하였다. 같은 기간 가임여성 1인당 출산아 수[합계 출산율]는 4.53명에서 1.24명으로 세계에서 4번째로 낮다. 한국의 고령인구 구성비는 2015년 13.1%에서 2020년에는 15.7%로 증가하여 본격적인 고령사회로 진입한다. 이런 추세가 이어진다면 2060년 40.1%까지 고령인구 구성비는 계속 증가할 것으로 예상되며, 세계 국가[지역] 중 2015년 51번째에서 2060년 2번째 수준으로 높아질 전망이다.

고용 인구는 2010년 2,384만 명에서 2050년 1,907만 명으로 감소하고 같은 기간의 중추적 노동인구[25～54세]의 고용은 1,769만 명에서 959만 명으로 감소할 전망이다. 이러한 고용인구의 감소는 고용된 근로자 1인당 생산성이 크게 향상되지 않는

〈그림 11-8〉 생산가능인구 비중 추이 및 전망

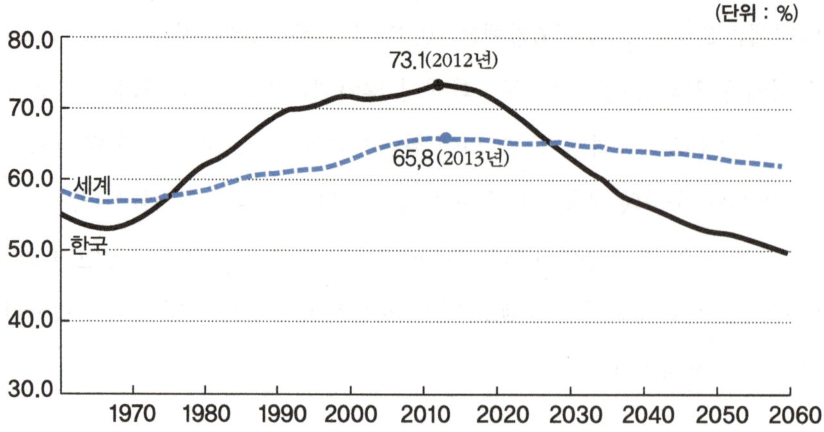

자료출처 : 통계청, KOSIS

한 GDP를 감소시킴은 물론 국내 총수요를 감소시켜 GDP를 더욱 축소시킨다.

65세 이상 고령인구와 15세 미만의 유소년인구를 생산가능인구로 나눈 부양인구 비율은 2015년 37.0%에서 2060년 101.0%로 급속히 증가할 것으로 추정된다. 세계의 부양인구 비율은 2015년 52.1%에서 2060년 61.4%로 증가할 것으로 예상된다. 세계의 노년부양인구 비율생산가능인구당 고령인구 비율은 2015년 12.5%에서 2060년 28.3%로 증가하고, 한국의 노년부양인구 비율은 2015년 17.9%에서 2060년 80.6%로 4.5배로 증가할 전망이다. 따라서 한국의 노년부양인구 비율도 세계 국가지역 중 2015년 54번째에서 2060년 3번째 수준까지 오를 것으로 전망된다.

이와 같은 인구절벽은 일본의 잃어버린 25년을 야기했듯이 한국에서도 심각한

〈그림 11-9〉 한국의 합계출산율 추이

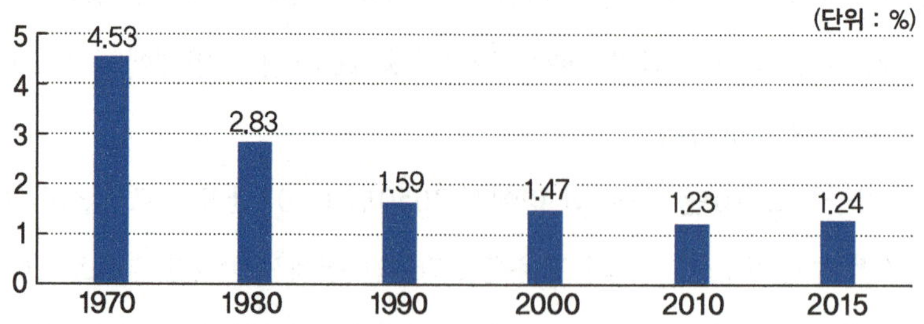

자료출처 : 통계청, KOSIS

사태를 야기시킬 것이다. 세계 제3위 경제대국이고 2015년 1인당 GDP가 32,486 달러인 일본의 잃어버린 25년의 결과는 농촌이 유령농촌이 되고 확장기에 건설한 신도시가 유령도시가 되어 한 마을과 큰 아파트 단지에 몇 가구밖에 살지 않아 마을은 썰렁하고, 관리비로 운영되는 승강기를 운행할 수 없어 노인들은 고층아파트를 힘겹게 걸어서 오르내릴 정도로 참담하다. 일본의 소득구조는 중산층이 두꺼웠던 양파형에서 중산층의 상당수가 하층으로 전락한 표주박형으로 변하여 노인 빈곤율이 경제협력개발기구OECD에서 최고인 한국을 바짝 뒤쫓고 있다고 한다. 아래층이 무너지고 중산층이 급속히 위험해지면서 경제가 급속도로 위험해져 까딱하면 한계가계로 떨어지는 것이 불안한 중산층은 소비를 안 하고 싼 것을 찾게 된다. 그 결과 가격 파괴가 나타나 본격적인 디플레이션 현상이 진행된다. 이와 같은 일본 붕괴 직전의 현상이 우리에게 그대로 나타나고 있다.

현재 우리나라의 노인 빈곤율이 50%에 가까운데 일본처럼 인구절벽, 소득절벽의 전철을 밟으면 노인 빈곤율이 얼마나 높아질 수 있을까? 이에 대한 준비는 일부 기업만 하고 있지 개인도 국가도 아무런 대비를 하지 않는다. 정부가 이를 경고하고 대책을 마련해야 한다.

지금이라도 정부는 생산가능인구를 늘리는 데 온 힘을 쏟아야 한다. 물론 인구를 단기간에 늘리기는 어렵지만 그래도 해야 한다. 급한 대로 출산휴가와 직장 내 보육시설을 늘리고 국내입양을 늘리며, 중국조선족, 새터민, 다문화가정을 우대하는 정책과 적극적 이민정책을 펴야 한다.

저출산과 고령화로 GDP 대비 복지 및 보건 지출은 2010년 7.2%에서 2050년 15%대로 증가하고, GDP 대비 정부 재정지출 비중은 23.6%에서 32%대로 상승하게 되어 재정건전성은 크게 악화될 것이다. 이런 상황을 미리 방지하려면 생산가능인구의 조기퇴출 지연, 여성의 저조한 경제활동 참가율의 제고, 획일적 징병제의 개선 및 군복무기간 동안의 역량개발에 큰 관심을 가져야 할 것이다.

2016년부터 시행된 정년 60세 제도로 생산가능인구의 조기퇴출은 완화되었으나 평균 기대수명 80세시대에 대한 제도개선이 요구된다. 그러나 아직도 각각 69

세, 65.6세, 63.5세인 일본, 미국, OECD 평균 은퇴연령과는 큰 차이가 있다.

한국의 여성 경제활동 참가율은 2011년 54.9%로 OECD 평균 61.8%(미국 67.8%, 프랑스 66.1%, 일본 63.0%)보다 매우 낮다. 특히 25~54세의 여성 고용률은 61%로 OECD 평균 66%보다 5%가 낮다. 여성 경제활동 참가율이 낮은 이유는 여성의 과중한 가사노동 시간, 임금차별, 경직적인 기업문화 등이 복합적으로 발생한 결과이다. 2009년 30~59세의 한국 여성은 주당 평균 31.8시간을 가사노동에 쓰는 것으로 나타났다. 또한 여성 근로자의 평균임금은 남성 근로자의 62%밖에 안 되는 등 여성의 시장노동에 대한 차별이 존재하고 있다.

한국의 거의 예외 없는 징병제는 대부분의 청년으로 하여금 20대 초에 최소한 2년간 군에서 복무하게 한다. 따라서 군복무로 인해 한국 남성이 높은 수준의 교육과 기술을 습득하는 데 가장 좋은 시기를 놓치지 않도록 개선하는 것도 개인 차원뿐만 아니라 국가발전 차원에서도 필요하다.

1.4 소득분배의 급속한 악화

한국의 소득분배는 1970년 대 중반 이후 추진된 중화학공업 육성정책으로 인해 일시적으로 악화되었으나 1980년대 초에 추진된 안정화 시책과 그로 인한 높은 경제성장 및 1980년대 후반부터 가속화된 임금상승 등으로 1990년대 초까지 지속적으로 개선되어왔다. 이 기간에 지니계수는 1982년 0.316에서 1992년 0.254로 개선되었다. 이는 세계은행(1993)이 인정하였듯이 한국이 높은 경제성장으로 지속적인 자본축적과 상대적으로 공평한 소득분배를 병행하여 성장과 분배라는 자본주의의 기적을 이룩한 것을 의미한다.

그러나 그 후 다시 악화되기 시작하였고 특히 1997~1998년 외환위기를 겪으면서 지니계수는 더욱 급격히 악화되었다. 지니계수는 1999~2000년 및 2002~2003년에는 일시적으로 개선되었으나 그 뒤 지속적으로 악화되었다가 2009년 이후 약간 개선되고 있다.

지니계수는 한 국가의 가구 간 소득불평등도를 나타내는 가장 대표적인 지표이다. 소득불평등의 심화는 경기활성화와 경제성장을 저해하고 더 나아가 사회적 불안을 야기하므로 이를 파악하는 것은 매우 중요하다.

세후소득인 처분가능소득으로 작성된 지니계수를 살펴보면, 2014년 기준 전체 가구전국, 1인 가구 및 농가 포함의 지니계수는 0.302로 2012년의 0.307에 비해 미미하게 하락하였다. 도시 2인 이상 가구를 대상으로 작성된 지니계수는 0.278로 전체가구의 지니계수보다 낮은 수치를 보여 도시가구 간 소득불평등도가 상대적으로 낮은 것을 알 수 있다. 전체가구와 도시 2인 이상 가구 모두 2010년 이후 지니계수가 다소 하락하였다.

소득의 범위를 세전소득인 시장소득과 세후소득인 처분가능소득시장소득 + 공적 이전소득 – 공적 비소비지출으로 달리 정의하여 각각의 소득에 대한 지니계수를 산출하면 세금을 통한 정부의 소득재분배정책 효과를 가늠할 수 있다. 2006년과 2014년 시장소득 지니계수는 각각 0.330과 0.341인 반면 처분가능소득 지니계수는 각각 0.306과 0.302로 두 시기 모두 정부의 공적 소비지출 후 지니계수가 하락하였다. 이를 통해 정부의 소득재분배정책에 의한 소득불평등 개선 효과를 확인할 수 있다.

표 11-3 지니계수

		1990	2000	2006	2009	2013	2014
처분가능소득 (세후)	전체 가구	–	–	0.306	0.314	0.302	0.302
	2인 이상 비농가	–	–	0.291	0.294	0.28	0.278
	도시 2인 이상 가구	0.256	0.266	0.285	0.295	0.28	0.277
시장소득 (세전)	전체 가구	–	–	0.33	0.345	0.336	0.341
	2인 이상 비농가	–	–	0.312	0.32	0.308	0.309
	도시 2인 이상 가구	0.266	0.279	0.305	0.32	0.307	0.308

주 : 1) 처분가능소득(세후소득) = 시장소득 + 공적 이전소득 – 공적 비소비지출, 시장소득(세전소득) = 근로소득 + 사업소득 + 재산소득 + 사적 이전소득

2) 가계동향조사는 2001년까지는 도시 2인 이상 가구를 대상으로 조사하였고, 2003년부터는 2인 이상 비농가 가구까지 대상을 확대하였으며, 2006년부터는 1인 가구를 포함한 전체 가구로 대상을 확대함.

자료출처 : 통계청, 「가계동향조사」, 각 연도.

국가 간 소득분배 정도를 비교하기 위하여 OECD에서 발표한 2010년 기준 처분가능소득 지니계수를 살펴보면, 한국은 0.310으로 OECD 34개 회원국 가운데 18번째이고 OECD 평균인 0.314보다 낮다. 스웨덴[0.269], 헝가리[0.272], 독일[0.286] 등이 한국에 비해 지니계수가 상대적으로 낮고 미국[0.380], 영국[0.341], 일본[0.336] 등은 한국보다 지니계수가 상대적으로 높다. 지니계수[G]의 값과 소득분배 간의 관계는 $G <$ 0.40는 고균등분배, $0.50 > G > 0.40$는 저균등분배, $G > 0.50$는 불균등분배이다. 송병락(2010), 233쪽 참조

2000년부터 2010년까지 한국의 지니계수는 미국에 비해 낮기는 하였지만, 한국의 지니계수는 6% 상승한 반면, 미국의 지니계수는 1.5% 상승하였다. 한국의 지니계수 악화속도는 미국의 거의 4배에 달할 정도로 매우 빨랐다. 이처럼 한국의 지니계수가 급속히 상승한 가장 중요한 요인은 경제성장 둔화로 인한 청년실업률 증가와 대기업에 의한 자본 및 기술 집약적인 공산품 수출증가로 판단된다.

1989년 냉전이 종식되고 디지털혁명으로 인한 세계화 과정에서 한국의 단순기술 및 노동집약적 산업은 임금이 낮은 중국 · 동남아 국가로 이동하였고 국내기업들은 부가가치가 높은 지식기반 첨단산업에 주력하게 되었다. 그 결과 국내의 단순기술 근로자들은 실업과 저임금 압력에 시달리게 된 반면에, 높은 교육과 첨단기술을 보유한 근로자들의 임금과 소득은 증가하여 이들 간의 임금격차가 크게 벌어졌다. 이런 현상은 한국뿐만 아니라 선진국에도 나타난다.

이상과 같은 여러 가지 다양한 요인들에 의해 초래된 급속한 소득분배의 악화는 중산층을 감소시켰을 뿐만 아니라 사회계층 간 갈등과 마찰을 격화시켜 사회적 화합과 통합을 저해하였다. 특히 지난 수년간에 걸친 한국사회에서의 빈부격차는 이에 대한 정치적 논의뿐만 아니라 복지에 대한 사회적 수요가 급격히 커지는 결과를 가져왔다.

1.5 만성적 기술무역적자의 극복

한국경제의 만성적 기술무역적자를 극복하기 위해서는 신기술개발과 기술혁신이 절실하다. 한국은 지난 60년간 기술혁신과 기술개발의 중요성을 충분히 인식해 많은 노력을 하여 훌륭한 성과를 거두었다. 건국 초부터 많은 우수한 인력을 양성하고 국책연구소와 민간연구소 등을 설립하여 선진기술의 조속한 도입과 토착화뿐만 아니라 신기술개발과 기술혁신에 많은 정책적 노력을 하였다. 이런 노력의 결과 1970년대 후반 이후 철강 · 조선 · 기계 · 자동차 · 화학 · 반도체 · 정보통신 분야의 제품들이 한국의 주력 수출품이 되었다.

최근에 한국은 삼극특허[8] 취득 건수 면에서는 미국, 일본, 독일, 프랑스에 이어 세계 5위에 이르렀으나 대부분이 저기술산업과 관련된 것이고 활용도도 높지 않아 신기술개발과 혁신 면에서 많은 도전에 직면하고 있다. [그림 11-10]에 나타난 바

〈그림 11-10〉 한국의 기술무역 추이(2002~2014년)

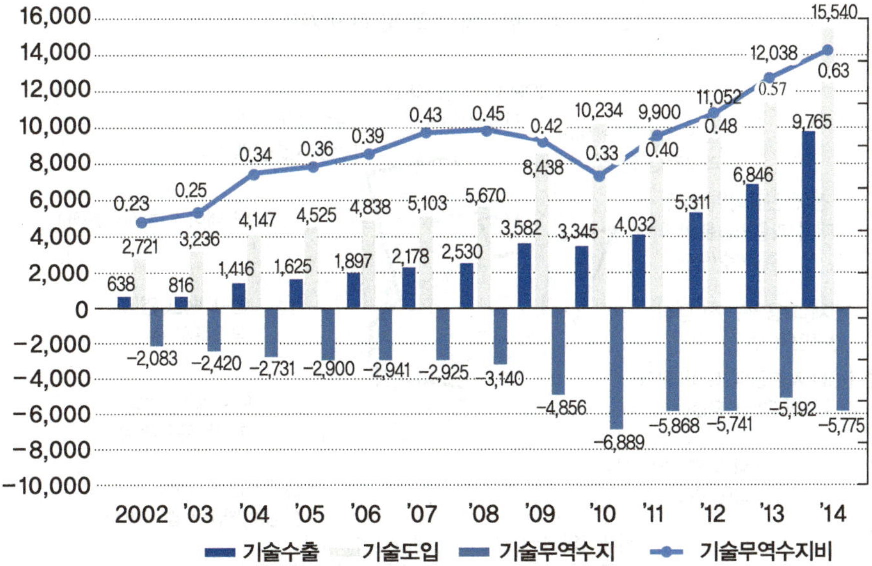

자료출처 : 미래창조과학부

8. 삼극특허(triadic patent)란 전 세계 특허를 주도하는 미국특허청(USPTO), 일본특허청(JPO), 유럽특허(EPO) 3개국의 특허청에 모두 등록된 특허를 말한다.

와 같이, 한국은 특히 GDP 대비 연구개발 투자 면에서 선진국 수준이면서도 만성적인 기술무역수지 적자를 나타내고 있으나 기술무역수지비기술수출액/기술도입액가 2010년 0.33에서 2014 0.63으로 5년 연속 개선되는 추세다. 한국의 2014년 기술무역 규모는 전년보다 34.0% 증가한 253.1억 달러, 기술수출은 42.6% 증가한 97.7억 달러, 기술도입은 29.1% 증가한 155.4억 달러이다.

2011년 OECD 과학기술 보고서에 의하면 한국은 OECD 34개국 중 GT 분야에서는 3위를 차지하였지만 BT와 NT는 각각 28위와 19위에 머물러 있어 신기술 분야는 많이 뒤처져 있다. 또한 한국의 기술개발 노력과 성과는 대기업 중심으로 이루어져 정보통신 및 자동차 기술 분야에서 앞서 있으나 대학의 기초과학 연구와 산학협동이 매우 부진하여 중견기업과 벤처기업에 의한 신기술 개발과 혁신이 창출되지 못하고 있다. 더구나 한국경제의 지속적인 성장을 위해서는 서비스 부문의 성장이 필요하나 이 부문의 기술혁신을 위한 노력이 거의 없다는 것도 문제이다.

[그림 11-11]에서 보는 바와 같이 한국은 GDP 대비 벤처자금, 서비스산업의

〈그림 11-11〉 한국의 과학 및 혁신 개요

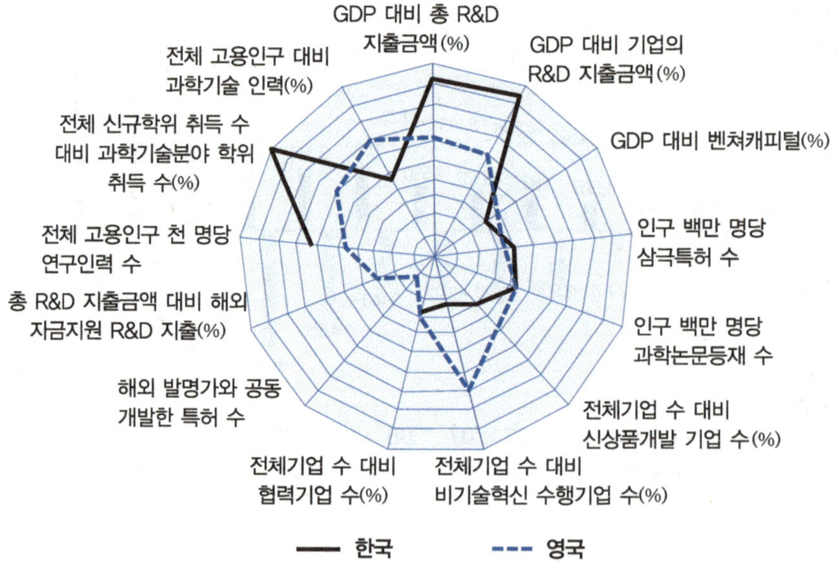

자료출처 : OECD, *OECD Science Technology and Industry Outlook 2010*, 2010. p. 199. 김기환(2013) [그림 3-15]에서 인용.

〈그림 11-12〉 PCT 국제출원 가운데 해외 발명협력에 의한 특허 비중

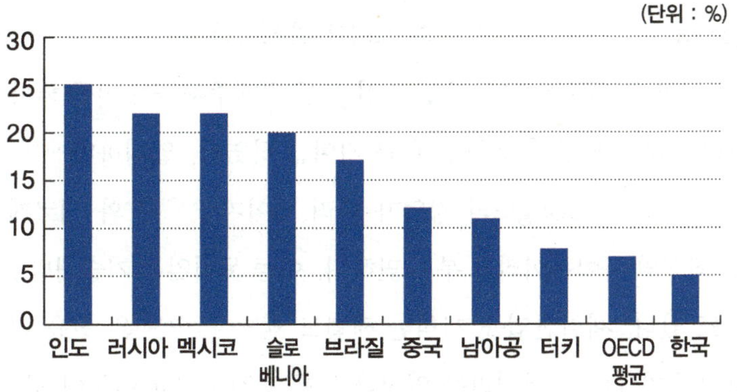

자료출처 : OECD, *OECD Science Technology and Industry Outlook 2010*, 2010. p. 199. 김기환(2013) [그림 3-16]에서 인용.

비기술적 혁신 수행기업, 신상품 개발기업 수 및 총 R&D 지출금액 대비 해외자금 지원 R&D 지출 측면에서 OECD 회원국 평균보다 뒤쳐져 있다. 즉, 중소기업 설립 자금 지원이 부족하고 대부분의 산업 R&D 투자가 대기업 중심으로 수행되며, 고부가가치 산업으로 쉽게 전환되지 않고 있다. 또한 한국은 해외의 우수한 기술력을 보유한 국가나 기관과 협력하면 더 다양하고 우수한 기술을 개발할 수 있는데도 불구하고 이들과 협동하지 않고 단독으로 기술을 개발하고 있다. 한국의 해외 발명협력에 의한 특허 비중은 OECD 평균뿐만 아니라 브릭스Brazil, Russia, India, China ; BRICS 국가 등과 비교해도 상당히 낮다.

특히 현시점에서 기술개발과 기술혁신이 필요한 분야는 자원과 에너지 및 항공우주 분야이다. 특히 인구에 비해 부존자원이 턱없이 부족한 한국은 자원과 에너지 관련 기술 개발과 혁신 없이는 경제발전이 불가능하다. 한국은 GDP 대비 R&D 투자비중이 세계의 거의 모든 나라에 비해 높으면서도 기술무역수지는 계속 적자를 기록하고 있다.

새로운 기술은 기술소유자뿐만 아니라 그 기술을 사용하여 제품을 만드는 과정에 있는 수많은 경제주체들에게 혜택을 주어 모두가 혜택을 보게 한다. 예를 들면, 개인용 컴퓨터personal computer를 발명하고 개발한 마이크로소프트Microsoft의 빌 게이

츠Bill Gates와 폴 앨런Paul Allen, 애플 컴퓨터회사Apple Inc.를 창립하여 iPhone, iPad 등을 만든 스티브 잡스Steve Jobs(1955~2011)와 스티브 워즈니악Steve Wozniak은 억만장자가 되었을 뿐만 아니라 그 제품을 만들어 팔고 산 모든 경제주체들이 이루 헤아릴 수 없는 혜택을 누리게 하여 인류생활 향상에 큰 기여를 하였다. 알리바바Alibaba 그룹의 마윈Ma Yun(미국명 Jack Ma), Google의 창업자 래리 페이지Larry Page와 세르게이 브린Sergey Brin 등은 혁신의 아이콘이라고 부를 만하다. 이들 못지않은 기술개발로 혁신을 일으킨 이는 또 있다. 셰일산업을 개척한 해럴드 햄Harold Hamm은 원유 값이 올라 140달러까지 치솟자 117억 달러라는 엄청난 부를 축적하였고 미국이 앞으로 300년 이상 에너지를 독립할 수 있도록 하였으며, 원유 값이 40달러 이하로 떨어지게 하여 지구상의 인류를 위해 엄청난 혜택을 주었다.[9] 이들은 모두 인류에게 엄청난 편리함과 혜택을 주었으므로 대표적인 홍익인간이라 할 수 있다.

따라서 획기적인 기술개발은 창업자뿐만 아니라 모든 경제주체들을 포함한 사회 전체가 부를 축적할 수 있게 하고 생활의 질적 향상을 불러와 혜택을 준다고 할 수 있다. 이와 같은 부의 창출과 축적은 과거에 축적된 부로부터 얻어진 것이 아닌 인류의 삶을 크게 향상시킨 대가로 이루어진 것이므로 부의 집중과 불균등성을 초래한다고 하더라도 적극 장려되어야 한다.

부의 축적은 장·단점이 있는데 장점은 동기부여와 경제성장의 촉진, 단점은 소수의 부호에 의한 금권정치 또는 정치적 영향력의 행사가능성이다. 따라서 성장을 저해하지 않는 범위 내에서 재분배정책을 시행하는 것이 현명할 것이다.

우리는 제2의 마이크로소프트, 애플, 셰일오일, 알리바바, 구글 등이 출현하도록 장려해야 한다. 국내에서도 제2의 삼성, 현대, LG, SK 등이 나오도록 장려해야 한다. 기존의 대기업들 내에서도 혁신적인 새로운 제품들이 나와 기술개발자들이 신흥재벌로 성장을 할 수 있어야 하며, 그럼으로써 우리나라의 경제발전이 계속되도록 해야 한다.

---

9. 빌 게이츠, 스티브 잡스, 잭 마윈 및 햄이 부를 축적한 좀더 자세한 내용은 이학용(2015) 참조.

1.6 상황에 맞는 제도의 개선

오늘날 국가 간의 경쟁은 결국은 제도의 경쟁이다. 한 국가가 시대와 환경에 맞는 좋은 제도를 갖고 있는가의 여부가 국가의 경쟁력과 장래를 결정짓는다는 점에서 제도의 개선은 우리가 당면하고 있는 가장 중요한 문제이다. 제도는 법을 통해서 형성되고 변천과정을 거쳐서 현실에 적용된다.

우리나라 제도는 압축적 성장과정을 거쳐 오면서 여러 가지 문제를 안게 되었다. 그 문제점들을 살펴보자. 첫 번째로, 경제는 경제적 판단에 따라 결정되어야 하나 경제가 정치화되고 있다. 두 번째로, 명시적 제도와 묵시적 제도의 괴리가 크다. 삼권분립이 법으로 명시되어 있지만 국회가 권한을 많이 가지고 있으면서도 제 기능을 충분히 하지 못하고 있다. 또한 제도는 있지만 그것을 무색하게 하는 유착과 담합이 심하여 경제적 자유도가 위축되고 있다. 마지막으로, 압축적 산업화와 민주화 및 세계화가 진행되면서 기업의 시장권력이 국가권력을 압도하여 기업들의 성장과정에서 일어났던 국민의 지원과 희생에 대한 보상이 공평하게 분배되지 못하고 있다. 이 때문에 사회적 불신이 존재한다. 우리가 당면한 환경은 빠른 제도개선을 필요로 하지만 이를 추진하기 위한 사회적 공감대와 신뢰는 상당히 취약하여 많은 문제를 야기하고 있다.

규제나 정책의 입안도 전문성을 갖고 하기보다는 정치적 및 대중 영합적으로 이루어져 국가와 국민을 위한 것인지 특정 지역이나 계층을 위한 것인지 구분이 안 되는 때도 있다. 좋은 취지와 요소를 가진 많은 규제와 제도들이 대한민국을 형성하고 있지만 정치적 영향력으로 운영이 제대로 안 되어 개선하여야 할 여지가 많다. 경제적 판단에서 정치를 배제하여 제도를 실행할 경우 한국은 도약할 수 있는 새로운 기회를 만들어'낼 수 있을 것이다.

정부개입을 정당화시키는 경제적 상황은 완전경쟁의 가정을 무력화하는 규모의 경제, 외부성, 불완전한 정보, 유치산업 보호 혹은 기초연구의 필요성 등이 있는 시장이 실패하는 경우이다. 시장실패가 있는 자유방임경제의 경우에는 파레토 효율이 달성되지 않으므로 정부의 개입이 필요하다. 정부개입의 가장 중요한 부문은 가격이나 동기에 반응하지 않는 구조적 경직성으로부터 유래한다. 자본의 부족 및 고비용, 수요의 불확실성 및 정보의 부족으로 인한 위험성은 많은 국가들이 투자를 꺼리게 한다.

시장이 실패할 때 정부가 개입해야 한다는 논리는 정부가 민간보다 더 수준 높은 정보, 지식 및 정의를 갖고 있다는 전제가 깔려 있다. 그러나 우리가 꼭 유의해야 할 점은 과거에 비해 현재는 민간부문이 정부부문 못지않게 전문적 역량을 갖추고 있다는 것이다. 따라서 정부의 실패를 가져올 가능성이 많은 정부의 개입은 민간부문의 기업가나 전문가 의견을 충분히 반영하여 신중하게 할 필요가 있을 것이다.

정부의 역할은 중요하지만 지식과 혁신기반 경제를 위한 여건을 조성하고 전략과 유인동기를 제공하는 데 그쳐야 한다. 정치적 및 사회적 안전보장, 불확실성이나 위험성을 제거하고 자원의 효율적인 배분을 왜곡시키기 위한 규제의 개혁, 정보의 공개와 개방, 정보의 공유와 협력을 위한 부처 간 칸막이 제거, 정경유착과 부패의 척결, 과학기술자와 기업가의 역량발휘, 포용적 제도의 확립 등이 정부가 꼭 해야 할 부분이다.

1.7 중국경제의 부상과 성장 둔화

중국은 200년 전까지 거의 2000년 동안 세계 제1의 상업 국가였고 부국富國이었다. 따라서 중국의 부를 단순히 일시적인 현상이 아니라 장구한 역사성을 지닌 주류적 흐름으로 파악해야 한다. 중국인은 부자가 되려는 염원과 열망을 품고 자신의 생업과 교역활동 의지로 충만하다. 사마천은 『사기』의 「화식열전貨殖列傳」에서 천하의 사람들이 활동하는 것은 모두 이익 때문이며, 물이 흐르듯 자연스럽고 자발적인 교역활동을 도道와 자연의 흐름이라고 주장한다.[10] 가장 좋은 정책은 경제성장의 자

10. 화식은 재산을 늘림 혹은 농상공업의 경영이라는 의미이다.

연 규율을 준수하여 상인 활동에 개입하지 않는 것이며, 가장 나쁜 정책은 국가가 자연자원과 상공업생산을 독점하여 백성과 이익을 다투는 것이라고 하였다.신동준(2012)

중국은 1978년 덩샤오핑Deng Xiaoping에 의한 경제개혁개방 이후 최근까지 연평균 10% 가까운 고속성장을 한 결과 2010년 일본을 제치고 세계 2위의 경제대국이 되었으며, 2015년 GDP는 11조 3,830억 달러를 기록하였다. 2012년 중국의 무역규모는 3조 8,675억 달러로 3조 8,218억 달러를 기록한 미국을 제치고 세계 1위의 무역대국이 되었으며, 2015년에는 3조 9,535달러를 기록하였다. 그리고 구매력 기준으로 평가된 중국의 GDP가 IMF는 2016년, 세계은행은 2020년, 골드만삭스는 2027년에 미국의 GDP를 추월할 것으로 전망하고 있다.

표 11-4 **중국경제의 국제적 위상 변화** (단위 : 억 달러)

	금액	세계순위	금액	세계순위
경상GDP	1,612(1975)	8위	113,830(2015)	2위
교역규모	380(1982)	19위	39,535(2015)	1위
외환보유액	23(1977)	29위	33,304(2015)	1위

자료출처 : World DataBank, *World Development Indications* ; IMF, *World Economic Outlook Database* ; 무역협회 ; 중국무역통계 ; CIA, *World Factbook Database*, 한국은행, 『주요경제지표』.

이와 같은 중국경제의 부상은 한국경제에 긍정적인 영향을 주어 한 · 중 교역이 크게 확대되었다. 한국의 대중국 수출은 2001년 대일본 수출을, 2003년 대미국 수출을 각각 추월하였고, 2011년 이후 전체 수출의 25% 이상을 차지하고 있다. 2000년대 들어와 한 · 중 무역규모가 빠르게 확대되면서 한국의 무역수지가 대중국 무역수지와 동조화되는 경향을 보였고, 이와 같은 대중국 무역흑자는 한국의 GDP의 증대에 크게 기여하였으나 여러 가지 문제도 야기하였다.

중국은 자국의 경제발전을 위하여 한국기업을 적극적으로 유치하는 정책을 펼쳤다. 그 결과 한국기업들이 임금과 지대가 상대적으로 싼 중국으로 생산설비를 이전하면서 일부 국내산업이 공동화되어 국내산업의 고용 및 존립기반을 침식하여 고용과 내수가 위축되었으며 소득분배를 악화시켰다. 또한 중국은 과학기술을 중시하는 정책을 추구해 기술 수준이 빠르게 성장하였으며, 산업구조의 고도화와 중국 토종기업의 약진을 이룰 수 있었다. 그 이후 한국의 주력 산업인 철강, 조선, 자동차, IT 등을 빠르게 추격하여 주력 수출산업에서 한국과 중국은 경쟁관계에 놓이게 되었다.

1978년 경제개혁 이후 35년간 '후진국의 이점'으로 중국의 1인당 GDP는 1979년 62달러에서 2015년 7,856달러로 증가하였고 GDP 연평균 성장률은 약 10%였지만 2010년 성장률이 10.6%로 정점을 찍은 후, 혁신의 부족 및 인구구조의 변화로 2011년부터 둔화되어 2015년 6.9%를 기록하였다. 향후 5년간 중국의 경제성장률은 6~7%로 둔화된 채로 새로운 상태로 진입할 것으로 보이며, 이를 시진핑 주석은 중국경제의 '신창타이新常態 : New Normal'라고 불렀다. 신창타이의 특징은 다음과 같다. ① 성장은 앞으로도 둔화될 것이다. ② 중국 경제와 산업 개선은 계속될 것이다. ③ 중국 경제는 과거에 투자와 수출비중이 매우 높았으나 이런 구조가 변하고 중국의 소비가 새롭게 떠올라 재균형이 발생할 것이다.[11]

중국은 미국과 일본 중심으로 운영되는 세계은행과 아시아개발은행에 대항하기 위해 '신新실크로드'라는 이름으로 육상 및 해상 교통망을 연결해 기반시설 투자를 늘리고 인접 신흥국가들을 경제적으로 지원하기 위해 2014년 10월 자본금 500억 달러로 아시아인프라투자은행Asian Infrastructure Investment Bank ; AIIB을 창설하였다. AIIB 창립 회원국은 한국을 포함한 41개국이다. 이와 같은 범지구적 호응으로 중국의 지도부는 미국의 참여와 지지 없이도 중국 주도적 다국적 국제기구를 설립할 수 있다는 자신감과 영향력을 갖게 되었다.

더구나 중국은 과거 중국의 영광을 되찾고 새로운 중국 중심의 세계질서를 창출하기 위하여 중앙아시아와 유럽을 잇고 동남아, 인도, 아랍제국, 아프리카 및 유럽을 바다로 연결해 세계 인구의 60%를 차지하는 60여 개 국가를 중국경제권으로 엮는 '일대일로一帶一路' 전략을 추진하고 있다. 이와 함께 '대중의 창업, 만인의 혁신'

11. Huang Yiping(2015) 참조.

이란 슬로건을 내걸고 알리바바의 마윈, 샤오미의 레이쥔 같은 민간인의 창업과 창조를 국가가 정책적으로 지원하고 있다. 중국이 이런 다양한 전략을 추진하는 과정에서 한국은 새로운 기회와 도전을 끊임없이 받게 될 것이다.

한국과 중국의 10대 수출상품 중 7개가 겹치고, 양국의 100대 수출품목 중 30개가 중복된다. 이는 한국의 산업 경쟁력이 중국보다 앞선다면 중국의 고도성장은 한국경제를 한 차원 높게 발전시킬 수 있는 좋은 기회가 되나 중국의 산업경쟁력이 한국 산업경쟁력을 추월한다면 한국경제는 많은 어려움에 처할 수 있다는 것을 의미한다.

1.8 부정부패의 만연

오늘날 우리 사회 내에서 불법, 편법, 정경유착, 탈세, 분식회계, 방산비리 등 부정부패가 최근 급속히 확산되고 있어 우리 경제의 발목을 잡고 선진국으로의 진입을 가로막고 있다.

2005년 선출된 기초단체장의 48%[230명 중 110명]가 비리, 위법 혐의로 기소되었고 국산무기 개발과 외국의 첨단무기 도입과정에서 일어난 부정과 비리, 외국의 무기 군수업체에 군사기밀의 유출 등 군의 고급간부들의 부정과 비리, 건설업계의 비자금 비리와 담합, 대형기업들의 분식회계 및 탈세 비리, 의사와 약사들의 제약회사로부터의 리베이트, 종교지도자들의 편법과 비리, 원자력발전소 비리문제, 정치인들의 권력 사유화, 국회의원들의 뻔뻔함과 염치없는 사익추구, 대규모 적자에도 불구하고 임금인상을 위한 파업 등 수많은 부정부패의 냄새가 진동하고 있어 우리를 암담하게 한다.

이들은 인도의 간디가 지목한, 나라가 망할 때 나타나는 7가지 사회악의 종합백화점을 연상케 한다. 부정부패는 국가의 몰락을 가져온다. 예를 들면 조선 말기에 탐관오리들과 양반들의 부정부패와 매관매직은 동학혁명의 발단이 되었고, 결국 국가가 붕괴되어 일본의 식민지로 전락하고 말았다. 이는 부정부패가 얼마나 무서운 결과를 가져오는가를 잘 보여주는 사례이다.

또한 지나친 자산의 세습화와 권력화도 축적된 자본이 새롭고 더 생산적인 용도에 이용되어 인간에게 유익하게 새로운 가치를 창출하지 못하게 하고 자유경쟁의 기회를 빼앗아 부의 분배의 공평성을 해치기 때문에 건전한 시장경제의 지속적인 발전을 해치는 암적 존재라 할 수 있다. 따라서 불법적이고 위법적인 자산과 자본의 세습화와 권력화도 시급히 해결되어야 할 것이다.

한국이 경제기적을 이룰 수 있었던 데에는 해방 후 홍익인간이념으로 무장한 새 국민을 창출하여 인적자본이 발휘될 수 있는 토대가 구축되었기 때문이다. 우리나라가 일류 선진국으로 도약하기 위해서는 모든 백성이 홍익인간사상이 충만한 새로운 국민으로 다시 태어나 국가개조에 동참해야 함은 물론 이 추동력으로 통일까지 성사시켜야 할 것이다.

1.9 우발적 요인들

한국은 해외의존도가 높고 남북이 분단되어 세계 4대 강국의 영향력 하에서 생존해야 하므로 각종 해외 우발적 요인들의 영향을 많이 받는다. 한국은 제1차 석유파동, 중국의 개혁개방, 구소련 및 사회주의 국가들의 체제이행, 일본의 경기침체, 미국에서 발생한 금융위기 등 우발적 요인들을 지금까지는 잘 활용하여 왔다.

특히[12] 북한 관련 이슈들은 매우 중요하다. 북한의 핵 포기와 종전협정을 통한 남북한경제통합과 통일이 눈앞의 큰 목표이기는 하지만 문제의 진정한 본질은 앞으로 북한 경제의 주도권을 중국이 장악하게 된다는 사실이며, 여기에 주목할 필요가 있다. 북한의 석유, 장마당 등은 지금도 중국경제권의 일부지만 북한이 본격적으로 개혁 · 개방의 길로 나아가면 중국은 거대한 자본을 동원해 북한을 포획해버릴 것이다. 천안문 사태의 재발을 그 무엇보다 두려워하는 중국 지도부는 중국에 민주주의

12. 이 단락부터 마지막 단락 앞까지 chosun.com, 2018년 5월 8일자 오피니언, '두 개의 고언' (김진명)에 대부분 의존하였다.

를 전파시킬 것이 틀림없는 남북통일을 절대로 그냥 두고 보지 않을 것이다. 그러므로 중국의 투자는 시장 논리를 넘어 체제수호 차원에서 상상을 초월하는 규모로 이루어질 것이다. 반면 우리 기업들은 위험성 높은 북한에 투자하는 걸 두려워하기 때문에 북한은 중국의 품을 벗어날 도리가 없다. 따라서 우리 정부가 북한 경제 틀의 구축에 대한 고민 없이 해빙에만 진력하면 북한을 중국의 품에 들이밀어 통일과 영영 멀어지는 역사적 실수를 저지르게 된다.

이를 대비하기 위한 두 가지 중요한 관점은 첫째, 일본과의 관계이다. 지난 70년간 우리나라는 미국·일본과 삼각동맹을 이루어 역사상 최고의 번영을 구가했다. 자유민주주의와 자본주의 시장경제의 이념을 공유하는 세 나라는 체제가 전혀 다른 러시아, 중국, 북한의 거친 도전을 잘 막아내며, 평화와 번영을 이룩하여 왔다. 한국 경제의 성장을 깊이 관찰하면 미국 못지않게 일본이 기여해 왔다는 사실을 알 수 있다.

한국에 전쟁이 나면 같이 싸워줄 나라 역시 미국과 일본이다. 우리의 남북통일의 새 발걸음이 반드시 성공한다는 보장이 없고, 설사 성공한다 하더라도 예상치 못한 위험은 상존하기 때문에 주한미군과 한·미·일 동맹을 함부로 해체하면 안 된다. 따라서 한미동맹을 강화하고 일본을 참여시켜 북한을 끌어안는 새로운 질서를 한·미·일이 함께 구축해야 현재의 평화와 번영을 지속할 수 있다.

둘째, 미국 입장에서 북한의 핵은 폐기되어야 하지만 동시에 필요악이기도 하다. 이러한 미국의 미묘한 심리를 제대로 헤아리는 지혜가 필요하다. 다른 국가들과 달리 군수산업의 비중이 매우 크고 군사력으로 달러 가치를 지켜내고 있는 미국에게 북한은 무력 증강의 좋은 명분이었다. 게다가 중국과의 대결에서 북한은 유용하다. 현재 미국의 가장 큰 경제문제는 만성적인 무역수지 적자인데 역설적이게도 미국은 자신의 초강대국 지위를 위협하는 중국의 제품 없이는 단 하루도 지탱할 수 없는 모순된 경제구조에 빠져 있다.

바로 여기서 우리의 전략은 북한이 한국의 경험, 자본, 기술의 도움만 받으면 질이나 양에서 중국을 대신해 모든 소비재를 공급할 수 있다는 점과 중국과 달리 북한은 대미 무역에서 발생하는 흑자를 한 푼도 남김없이 미국 제품 수입에 쓸 수 있기 때문에 미국의 큰 폭의 만성적인 무역적자를 해결할 수 있다는 점을 알려 한미동맹을 강화하는 것이다.

미국은 경쟁력이 떨어지는 소비재와 달리 북한 경제를 일으키기 위해 꼭 필요한 생산재와 플랜트는 세계 최고이다. 미국은 북한과 최혜국 상호관세면제조약 체결로 최고의 난제인 만성적인 대중 무역수지 적자를 단숨에 해결할 수 있다. 이를 위해 미국 시장이 무제한으로 열리면 남한의 모든 기업들은 북한에 올라가 삽시간에 개성공단 규모의 공단을 수백 개 만들 것이다. 수백만을 헤아리는 북한 병력도 생산현장에 투입되어 남북은 평화와 번영의 길로 달릴 것이다.

문재인 대통령은 김정은과 트럼프에게 이 점을 인식시켜 쓸데없는 시간 낭비 대신 티끌조차 남기지 않는 완전무결한 핵 신고와 미국이 주도하는 초스피드 검증 및 검증완료 선언과 동시에 무관세 조약이 발효되도록 해야 한다. 그렇지 않으면 재주는 한국이 부리고 돈은 중국이 거머쥐게 될 것이다.

앞으로 예상할 수 있는 미국의 금리인상, 중국의 성장둔화, 일본의 경기회복, 남북경제통합과 통일, 세계적인 자원파동 등도 우리나라의 기업과 산업뿐만 아니라 심리적으로도 많은 영향을 미칠 수 있는 우발적 요인들이다. 지금은 세계화 시대이고 초국가적 연결사회로 이런 우발적 요인들의 영향을 과거보다 더 많이 받게 되었으므로 잘 대처해야 할 것이다.

2. 새로운 발전 틀의 필요성과 21세기 한국의 비전

2.1 새로운 발전 틀홍익경제의 필요성

한국에는 지금 새로운 체제가 필요하다. 한국은 경제성장과 복지현재와 미래를 조화시켜 제2의 도약을 이룩하여 일류 선진국이 되어야 한다. 이를 위해서는 한국이 가진 뛰어난 인적자본을 활용하여 성장유형을 종전의 추격형에서 선도형 경제발전으로 바꾸어야 한다.

경제발전 단계는 일반적으로 생산요소 투입 → 대규모 자본투자 → 혁신창조의 3단계를 거쳐 발전한다. 대부분의 국가들은 노동집약적 산업에 노동을 대량 투입하는 요소투입형단순가공형 성장을 통해 경제가 성장하기 시작하여 중화학공업에 대규모 자본을 투자하는 투자주도형추격형 성장에 의해 중진국 수준까지 도달한다. 이후 선진국 경제로 발전하기 위해서는 자체의 기술혁신역량에 입각한 재화와 서비스의 고부가가치 창출형 성장이 필요하다.

경제발전 초기 단계에서는 노동과 자본투입, 선진국의 기술도입 등 외연적 성장으로 선진국 수준으로 수렴해 간다. 그러나 대부분의 중진국들의 경우를 보면 경제발전이 어느 단계에 도달한 후 자체적인 기술역량을 확보하지 못하면 선진국과의 격차를 더 이상 좁히지 못하고 저기술-저혁신의 악순환이 계속되어 '비수렴 함정'에 빠지게 된다. 따라서 이를 탈피하기 위해서는 자체적인 과학기술 혁신역량을 확보하여 혁신창조성을 키우는 것이 필수적이다Solow(1956), Romer(1990), Lucas(1988) 및 Spiegel(1994) 참조. 혁신창조형 단계에서는 인적 및 물적 자본의 질적 개선을 통해 내연적 성장이 달성된다.

홍익경제발전모형은 창의력과 상상력이 ICT 및 과학기술과 융합하여 산업 간 벽을 허물고 협력의 문화 위에 혁신과 창조의 꽃을 피워 새로운 성장동력과 시장을

〈그림 11-13〉 경제발전 단계

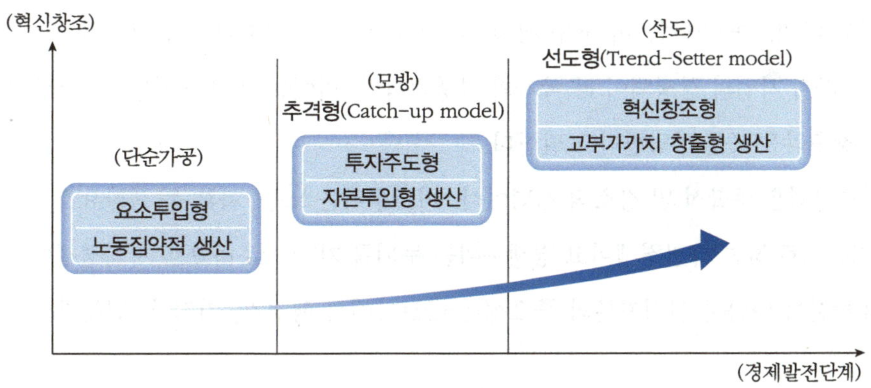

자료출처 : 윤병규(2013) 33쪽에서 인용.

〈그림 11-14〉 홍익경제발전생태계

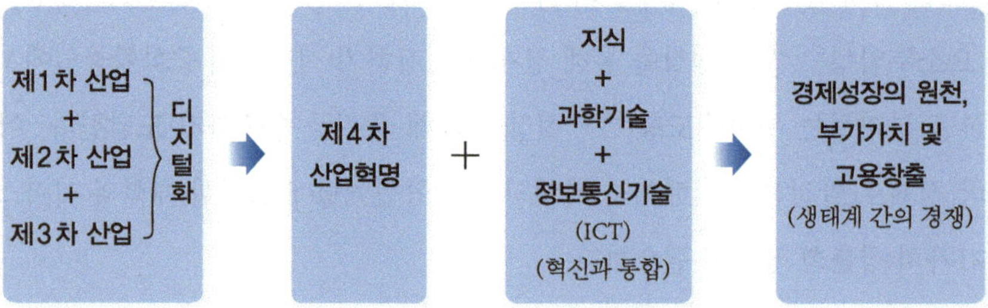

만들어 부가가치 및 일자리를 창출하는 것이다. 그리고 역동적 창조혁신생태계[13]가 만들어짐에 따라 양질의 일자리가 창출되고 새로운 경제성장 동력들이 경제발전을 견인하며, 이를 통해 국민의 삶의 질이 향상되는 선도형 경제발전으로 나아갈 수 있게 된다. 한국의 침체된 경제성장을 끌어올리기 위해서는 창조와 혁신으로 성장잠재력을 최대한 끌어올리는 것이 필요하다.

홍익경제의 주역은 시장과 기업 및 정부이다. 농경사회에서는 농업이 국민을 먹여 살렸으나 농림 · 어업의 비중이 2.4%인 지금은 국민을 먹여 살리는 것은 제2차 및 3차 산업이다. 또한 생산물의 대부분은 기업이 생산한다. 그러므로 국민의 풍요로운 삶을 위해서는 범지구적 경쟁력을 가진 기업들이 많아야 한다.

범지구적 경쟁력이란 세계에서 항상 1등을 하는 것은 아니지만 언제든지 1등 할 수 있는 위치에 있는 것이다. 경쟁력은 평균생산성으로 기업의 경우에는 경쟁우위라고 하며, 한국기업들이 모두 경쟁우위를 가지고 있으면 한국이 경쟁력을 갖는다. 따라서 기업의 경쟁력이 곧 국가의 경쟁력이다. 마이클 포터는 기업의 경쟁력이 국부창출의 81%를 담당한다고 말한다. 손병락(2010)

경쟁력은 종합적 및 장소적 개념이다. 비교우위는 노동, 자본 등 생산요소 투입을 기반으로 하는 자원경쟁이고 경쟁우위는 두뇌를 기반으로 하므로 지식경쟁이다. 경제발전에 따라서 인적자본의 중요성은 근로자에서 행정가, 기업가, 전문가의 순

13. 어떤 지역 안에 사는 생물군과 이것들을 제어하는 무기적 환경요인이 종합된 복합 체계이다.

으로 바뀌고 있다. 즉, 후진국의 경쟁력은 주로 근로자와 정치가 및 행정 관료에서 나오고 선진국의 경쟁력은 주로 근로자, 기업가 및 전문가에 의해서 결정된다. 따라서 경제적 판단을 위해서는 정치인들의 영향력을 철저히 차단할 필요가 있다.

정부가 개입하는 이유는 가격이나 동기에 반응하지 않는 구조적 경직성과 같은 시장의 실패가 일어나기 때문이다. 그러나 정부의 역할은 국가의 안전보장과 질서유지, 불확실성이나 위험성을 제거하고 자원의 효율적인 배분을 왜곡시키기 위한 규제의 개혁, 정보의 공개와 개방, 정보의 공유와 협력을 위한 부처 간 칸막이 제거, 정경유착과 부패의 척결, 과학기술자와 기업가의 역량발휘, 포용적 제도의 확립 등으로 한정되어야 한다. 특히 아름다운 명분으로 시작된 규제를 조심해야 한다.

현재 진행되고 있는 제4차 산업혁명의 파고는 세 차례 산업혁명과는 판이하게 다르다. 2016년 세계경제포럼에서 포럼의 창립자이자 회장인 슈밥K. Schwab은 '제4차 산업혁명이 쓰나미처럼 밀려올 것'이라 말하고, 메르켈 독일 총리는 "독일의 번영을 위해 디지털 산업화, 인더스트리 4.0으로 나아가야 한다"고 강조했다.

산업혁명에서의 기술 패러다임의 전환은 가치관의 변화, 사회체제 혁신과 서로 조응하며 전개됐다. 슈밥 회장의 예측처럼, 제4차 산업혁명은 필경 산업·경제·고용·사회·정부 형태까지 바꿀 것이다. 그렇다면 기술개발 중심과 일자리 감소 우려에서 나아가 기술과 사회를 엮어서 보고 입체적 해결책을 찾는 노력이 중요하다. 특히 기술혁명기에는 그것을 이용하는 쪽과 그렇지 못한 쪽 사이에 양극화와 불평등이 심화된다는 사실에 주목해야 한다. 급속도로 전개될 사회 변동의 폭과 깊이를 미리 가늠하고 통합적 관점에서 실효성 있게 대비해야 한다. 2006년 노벨 경제학상 수상자인 에드먼드 펠프스Edmund Phelps는 "혁신은 이 시대의 경제발전을 위해 가장 필요한 요소이고, 오른쪽으로는 성장을 왼쪽으로는 포용적 기회를 만드는 데 기여할 수 있다"고 한다.

1980년대 이후 진전된 선진국들의 지식기반경제화, 소프트화, 디지털화는 산업구조와 경제구조의 변화뿐만 아니라 전반적인 생활에 많은 변화를 발생시켰다. 먼저 많은 나라들이 범지구적global 경제로 통합되었다. 또한 첨단 과학과 기술의 발달로 정보통신, 신소재, 로봇, 생명, 두뇌, 인지기술의 혁명적 발전이 일어났으며, 금융규모의 확대에 의한 증권, 채권 등 위험자산의 운영비중이 크게 확대되었고 지식기반문화의 창달로 발상, 디자인, 광고, 서비스산업의 여건이 변화되면서 노동, 자본 등 전통적 생산요소의 근본적 역할 또한 변했다. 지식기반경제와 소프트 디지털 지식사회에서는 지식이 핵심이며 국가경쟁력과 부가가치창출의 원천으로 부상하여 자본과 노동에 의한 대량생산 중심인 전통적인 경제발전 원리로는 감당하기가 어려운 지경에 이르렀다.

디지털경제를 전통경제와 구분 짓는 중요한 특징은 망[網 : network] 내부효과와 규모의 경제이다. 망 내부효과는 망의 규모가 증가함에 따라 망 내부에 있는 경제주체의 후생이 증가하는 것이다. 여기서는 제품의 차별화보다 제품의 호환성이나 동일성이 중요한 경쟁전략이 된다. 이런 시장에서는 한 망에서 다른 망으로의 전환비용이 크기 때문에 망의 전환이 제약되는 '잠금효과'가 발생한다. 디지털경제에서는 최초 상품을 생산하는 초기비용이 많이 들지만, 디지털 속성상 생산 · 복사 · 유통 · 판매에 추가비용이 수반되는 비중이 낮기 때문에 평균비용이 급격히 감소한다. 즉, 초기비용은 높지만 한계비용이 아주 낮기 때문에 규모의 경제가 쉽게 발생하게 된다.

이러한 소프트화와 디지털화 현상은 생활방식과 사고방식을 바꾸게 되고 거시경제의 범위를 축소시키는 경향이 있으며, 정보화가 심화됨에 따라 시장경제의 자율성이 높아지는 만큼 시장개입의 효과가 낮아지게 된다. 따라서 통찰력과 직관력이 더 긴요해지고 더 융합적인 새로운 경제분석 틀이 필요하게 된다.

영국에서 시작된 산업혁명은 수많은 사람들이 가난과 질병으로부터 탈출하는 원동력이 된 경제발전을 촉발시켰다. 그 결과 인류는 과거와 비교할 수 없을 정도로 상황을 개선시켜 왔다. 그렇지만 산업혁명은 사람 간, 나라 간 및 지역 간의 격차를 만들었으며, 불평등은 전 세계로 확산되었다. 불평등은 '양날의 칼'과 같아 좋은 불평등은 경제성장을 조장하여 인간의 삶을 개선하기 위한 동기를 제공하지만 나쁜 소득불평등은 계층 간 이동을 어렵게 하고 기회균등의 기반을 무너뜨릴 수 있다. 또한 세계화는 발전을 이끌어낼 뿐만 아니라 점점 더 많은 불평등을 낳는다. 다만 평균만 고려하면 평균 내에 있는 불평등을 간과하게 되므로 유의해야 한다. 그리고 최적의 불평등은 나라와 사회마다 다르기 때문에 어느 정도의 불평등을 선택할지는 각 나라가 스스로 결정해야 할 문제이다. 성장률이 높으면 절대적 수준이 올라가 많은 문제를 해결할 수 있으나 성장이 정체되면 분배를 둘러싼 갈등은 심화되고 정치를 오염시키게 된다. 불평등의 문제는 상속세를 강화하고 수준 높은 공교육제도를 통해 어느 정도 해결할 수 있다. 앵거스 디턴(2015), 19～29

새로운 지식과 발명 및 어떤 행위를 하는 새로운 방법이 발전에 필요한 열쇠다. 영감은 새로운 무엇을 창출하고자 하는 고독한 발명가들에게서 나온다. 새로운 행동방식은 종종 별개의 사건이 낳은 부산물일 때가 있다. 그러나 사회적 및 경제적 환경의 필요에 부응해 혁신을 이끌어내는 경우가 훨씬 더 많다.

불평등 역시 발명이 탄생하는 과정에 때로는 좋게 때로는 나쁘게 작용할 수 있다. 불우한 이웃이 겪는 고통은 격차를 없애는 새로운 방법을 찾기 위한 힘을 제공한다. 홍익경제는 이런 좋은 불평등을 인정한다.

불평등은 발전을 자극할 수도 막을 수도 있다. 예를 들면 정부가 모든 사람에게 똑같은 수입을 보장한다면 사람들은 더 적게 일하려고 할 것이다. 그러면 가장 가난한 사람들은 어느 정도 불평등이 허용된 국가의 최빈곤층보다 더 궁색한 삶을 살 수도 있다. 학자들은 평등한 성과 분배보다 평등한 기회 제공을 강조하나 평등한 기회 제공이 어떤 의미인지 여러 가지 해석이 있다.

2.2 한국의 비전과 목표 : 홍익인간의 창조혁신생태계 중심지

비전은 원대한 꿈과 이를 실현시킬 수 있는 이념의 틀이고 실천하면 기적이 되는 것이다. 비전은 기본이념과 꿈으로 구성된다. 기본이념은 핵심가치관과 핵심목표로 나뉘고, 꿈의 미래는 장기간에 걸친 담대한 목표와 목표의 선명한 표현으로 나뉜다. 비전은 담대한 목표, 이를 실현시켜야 하는 이유 및 실현시킬 수 있는 사고의 틀이다.

세계 최강국 미국의 비전은 1776년 독립선언서가 정한 '생명, 자유 및 행복의 추구Life, Liberty and the Pursuit of Happiness' 이다. 이의 실현방법은 자유민주주의와 시장경제이며, 그 작동원리를 밝힌 것이 애덤 스미스의 『국부론』이다. 미국이 독립 이후 지속적으로 번영을 누릴 수 있었던 것은 이런 비전 때문이다. 노벨상 수상자의 20%, 세계 400명의 억만 장자 중 15%를 차지하는 유대인의 비전은 유대교가 유일한 종교이고 유대인은 신으로부터 선택받은 선민選民이란 강한 믿음이다. 일본의 비전은 메이지유신明治維新(1868)부터 1973년까지는 선진국 추격 성장이었다. 1973년부터는 선진국을 모두 따라잡아 명확한 국가 비전이 없다가 2005년 '열린 문화 창조국가, 사는 것이 즐거운 건강수명 80세 및 풍부한 공공서비스와 작은 정부' 라는 비전을 세웠다. 싱가포르의 비전은 '글로벌 경쟁력 있는 국가, 지식기반국가 및 제조업과 서비스업을 성장의 양대 엔진으로 하는 국가' 이다.

세계 제일의 경제대국 미국을 비롯한 한국 주위의 4대 강국이나 범지구적 경쟁력 동서양 각각 1위인 싱가포르, 스위스는 모두 독창적 모형을 갖고 있다. 혁신주도형 단계에 와 있는 한국이 일류선진국이 되려면 지정학적 위치, 자연조건, 문화, 역사적 전통 등의 특성에 맞는 독창적 모형을 개발해야 한다.

한국경제의 근본 경제목표는 경제안정, 경제성장, 형평 및 삶의 질 향상을 염두에 두어야 한다. 한국은 4대 강국 사이에서 생존해야 하며, 한국의 평화는 전쟁 속의 평화이다.

21세기 한국의 비전은 불평등이 발전을 막지 않고 발전을 자극할 수 있도록 하는 것이다. 이런 발상은 한민족의 건국이념, 가치이념 및 윤리이념으로서의 홍익인간에서 찾을 수 있다.

제1차 경제개발 5개년계획1962~1966부터 제7차 경제개발 5개년계획1996까지, 『우리경제의 장기전망1972~1981』, 『장기경제사회발전1977~1991』에서 설정한 한국의 비전은 이렇다. 기본이념의 핵심가치관은 '민주주의와 시장경제', 핵심목표는 '안정된 국민생활의 창달 : 잘 살아 보세' 이고, 꿈에 그리는 미래는 '선진경제 수준의 달성', 명확한 표현은 '1977~1991년간 1인당 국민소득 7,700달러로 증가' 로 국가의 비전 틀에 맞게 잘 설정되어 있어서 국민의 힘을 뭉칠 수 있었다. 송병락(2010), 72~85 참조.

한국의 비전을 새로 검토하는 데 다음을 제안하고 싶다.

(1) 기본이념 : 홍익인간弘益人間 이념

핵심가치관 : 자유민주주의와 시장경제

핵심목표 : 일류 선진국인 부민덕국富民德國

(2) 꿈에 그리는 미래

담대한 목표 : 교육 · 과학기술 · 경제 · 문화의 창조혁신생태계중심지

선명한 표현 : 2030년 1인당 국민소득 5만 달러한국정부, 비전 2030-함께 가는 대한민국, 2050년 81,462달러골드만삭스, 102,990달러Franklin(2012).

꿈에 그리는 담대한 목표인 경제 · 과학기술 · 교육 · 문화의 창조혁신생태계중심지를 달성하기 위해서는 산업집적과 산업생태계를 이해할 필요가 있다.

3. 산업집적cluster과 산업생태계

국가들이 전문화하고 무역을 하는 이유는 비교우위와 규모의 경제인데, 이 둘을 동시에 활용할 수 있는 방안이 산업집적과 산업생태계이다. 이들은 활용할 수 있는 경쟁자원의 범위를 넓히고 혁신을 촉진하는 데 유리한 환경을 제공하는 산업발전모형이다. 이들은 각 단위활동의 전문성 추구와 이들 전문성의 결합을 통한 전체로서의 유연성을 확보하여 상호작용을 극대화하는 조직인 경제단위의 네트워크화를 촉진한다.

경쟁력의 원천인 지식창출과 기술혁신을 촉발하는 데 가장 유효한 산업집적의 이점은 공간적 근접성으로 인한 거래비용의 축소, 지식기반시대의 핵심요소인 창조와 혁신활동의 촉진, 창조와 기술혁신에 필요한 정보와 지식의 원활한 교환과 소통, 개발비용과 위험의 분담, 개발한 신기술의 용이한 상업화, 동종업체 간의 경쟁으로 인한 생산비용의 감소와 전문 노동시장의 형성을 통한 외부경제의 창출 등이다. 이

는 국가경쟁력을 창출하기 위한 방법이 기업 간 경쟁의 시대에서 산업집적, 생태계 및 도시 간 경쟁의 시대로 바뀌었음을 의미한다.

국내산업들은 노동력투입 증대와 설비투자를 통한 경쟁력 강화에 한계를 보이고 있기 때문에 이제 필요한 것은 연구개발과 혁신을 촉진하는 산업집적과 생태계이다. 국내 산업집적과 생태계가 성공하려면 한국이 세계적인 경쟁력을 갖는 산업과 분야를 중심으로 산업집적지를 형성해야 한다. 그리고 기업들은 핵심역량이 있는 부분만을 담당하고 나머지는 산업집적지의 구성주체들과 망을 형성하여 기업외부의 경영자원을 적극적으로 활용하면서 경쟁력을 높여야 한다. 집적과 생태계의 형성을 국가 차원에서는 산업집적지와 생태계의 조성을 주요 정책과제로 설정하여 장기적으로 새로운 지식과 기술을 끊임없이 창출할 수 있도록 산업집적지와 생태계의 유형에 따라 적합한 발전전략을 구사하여 경제회생의 돌파구가 되도록 해야 한다.

3.1 산업집적

지식경제시대의 도래로 1990년대 초에 마이클 포터 교수가 중요성을 역설한 산업집적이 경쟁력의 원천인 지식창출과 기술혁신을 촉발하는 데 가장 유효한 수단으로 인식되고 있다. 산업집적이란 특정 산업의 생산, 유통 및 소비 활동과 관련된 경쟁기업과 부품소재 등의 관련 기업, 대학, 연구소, 협동조합, 관련 기관 등 역량 있는 구성주체들이 공통성이나 보완관계로 연결되어 특정 지역에 모여 집적 및 상호 네트워크를 구축하여 상호작용을 통해 사업을 전개하고 인력 · 정보 교류 및 부품조달 등을 통해 경쟁력의 원천인 새로운 지식과 기술을 창출 · 확산시켜 비교우위 및 내 · 외부 규모의 경제를 달성하여 시너지 효과를 내는 것을 말한다. Porter(1990, 1998)

산업집적에 대한 관심이 전 세계적으로 높아지는 이유는 지식기반시대의 핵심요소인 혁신활동을 촉진하는 데 유리한 환경을 제공하고 기술혁신에 필요한 정보와 지식의 교환이 용이하며, 개발 비용과 위험을 다른 구성주체들과 분담할 수 있고 관련 업체가 망으로 연결되어 있어 개발한 신기술을 쉽게 상업화할 수 있기 때문이다.

한국이 기업과 산업의 범지구적 경쟁력을 단시간에 빨리 높일 수 있었던 것도 산업단지와 기업그룹제도의 힘이 컸다. 산업집적은 수직적 및 수평적 연쇄효과가 있는 산업그룹이다. 수직적 연쇄효과는 전방 및 후방 연쇄효과가 있다. 포스코를 예로 들어 보면 포스코에 납품하는 회사들은 후방연쇄효과가 있고, 포스코 제품을 사용하는 조선회사나 자동차회사 등은 전방연쇄효과가 있다. 한국의 산업단지는 여러 가지 유형의 산업집적 중 이 유형에 가깝다. 수평연쇄효과는 제약산업과 생명공학 산업과 같이 기술이나 마케팅 면에서 보완관계에 있는 경우를 말한다.

한국은 경제발전과정에서 수많은 산업단지를 조성했다. 한국의 산업단지는 〈표 11-5〉에 나타난 바와 같이 국가산업단지, 일반산업단지, 도시첨단산업단지 및 농공산업단지의 4종류가 있다. 이들은 생산, 고용 및 수출 등 여러 면에서 한국경제의 성장에 주도적 역할을 하였다.

표 11-5 **한국의 산업단지**(2015)

	국가산업단지	일반산업단지	도시첨단산업단지	농공업산업단지	합계
단지 수(개)	41	597	19	467	1,124
면적(백만m^2)	790	530	6	76	1,402
입주업체(천 개)	50.0	28.8	0.2	6.7	85.8
생산(조 원)	594	333	1	51	979
고용(천 명)	1,224	782	6	150	2,161
수출(억 달러)	2,303	1,432	3	125	3,863

자료출처 : 한국산업단지공단, 「전국산업단지현황통계」, 2016.

OECD[1999]는 산업집적을 '부가가치 생산사슬에서 상호의존적인 기업들의 망'으로 정의하며 대학·연구소, 지식집약적 사업서비스업체, 중개기관, 고객 등과의 전략적 제휴를 포함하고 산업집적 형성을 위해 필수적인 8가지 요소들을 제시한다. ① 선도기업anchor companies은 수요기업, 대기업, 고객 등으로 수요조건을 형성한다. ② 지식창출기관인 대학, 공공연구기관 등은 우수인력을 공급하고 연구기반을 확충한다. ③ 일정 수 이상의 업체집적으로 임계규모를 이루어 범위와 규모의 경제를 달성할 수 있다. ④ 특정 산업 및 기술 분야의 지원업체와 공급업체는 핵심산업의 경쟁력 제고에 기여한다. ⑤ 기업가정신과 성공사례는 집적을 촉진시킨다. ⑥ 경쟁과 협력의 균형 잡힌 인식은 지식과 혁신의 확산에 기여한다. ⑦ 유연한 조직과 경영문화는 불황에도 생존을 가능케 한다. ⑧ 우수인력의 유치와 정착을 위해 정주환경도 갖추어야 한다.

산업집적기반의 지역산업정책은 가치사슬상 생산주체가 지역 내에 집적하여 상호학습을 통해 혁신이 가속화되는 산업환경이 조성되도록 하려는 정책으로 요약할 수 있다. 산업집적정책은 산업정책, 지역개발정책, 과학기술정책의 접점에 위치해 있다. 즉, 시장지향적 산업정책과 혁신의 상호작용적 특성을 결합한 것이다.

산업집적정책을 추진할 때 유의할 점은 다음과 같다. ① 첨단기술에 집착하지 말아야 한다. 클러스터는 많은 요건들이 결합하여 오랜 세월에 걸쳐 형성되므로 지역의 장점을 살리고 보완하는 것이다. 산업집적의 성장은 장시간이 소요되기 때문에, 정책입안자가 공공지출의 효율성을 높이기 위해 지역기반이 없음에도 불구하고 특정 산업이나 첨단산업을 선정할 경우 실패할 가능성이 높다. ② 정형화된 산업집적정책모형을 세우고 기법 중심으로 접근하는 방식은 성공 가능성이 낮다. ③ 연계망 형성은 매우 복잡하고 오랜 시간과 전문적 식견을 요구하므로 연계망 중개자들은 참여 기업의 노력과 위험을 철저히 고려해야 한다.

정보·통신기술과 교통수단의 발달로 정보획득이 쉽고 거래비용이 감소되어도 각국은 산업집적을 국가경쟁력의 핵심으로 본다. 관공서, 기업, 대학, 연구소 등의 공간적 근접성은 생산성을 높이고 혁신을 극대화할 수 있으며, 거래비용을 축소하고, 정보의 창출과 흐름을 원활히 하며, 전문화된 기능과 지식 공급을 충족시키고, 동종업체 간의 경쟁압력을 증대시켜 생산비용의 감소와 전문 노동시장의 형성을 통해 외부경제를 창출하여 전체적으로 경쟁우위를 창출하는 데 유리하다. 이는 기업 간 경쟁의 시대에서 산업집적 간 경쟁의 시대로 바뀌고 있음을 의미한다.

산업집적의 구성주체는 원천기술을 개발하고 산업의 발전방향을 제시하며 인력공급과 지식기반기업의 창업기반을 제공하는 비전제시자와 원천기술을 상업화하고 전문기술과 부품을 통합하여 제품화하는 시스템통합자 및 부품과 전문기술을 제공하는 벤처 · 중소기업, 금융 · 마케팅 · 법률서비스 등을 제공하는 전문공급자들이다. 이 구성주체들 간에 역할에 따른 상승작용으로 지식이 창출되고 확산되는 것이 산업집적의 작동원리이다.

산업집적의 유형은 대학 · 연구소 주도형, 대기업주도형, 지역특화형, 실리콘밸리형 등이 있다. 대학 · 연구소 주도형은 연구개발능력을 기반으로 바이오, 나노, 정보 등 신산업을 중심으로 형성되며 대덕단지와 같이 대학 · 연구소가 비전제시자의 역할을 한다. 대기업주도형은 자동차, 조선, 통신시스템 등 대형 조립산업을 중심으로 형성되며 수원의 삼성전자, 울산의 현대자동차, 현대중공업 등 대기업들이 시스템통합자의 역할을 한다. 지역특화형은 문화 · 예술품, 명품소비재, 음식 등을 생산하는 특산지에 형성되며 광주, 이천 등과 같이 전통 숙련기술과 예술적 능력이 뛰어난 전문공급자들이 풍부하다. 실리콘밸리형은 구성주체가 세계적 경쟁력을 갖고 새로운 기술과 산업을 창출하는, 고도로 발전한 성공적 클러스터로 컴퓨터, 인터넷, 소프트웨어 등 정보기술혁명을 주도하였고 최근에는 바이오기술, 나노기술, 인공지능 등 새로운 융합산업을 창출하고 있다.

표 11-6 　　**산업집적의 유형별 구성주체**

유형	VP(비전제시자)	SO(시스템통합자)	SS(전문공급자)	국내외 사례
대학 · 연구소 주도형	대학 · 연구소	하이테크 대기업	벤처기업 기자재 업체	미국 샌디에이고 대덕
대기업주도형	조립 대기업	조립 대기업	중소부품업체	도요타시, 울산
지역특화형	업종별 협회 지방정부	공동브랜드 업체 완성품 업체	전문 중소기업	이탈리아 브렌타 이천
실리콘밸리형	대학 · 연구소, 하이테크 대기업	하이테크 대기업	벤처기업, 기자재 업체 전문서비스 업체	실리콘밸리 (국내는 없음)

주 : 　　는 핵심역할을 수행하는 주체.

자료출처 : 복득규(2002), 「산업클러스터의 국내외 사례와 발전전략」, 삼성경제연구소, 『CEO Information』 제373호 6쪽에서 인용.

산업의 선진화를 위해서는 연구개발을 통한 혁신이 더욱 필요하다. 중국의 추격과 저가 대량공세 및 한국기업 해외유출에 효율적으로 대응하기 위해서는 글로벌 경쟁력을 갖춘 업종별 산업집적을 형성하여 기술혁신과 제품차별화를 이루어야 하기 때문에 혁신을 촉진하는 산업집적이 활성화되는 내부 및 외부 규모의 경제를 이용한 경제특구가 효과적인 대응책이다. 또한 선택과 집중을 통하여 소수정예의 정보산업, 바이오산업, 문화산업 등의 클러스터를 조성하고 이들 간의 연계를 강화하여 제대로 된 산업집적을 만든다면 지역경제 활성화에 크게 기여할 것이다.

그러나 현재 전국에 있는 지방자치단체 대부분이 R&D를 강조한 100개가 넘는 산 · 학 · 연 복합단지는 연구 · 자생력을 갖추지 못한 곳이 대부분이므로 엄격히 심사하여 과감하게 정리해야 할 것이다조선일보 2016.7.27 A8쪽 참조.

3.2 기업 및 산업생태계[14]

1) 기업생태계

기업생태계는 가치창출 및 유통에 영향을 주고받는 공급업자, 유통업자, 외주기업, 관련 제품과 서비스의 제조업자, 기술 공급업체, 기타 조직들 간의 느슨한 망을 의미한다.Iansiti and Levien(2004) 산업생태계에서 개별 기업은 기업 자체의 경쟁력에 의해 성과가 결정되며 전체 생태계와 운명을 같이한다. 따라서 개별 기업들은 자신의 이익뿐만 아니라 생태계 전체의 건강을 개선하기 위해 노력할 필요가 있다.

기업생태계에서는 가치의 창출과 공유가 중요하다. 가치의 창출을 위해서는 공통자산인 플랫폼platform을 창조하고 활성화하는 것이 중요하다. 생태계에서는 주요 참여자를 핵심기업, 지배기업, 틈새기업으로 구분할 수 있다. 기업생태계의 건강을 측정하는 기준으로 생산성, 강건성, 다양성이 있다. 생산성은 수익성을, 강건성은 환경변화에 대한 생존율을, 다양성은 새로운 기업이나 신제품의 등장을 의미한다.

14. 김영수 · 박재곤 · 정은미(2012), 17～25쪽 참조.

Moore[1993]는 기업생태계의 발전단계를 탄생, 확장, 리더십, 자기갱신 등 4단계로 구분하고 각각의 단계에 따라 협력적 및 경쟁적 도전을 제시하였다. 김창욱 외[2012]는 기업생태계의 유형을 통제방식과 가치사슬상의 위치라는 기준으로 4가지로 구분하여 제시하였다. 이 유형 구분은 산업에 따라 적합한 유형이 있음을 시사한다.

2) 산업생태계

산업생태계는 특정 산업군의 제품 또는 서비스를 생산하는 주요 기업들, 소재 및 부품 공급자, 완제품 수요자, 경쟁자 및 보완재 생산업체들을 포함하는 확장된 가치사슬 망 내의 모든 이해관계자들과 관련 기관과 산업의 이해당사자들이 생태계의 유기체들처럼 긴밀하게 연결되어 상호작용하는 체제 또는 경제공동체로 정의할 수 있다. 따라서 주요 주체는 공급자, 경쟁자, 투자자, 수요자, 관련 투자자, 정부기관, 협회 · 조합과 표준단체 등으로 생태계 내 모든 참여자들의 협력과 연계로 확장된다.

또한 주도기업 혹은 개별 주체가 아니라 산업생태계 망 내의 제휴세력 및 관계

〈그림 11-15〉 산업생태계의 분석구조와 주요 구성주체

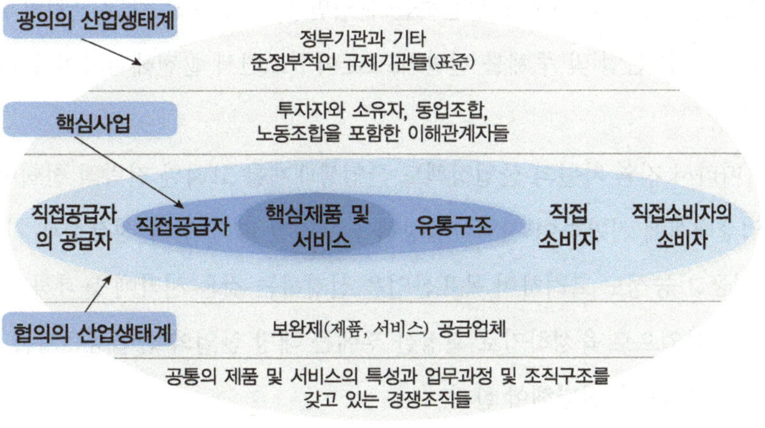

자료출처 : 김영수 · 박재곤 · 정은비(2012) 95쪽 〈표 3-4〉 재인용.

표 11-7 산업생태계 분석과 기존 분석방법론 비교

구분	생태계 관점	기존 기업 또는 산업 관점
환경 인식	사업 간 경계가 주요 문제이지만 어느 정도는 선택의 문제로 간주 (환경에 능동적인 자세)	산업계 또는 국가와 같은 사업의 경계를 주어진 것으로 받아들임 (환경에 수동적인 자세를 취함)
주요 주체	산업생태계 또는 공진화하고 끊임없는 혁신을 이끄는 참여자들로 이루어진 공동체가 전략수립의 일차적 단위	산업 또는 기업이 전략수립의 일차적 단위
성과 평가	경제적 성과는 기업이 자신의 산업생태계를 구성하고 있는 네트워크 내부의 제휴세력 및 관계들을 어떻게 운영하는가로 결정	경제적 성과는 기업 내부적으로 얼마나 잘 운영되는가, 그리고 평균적으로 그 산업계의 수익성이 얼마나 좋은가로 결정
기준 목표	네트워크 내에서 자사 위치뿐만 아니라 경제적 네트워크 전체의 발전이 주요 관심사임	전체적인 산업의 발전보다는 개별 기업의 성장이 주요 관심사
협력체계	협력은 산업생태계에 참여하고자 하는 모든 경제주체를 포함하는 협력/연계	참여자들의 협력은 직접적인 공급자(supplier)와 고객으로 제한
경쟁구조	특정 생태계 내부에서의 리더십과 중심을 차지하기 위한 경쟁뿐만 아니라 산업생태계들 사이에도 경쟁이 이루어짐	경쟁은 주로 제품과 제품 또는 기업과 기업 간에 이루어짐

자료출처 : 김영수 · 박재곤 · 정은미(2012) 24쪽에서 인용.

들의 운영상태에 따라 성과를 평가하게 되며, 생태계 내 기업의 위치는 물론 생태계 전체의 발전을 주요 목표로 하고 있다는 점에서 기존의 산업발전과 차이가 있다. 산업생태계는 특정 제품을 생산하는 산업만을 보지 않고 해당 산업의 발전을 위해 필요한 관련 산업 및 주체를 전반적으로 아우르면서 발전해나가야 한다는 점을 강조한다.

따라서 지역 차원의 산업정책도 산업생태계를 고려한 전략적 선택이 필요하다. 산업생태계에 기반하여 지역산업정책을 추진할 때 산업의 성장성과 기술적 · 산업적 성공 가능성도 고려하여 목표산업을 선정하는 것은 시작에 불과하다. 특정 산업을 지역산업으로 육성하기로 결정한 후에는 해당 산업의 산업생태계를 객관적이면서도 진화적으로 진단해야 한다.

4. 한국적 모형

4.1 한국의 범지구적 경쟁력과 여건

우리가 중시하는 범지구적 경쟁력체제는 경제적으로 자본주의 시장경제, 정치적으로 자유민주주의 및 지식기반시대의 인적자본을 중시하는 체제이다. 한국의 비전은 우리 특성에 적합하고 필요한 산업마다 대표적 기업, 지역마다 대표적 산업 및 대표적 지역을 만들어 일류 선진국을 만드는 것이다. 한국은 반도체, PC, 휴대폰, TV, 자동차, 조선, 화학 등에 있어서는 이미 여러 일류 선진국들을 앞서고 있는 대표적 기업들이 있으나 모든 산업에 대표적 기업이 있는 것은 아니다.

한국과 한국인은 지정학적 위치, 역사, 문화, 발전단계 등 여러 면에서 특색이 있다. 한국은 휴전 중인 상태로 국토가 분단되고 세계 4대 강국 틈에서 생존해야 하는 유일한 나라이다. 또한 인구는 많고 국토는 좁아 1km²당 500명이 살아야 할 정도로 OECD 국가 중 인구밀도가 제일 높으며, 식량자급률 23.1%과 원자재의 대부분을 수입하는 자연자원 빈국이다. 수입에 필요한 달러를 벌어들이기 위해서는 공산품을

〈그림 11-16〉 부민덕국 실현을 위한 로드맵

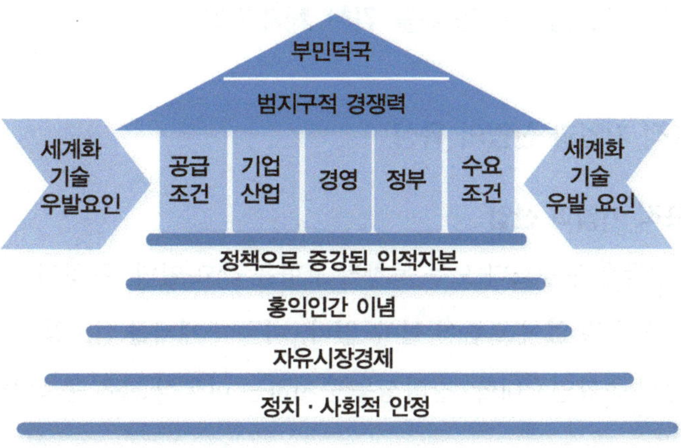

자료출처 : 송병락(2010) 389쪽 [그림 II-1]을 수정.

많이 수출해야 하므로 무역의존도 77% 도 대단히 높다. 이와 같은 문제를 극복하는 길은 세계화를 잘하는 것이다. 한국은 국토활용의 효율성과 범지구적 경쟁력이 가장 중요한 나라로 독창적 모형 개발이 필수이다. 따라서 4대 강국의 강점을 융 · 복합하여 1인당 소득 면에서 모두를 앞설 수 있고 품위 있는 부민덕국 富民德國 을 만들어야 할 것이다.

1750년경부터 서양에서 나온 인간의 힘을 뭉칠 수 있게 하는 주식회사라는 제도와 국가 차원에서 힘을 뭉치게 할 수 있는 자본주의 시장경제라는 제도는 모두 한국인과 잘 맞는 것으로 보인다. 미국은 자유시장자본주의 free market capitalism ; FMC 이고 중국은 공산당이 지배하는 국가자본주의 state capitalism ; SC 이나, 이들은 한국의 제1, 2의 교역대상국이므로 우리는 이 둘의 강점을 잘 융합할 수 있는 자본주의 시장경제를 잘 발전시켜야 한다.

한국은 세계에서 가장 오래된 독립국가 아널드 토인비는 중국 다음으로 두 번째라고 함 로 한국문화는 역사와 전통을 중시한다. 전 세계적으로 볼 때 배달국 BC 3897~2333 1565년, 고조선 BC 2333~239 2096년, 고구려 북부여 : 원고구려 + 본고구려(BC 239~AD 668) 907년, 신라 992년, 고려 475년, 조선 519년 등 장구한 세월 강대국 속에서 국토와 국민을 잘 보존한 나라는 그리 많지 않다.

4.2 범지구적 경쟁력 강화를 위한 체제구축[15]

1) 대표적 기업과 산업의 육성

(1) 대표적 기업과 산업

일류 선진국은 무엇보다 모두 독창적 모형을 갖고 있다. 독창적 모형 없이는 개인, 기업, 국가 할 것 없이 으뜸이 될 수 없다. 미국이 세계를 선도할 수 있는 것은 세계 최고 수준의 종합연구대학, 창의성을 중시하는 미국식 교육 등 독창적 모형이 있

15. 송병락(2010) 제13장 참조.

기 때문이다. 한국이 으뜸 선진국이 되려면 무엇보다 일류 선진국들이 어떤 나라인가를 잘 알아야 한다.

일류 선진국은 다양한 기준이 있으나 여기서는 1인당 국민소득, 범지구적 경쟁력, 경제규모 및 수출규모를 기준으로 살펴보자. 1인당 구매력평가 GNI 기준 일류 선진국은 룩셈부르크이다. 글로벌 경쟁력 세계 제일의 나라는 스위스WEF, 『GC보고서』(2010)이고, 경제규모 및 교역규모 세계 1위의 국가는 미국이다. 아시아 제일의 선진국은 싱가포르이므로 여기서는 4개의 일류 선진국, 룩셈부르크, 스위스, 미국, 싱가포르를 살펴보자.

룩셈부르크는 과거 주력사업이었던 철강 산업이 사양화되자 외국의 많은 금융기관들을 유치한 결과 금융과 e비지니스가 대표적 산업GDP의 28%이 되었다. 외국에서 출퇴근을 하거나 외국 국적인 근로자 비율이 60%나 되고, 세계 제일의 철강회사인 아르셀로미탈도 CEO는 인도인이나 국적은 룩셈부르크이다.미국 중앙정보국, 『세계연감』(2010) 인구 57만 명에 불과한 룩셈부르크가 1인당 GNI에서 독일, 프랑스, 네덜란드, 벨기에 같은 이웃 선진국들을 제치고 세계 최고 수준이 될 수 있었던 것은 끌어들이기식 독창적 모형으로 성장했기 때문이다.

스위스는 독일, 프랑스, 이탈리아, 오스트리아에 둘러싸여 바다와 해군 및 자원이 없어 용병을 수출하여 먹고 살 정도로 가난했고 지금도 로마 교황청 경비를 맡고 있다. 그러나 350여 개의 은행을 통하여 수많은 나라 사람들의 돈을 끌어들이고 있다. 또한 스위스는 WTO, 국제적십자위원회 등 많은 국제기구를 유치했고 관광산업을 활성화시켜서 많은 외국인 관광객들을 불러모으고 있다. 인구 806만 명인 스위스에는 세계적인 대기업이 15개나 있어 인구 5천만 명인 한국의 대기업 수 17개와 비교된다.

미국은 세계 제일의 이민대국, 경제대국, 군사대국, 기술대국, 교육대국, 농산물 수출대국, 자본주의 시장경제 종주국 등으로 많은 유학생, 부자들이 가서 미국을 발전시키는 특성이 있다. 여러 면에서 대표 기업, 산업, 지역이 가장 많은 독창적 모형으로 성장한 나라이다.

싱가포르는 아시아 최고의 선진국으로 인구는 약 557만 명, 국토면적은 한때 서울605km²과 비슷했으나 계속 바다를 메워서 6,971km²로 넓혀, 국토면적 증가율에서 세계 제일이다. 싱가포르는 말라카 해협이 동서무역로의 중앙에 위치한 지리적 이점을 갖고 있다. 항만은 수많은 나라의 선박을 끌어들이고 공항도 마찬가지이다. 그리고 인구가 적기 때문에 외국의 사장 · 기술자 · 근로자 · 의사들도 유치하고 있다. 2010년 초 기준으로 싱가포르에서 일하는 한국인 박사가 70여 명이나 된다고 한다. 싱가포르는 농토가 없기 때문에 식량과 물의 전량, 동물원의 새, 건설회사도 수입해야 하지만 독창적 모형을 잘 개발한 나라이다.

으뜸 선진국들은 모두 끌어들이기식 성장을 잘하고 대표적 기업과 산업을 만들고 있다. 한국은 지금까지 수출주도형 밀어내기 성장을 하였으나 앞으로 선진국의 평균 수준인 4만 달러, 룩셈부르크 수준인 9만 달러로 높이기 위해서는 밀어내기와 유인성장의 병행이 불가피하다.

과거 한국은 차이나타운을 인정하지 않을 정도로 폐쇄적이었으나, 이제는 차이나타운, 일본타운, 미국타운, 러시아타운을 잘 만들어서 그 나라들의 사람, 기업 및 돈이 들어올 수 있게 해야 한다. 그러면 그런 강대국들의 사람, 문화, 기업운영 방식 등을 국내에서 잘 배울 수 있고, 그들을 앞서는 독창적 모형의 개발에도 도움이 된다. 끌어들이기식 및 밀어내기식 성장을 조화시키기 위해서는 전 국토를 혁신하고 국토의 범지구적 경쟁력을 획기적으로 향상시켜 전국을 모두 창조혁신생태도시로 만들어 가야 할 것이다.

2013년 종업원이 해외 약 19만 명과 국내 약 9만 6천 명인 삼성전자와 같은 회사가 앞으로 20개만 더 생기면 한국의 1인당 국민소득은 2만 8,180달러에서 5만 6천 달러가 되고, 40개만 더 생긴다면 8만 4천 달러가 넘어 미국과 일본을 넘어서는 으뜸 선진국이 된다고 한다. 한국이 할 일은 삼성전자, 포스코, 현대자동차, 현대중공업, LG전자, SK텔레콤 등과 같이 산업마다 국가대표 기업을 많이 육성하는 것이다. 이런 대기업들이 잘 성장하면 수많은 중소협력회사들도 잘 성장하게 된다. 미국에는 구글, 월마트, GE, 씨티그룹, 코카콜라, 마이크로소프트, 인텔, 월트디즈니,

힐튼호텔, 모건 스탠리 등 각 산업마다 국가대표 기업들이 이루 말할 수 없이 많을 뿐만 아니라 규모도 상상을 초월할 정도이다. 이런 국가대표 기업들이 경제전쟁을 하여 국민생활을 풍요롭게 하는 것이다. 협력 및 관련 회사들도 세계 수준으로 경쟁력을 높일 수 있으므로 종업원들도 많은 혜택을 누릴 수 있고, 정부는 많은 세금을 받아서 가난한 사람들을 도와줄 수 있다.

대표기업이 많으면 국민들은 좋은 일자리가 많아 높은 임금을 받고, 그 돈으로 그 회사 주식을 사 이중으로 돈을 벌 수 있어 안정된 직장 및 노후 생활을 할 수 있다. 2014년 미국은 가계금융자산의 3분의 1이 주식이나 한국은 11.3%이다. 미국 부자들의 재산 중 30%가 증권이나 한국은 국가대표 기업이 너무 적어서 주식 투자처가 마땅하지 않아 부동산에 돈이 많이 몰려있는 것이 문제다.

한국금융투자협회에 따르면 2014년 말 기준 한국 가계의 금융자산 비중은 26.8%로 미국70.1%, 일본61.6%(2013년 말), 영국52.2%(2013년 말), 호주39.4%보다 낮으나 현금 · 예금의 선호도가 높아 그 비중은 42.0%에 달한다. 이는 일본52.5% 다음으로 높다. 미국, 영국, 호주는 그 비중이 각각 13.2%, 23.9%, 22.7%에 불과하다.

(2) 대표산업의 육성으로 한국표준을 세계표준으로

한국이 세계 최고인 반도체, 조선, 자동차, 에어컨 등의 분야에서는 표준을 만들 수 있고 한국표준KS이 세계표준이 될 수 있다. 새마을운동은 농촌개발의 한국표준으로 중국은 많은 공무원을 한국에 보내 새마을운동을 배우게 했고, 많은 후진국들도 새마을운동을 배우려고 한다. 새마을운동이라는 한국표준이 농촌개발의 세계표준이 되는 것이다. 한국은 후진국 중 산림녹화에 성공한 유일한 나라이기 때문에 산림녹화의 성공모형으로 꼽힌다. 국토의 사막화나 황사 등으로 골치를 앓고 있는 중국을 비롯한 많은 나라의 사람들이 산림녹화를 배우기 위해 한국을 찾아온다.

한국은 세계 최초로 CDMA부호분할다중접속방식 기술을 상용화1996년하고 축적하였으며, 2005년 기준으로 한국기업의 세계 휴대전화 시장 점유율은 20%를 넘었다. 한국표준이 세계표준으로 된 것이다. 조선업계에서도 한국표준이 세계표준이 되고 있다.

세계은행 부총재를 지낸 앤 크루거는 아프리카 중앙은행 총재들 모임에서 아프리카 나라들은 반세기 만에 1인당 국민소득을 100배나 증가시킨 한국의 발전모형을 배워야 한다고 말했다고 한다. 중국은 이미 세계표준이 된 한국의 경제발전모형을 따랐다. 한국의 경제 전략은 성장지향적 · 공업지향적 · 해외지향적이라는 세 가지 특징이 있는데 중국은 연평균 성장률이 10%에 가까울 정도로 성장지향적이며, 세계의 공장이라고 할 정도로 공업지향적이고 무역의존도가 47%나 될 정도로 대외지향적이다. 또한 중국은 한국처럼 기업그룹화도 많이 하고 있다. 세계의 수많은 나라들이 한국의 발전모형을 배우려 하는 것은 한국표준이 세계표준이 될 수 있음을 나타낸다.

(3) 국가대표 지역의 육성

나라마다 국가를 대표하는 지역이 있다. 예로 파리, 런던, 도쿄, 로마 등은 국가의 경제, 정치 및 행정 중심지가 혼합된 경우이다. 경제 중심지로 유명한 뉴욕과 정치 · 행정의 중심지로 유명한 워싱턴 외에도 시카고, 샌프란시스코, 로스엔젤레스, 보스톤, 라스베가스 등 미국에는 국가를 대표하는 지역이 많다. 중국의 경우에는 북경 · 천진 지역, 상해 지역, 홍콩 · 광동성 지역 등이 국가대표 지역이다. 이들은 주로 대표 기업과 산업으로 이루어져 있다.

(1) 한국의 대표 지역은 '수도권 지역서울 + 경기도' 이다. 수도권의 대응 지역은 울산-부산-창원-여수를 연결하는 '동남해안 지역' 이다. 이 두 지역은 산, 강, 바다, 평지 등이 골고루 있어서 자연환경 면에서 중국이나 일본의 수도권 지역은 물론, 전 세계 어느 나라의 국가대표 지역보다 더 경쟁력 있고 아름다운 지역으로 개발이 가능하다. 국세청이 제출한 '2014년 시 · 도별 연말정산 억대 연봉자 현황' 자료에 따르면, 현대중공업과 현대차 공장이 있는 울산은 전체 근로자 중 억대 연봉자 비율이 8.5%에 달해 압도적 1위를 차지했다. 울산의 억대 연봉자 수는 3만 2,728명으로 제2위 서울의 억대 연봉자 비율 3.9%22만 7,600명의 배가 넘는다. 울산을 제외한

억대 연봉자는 대부분 수도권서울 · 인천 · 경기에 집중됐다. 1억 원 넘는 연봉을 받는 사람의 10명 중 7명꼴인 36만 5,133명이 수도권 거주자였다. 억대 연봉자 비율이 서울은 2013년과 변동이 없지만, 인천 · 경기는 2013년보다 각각 1.2%포인트 · 1.0%포인트씩 늘어난 2.4%, 3.5%를 기록했다.[16] 이 중 경제성장과 일자리 증가가 가장 빠른 지역은 충남과 경기도이다. 그러나 1인당 소비를 기준으로 보면 지역격차는 줄어든다.

(2) 정부가 추진 중인 5 + 2 광역경제권은 물론 제주도를 포함한 16개 광역시도 모두 대표 지역이 될 수 있다. 중앙정부의 권한을 위임받은 제주도는 앞으로 외국인 공무원 임명, 투자기업에 대한 지방세 장기 면제, 무비자입국확대, 국 · 공유지 장기 임대가 가능하게 되었고 홍콩과 싱가포르의 혼합 형태의 자유도시로 발전해 한국경제에 최소한 10% 이상 공헌을 하겠다는 목표를 두고 있다.

산업은 하나의 산업집적과 생태계를 단위로 하여 발전해야 하고 산업집적지는 지역과 더불어 발전해야 한다. 한국의 모든 기업과 산업 및 16개 광역廣域시도市道의 전략목표는 범지구적 경쟁력이어야 한다. 현재의 행정구역을 그대로 또는 몇 개를 통합하여 하나로 만든 다음, 스위스나 미국 수준의 자치권을 주어 규제를 대폭 완화하고 기반시설을 현대화하여 인구규모가 비슷한 선진국과 각각 경쟁할 수 있도록 하는 것이다. 과거에는 국가의 규모가 곧 시장의 규모였으나 지구촌이 하나의 시장이 되어가는 시대에는 더 이상 그렇지 않다. 인구 소국 스위스가 네슬레라는 세계 최대의 식품회사를 갖게 된 것은 해외시장을 잘 활용하였기 때문이다. 전국에 서울보다 더 좋은 대표 지역을 많이 만들고 서울과 수도권을 잘 발전시켜 이를 전국적으로 확산하면 전 국토가 모두 서울이나 수도권처럼 되어 전국이 서울, 서울이 전국처럼 될 수 있다.

16. 조선일보, 2016. 2. 26. B3 참조.

2) 국가대표 금융기관의 육성과 원화의 세계화

(1) 국가대표 금융기관의 육성

인구 806만 명의 스위스에는 은행이 350여 개나 있으나호이트 바버, 『스위스은행의 비밀』 인구 5천만 명의 한국에는 은행이 18개밖에 없다. 세계 1,000대 은행에 속하는 대형은행의 수를 보면 스위스에는 31개가 있으나 한국에는 10개밖에 없다〈표 11-8〉.[17] 이 10개 은행의 자산총액1.8조 달러은 세계 최대은행인 중국 공상은행ICBC 자산2.8조 달

표 11-8 국내은행의 세계 순위 변동내역

(단위 : 억 달러)

2011년말					2012년말				
순위		은행명	기본자본	총자산	순위		은행명	기본자본	총자산
기본자본	총자산				기본자본	총자산			
71	125	산은지주	172.1	1,491.6	68	88	KB지주	192.4	2,634.1
72	88	KB지주	169.5	2,407.0	69	111	산은지주	188.3	1,792.1
74	83	우리지주	160.7	2,712.1	72	79[2)]	우리지주	181.1	3,042.3
79	86	신한지주	150.2	2,498.2	73	86[3)]	신한지주	178.6	2,810.1[3)]
98	111	농협	116.7	1,704.6	81	87	하나지주	156.7	2,650.1
101	122[1)]	하나지주	107.3	1,545.4[1)]	83	95	농협지주	154.6	2,297.2
117	116	기업	91.5	1,612.6	111	105	기업	105.0	1,847.0
154	169	외환	61.6	871.4	290	328	BS지주	29.1	400.6
316	345	부산	24.4	329.4	322	362	DGB지주	24.6	319.6
354	387	대구	20.7	271.3	744	660	전북	6.7	106.4

주 : 1) 2011년 하나지주는 110위(1,718.8억 달러)로 발표되었으나, 업무보고서 기준 총자산(1,545.4억 달러)으로 순위를 재산정하면 122위에 해당함.

2) 2012년 우리지주는 80위로 발표되었으나, 신한지주의 순위를 정정함에 따라 순위를 재산정하면 79위에 해당함.

3) 2012년 신한지주는 76위(3,196.9억 달러)로 발표되었으나, 업무보고서 기준 총자산(2,810.1억 달러)으로 순위를 재산정하면 86위에 해당함.

자료출처 : 『The Banker』誌 각호.

17. 세계 1,000대 은행의 국가별 소유는 미국 168개, 일본 100개, 중국 84개, 독일 66개, 스페인 40개, 러시아 24개, 스위스 31개, 인도 31개, 대만 29개, 이탈리아 25개, 영국 12개, 나이지리아 9개, 한국 9개, 홍콩 7개 등이다. (2009년 기준, 외국소유 은행 제외, The Banker지, 2010. 7.)

러의 $\frac{2}{3}$수준이다『뱅커』지(2013.7). 우리나라 은행은 1997~2012년 사이 규모는 많이 커졌으나 수는 오히려 33개에서 18개로 줄었다〈표 11-9〉. 세계 경제포럼WEF은 한국경제가 당면한 3대 문제가 금융특히 불건전한 은행, 노동시장의 경직성투쟁적 노조 및 시장경제 제도의 미발달과다한 정부규제, 정책불투명성, 정치불신 등이라고 했다.

자산을 기준으로 한국 최대의 은행은 우리은행지주로 3,042억 달러이다. 자산

표 11-9 한국의 주요 금융기관

금융기관	1997년 말	퇴출	합병	신설	2009년 말
금융지주회사	-	1	-	9	8
은행	33	5	10	-	18
종합금융회사	30	22	7	1	2
증권회사	36	8	8	30	50
자산운용회사	31	6	8	52	69
생명보험회사	31	9	5	4	21
손해보험회사	14	2	2	6	16
상호저축은행	231	115	29	19	106
신용협동조합	1,666	559	140	14	982
합계	2,072	727	209	135	1,272

자료출처 : 한국은행, 『연차보고서 2009』, 2010.

표 11-10 주요 기준별 세계 5대 은행 (2012년 말 현재) (단위 : 억 달러)

기본자본 기준			총자산 기준			세전순이익 기준		
1. ICBC	〈3〉	(1,606)	1. ICBC	〈5〉	(27,889)	1. ICBC	〈1〉	(491)
2. JP Morgan Chase	〈2〉	(1,600)	2. Mitsubishi UFJ Financial Group	〈2〉	(27,094)	2. China Construction Bank	〈2〉	(400)
3. Bank of America	〈1〉	(1,555)	3. HSBC Holdings	〈3〉	(26,925)	3. Agricultural Bank of China	〈5〉	(299)
4. HSBC Holdings	〈4〉	(1,510)	4. Deutsche Bank	〈1〉	(26,548)	4. Bank of China	〈3〉	(298)
5. China Construction Bank	〈6〉	(1,376)	5. Credit Agricole	〈6〉	(26,493)	5. JP Morgan Chase	〈4〉	(289)

주 : 〈 〉 내는 2011년 말 순위.
자료출처 : 한국은행, 『세계 1,000대 은행과 우리나라 은행』, 2013. 7.

규모 세계 4대 은행 중 하나인 영국의 HSBC는 전 세계 70개가 넘는 나라에 9천 개가 넘는 지점을 가지고 있다. 일본의 미쓰비시UFJ 금융그룹의 자산은 2.7조 달러가 넘어 한국의 국민총소득 1.4조 달러의 거의 배나 된다.

경제전쟁은 주로 금융기관들이 한다. 한국인들이 100억 달러의 상품을 생산하여 수출하려면 수많은 사람들이 엄청난 고생을 하나 한국 증권시장에서는 100억 달러의 돈을 단 몇 시간 만에 외국 금융전문가들에게 빼앗길 수 있다. 외환위기 후 한국의 주식을 마음대로 살 수 있게 된 외국인들의 한국 주식 보유비율은 미국 금융위기 발생 직전 42%에서 30%까지 떨어져 주가는 폭락했고, 자국에 송금하기 위하여 달러로 바꾸니 달러 값이 폭등하여 달러 표시 1인당 국민소득은 2만여 달러에서 그 밑으로 떨어졌다. 한국의 대기업들이 경영권 방어를 위하여 금고 속에 보관한 주식을 빼면 유통되는 우량주식은 얼마 되지 않기 때문에, 우리 주식을 30%나 보유하고 있는 외국인들이 주가를 좌우한다. 삼성전자는 우선주의 80%를 외국인이 갖고 있기 때문에 외국기업이라고 하는 사람도 많다. 우리의 주가 결정권을 외국인들에게 넘긴 이유는 외환위기 직전 금융, 특히 은행의 경쟁력이 너무나 약했기 때문이다.

이시욱[2008]은 금융산업 경쟁력이 약해진 주된 이유는 관치금융 때문이라고 했다. 금융산업 종사자 중 금융전문가의 비율이 홍콩 44%, 싱가포르 51%인 데 비하여 한국은 9%에 불과하다고 했다. 그는 한국 금융산업의 경쟁력을 향상시키기 위해서는 정부의 금융규제 완화, 비명시적 지시와 감독관행 철폐, 금융전문인력의 양성, 엄격한 금융체제 구축이 필요하다고 하였다.

금융산업은 성장산업이고 정보산업이며, 인체의 혈액과 같아 실물경제의 흐름을 좌우하고 자원의 효율성을 높이며, 경제전쟁시대의 전략산업이므로 그 중요성은 아무리 강조해도 지나침이 없다.

(2) 한국의 돈을 세계의 돈으로

우리의 원화는 선진국 중 9위의 경제대국에 맞지 않게 국제적 위상이 너무 낮아 원화로 수출대금을 결제하려고 해도 외국인들이 이를 기피한다. 현재 한국 돈을 취급하는 곳은 주로 동남아시아, 중국, 일본, 캐나다 등 한국 관광객들이 많이 가는 일부 관광지나 상점 등이다. 돈은 가장 대표적인 국가상표이고 국가의 품격을 나타내며, 최고의 수출상품이다. 한국이 일류 선진국이 되려면 우리 돈을 세계 최고 수준으로 만들어 세계경제가 불안하게 될 때 미국 달러가 아니라 원화를 찾게 만들어야 한다.

한국 돈을 세계의 돈으로 만들려면 무엇보다 범지구적 경쟁력 우위기업들을 많이 만들어야 한다. 회사나 경제규모를 더 키우려면 범지구적 경쟁체제의 근본 조건인 시장경제의 정착, 정치안정 및 교육의 방향이 제대로 잡혀야 한다. 또한 한국경영의 성능이 개선되어야 하고, 모든 것에 큰 영향을 미칠 수 있는 정부의 범지구적 경쟁력이 일류 선진국 수준으로 높아져야 한다. 이렇게 하는 것이 한국의 상표가치, 품격, 국가신용등급 및 국가경쟁력을 높이고, 한국 돈을 세계의 돈으로 만들며, 국민의 풍요로운 삶으로 가는 길이다.

문제는 중국의 위안화이다. 이에 대한 대응책을 강구하기 위해서는 통화국제화의 의미, 혜택 및 영향을 살펴보아야 한다. 한 나라 통화의 국제화란 그 통화가 국내는 물론 해외의 모든 거래에도 사용된다는 것을 의미하며 국제화 정도는 외국에서 일어나는 모든 거래에 그 통화가 어느 정도나 사용되느냐로 결정된다.

통화 국제화로 얻게 되는 혜택은 다음과 같다. 그 나라의 기업이나 개인은 모든 무역거래에서 환위험을 피할 수 있기 때문에 그 나라의 무역은 통화 국제화 전에 비해 크게 증가할 것이다. 게다가 그 나라 기업이나 개인은 재화와 서비스의 무역뿐만 아니라, 해외자산의 국제거래에 그 통화를 사용할 수 있기 때문에 통화가 국제화될수록 그 나라와 외국 간에 많은 투자활동이 촉진된다. 그에 따라 구태여 많은 외환보유고를 유지할 필요가 없으므로 외환보유고 유지에 필요한 여러 비용도 아낄 수 있다. 또한 금융산업의 기본역할은 투자에 필요한 자금제공이기 때문에 이와 같은 새로운 경제활동이 유발되면 금융산업이 확대되어 전체 경제성장도 촉진된다.

이처럼 한 나라 통화의 국제화는 여러 긍정적인 영향을 미치나 때로는 다른 나라에 해를 끼칠 수도 있다. 예컨대, 한 통화를 국제화시킨 나라에서 금융기관의 부실이나 그로 인해 유동성 위기가 발생하면, 그 나라 금융기관들은 서둘러 해외에서 유통되던 자국 통화를 회수하는 동시에 그 통화로 표시된 자산을 처분하려 할 것이고, 이는 해당 외국의 외환시장을 불안하게 만들 수 있다. 이러한 사례는 2007~2009년에 많은 선진국 금융기관이 자신들의 잘못으로 발생한 자국의 유동성 부족을 메우기 위해 여러 신흥국에서 자국 통화 표시자금을 회수함으로써 신흥국 외환시장에 큰 불안을 초래한 데서 확인할 수 있다.

이상과 같은 한 나라 통화의 국제화가 가져오는 여러 효과를 종합해볼 때, 중국이 위안화 국제화를 서두른다면 한국도 원화의 국제화를 서두를 수밖에 없다. 원화의 국제화는 중국의 위안화가 국제화되기 전부터 한국에 있어 절실한 과제였다. 우리의 2대 교역국인 일본은 1990년대부터 꾸준히 엔화의 국제화를 추진해왔다.

원화의 국제화가 긴박함에도 불구하고 한국 통화당국이 원화의 국제화에 매우 소극적인 이유는 많은 역외 금융기관이나 기업이 많은 원화를 보유하면 통화정책의 수행이 어려워질 수 있고, 원화의 자유로운 국경 간 이동은 원화에 대한 투기공격을 유발할 수 있기 때문이다. 따라서 한국은 원화의 국제화를 위해 조속히 원화의 태환성을 높이는 연구가 필요하다.

3) 세계 수준의 종합연구대학과 전략 싱크탱크의 육성

(1) 세계 수준의 종합연구대학

세계 수준의 종합연구대학World Class Comprehensive Research University ; WCRU은 한국이 필요로 하는 각계각층의 세계 최고 수준의 인재를 양성하는 곳이다. 세계 일류기업과 일류대학의 시너지 효과가 가장 높은 나라인 미국은 세계 수준의 종합연구대학에서 세계 일류인재를 양성하고, 세계적인 기업들이 이런 인재를 활용하여 세계 최고의 제품을 만들어낸다. 한국은 기업과 대학의 상승효과가 낮고 기업들이 필요로 하는 인재를 양성하는 세계 일류대학이 극소수이다. 이런 상태에서 세계 일류기업들이나 조직체 간의 경쟁인 범지구적 경쟁시대에 한국이 세계 일류기업을 어떻게 만들어 갈 수 있겠는가?

종합연구대학이 있어야 하는 이유는 다음과 같다. 어느 분야의 전문가나 지도자이건 문학 · 역사 · 철학 등 기초학문을 잘 배우기 위해서, 그리고 공학과 디자인학, 경제학과 심리학 등 학문 간의 융 · 복합을 통해 모든 것을 창조 · 혁신하기 위해 종합연구대학이 필요하다. 게다가 이러한 창조와 혁신이 창업으로 이어지기 위해서는 인접 및 관련 학문이 필요하다.

한국 일류대학의 올바른 비전은 세계 수준의 종합연구대학WCRU이다. 한국이 지식사회 중심기관 중의 중심인 WCRU를 만들면 한국이 필요로 하는 다종다양한 세계일류 인재양성, 국가 비전 및 국가전략을 개발할 수 있다. WCRU 없이는 세계 일류 선진국이 될 수 없다.

사카이야 다이치堺屋太一(1997)는 일본을 이끌어 온 사람은 제1호 주식회사를 포함하여 500여 개의 기업을 일으키고 '일본적 자본주의' 를 창시한 시부사와 에이치澁鐸榮一, 마쓰시타 전기회사를 일으키고 일본식 경영을 창조한 마쓰시타 고노스케松下幸之助 등 12인이라고 했다. Evance 2004는 미국을 만든 사람은 전기를 발명한 토마스 에디슨, CNN을 만든 테드 터너, 포드 자동차를 만든 헨리 포드, 청바지를 만든 레비 스트라우스, 디즈니랜드를 만든 월트 디즈니 등 52인이라고 했다. 이들은 대부분 혁신적인 제품이나 기업을 일으킨 사람들이다. 이처럼 세계적인 인재를 많이 양성하려면 WCRU를 만들어야 한다. 그것이 한국의 과제다.

피터 드러커 Peter Drucker(1909 ~ 2005)

피터 드러커 교수는 수많은 미국기업을 세계적인 기업으로 만드는 데 결정적인 역할을 했다. 드러커 교수는 경영학을 만들어서 가장 많은 사람을 잘 살게 만들었다. 드러커 교수는 '자신경영론' 으로도 유명하다.

세계에서 가장 존경받는 기업, GE제너럴 일렉트릭의 잭 웰치 회장은 "경영학의 진정한 성인이 있다면 피터 드러커"라고 말했다. 그는 "No.1 or No.2. Fix, Sell or Close"를 GE 전략으로 정한 것은 회장 취임 직후 드러커 교수의 자문 때문이라고 했다. 『좋은 기업을 넘어 위대한 기업으로Good to Great』와 『성공하는 기업들의 8가지 습관Built to Last』 등의 베스트셀러 저자인 짐 콜린스는 "오래 가는 아이디어를 만드는 사람"이 되라는 드러커 교수의 권유에 따라서 인생 항로를 재설정했다고 한다. 세계적인 베스트셀러인 『목적이 이끄는 삶The Purpose-Driven Life』의 저자인 릭 워렌은 드러커 교수에게 정기적으로 찾아가서 배웠는데, '일을 옳게 하는 것은 효율efficiency 이고, 옳은 일을 하는 것은 유효effectiveness' 라는 드러커 교수의 말에 큰 감동을 받았다고 한다. 리더십의 권위자인 워렘 베니스는 드러커 교수가 경영학을 발명했다고 말한다.

드러커 교수가 유행시킨 용어는 지식근로자knowledge worker, 목표에 의한 경영management by objectives, 포스트모던postmodern, 불연속discontinuity, 유효와 효율effectiveness and efficiency, 사유화privatization 등이다. 그는 세계적인 대기업뿐만 아니라 박물관, 학교, 병원, 소기업, 정부, 야구단, 자선단체 등 거의 모든 조직체에 경영자문을 하면서 경영 수준을 높이는 데 큰 기여를 했다. 드러커 교수는 자신의 전성기는 60세 이후 만 30년간이라고 말했고 92세, 93세에도 책을 출간했다. 92세인 그의 부인은 대단히 부자인데도 불구하고 운전을 손수 하고 소기업을 운영하고 있었다. 드러커는 네 명의 자녀도 훌륭히 키운 가정적으로도 대성한 사람이다.

(2) 세계 수준의 전략 연구소Think Tank의 육성

세계 일류 선진국들은 세계 일류 연구소를 가진 나라이다. 사실 세계 일류 연구소 없이 세계 일류 선진국이 되는 것은 불가능하다. 인구 806만 명의 스위스는 세계 2대 글로벌 경쟁력 연구소인 IMDInternational Institute for Management Development : 국제경영개발원와 WEFWorld Economic Forum : 세계경제포럼가 있다. WEF는 다보스포럼으로 유명한데, 매년 초 전 세계 지도자, 전문가, 석학들이 대거 스위스 다보스로 초청되어 모두 자비로 와서 고견을 발표한다. 스위스인들은 듣고 배우기만 하면 될 뿐만 아니라 참석자들에게 비싼 참가비를 받아내므로 일석이조의 효과가 있다.

미국은 세계적인 연구소가 많기로 유명하지만 그중 부르킹스 연구소Brookings Institution와 피터슨 연구소가 가장 유명하다고 한다. 부르킹스 연구소는 미국 국민의 경제사회 복지 증진과 안전보장, 미국 민주주의의 촉진 및 개방적이고 안전하며 협조적인 국제시스템의 개발이라는 3대 목표를 위하여 설립되었다. 피터슨 연구소는 전신이 국제경제연구소인데, 자유무역의 창달, 이를 위한 국제무역기구WTO나 북미자유무역협정NAFTA과 국제경제문제에 관한 연구를 한다. 이 외에도 미국에는 비즈니스 라운드테이블한국의 전경련, 미국기업연구소 등 수많은 연구소가 있다.

중국에는 유명한 사회과학원, 정부의 간부훈련을 위한 간부학원 및 공산당이 있다. 독일인구8,100만 명보다 많은 8,779만 3천 명이 넘는 공산당원들은 대단히 유능하며, 지도부는 훌륭한 싱크탱크의 기능을 한다.

미국 펜실베니아 대학교의 '싱크탱크와 시민사회 프로그램Think Tank and Civil Society Program ; TTCSP' 이 발표한 2015 글로벌 싱크탱크 순위에서 국책연구원인 한국개발연구원KDI이 아시아 주요 국가 싱크탱크 중 3년 연속 1위에 올랐다. 미국을 제외한 글로벌 싱크탱크 부문에서는 전체 8위, 미국을 포함한 글로벌 싱크탱크 부문에서는 48위를 기록했다.[18] 2013년 1위였던 중국 사회과학원CASS은 2014년 4위로 하락했고 일본국제문제연구소JIIA는 2위를 유지했다. 아시아 지역 순위에서 대외경제정책연구원은 5위, 아산정책연구원이 6위, 자유경제원16위, 동아시아연구원18위, 세종연구소40위가 뒤를 이었다. 이 부문 상위 10위에는 중국 싱크탱크가 4개로 가장 많았고, 이어 한국3개, 일본2개, 인도1개 순이었다.

그러나 우리나라의 연구소의 생태계는 여전히 취약한 것으로 드러났다. 조직운영의 투명성이나 효율적인 거너번스와 관련된 부문에서 상위 순위에 오른 한국 싱크탱크가 없다. 특히 환경, 의료와 같이 미래 정책영역에서 싱크탱크의 역할이 미흡하다. 일류 싱크탱크에 오른 국내 13개 연구소 중 민간 연구소는 자유경제원, 아산정책연구원, 동아시아연구원, 세종연구소, 삼성경제연구소, 산업정책연구소 등 6개에 불과하며 글로벌 금융위기 이후 민간 연구소의 활동이 더욱 위축되었다. 세계 톱 싱크탱크에는 2014년에 이어 미국 브루킹스연구소가 2회 연속으로 선정됐고, 2위 영국 채텀하우스, 3위는 미국 카네기국제평화재단이었다. 미국 전략국제문제연구소CSIS, 스웨덴 스톡홀름국제평화연구소, 벨기에 브뤼겔, 미국 외교협회CFR, 미국 랜드연구소, 영국 국제전략문제연구소, 미국 우드로윌슨센터 등이 뒤를 이었다. 조사대상은 세계 6,826개 싱크탱크였고 한국에서는 한국개발연구원KDI 등 35개 국책·민간 연구소가 평가대상에 올랐다.[19]

---

18. 조선일보, 2016. 2. 1. 참조.
19. 조선일보, 2014.1.22. 참조.

다음과 같은 면에서 한국인, 한국기업 및 국가의 전략을 개발할 수 있는 세계 수준의 싱크탱크가 필요하다. ① 지금은 세계경제전쟁시대이며, 전쟁과 경쟁은 전략으로 한다. ② 한국은 세계 4대 강국 속에서 생존해야 하고 자연자원이 빈약하기 때문에 경쟁전략이 중요하다. ③ 한국인의 저력, 열정, 문화 등을 감안할 때 전략을 잘 알면 뛰어난 능력을 발휘할 수 있다.

4) 전 국토를 아름다운 홍익창조혁신생태계도시로

한국은 국토 어디에서나 자동차로 한두 시간만 달리면 크고 작은 도시, 농촌, 산, 강, 해변, 섬 등을 모두 볼 수 있을 뿐만 아니라 세계 어느 곳과 비교해도 아름답다. 한국의 전 국토를 아름다운 홍익창조혁신생태계공간으로 개발하고 연결하여 전 세계 사람들이 창조혁신적인 발상을 위하여 한 번쯤은 한국을 방문하지 않을 수 없게 해야 한다.

그러기 위한 구체적인 안으로 다음과 같은 방법들을 제시하고 싶다. ① 비무장지대는 강, 산, 늪지대 등 각종 생태환경이 세계에서 가장 잘 보존된 지역 중의 하나이므로 각종 생태환경과 연구시설을 구비하여 전 세계 전문가들이 찾는 최고의 연구대상 지역으로 만든다. ② 비무장지대나 판문점은 평화 관련 국제기구의 유치나 연구시설의 건설에 최적지가 될 수 있다. ③ 세계 대상의 군사교육 및 훈련시설을 구비하여 개도국들에게 개방한다. 그러한 사관학교 교육을 통하여 군사지도자들을 양성하고 군사교육의 주도국 역할을 하는 것이다. ④ 한국은 세계에서 유일하게 자본주의와 공산주의가 대치하고 있는 나라이므로 70년 가까이 자본주의와 공산주의 경제 실험을 한 경험이 세계에서 가장 풍부한 나라이다. 따라서 제3세계 국가들에게 세계적인 자본주의 · 공산주의 교육시설과 관련 교육을 제공하고 개도국에 대한 한국의 발전경험의 전수Knowledge Sharing Program ; KSP와 연계시킬 수 있다. 개도국들이 경제발전을 하지 못하는 주요 이유 중의 하나는 자본주의 시장경제나 사회주의 계획경제를 잘 모르기 때문이다. ⑤ 서울은 북경과 도쿄 중앙에 위치하므로 한국을 동아시아 문화의 중심으로 만들어 동아시아를 알고 싶은 사람은 한국을 가면 된다고 할 정도로 중국과 일본을 알 수 있게 만든다. ⑥ 한국은 IT 강국이므로 IT에 관한 모든 것을 알 수 있는 교육시설을 구축한다. ⑦ 한방과 양방 의학을 겸한 대대적인 의료시설을 개발하여 의료 관련 관광객을 유치할 수 있다. ⑧ 한국은 전자 · 건설 · 조선 · 자동차 · 철강 · 화학 산업 강국이므로 이 산업의 모든 것을 알 수 있는 산업이나 박물관 시설을 구축한다.

이 모든 시설은 잘하면 엄청난 고용을 창출할 수 있으므로 실업문제를 해결할 수 있을 뿐만 아니라 한국이 재도약하는 기회로 만들 수 있다. 한국정부는 『제4차 국토종합계획수정계획2006~2020년』에서 앞으로 고속도로를 남북으로 7개, 동서로 9개를 건설하여 격자형 국토간선도로망의 개발계획을 밝혔다. 이는 전 국토를 고속도로 측면에서 여러 개의 도시로 만드는 것이나 마찬가지이다. 전 국토를 여러 개의 도시로 만들어야 할 이유를 살펴보자.

한국이 좁은 국토를 가장 효율적으로 활용하는 길은 한국의 세계적 건설회사와 국토계획 전문가들로 하여금 국토 전체를 몇 개의 창조혁신도시로 만들도록 하는 것이다. 지금은 창조혁신의 시대이므로 한국 전체를 여러 개의 거대한 실리콘밸리나 싱가포르와 같은 창조혁신도시로 만들 필요가 있다. 지식사회와 디지털시대에서는 도심과 주변 지역 간 및 중심과 주변의 차이가 없어진다고 했다. 한국은 세계4대 고속전철기술 보유국으로 시속 400km의 KTX 기술의 발전은 전국을 하나의 생활권으로 만들었다. 정부는 앞으로 교통카드 하나로 전국의 대중교통수단을 이용할 수 있게 한다고 한다. 그리고 선형도시를 개발한다.[20] 서울–천안은 이미 선형도시

20. 일본도 도쿄–오사카 간 550km 지역을 하나의 선형도시로 만든다. 일본의 도쿄–오사카 간 550km나 되는 지역의 크고 작은 도시들이 신간선 고속철도 때문에 도시로 모두 연결되었고, 미국 동북부의 수백 킬로미터나 되는 보스턴–뉴욕–볼티모어–워싱턴 지역도 편리한 교통시설 때문에 모두 도시로 연결되어 있다. 앞으로 서울–대전–대구–부산 간도 KTX 때문에 그렇게 되는 것이 불가피할 것이다. 이런 거대도시를 메갈로폴리스라고 한다. 이는 선형(扇形)도시로 원형(圓形)도시 기준의 수도권과는 개념이 다르다. 일본은 2020년까지 시속 550km의 마그레브 고속전철을 개발하여 도쿄–오사카 간(직선거리 500km 이하)을 하나의 미래형 새로운 선형도시로 개발하는 계획을 추진 중이다. 한국은 앞으로 일본과 세계 시장에서 KTX수출을 위한 경쟁을 해야 하므로 이런 고속철도를 개발하지 않으면 안 된다. 사실 한국은 앞으로 시속 700km의 KTX 개발도 검토하고 있다. 이런 고속철도

로 연결되어 있다. 특히 KTX와 KTX경제권을 개발해 수도권 성장억제에서 KTX경제권과 전 국토의 성장촉진으로, 수도권 중심의 원형성장에서 KTX경제권 중심의 선형성장으로 하는 국토활용 전략이 녹색성장과 1인당 소득 3만 달러 이후의 경제성장 촉진의 효율적인 길이기도 하다. 수도권의 공간부족 때문에 발생하는 문제는 수도권의 인구 및 산업의 집중억제, 서울의 극심한 용지부족과 높은 지가, 신행정수도 건설, 지역격차 등 이루 헤아릴 수 없이 많다. 이런 문제를 일괄적으로 해결하고 국토10만 140km²의 효율적 활용을 위하여 여러 개의 도시로 만들어 수도권을 없애는 것이다.[21] 혁신의 길은 전국을 여러 개의 도시신 수도권로 만들어 각종 전쟁과 녹색성장에 대비는 물론 우리 기업, 산업 및 국가경제의 경쟁력을 높이는 것이다. 앞으로는 우리가 가진 세계 4대 KTX기술로 KTX를 건설하여 국부의 획기적인 증대는 물론 전국을 여러 개의 홍익창조혁신생태계중심도시로 만들어야 한다.

가 개발되면 서울-부산 간은 한 시간 이내의 거리로 줄어든다.

21. 한국의 인구는 약 5천만 명으로 인구밀도는 km²당 약 500명으로 세계 독립국가 중 인구밀도가 높은 순으로 제6위이다. 산과 농지가 없는 싱가포르의 인구밀도는 km²당 6,943명인데, 한국도 산과 농지를 제외하면 인구밀도는 3,200명으로 증가한다. 특히 서울의 경우 산과 강을 제외하면 인구밀도는 싱가포르의 4배 이상이 된다.

제12장

홍익경제발전모형

1. 경제발전과 인적자본
2. 홍익경제발전모형
3. 한국홍익기업의 발전모형

홍익경제란 홍익인간이념으로 무장한 인적자본에 입각하여 국민들 각자가 공공적 이익과 인간의 존엄성을 위한 기본적 권리와 함께 스스로 부양해야 하는 의무를 강화하는 천리에 따른 복지를 극대화시키는 것이 사익과 대의를 극대화시킨다는 도道를 널리 펴서 대선大善으로 세상을 잘 다스려지게 하여 지식知識 · 정신精神 · 인정人情 · 의사意思 · 정보情報 · 일자리 · 물자 등이 물처럼 넘쳐흐르고 원활한 소통과 통합을 추구하여 끊임없이 창조하고 혁신하여 공동체에 순가치를 줄 수 있는 상생하는 풍요로운 경제로 정의할 수 있다.

홍익경제는 새로운 발전 틀이다. 산업경제에서 홍익경제로의 경제적 이행과정에서 홍익경제발전모형을 특별히 강조하여 설명하고자 한다. 홍익경제는 질적 도약을 위한 경제성장 틀의 전환이고, 융 · 복합을 통한 새 성장 동력과 일자리 창출이다. 본 모형은 여러 가지 경쟁모형들 간의 차이를 강조하는 대신에 그것들을 하나의 넓은 범주에 통합시킨다. 때문에 기존의 경제발전모형들보다 논리적으로 보면 더 일반적이다.

1. 경제발전과 인적자본

1.1 경제발전의 기본개념

무엇이 경제를 발전시키는가를 이해하기 위해서는 경제를 낙후시키는 기본적인 조건을 이해하는 것이 필요하다. 경제발전을 저해하는 기본적인 요인은 ① 인적자본의 결여, ② 기회를 인식하고 포착하는 능력의 부족, ③ 기회를 이용하는 동기의 결여, ④ 기회의 결여이다. 이 조건들은 개별 경제주체나 전체 사회에도 적용할 수 있다. 천연자원이 매우 빈약한 환경에서도 빠른 경제성장이 이루어진 경우를 보면 기회가 있었기 때문에 경제발전이 가능했음을 볼 수 있다. 그리고 개방경제 하에서 기회는 외생적으로 주어지는 것이 아니라 국민들의 소망을 통한 통찰력 및 역량에 따라 주어지는 것이기 때문에 기회는 내생적이라고 볼 수 있다. 그렇다면 결국 기회는 사람이 잡는 것이기 때문에 ④는 ①과 결합될 수 있고, 기회를 인식하고 포착하는 능력의 부족과 기회를 이용하는 동기의 결여, 이들 두 가지 요인이 경제발전의 가장 큰 장애요인들이 된다.Kwon(1998)

경제발전이론은 인적자본, 정보 및 경제적 동기에 관한 이론이다. 인적자본의 경제적 정의는 기회를 인식하고 포착하며 성취하는 능력이다. 즉, 정보를 획득하고 소화하는 능력 및 어떤 경제적 목표를 성취하는 사람의 역량이다. 기회는 누구에게나 빗방울처럼 오지만 단지 노력하고 준비된 사람만이 잡아 성취할 수 있다. 이 역량은 기업가들, 개별 근로자들 및 정부 관료들뿐만 아니라 정치인들을 비롯하여 모든 국민 개개인에게 강조되어야 할 능력이다.

각 사회에서 이러한 역량은 일반적인 제도, 지식과 기술수준, 습관 및 사회의 전반적인 가치체계에 의하여 제약을 받으며, 기회가 인식되더라도 성취 욕구에 대한 동기부여가 결여되어 있다면, 즉 위험성에 비하여 노력에 대한 사적 혜택이 너무 적거나 불확실하다면 사람들은 그 기회를 포착하고 이용하지 않을 것이다. 문제는 낙후된 경제체제가 개인의 노력이나 단체의 노력을 통한 흡수력인적자본과 동기의 격차를 어떻게 극복할 수 있는가에 있다. 답은 인적자본에 대한 투자와 대외지향적 경제정책이다. 대외지향적 경제정책은 새로운 기술의 흡수를 통하여 학습과정을 촉진시키는 경쟁적 환경을 조성하고, 수출지향성은 인적 및 물적 자본의 질을 촉진하고 새로운 동기를 창출함으로써 흡수력의 격차를 좁히는 중요한 요인으로 작용할 수 있다. 또한 국가는 모든 국민에게 지식과 정보를 신속하게 유통시키고 동기유발을 유도할 수 있는 정치 · 경제적 제도를 갖추고, 관련 소프트웨어를 제공해야 한다.

모든 이들이 기회를 잘 이용하도록 정부는 동기부여를 해야 하겠지만 기회와 동기가 함께 부여되어도 이것을 이용하는 사람들은 염치와 정의에 의해 이것을 활용해야 할 것이다. 부끄러움 혹은 염치는 정보와 기회를 잘 인식하고 포착하여 경제적 목표를 성취한 부자가 가난한 사람을 보며 느끼는 부끄러움 같은 것이다. 세상에는 '하고 싶어도 할 수 없는 일' 이 있고, '할 수 있으나 하지 않는 일' 이 있다. 염치를 안다면, 사는 집이 멀쩡한데도 저소득층을 위해 지어진 주택을 가로채 축재하지 않고 어쩌다 횡재한 돈을 기를 쓰고 빼돌리지 않을 것이다. 민주주의에서 금과옥조로 여기는 다수결의 원칙이 우리 국회에 가면 세勢대결로 변질되는 것은 숫자만 많으면 뭐든지 할 수 있다는 '몰염치' 때문이다. 당신이 '염치' 에 눈뜨는 순간, 세상은 당신의 행위를 '횡포' 라고 매도하지 않을 것이다. 그러면 울분 쌓인 을의 혁명도, 당신을 가로막는 국회의 입법도 생기지 않을 것이다.박성희(2013) 이러한 가치관의 정립이 국가경제발전의 진정한 원동력이 될 수 있다.

1.2 인적자본과 경제발전

인적자본은 거의 모든 형태의 생산함수에 나타나 있는 중요한 요소로 경제발전의 연구에서 제시된 가장 중요한 변수이다. Schultz[1962, 1971]는 20세기의 경제성장을 설명하는 데 인적자본이 물적자본보다 더 중요하였다고 역설하였다. 그는 또한 현대 경제발전에 필요한 것은 풍부한 부존자원이나 국가규모가 아니라는 것을 천명하였다.Forgel(2009)

인적자본에 대한 연구의 대가인 Becker1994, 15~16쪽는 학교교육, 훈련 및 시간 엄수, 근면과 정직의 장점 등에 대한 강의는 건강을 증진시키거나, 소득을 증가시키거나 평생에 걸쳐 학식을 증진시킨다는 의미에서 자본에 대한 투자로 정의하고, 인간의 지식, 기술, 건강 혹은 가치관을 인체에서 분리할 수 없기 때문에 인적자본이라고 정의하였다. 따라서 인적자본은 지식과 기술과 같은 '지식자본'과 발전정신, 발상, 가치관, 윤리관과 같은 '정신자본'으로 구분할 수 있다. 인적자본을 가치로 환산할 때, 지식자본의 가치는 약 70%, 정신자본의 가치는 약 30%로 평가된다고 한다. 그러나 일반적으로 지식자본의 구현과 역할은 정신자본에 의존한다는 의미에서 정신자본의 역할이 더 중요하다고 할 수 있다.[1]

인적자본의 기능적 측면은 노동에, 과학기술적 측면은 물적자본에 구현되어 있다. 총요소생산성에는 발전정신, 조직의 개선, 지식의 일출溢出 : spillover, 경쟁 정도, 측정오차, 제도적 차이 등의 개선이 반영되며, 이들의 기반이 되는 것은 정신자본이다. Easterly and Levine2001과 Klenow2001는 정책과 제도의 차이는 생산요소의 수렴에 반대로 작용할 수 있다고 주장한다. 높은 세율, 보호주의, 약한 재산권과 같은 정책은 인적 및 물적 자본의 축적을 감소시킬 수 있다.

인적자본은 교육 기간으로 나타낸 교육의 양과 국제적 비교가 가능한 득점 혹은 학생 1인당 교육비로 계상된 교육의 질을 포함해서 측정한다. 버먼과 슈나이더 Behrman and Schneider(1992)는 초등학교와 중등학교 등록률의 국가 간 회귀분석에 입각

1. 정신자본이란 용어를 처음 사용한 Friedrich List(1789~1846)는 정신적 자본을 '과거에 살았던 모든 세대들이 이룩한 모든 발견, 발명, 개량, 완성 및 노력의 축적결과들'이라 정의하였다. 리스트(1885, 140쪽), 임원택(1992, 661쪽) 이는 정신자본보다는 인적자본에 더 가까운 것으로 지식과 정신을 분리하지 않고 혼동하여 사용하였다고 할 수 있다. 임원택(1988)은 '존재=경제=물질'과 '의식=문화=정신'은 한 사회국가의 힘을 구성하며 이 두 근원적인 힘은 서로 작용과 반작용의 변증법적 상호작용을 하고 국가 간 물질적 생산의 불균등은 정신적 자본축적의 불균등에 근본원인이 있다고 한다. 따라서 선진국중심자본주의국이 되기 위해서는 지력과 윤리력으로 요약되는 정신적 자본의 충분한 축적이 필요하다고 본다. 즉 정신적 자본의 충분한 축적은 지력을 통해 기술력의 우수성을 가져왔고 윤리력은 생산에 있어 계급 간의 마찰을 줄이고 정치의 부정부패를 줄임으로써 경제의 안정과 발전에 기여한다는 것이다. 임원택(1988, 138~140쪽) 여기에서 정신적 자본은 인적자본의 개념이며 지력은 지식자본을 윤리력은 정신자본을 의미한다고 할 수 있다.

하여 한국은 인적자본의 빠른 성장이 극적인 경제이행에 중요한 역할을 하였다고 주장한다.

교육 질의 척도로 사용된 학생 1인당 교육비는 1970～1989년 동안에 멕시코는 64%, 케냐는 38%, 파키스탄은 13% 증가한 것에 비해 한국은 355% 증가하였다.[Birdsall and Sabot(1993)] Barro[2001]와 Hanushek and Kimko[2000, 2008]는 교육의 질[국제적 시험성적]이 교육의 양보다 더 중요하다고 주장한다. 한국은 학생들의 학업성취도의 국제적 비교에서 탁월한 성적을 나타내고 있다[〈표 12-1〉 참조].

표 12-1 학생 학업성취도의 국제적 비교

시험점수	OECD 비유럽권	non-OECD 동아시아
550～	대한민국 일본	타이완 싱가포르 홍콩
500～	호주 캐나다 뉴질랜드 미국	중국 말레이시아
450～		태국

주 : 수학과 과학의 1960～1996년간 국제경시대회의 단순평균점수.
자료출처 : Hanushek and Kimko(2008).

Fogel[2009]에 따르면 일본, 한국, 홍콩 및 중국의 초등학교의 취학률은 1980년에 이미 선진국 못지않은 수준이다. 특히 한국의 경우는 1980년을 제외한 전 기간에 걸쳐 중등교육의 등록률이 선진국 수준일 뿐만 아니라 고등교육[전문대학과 종합대학]의 등록률에서도 서구 선진국들보다 훨씬 높은 성과를 내고 있다는 것을 〈표 12-2〉는 나타내고 있다.

Barro[1991, 2001], Barro and Lee[1993] 및 Mankiw[1992]의 연구에 따르면, 많은 국가에서 교육과 경제성장은 상당한 정의 관계를 나타냈다. 아직까지는 그 용어가 나타내는 지식, 능력 및 욕구의 복잡한 복합성으로 인적자본의 계량화는 정의하기 어

표 12-2 각국의 학교 등록률

	초등학교			중등학교			대학교육			의무교육 연령
	1980	1997	2006	1980	1997	2006	1980	1997	2005	
중국	113	123	111	46	70	76	2	6	19**	7~15
홍콩	107	94	98*	64	73	85	10	22	32	
한국	110	94	105	78	102	96	15	68	90	6~15
일본	101	101	100	93	103	101	31	41	54**	6~15
프랑스	111	105	110	85	111	114	25	51	56**	6~16
서독		104	103		104	101	27	47		6~18
이탈리아	103	101	103	72	95	100	27	47	63**	6~14
영국	104	116	105	83	129	98	19	52	60**	5~16
미국	99	102	98	91	97	94	56	81	82**	6~16

* = 2005, ** = 2004

자료출처 : National Center for Education Statistics 2002(1980, 1997), World Resource Institute EarthTrends(http://earthtrends.wri.org/searchable_db/index.php?step=countries&cID[]=91&cID[]=189&cID[]=190&theme=4&variable_ID=423&action=select_years)
Unesco.org(http://stata.uis.unesco.org/unesco/ReportFolders/ReportFolders.aspx)

렵다. 지식은 교육뿐만 아니라 독서, 사색과 토론 및 실험을 통해 축적되기 때문에 절대적 양의 시간이 필요하다. 우리의 잦은 술자리나 경조사를 챙겨야 하는 집단주의나 책을 안 읽는 문화에서는 지식과 정신이 자라기 힘들다. 또한 집단에 대한 충성을 지나치게 강조하는 사회는 창의와 혁신에 의한 질적 발전을 도모하는 데 도움이 되지 않는다. 실력보다 연줄이나 인간관계가 중시되는 연고주의 사회는 혁신창조적 지식기반경제가 발전하기 좋은 플랫폼[2]을 제공하기 어렵다. 이런 측면에서 소위 김영란법은 지식기반경제의 플랫폼을 다지는 데 기여할 수 있을 것이다.

창의와 혁신은 치열한 경쟁에서 나오며 그 바탕은 그 사회의 인적자본의 수준, 올바른 가치관 및 합리적 제도와 관습이다. 담합구조의 타파, 실력에 의한 공정한

2. 플랫폼은 다양한 관점에서 설명할 수 있으나 스마트시대에는 사람과 운송수단이 만나는 접점 혹은 매개지점으로 인터넷 사업자, 콘텐츠 제공자, 사용자, 기기 제조사 등 다양한 주체들이 만나는 매개지점이라 할 수 있다.

경쟁과 평가, 공정한 인사제도가 지식기반경제가 자랄 수 있는 좋은 토양을 제공한다. 정부, 국회 및 사법부는 물론 비정부조직까지도 각종 제도와 관행의 합리성을 높이고, 사회의 모든 분야에서 담합구조를 타파하여 공정경쟁의 기반을 넓혀나갈 때 비로소 지식기반경제가 성공할 수 있을 것이다. 정부의 지원을 늘려 지식기반경제를 성공시키려 해서는 지대추구행위만 성행시킬 수 있으므로 경계해야 할 것이다. 조윤제(2013)

1.3 정책으로 증강된 인적자본

'정책으로 증강된 인적자본policy-augmented human capital ; PAHC' 이란 경제발전을 위한 로드맵road map : 단계별 안내도나 이정표 또는 전략과 유능한 지도자가 있는 인적자본을 말한다. 로드맵은 무역과 생산물 전문화의 방향, 경제성장의 가속화라는 공통목표를 달성하기 위하여 민간업계와 정부 간의 인적 자원의 공동관리, 위험의 분담 및 많은 경제활동의 민 · 관 간의 조정 등과 같은 협력의 범위를 포함한다. 인적자본과 효과적인 정책이나 전략의 결합은 잠자던 혁신적 힘을 일깨워 분출할 환경을 창출할 것이다.

인적자본을 정책과 정책담당자에서 분리하는 것은 인적자본의 중요성을 간과하는 것이다. 좋은 정책이나 전략은 진공상태에서 창조되거나 갑자기 튀어나오는 것이 아니라 기존 인적자본의 수준에서 도출된다. 한국의 선진국 경제 추격과정에서 인적자본과 성과주의 산업정책이 중요한 역할을 하였다. 이런 점에 있어서 Lee and Mathews 2010가 제시한 빠른 성장을 위한 역량구축과 제도적 플랫폼기반의 구축은 모두 정책으로 증강된 인적자본에 포함된다.

정책으로 증강된 인적자본체제에서 민간부문의 인적자본과 공공부문의 인적자본은 분리할 수 없을 뿐만 아니라 보완적이다. 이런 의미에서 효과적인 발전전략을 짜고 실행할 능력 또한 인적자본의 몫이다. 넓은 의미에서 이 능력은 외부의 위협과 내부의 기득권 세력과 같은 다른 불리한 조건 하에서 효과적인 국민정부를 확립할 수 있는 정치지도자의 능력이다.[Rostow(1960)] 경제적 의미에서 그것은 부문 간 보완성과 불완전한 정보가 주어진 상태에서 개발될 산업을 선정하고 투자활동을 조정하는 능력이다.[Wade(2004), and Storm and Naastepad(2005)] 또한 그것은 성과 기준을 명쾌하게 잘 정의하고 미리 고지된 준칙을 공식화할 능력과 확실하게 미리 위임하는 능력이다.[Bardhan and Udry(1999)]

그러한 자격의 지도자는 민간부문의 반응함수에 제약되는 그의 목적함수인 국민의 경제적 복지를 극대화시키는 스태켈버그[Stackelberg]형 지도자[Rodrik(1992)]와 같이 행동하는 '공공적 이익' 을 추구하는 지도자이다.[McGuire and Olson(1996)] 지도자와 전략은 직결되어 있다.

그런 지도자를 갖고 있는 국가는 자율적이다. 정부의 역할은 예측가능하고 믿을 수 있는 법적 및 계약으로 보증된 구조와 함께 재산권을 확실하게 보장하는 것이다. 이는 정부의 역할을 거시 경제적 안정성과 재정적 건전성을 유지하고 경제적 기반시설을 제공하는 것으로 한정하는 세계은행의 '시장 친화적 관점' 에서의 기대를 뛰어넘어 정부역할이 확대되는 것을 의미한다. 일반적으로 정부는 임의로 취할 수 있는 정책도구들을 갖고 있을 뿐만 아니라 업계와 학계에 대한 준비된 접근성 때문에 국내외적으로 더 많은 경제적 자원과 정보에 대한 접근성을 갖고 더 좋은 거시 경제적 조망을 갖는다.[Amsden(2001), Wade(1990, 2004)]

산업화의 여명기에 한국은 물적자본은 거의 없었지만 다른 후진국에 비해 인적자본에서는 상당히 앞서 출발하였다.[World Bank(1993)] 이런 인적자본의 초기 비교우위는 천연자원의 초기 부족, 물적자본의 희소성 및 제한된 국내시장규모에도 불구하고 유능한 정책수립과 낮은 임금과 더불어 한국의 빠른 경제성장에 큰 도움이 되었다. 지식기반경제의 성공을 위해서도 인적자본과 성과주의 산업정책의 상승작용이 강력한 역할을 하여야 할 것이다.

정책으로 증강된 인적자본은 통상의 인적자본보다 정의가 훨씬 더 광범위하기 때문에, 한국을 비롯한 동아시아 국가들의 경제성장에 대한 충격이 Rao and Vadlamannati[2011]가 발견한 연구결과보다 훨씬 더 큰 것 같다.

타국으로부터의 기술이전은 기계나 청사진만으로 구현될 수는 없기 때문에 국제적 기술이전은 기술이나 청사진의 단순한 수입 이상의 복잡한 과정을 포함한다. 즉 Evenson and Westphal[1995]에 의해 정의된 기술의 암묵성이나 환경의 민감도로 인하여 지식의 국제적 일출 정도는 수입국의 인적자본 수준에 따라 달라진다. 어떤 기술은 그들이 사용되는 토양조건이나 사회경제적 배경과 같은 환경에 민감하고, 어떤 기술은 그것이 사용되는 조건에 적응시키기 위한 실험과 학습에 대한 투자가 요구된다. 이런 유형의 학습투자는 정보일출을 발생시키고 가능한 정책시사점 Bardhan and Udry(1999)은 분명한 목표가 있고 목표를 달성하기 위한 로드맵과 유능한 지도자를 필요로 하게 된다. 모든 생산자들에게 일어나는 기술일출과 인적자본으로부터의 외부적 편익은 내생적 경제성장모형에서 자세히 설명되는 바와 같이 자본축적에 대한 수확체감의 경향을 피하는 데 도움이 되는 과정의 핵심부분이다. Romer (1986, 1990) ; Lucas(1998) ; Rebelo(1991)

사회 전체로는 새로운 지식과 기술의 발견과 발명, 지식과 기술보급의 속도와 범위는 인적자본의 함수이다. 지식과 기술 차입국의 인적자본의 수준이 높을수록 기술보급의 비용이 낮아지겠지만 이 일출은 파레토 적정으로 귀결되지 않는 외부성을 발생시킨다. 이것이 가난한 나라에서 낮은 자본-노동비율과 관련된 잠재적으로 높은 투자수익률이 더 낮은 보완적 투자에 잠식되어 경제성장률이 더 낮아지게 되는 이유이다. Todaro and Smith(2003)

인적자본의 재고가 주어진 조건 하에서, 정책으로 증강된 인적자본은 경제발전에 대한 적합한 단계별 안내도나 전략이 없는 인적자본보다 가동률을 더 높여 효율적인 자원배분이 이루어져 인적자본 서비스의 양을 증가시킬 수 있었을 것이다. 아마도 정책으로 증강된 인적자본은 실업률의 역수에 대한 교육수준 혹은 공교육비와 사교육비의 합계의 조정으로 계량화될 수 있을 것이다. 정책으로 증강된 인적자본의 계량화는 자본의 재고량이 가동률로 조정된 물적자본 서비스의 흐름을 계산하는 것보다 훨씬 더 복잡하다. Kim and Kwon(1977) ; Kwon(1986) ; Kang and Kwon(1993) ; Park and Kwon(1995)

1.4 인적자본이 풍부한 국가가 경제성장이 지지부진한 이유

여기서 가정된 전제는 '정책으로 증강된 인적자본'의 질이 생산물의 전문화와 무역의 방향을 결정한다는 것이다. 이 전제에서 기업가적 능력과 정책수립 능력은 성공적인 산업화의 중요한 요소이지만, 양질의 인적자본이 효과적인 산업정책을 위한 충분조건은 아니라는 것이다. 우리는 정책으로 증강된 인적자본과 경제적 차별화, 발전정신, 사회정치적 안정과 같은 기준에 따라 어떤 국가는 성공하는 반면 왜 어떤 국가는 실패하는가를 거의 예외 없이 설명할 수 있다.

예를 들면, Datta-Chaudhuri[1990]와 Kelegama and Parikh[2003]는 1980년까지의 인도 경제 부진의 중요한 원인으로 제조업에 대한 규제위주의 할당과 같은 관료적 경영을 지적했다. 정부가 개입하여 시장경제를 지원하고 촉진한 한국의 접근방법과 달리 정치적 민주주의로 인한 경제적 평등주의에 입각한 인도의 접근방법은 인도의 시장경제를 질식시켰다. 또한, 인도에서 국가의 이질성으로 만연된 이익집단들의 거부권은 통치조직과 국가가 단일의 동질적인 집단이 되는 것을 방해하였다. 그러면 왜 인도 경제는 최근에 성장하기 시작하였나? 그것은 자유경제적 개혁이 일어나 이제까지 휴면상태에 있던 양질의 인적자본이 마침내 속박에서 풀려 정보기술 혁명의 파도를 타고 차별화할 수 있었기 때문이다.

이러한 사례는 필리핀과 중국에서도 볼 수 있다. 필리핀은 제2차 세계대전 후 동아시아에서 일본 다음의 제2의 경제적 성과를 이룩한 나라였다. 그렇지만 필리핀의 경제성장률은 1960년대에 다른 동아시아 국가들에게 추월당하였다. 아시아개발은행 보고서[2009]와 Nelson[2007]은 필리핀이 지속적으로 높은 성장률을 달성하는 데 어려움을 겪은 원인을 제도와 사회적 기반시설의 취약성, 정치적 불안정성 및 성장을 방해한 역사와 문화의 탓으로 돌리고 있다. 또한 지주 귀족계급들의 지배로 인하여 비효율적인 토지자본을 효율적인 산업부문으로 재분배하는 데 실패하여 역동적인 자본주의 경제의 출현을 막았다고 한다. 한편 한국과 대만은 토지개혁을 통해 소득과 부의 분배를 개선하였을 뿐만 아니라 토지자본을 산업자본으로 바꾸는

데 성공하여 금융과 물적자원의 효율적 이용을 촉진하였다.

1980년대 이전의 중국경제는 공산주의로 인하여 경제적 차별화를 포기하고 평등주의를 실현하여 발전하지 못한 반면, 개방 이후에 정책으로 증강된 인적자본은 경제적 차별화에 따른 적절한 보상으로 중국 경제를 빠르게 발전시킨 성장동력이 되었다.

아르헨티나나 브라질과 같은 라틴아메리카 국가들은 한국의 대외지향적 정책과는 달리 국내 천연자원의 부존과 소수의 산업에 너무 많이 의존하는 대내지향정책수입대체정책을 수행하는 한편, 사회 · 경제적 불평등으로 인한 계급대립 때문에 경제적 차별화에 실패하였고 결과적으로 그들의 인적자본에 비해서는 상대적으로 기대 이하의 성과를 냈다.

이에 대하여 Fishlow1990는 라틴 아메리카에서 수입대체정책으로 유발된 환율의 과대평가가 수출을 역차별하여 국제수지 적자를 발생시켰으며, 조세수입보다 많은 정부지출의 증가는 가속적인 인플레이션에 의해 재정적자를 메울 수밖에 없었고, 농업발전을 희생한 산업화를 강조한 탓에 농촌이 빈곤지대가 되어 사회적 갈등을 초래함으로써 결국 성장이 지체되었다고 지적하였다.

2. 홍익경제발전모형

본 모형은 5개의 명제로 구성되어 있다. 처음 3개의 명제에서 일반적인 명제를 홍익경제의 독특한 명제와 나란히 병렬시켜 설명한다. 다시 말하면, 각각의 명제1부터 3까지에서 (가)는 일반적인 논리이며, (나)는 홍익경제의 특수한 논리인데 (가)와 (나)의 비교를 통해 경제성장의 원천으로서 인적자본과 물적자본의 중요성이 어떻게 다르게 강조되고 있는지를 조명한다. 일반적으로 경제성장의 원천으로서 인적자본과 물적자본의 중요성은 사실상 동일하게 인정하지만, 홍익경제발전모형은 물적자본 투자의 근저에 있는 인적자본을 더 강조한다.

2.1 인적자본은 전문화, 무역 본질과 방향 및 경제성장 속도를 결정

명제 1. (가) 일반적으로 인적자본은 생산물의 전문화, 무역의 본질과 방향 및 경제성장의 속도를 결정한다. 이 명제는 완전한 시장조정이 이루어질 때 나타나게 되는 가장 가능성 높은 결과로서 왈라스[Walrasian]의 시장균형에 도움이 되는 경제 환경에서 발명과 혁신에 의해 주로 추진된 서양 산업혁명의 핵심요소이다. 물적자본이 거의 자유롭게 이동하는 세계에서 한 국가의 생산 전문화는 물적 생산요소의 최초 부존이나 국내시장의 규모에 의해서는 제약될 수 없다.[Forgel(2009)] 그보다는 오히려 관료, 기업가, 경영자, 근로자, 정치가의 인적자본에 구현되고 축적된 경제적 기회를 인식하여 포착하는 능력, 기술을 흡수하는 능력, 새로운 기술에 적응하는 능력 등의 질적 수준과 양에 의해서 제한된다. 인적자본에 축적된 이러한 능력들은 전략, 추종할 비교우위와 규모의 경제, 성과주의 제도의 확립방법, 새로운 기계와 기술의 사용방법, 생산요소의 결합방법 및 제품의 판매방법을 결정한다. 아이디어가 인간문명의 역사에서 단일의 가장 유력한 힘이고 물적자본은 인간 아이디어의 외관성의 표현이라는 면에서, 인적자본은 적어도 물적자본만큼 중요하다.[Romer(1986, 1990), Stiglitz(1999), Kwon and Kang(2011)]

명제 1. (나) 지식 · 혁신기반경제에서 혁신과 무역의 본질과 방향, 생산물의 전문화 및 경제발전과 혁신의 방향과 속도를 결정하는 것은 '정책으로 증강된 인적자본' 이며, 지역성장과 혁신의 열쇠는 정책으로 증강된 창의적 · 혁신적 인적자본의 집적에 달려 있다. 플로리다는 경제발전을 위해 갖추어야 할 세 가지가 기술[technology], 재능[talent], 관용[tolerance]이라고 하고 3T를 창의적 자본[creative capital]이라고 하였다.[Florida(2011), 제12 ~ 13장] 따라서 정책으로 증강된 창의적 · 혁신적 인적자본이란 경제발전을 위한 홍익인간형 창의혁신적 인적자본을 강화하기 위한 구체적인 로드맵[전략]과 홍익인간형 유능한 지도자가 있는 것을 말한다.

효과적인 지식 · 혁신 기반경제의 수행을 위해 정부는 높은 인적자본을 활용하여 지식기반시대에 걸맞는 지식과 자본을 생산하여 창의성에 기반한 선도형 성장을 할 수 있는 역량과 제도적 기반의 구축에 집중해야 한다. 한국은 충분히 축적된 인적자본을 활용하여 새로운 지식을 창조하고 혁신하여 홍익인간형 인적자본을 창출할 수 있다. 이는 연구·개발과 정신자본에 대한 투자를 강화하는 것을 의미한다.

홍익지식기반경제에서는 지식자본과 정신자본으로 이루어지는 인적자본 중에서도 정신자본을 더 강조한다. 경제발전은 뚜렷한 목적과 방향 의식을 가지고 유도하는 정신자본이 없으면 이루어지지 않을 뿐만 아니라 경제적 문제만큼이나 심리적 및 정신적 문제가 중요하기 때문에 정책적으로 심리적 및 정신적 효과창의성, 태도의 변화, 신뢰, 고양된 창조적 활력, 경제적 차별화, 창의적 문화 등가 주어지도록 노력해야 한다. 심리적 효과와 긴밀하게 연결된 일련의 창의적·혁신적 성과주의 정책을 갖고 있는 국가는 그렇지 않은 국가보다 정치적 안정과 빠른 경제발전을 이룩할 수 있다.

경제발전 단계에 따라서 인적 요소의 중요성은 근로자에서 정치가 및 행정가로, 기업가, 전문가의 순으로 바뀐다. 즉, 후진국의 경쟁력은 주로 근로자와 정치가 및 행정관료에서 나오고, 선진국의 경쟁력은 주로 기업가와 전문가에 의해서 결정되나 일등선진국의 경우는 모두가 중요하다.

(1) 창의적 인재의 인적자본을 효과적으로 활용하기 위해서는 노동과 노동시장을 혁신하여 보다 유연한 노동시장을 갖추어야 한다. 평생고용을 약속받는 정규직 근로자는 재교육을 비롯하여 다양한 복지혜택을 누리고 봉급수준도 높다. 반면에 비정규직 근로자는 몇 주에서 몇 달까지 단기고용계약을 맺고 회사는 아무 투자도 하지 않고 임시로 쓰고 쉽게 해고한다. 양쪽 모두 인적자본의 질을 높이는데 한계가 있다.

투자가 저조한 것은 자본의 생산성이 낮기 때문이며, 그 저변에는 경직된 노사관계로 인한 노동의 양과 생산성, 노동시장의 유연성 문제가 깔려 있다. 근로자들은 기술의 반감기가 줄어듦에 따라 평생학습을 필수로 받아들여야 하고, 기업들은 급격한 변화를 예측하고 준비해야 한다.

유연한 노동시장은 근로자들이 일을 하면서 재교육을 받는 등 자신의 가치를 높이고 새로운 일을 찾을 수 있는 기회를 제공한다. 이를 위해서는 교육제도도 창의적 · 혁신적으로 유연해져야 한다. 한번 정규교육을 받으면 끝나는 것이 아니라 직장을 다니다가 혹은 다니는 중이라도 스스로 역량을 강화할 수 있는 창의적 · 혁신적 평생교육제도의 강화가 필요하다. 혁신 주도적 경제에서는 혁신적인 해결책만이 잘 작동할 것이므로 정책입안자는 교육과 훈련에 있어서 새로운 수요를 충족시켜야 하고, 효과적인 규제 경로수법을 도입해야 한다.

(2) 지식 · 혁신기반경제의 본질은 무형의 생산요소를 새롭게 조명하고 강조하는 것이다. 그러므로 무형의 지식을 이해하고 보호하기 위해 특허, 저작권 등 지식재산권의 보호를 강화해야 하며, 이들의 갱신을 엄격하게 관리해야 한다. 이는 원가중심의 기업경영에서 가치창출 중심의 기업경영으로 가야 함을 의미한다.

(3) 지식 · 혁신기반경제의 핵심인 창의력을 발휘하기 위해서는 마음껏 도전하고 실험할 수 있는 경제적 환경을 만들어 창의적 · 혁신적 청년 기업가들을 많이 육성해야 한다. 발명권, 지적소유권, 지식재산권, 특허권을 이용한 신생벤처기업start-up에게는 위험성을 줄일 수 있는 적절한 시점에 적절한 지원이 필수적이다. 기업가정신을 발휘할 수 있는 토양을 조성하기 위해서는 부정직한 분식회계와 같은 부조리를 척결하고 정직한 도전과 실패를 용인하는 사회적 분위기가 필요하다.

(4) 새로운 좋은 일자리를 늘리기 위해서는 생계형 창업이 아니라 한국을 먹여 살릴 수 있는 기업가적 청년창업이 해결책이다. 실패의 두려움 없이 도전적으로 청년창업을 하도록 하기 위해서는 창업하고자 하는 사람에게 방법을 찾을 수 있는 좋은 창업생태계를 만들어주어야 한다. 이들에게 좋은 창의적 · 혁신적 공학과 과학교육을 장려하고, 모든 국민에게 좋은 창의적 · 혁신적 기초교육을 제공하여야 하며, 기술적 기업가정신technological entrepreneurship을 가르쳐야 한다.

오늘날 기업가정신을 가르치는 곳은 대학의 MBA 창업경영 과정이다. 새로운 첨단기술 회사를 창업하는 사람들 중에는 공학기술자, 생물학자, 의사, 과학자 및 컴퓨터 전문가들이 많은데 이들은 창업경영에 관한 지식이 부족하다. 첨단기술 창업 경영의 이론을 가르쳐야 하나 기업가정신을 가르치는 MBA 창업 경영과정이 이들에게 개방되어 있지 않다. 미래 기업가들인 공학, 생물학, 물리학, 화학, 컴퓨터과학, 의학 및 관련 주제의 학생들에게 성공적인 창업방법을 자극하고 가르칠 필요가 있다. 이 외에도 일반 고등학교 학생들, 대학의 공학도와 과학도, 의사, 직업학교에서 수련하는 기술자들에게도 기술적 기업가정신을 가르쳐야 한다.

예로 이스라엘 테크니온Technion의 단 세크만Dan Shechtman 교수에 의하면 이스라엘에서는 성공한 기업가, 창업기업가, 마케팅 전문가 등을 초청하여 모든 학생들에게 기술적 기업가정신을 가르친다. 강의 동안 각 학생은 일정한 양식으로 강의를 요약하여 강의 후에 보고서를 제출한다. 출석은 필수이나 기말시험은 없다. 초청된 강사인 기업가는 자신의 경험에서 얻은 비결을 준비하여 이야기하고 조언해야 한다. 이들 기업가들은 본받아야 할 역할모형들이다. 만일 청중들이 연사와 일체감을 가질 수 있고, 그들을 본받게 된다면 목표가 달성된 것이다.

동기부여는 돈이 아니라 창업 그 자체이어야 한다. 돈은 성공한 사업의 부산물이다. 그리고 창업의 실패에 대한 두려움이 없는 문화가 정착되어야 한다. 창업할 때의 실수들은 기술적 기업가에 의한 비전문적 경영, 불충분한 시장조사와 시장 지식의 결핍, 나쁜 자금원, 전문가보다 친구와 동업, 내가 제일 잘 안다는 기업가의 자만, 창업자들 간의 잘못된 계약 등이다. 이스라엘은 사업의 위험성을 정부가 미리 제거하기 위해 노력한다. 예를 들면 인큐베이터 제공, 벤처펀드와의 제휴 알선, 모든 부처에 과학 관련 부서 설치, 창업에서 산업혁신적인 연구개발 지원, 2국 협정체결과 2국 펀드의 지원, 침몰하는 창업을 위한 설명서와 조언 센터의 설치 등을 정부에서 지원한다.

(5) 홍익지식기반경제에서는 지역성장과 혁신의 열쇠가 창의적 · 혁신적 인적자본의 밀집에 달려 있다. 즉, 사업비용의 절감보다 고등교육을 받거나 고숙련성과 같은 생산적인 사람들의 창의적 · 혁신적 인재성이 더 중요하다는 뜻이다. 창의적 · 혁신적 인적자본의 밀집이 회사의 밀집보다 경제성장에 훨씬 더 중요한 이유는 이러한 사람들을 끌어들이면, 그들을 고용하고 그 회사에 투자할 투자자들을 끌어들일 산업이 유치되기 때문이다. 노벨경제학상 수상자인 로버트 루카스Robert E. Lucas는 인적자본의 밀집에서 생기는 생산효과를 지역경제 성장의 결정적 요인으로 간주

하여 '제인 제이콥스 외부성' 이라 칭한다.

(6) 홍익지식 · 혁신 기반경제에서 인식해야 할 중요한 점은 현대사회에서는 사회적 자본에서 창의적 · 혁신적 자본으로 이동하고 있으며, 창의적 · 혁신적 인재가 거주할 지역의 중요성이 부각되고 있다는 것이다. 실용적인 관점에서 창조적 자본론은 지역발전이 경제발전의 3T에서 나오고, 혁신과 경제성장을 촉진하기 위해 지역이 이 세 가지를 제공해야 한다고 한다. 경제적 번영을 일으키는 공동체는 과거 공동체와 다르다. 결속력 있는 밀접한 공동체와 사회가 지닌 전통적 개념은 경제성장과 혁신을 오히려 저해하는 경향이 있다.

지식 · 혁신기반경제의 부상은 경제발전의 게임규칙을 바꿔놓았다. 회사들은 여전히 중요한 역할을 하지만 재능 있고 창의적 · 혁신적인 인재들이 있는 곳으로 이동하고 창업한다. 기술사업을 건설하는 데 가장 중요한 것은 회사가 적합한 경험, 기술, 첨단지식, 에너지의 결합을 끌어낼 수 있는 인력이 분포해 있는 곳에 있어야 하는 것이다. 즉, 도시들이 사업풍토보다 인간적 풍토를 훨씬 더 필요로 한다는 것이다. 창조적 경험이 융성할 수 있는 지역을 창조하는 것이므로 보조금을 주는 대신에 다양성, 개방성, 사람이 원하는 생활양식의 선택권과 여가시설에 투자해야 성공적인 첨단산업 중심지가 될 수 있다. 이는 보조금과 같은 지원보다는 규제개혁에 우선순위를 둬야 함을 의미한다.

(7) 주요 연구대학과 연구소의 존재는 지식 · 혁신기반경제에서의 기본적인 인프라 요소이며, 경쟁력 우위의 잠재적 근원이라 큰 이점이 된다. 그러나 지역발전에 효과적으로 기여하기 위해서는 대학은 창조적 3T를 반영하는 상호연관된 역할을 해야 한다. ① 대학은 소프트웨어에서 생물공학에 이르는 분야의 첨단연구 중심지이고 새로운 기술과 자회사의 중요한 원천이다. ② 대학은 효과적으로 인재를 끌어들이며, 유명한 연구원과 과학자를 유치함으로써 대학원생들을 끌어들이고 자회사를 설립하며, 다른 회사들이 자기 강화 발전 주기에 근접하도록 부추긴다. ③ 대학은 창의계층의 일원을 유치하고 그들을 확보하는 데 필요한 진보적 · 개방적 · 포용적인 능률적인 풍토를 창조하는 것을 돕는다. 또한 주변의 공동체가 대학이 생성하

는 혁신과 기술을 흡수하고 개발할 수 있는 능력이 있어야 하고 창조계급의 사람들이 추구하는 특성과 여가시설을 갖추도록 도와 능률적인 인간적 풍토를 조성해야 한다.

(8) 지식자본을 경제적 부로 전환하기 위해서는 주변의 지식기반경제 공동체는 사회구조 내에 그것을 흡수하고 활용할 수 있어야 한다. 특히 창조 · 혁신시대에 청년근로자들은 종전과 달리 첨단기술을 지니고 있고 성실하며, 더 열심히 일할 수 있고 위험을 무릅쓰며 도전정신이 강하므로 적극적으로 그들을 위한 채용전략을 짜야 한다. 그러기 위해서는 장기적 경제성장을 보장할 창의 · 혁신성에 대해 투자하고 사회구조를 악화시키고 경제적 행복을 위협하는 계급분열을 극복하며, 다양성의 증가와 분열의 심화에 걸맞은 사회적 결집의 새로운 형태를 이룩할 수 있도록 해야 한다.

결속력 있고 책임감과 주인의식이 있는 집단으로 발전해 효과적인 힘을 발휘하기 위해 창의계층은 집단행동의 새로운 형태를 만들어내기 위해 행동에 동기를 부여할 수 있는 공통된 비전이 있어야 한다. 이 공통비전은 기존의 제도와 관리기관에 새로운 방향을 구상하거나 새로운 기풍을 불어넣을 수 있으며, 모든 새로운 집단에 이정표 노릇을 할 수 있다.

(9) 물적자본과 달리 창의 · 혁신성은 세대에서 세대로 전해질 수 없고 저절로 실행되거나 지속되지 않기 때문에 창의 · 혁신성을 이용하는 회사와 지역사회에서 끊임없이 육성되고 재생산되어야 한다. 더구나 경제발전의 게임은 동태적이기 때문에 창의 · 혁신성이 경제발전의 가장 중요한 원천이라면 지속적으로 번영을 구가하는 가장 훌륭한 방법은 온갖 형태의 창의 · 혁신성에 투자하는 것이다. 창의 · 혁신성에 대한 투자는 다면적이고 다양하며 광범위한 형태의 창의 · 혁신성을 촉진하는 관련 인프라와 공동체에 대한 투자를 의미한다.

예를 들면 전 공장 작업장에서도 근로자들이 창의적 노동방식을 적용하여 창의 · 혁신성을 개발할 수 있도록 한다면 장기적인 경제성장과 발전에 기여할 것이고 증가하는 사회분열이 완화될 것이다. 또 모든 계층에서 창의 · 혁신계급이 형성될 수 있을 것이다. 창의 · 혁신계급의 창출은 모든 계층의 사람들에게 그들의 지위를 향상시키는 방법에 대한 분명한 비전을 제공하는 일부터 시작하면 된다.

많은 사람들이 대가족의 붕괴, 전통적 가치관의 붕괴, 이념의 대립으로 인해 사회적 결집이 대체로 약해졌다고 본다. 변화의 시기에 사회적 분열이 일어나는 것은 당연한 일이다. 개인과 단체를 비롯한 사회구성원들은 그들의 경제적 역할이 달라졌기 때문에 예전과 달리 서로 관계를 맺기 어렵다. 오늘날의 사회구성원들은 서로 다른 방식으로 일하고 다른 종류의 삶을 원하기 때문이다.

그러나 한 가지 분명한 사실은 분열되고 모순된 사회에서 탄탄한 지식 · 혁신기반경제를 유지하기는 어렵다는 점이다. 다양하고 개방적인 공동체는 창의성을 자극하고, 혁신을 일으키고, 경제발전과 부를 증식시키는 데 강력한 경쟁력 우위를 지닌다. 그 열쇠는 다양성, 높은 이동률, 약한 유대, 우발적 헌신으로 규정되는 시대에 사회적 결집을 구축하는 새로운 기제를 창출하는 것이다. 정부는 정경유착과 부패를 척결하고, 자유시장경제를 감시하되 질식시키지 말아야 한다.

(10) 사회적 결집의 열쇠는 공동체 내의 어떤 기관이 아니라 강한 지역공동체이다. 공동체는 지리적으로 뿌리를 박고 있기 때문에 영속적인 사회단위이다. 이와 같은 공동체를 강하고 결속력 있게 만듦으로써 중심적 역할을 잘 할 수 있게 하는 것은 사회구성원 각자의 임무이다. 동시에 역설적으로 우리 삶의 대부분을 규정하는 이동성과 변화 또한 수용해야 한다.

2.2 국부는 산업포트폴리오 및 기술과 산업의 융 · 복합에 의해 결정

명제 2. (가) 시간이 흐름에 따라 일어나는 한 국가의 산업포트폴리오의 크기와 구성은 자연발생적으로 일어나는 것이 아니라 경제정책의 의도된 결과이다. 일반적으로, 국부는 인적자본의 수준의 함수인 다양한 생산적인 산업의 포트폴리오의 규모와 구성에 의해 결정된다. 경제의 낙후성은 산업의 다양성이 부족하여 초래되는 경향이 있다.

산업정책의 기본적인 전제는 미래 비교우위와 규모의 경제 달성에 잠재력을 나타내는 산업들을 진흥하는 것이다. 새로운 산업이 계속 성장하면 제한된 국내시장 규모와 추가적인 성장 동력을 위한 제1차 수입대체 체제는 수출진흥 체제로 전환해야 한다. 국내시장규모가 제한된 한국은 규모의 경제를 달성하기 위해서 수출시장의 개발이 필수적이다. 수출진흥체제 하에서 정부는 우선 수출진흥을 위한 다양한 형태의 보조금을 제공한다. 또한 섬유, 철강, 조선, 자동차, 석유화학, 반도체, 디스플레이, 정보통신기술을 혁신하고 ICT, BT, NT, ET와 융합시켜 한 차원 더 높은 제품을 생산하여 수출하도록 하며, 기업의 수출성과에 따라 차별적 지원을 제공함으로써 사업을 유인하도록 한다. 국가는 경제성장을 촉진하기 위한 정책을 펼쳐 비교우위와 규모의 경제를 전략적으로 재편성하여, 산업구조의 변화를 촉진할 수 있다.

이 구조 변화의 과정은 정부와 기업들이 세계시장에서 이윤을 획득하기 위하여 전략적 시합을 하는 것으로 보이는 비교우위와 규모의 경제의 전략적 재편성과도 부합한다. 그러나 넓은 의미에서 볼 때, 그것은 수익이 주어졌을 때 위험을 최소화하거나 위험이 주어졌을 때 수익을 극대화시키는 산업 포트폴리오의 다양화 과정이다. 산업정책 당국의 입장에서 보면 정책입안자들과 기업가들은 다양한 산업의 전반적인 포트폴리오를 공동으로 경영하는 것이 바람직하다.

다양하고 생산적인 산업포트폴리오를 많이 갖고 있는 선진국이 되기 위해서는 다양하고 많은 산업에서 추격형 경제발전뿐만 아니라 응용과 창의혁신에 바탕을 둔 선도형 경제발전을 병행하여야 한다. 선도형 경제발전이란 고부가가치산업에서 창의적 인적자본과 부가가치가 높고 고용창출이 큰 산업이 성장의 원동력이 되는 산업구조를 말한다.

명제 2. (나) 홍익지식 · 혁신기반경제를 구현하려면 생산기술과 정보기술의 융합, 대기업, 개별 기업군, 주력산업 중심에서 상생과 협업을 통한 벤처와 중소기업으로 이루어진 생태계 중심, 원가중심의 경영에서 가치중심의 경영으로 발전의 틀을 바꾸어야 한다. 가치창출이라는 동전의 앞면은 과학기술이고 뒷면은 기업이다. 사업모형, 생산성, 근로자의 기술, 연구개발 및 혁신에서도 급진적인 변화를 야기하는 거대한 경제적 도전에서는 제4차 산업혁명인 디지털화에 성공해야만 경쟁력을 유지할 수 있다.

디지털 융합은 4단계로 진행된다고 한다. 제1단계는 기기와 서비스가 디지털화하는 단계, 제2단계는 기기가 융합되는 단계, 제3단계는 네트워크와 서비스가 융합하는 단계, 제4단계는 유비쿼터스 단계이다. 유비쿼터스시대는 모든 사물에 컴퓨터칩이 내장되고 네트워크로 연결되어 사람이 필요한 정보를 언제 어디서나 누구와도 주고받을 수 있는 시대이다. 방송과 통신, 유선과 무선, 음성과 데이터의 구분이 사라지고, TV · 전화 · 인터넷 · 영상통화 등도 융합된다.

예를 들면, 통신과 방송의 융 · 복합은 인터넷방송처럼 방송과 통신을 동시에 하는 서비스의 융합, 케이블 TV처럼 하나의 전송수단을 통신과 방송에 동시에 이용할 수 있는 전송망의 융합, 통신과 방송에 동시에 사용할 수 있는 송수신 단말기의 융합, 통신사업과 방송사업을 겸업하는 업체의 융합 같은 형태로 진행되고 있다. 자동차는 전자산업과 기계산업의 융합이고 고급 승용차의 성능은 전자제품에 의하여 좌우된다고 할 수 있다. 관광상품도 각종 관광서비스를 하나로 묶어서 판매하는 융합산업이 된다. 제조업의 서비스화는 제조업과 서비스업의 융합으로 일반대중을 위한 강의는 교육과 오락의 혼합인 에듀테인먼트edutainment가 되어 교육과 오락이 융합된다. 앞으로 정보통신기술ICT, 생명공학기술BT 및 나노기술NT나 바이오일렉트로닉스의 융합뿐만 아니라 제조업과 금융업 간에도 융합이 일어나 21세기는 융 · 복합의 시대가 될 것이다. 경계가 사라지는 융합현상은 국가 간 및 지역 간에도 발생한다.

(1) 제4차 산업혁명[3]은 생산기술과 정보기술을 통합한 인공지능[4], 로보틱스, 3D 프린팅, 빅데이터, 사물인터넷, 바이오텍 등의 눈부신 발전으로 새로운 수준의 가치사슬을 구성하는 것이다. 제4차 산업혁명에서는 사람, 기계, 공장, 물류 및 상

---

3. Maching(2015) 참조.

4. 지능이란 암기력, 분석력, 추리력, 직관력, 접신(接神)력 및 창의력 6개가 융합된 것이고 최상위의 지능은 창의력이다. 미지수인공지능바둑인 알파고는 넷째 직관력까지 좇아온 것 같다.

품이 서로 직접 의사소통을 하고 협력하여 동일한 가치사슬에 있는 기업 간의 생산과 물류 과정이 잘 연결되어 기업 간 생산 공정의 효율성과 유연성이 더욱 강화된다. 이런 방식의 네트워킹은 관련 서비스를 포함한 제품 사용을 위한 개념에서부터 재활용에 이르기까지 개별 고객의 필요를 고려하고 충족시킬 수 있게 될 것이다.

또한 제품의 맞춤제조와 원격 유지관리가 새로운 표준이 될 수 있다. 이런 맞춤화에도 불구하고 기업 간에 효율성과 생산성을 높이는 방식으로 생산공정을 조절할 수 있기 때문에 네트워킹 기업과 기술을 통해 비용을 절감할 수 있다. 특정 가치사슬 내에서 네트워킹을 하는 기업은 특정 원자재의 이용가능성, 조기 교체성의 여부를 알고 대응할 수 있기 때문에, 전반적 생산공정은 자원과 에너지를 보존하는 방식으로 조정될 수 있다.

새로운 생산공정의 역할도 커질 것이다. 예를 들면, 현재 기계부품은 금속조각을 분쇄하여 만들지만 3D 프린팅을 사용할 경우 이런 부품을 층층이 쌓아서 제작하므로 필요한 자원을 90%까지 절약할 수 있다. 산업 제조공정의 디지털화와 네트워킹은 가치사슬뿐만 아니라 대규모 자료의 관리와 처리, 신규채용 후보자 등 새로운 사업모형을 창출할 것이다. 산업생산 공정의 디지털화와 혁신적 기술의 출현은 전통적 산업 간의 경계를 희미하게 하고, 가치사슬과 세계시장 점유율을 변화시킬 것이다.

그러므로 한국 제조업의 경우 경제의 디지털화는 앞으로 중요한 정책주제이고, 기업, 직원, 소비자 및 정책입안자에게도 마찬가지다. 제4차 산업혁명의 성공적인 이행은 6가지 요인에 달려 있다. ① 향후 몇 년간 교환되는 자료량이 기하급수적으로 증가할 것이므로 잘 개발된 디지털 기반시설이 필요하다. ② 생산 공정의 디지털화와 네트워킹으로 연결된 기기의 수가 극적으로 증가할 것이다. ③ 새로운 사업모형과 업무유형은 기업과 직원 간의 합의가 있어야만 성공적으로 도입될 수 있으므로 기업경영, 노동력 및 일반 대중들 사이에 디지털 솔루션에 대한 개방성을 높은 수준으로 높여야 한다. ④ 제4차 산업혁명이 각 지역의 모든 중소기업으로 외연을 확장하여, 중소기업의 생존과 경쟁력이 디지털 세계로의 진입에 달려 있다는 것을 보여주어 그들의 사업모형의 확고한 요소가 되도록 해야 한다. ⑤ 직원훈련 수준이 어느 때보다도 중요한 역할을 할 것이다. 직업훈련은 새로운 과제와 보조를 맞추어야 하고 시대에 뒤떨어진 경험을 가진 사람들에게 필요한 추가적인 교육을 제공해야 한다. ⑥ 주요 수출국이자 세계에 공장 설비를 공급하는 국가가 되려면 표준화와 관련하여 아시아의 주요 산업 지역, 미국 및 유럽과 공조 해결에 대한 국제협력을 추진해야 한다. 제4차 산업혁명 플랫폼은 이에 대한 공통의 이해를 개발하고 성공적 모범사례를 제공하기 위하여 표준화 관련 기술, 올바른 법적체제, 자료보안 및 수요기반 노동력 훈련 문제에 이르기까지 모든 측면을 정부, 업계 및 노동조합이 같은 방향으로 나가도록 노력해야 한다.

핵심 쟁점의 하나는 상호연계된 체제의 자료보안이며 특히 중소기업에 있어서 큰 문제다. 기업의 지식과 기법이 디지털화로 인해 다른 이들에게 쉽게 새어나갈 수 있으므로 정보와 자료의 안전을 보장해야 한다. 그렇지 않으면 경쟁력을 잃을까 두려워 디지털경제로 나아가지 않을 것이다.

결론적으로 제4차 산업혁명은 엄청난 도전인 동시에 엄청난 기회이다. 이는 사무실과 작업장 및 물류와 다른 부문을 연결할 것이기 때문에 새로운 형태의 생산도 함께 가져올 것이므로 굉장한 기회이다. 그러나 기반시설, 자격조건 등에 대한 어려운 점을 알아야 하고 국제적 동반자관계를 맺도록 노력해야 한다.

(2) 디지털기기의 융 · 복합은 인터넷과 TV, DVD, 방송 등에 걸쳐 광범하게 진행되고 있다. 산업 융 · 복합은 전화산업, 시계산업, 카메라산업, 계산기산업 등이 융 · 복합된 것이다. 소비자들의 혼합생활양식은 융 · 복합제품을 더 많이 필요로 할 것이다. 21세기는 융 · 복합의 시대로 경계가 사라지는 현상은 국가 간이나 지역 간에도 발생할 뿐만 아니라 제조업과 금융업 간에도 일어날 것이다. 한국의 산업비전은 '전 세계 산업의 균형적 발전을 추진하는 세계분업구조의 보완자' 가 되는 것이다. 한국은 과거 발 빠른 추격자였으나 앞으로 세계분업구조의 조정자가 되려면 제4차 산업혁명의 성공 여부에 달려 있다고 할 수 있다.

전략방향은 세계시장이나 분업구조를 역동적으로 발굴하고 개척해 나가야 하고, 차별화된 제품이나 서비스를 개발해야 하며, 세계시장을 국가별은 물론 선진국, 중진국, 후진국, 지역경제권 등으로 구분하여 체계적으로 활용하고, 과거의 하드웨어[공산품]에서 제조업의 서비스화, 고부가 서비스산업의 발달, 문화 등 소프트웨어를 중시하여 디지털화해야 한다.

이런 점들을 고려하여 4대 산업영역별 전략에는 이런 것이 있다. ① 신기술융합산업 및 첨단제조업에서 4대 기술인 IT, BT, NT, ET의 응용기술을 집중 육성하여 시험장[test bed]으로서의 혁신역량을 강화하여 IT 기반의 융합기술과 정보기술 산업의 범지구적 지도력을 확보한다. ② 주력 제조업의 중간재산업은 인수 · 합병 등을 통하여 대형화 및 다각화하고, 무형자산기반의 신산업을 개발한다. 중급기술시장의 경쟁력을 확보하고 신기술개발을 촉진한다. 최종재는 상표역량을 강화하고 차별화를 촉진하며, 친환경제품의 범지구적 지도력을 확보하고, IT 기반기술의 신사업모형을 구축한다. ③ 기반시설서비스의 경쟁력을 향상시키고 중국시장은 물론 신흥국 진출을 확대한다. ④ 소프트서비스로 창조계층을 확대하고 산업클러스터의 개발로 관련 산업과의 시너지를 창출하며, IT 기술을 활용하여 지도적 위치를 확보한다.

(3) 소프트웨어[SW]는 산업의 패러다임 변혁을 촉발하는 방아쇠와 같은 존재로, 산업경쟁력의 강화, 전체산업의 고부가가치화, ICT 기반의 융 · 복합화 및 디지털 제조혁명을 실현하는 핵심 요소이며, 제3 · 4차 산업혁명의 핵심기술의 하나로 창의성에 기반한 선도형 성장의 주요 요소이다.[Economist(2012)] 노키아[Nokia], 블랙베리[Black Berry] 등 세계적 대표기업들이 소프트웨어인 휴대전화 운영체계의 성능 열위로 인해 단기간에 경쟁력을 잃어버린 것은 우리에게 시사하는 바가 매우 크다. 한국은 여타 제조업과 서비스업을 지원하는 의존적 산업의 시각으로 SW산업[5]이 육성되어 자생력을 확보하지 못하여 국내 패키지 SW가 세계시장에서 차지하는 시장점유율은 0.8%에 불과하다.

5. SW산업은 SW의 개발, 제작, 유통, 관련 서비스 및 정보시스템의 구축과 운영 등과 관련된 산업이다.

이러한 SW 산업의 현주소가 시사하는 바는 다음과 같다. ① 고임금직종인 SW 산업의 인력부족이 심각하다. 인력이 양성되면 단기간에 청년실업률도 줄이고 전 산업의 경쟁력도 높일 수 있을 것이다. ② 산업육성방향을 내수-수요산업 의존에서 범지구적-시장자립형으로 전환할 필요가 있다. 이를 위해 대형전문기업의 육성을 목표로 다양한 제도를 시행해야 한다. ③ SW 벤처사업의 성공모형의 개발을 목표로 창업단계부터 해외 선진시장에서의 활동을 지원하고, 국내로 제품과 기술과 인력 유입을 촉진할 수 있도록 체제를 구축한다. ④ 제조업 업종별 범지구적 융합 SW의 표준모형을 개발하는 연구개발 프로젝트를 추진해야 한다. ⑤ 세계 최고 수준의 IT 인프라의 구축과 접근성의 개선을 지속적으로 추진해야 한다.

(4) 산업들은 기업들로 이루어져 있다. 대기업[주력산업] 중심의 성장중심 기업은 생태계중심으로, 원가중심의 기업경영은 가치중심의 기업경영으로 전환해야 한다. 기업모형은 나홀로모형과 플랫폼모형 두 가지로 나눌 수 있다. 나홀로모형은 뛰어난 역량을 가진 기업이 혼자의 힘과 기술로 경쟁을 통해 성공하는 모형이다. 반면에 플랫폼모형은 제품이나 서비스를 생산하기 위하여 가치사슬 상의 다양한 기업들과의 협동과 공생적 네트워크에 입각한 기업집단 혹은 클러스터 사이의 경쟁을 지향하는 모형으로 기업생태계에서의 경쟁과 협동관계를 중시한다.

매개지점[場]인 플랫폼은 사업세계를 보는 관점이며 전략으로, 접점과 이종 간의 의사소통을 통하여 생태계 구성원들에게 제시되는 이용 가능한 문제 해결책들의 집합을 의미한다. 플랫폼을 통해 무수한 조합과 진화의 잠재력이 높아지면서 기업생태계가 조성된다. 기업생태계에서는 공정한 경쟁뿐만 아니라 상승하는 협력관계가 새로운 경쟁력의 원천이 되므로 신뢰관계[관계교환]가 더욱 중요하다.

제품의 기술적 복잡성과 융·복합이 증가할수록 수많은 특허와 가치사슬 내의 구성원들의 아이디어와 역량이 결합되어 제품이 개발되고, 기업 간 경쟁이 기업생태계 간 경쟁구조로 전환되므로 나홀로 개발은 점차 불가능해지고 비효율적이다. 홍익지식·혁신기반경제는 새로운 성장 동력 산업의 육성과 좋은 일자리 만들기로 생각할 수 있다. 신성장 동력산업의 육성은 정부와 민간연구소 및 외국연구소가 연구하고 개발하여 보유하고 있는 정보통신기술, 생명공학기술, 나노기술 등과 같은 첨단기술을 기존의 산업과 융합하여 새로운 생산산업의 포트폴리오로 삼아 경제를 발전시킬 수 있도록 하는 것이다.

우리의 시급한 과제는 양극화의 해소를 위한 좋은 중산층의 일자리를 창출하는 것이다. 창의적 산업들은 일단의 전문적, 과학기술적 및 예술적 인력들과 같은 창의적 계층과 기업가들에 의해 발전된다. 창의적 계층은 구체적으로 새로운 발상, 기술 혹은 창의적 내용물을 창조하는 과학기술, 건축 및 디자인, 교육, 예술, 음악 및 오락에 종사하는 사람들로 그들의 존재 자체가 경제적 사회적 및 문화적 역동성을 발생시킨다. 많은 전문 직종을 늘려 중상층을 두텁게 하기 위해서는 창의적 인력들이 종사할 수 있는 있는 전문적, 과학기술적 및 예술적 일자리가 많은 정보통신, 생명공학, 서비스 기반산업 간의 융합을 통해 창의적 일자리를 많이 늘려야 한다. 그렇게 함으로써 넘치는 고학력 청년들을 흡수할 수 있을 것이다.

(5) 1980년대 중반부터 ICT 혁명으로 인한 제2차 세계화는 생산단계의 국제적 분산을 경제성 있게 만들었기 때문에 막대한 국제적 임금격차를 이용하여 이윤을 남길 수 있는 것이 가능하게 되었다. 그 결과 일부 생산단계가 해외로 이전하였다. 이 새로운 패러다임의 세계화는 산업별이 아닌 생산단계별, 직업수준별 혹은 기술별로 다른 영향을 주어 생산을 계열기업별로 국제적으로 분산시켜 놓아 국제적인 가치사슬체계를 형성하였다. 이 ICT 혁명으로 인한 새로운 틀은 쉽게 통제되거나 속도를 조절할 수 없기 때문에 그 충격은 예측할 수 없고, 더 개별적이며, 갑작스럽다는 특징을 갖고 있다.

이 가치사슬에 따른 단계별 생산 분산은 실제로 기술적인 현상이지 무역현상이 아니다. 이는 첨단산업국가들의 기업들이 기업특유의 경영 기법[know-how], 기술 기법 및 마켓팅 기법들이 개발도상국들의 노동력과 결합하는 것을 의미한다. 기업의 목적은 개발도상국들의 저임금과 결합하여 기업 특유의 가치를 창출하는 것이다. 무역과 투자는 단지 이 현상의 징후에 불과하다.[Baldwin(2013)]

(6) 제2차 세계화의 충격은 개별적이며 갑작스럽고 예측할 수 없기 때문에 현

명한 정부라면 제1차 세계화로 인한 계열기업의 분산을 다루기 위해 개발되었던 정책들을 조정해야 한다. 기술정책과 산업정책은 더 섬세하고 빈틈이 없어야 한다. 새 패러다임 세계화로 평생직장이나 한 분야에서 평생을 보내는 근로자들의 비중은 감소할 것이다. 근로자의 경쟁력을 높이기 위하여 근로자 재훈련은 물론이고 근로자 자신들의 학습욕구를 높이기 위해 노력해야 한다. 이를 위해 평생교육과 기술재훈련을 위한 동기와 교육기관을 제공하여 장래 근로자들이 받을 세계화로 인한 고통을 감소시켜 주어야 한다.

(7) 노사경직성이 일자리 창출의 큰 장애요인이 되므로 노동시장이 좀 더 유연해지도록 노동정책이 바뀌어야 한다. 이때 근로자들을 보호할 것인지, 일자리를 보호할 것인지를 정해야 하는데 세계화의 충격이 경제에 점진적이고 예측가능하게 미칠 때에는 이 구분은 중요하긴 하나 결정적이지는 않다. 새 패러다임 세계화new-paradigm globalisation의 개별성, 돌연성 및 예측 불가성은 노동시장의 유연성 비중을 훨씬 더 높인다. 국가는 일자리가 아닌 근로자를 보호하는 방향으로 바뀌야 한다.

산업정책은 작업이 세분화될수록 세우기 어렵다. 정책 관점에서는 진흥할 가치가 있는 활동으로 인식되더라도 진흥된 생산이 그것을 진흥한 국가에 계속 체류할지의 여부를 확신할 수 없으므로 정부에서는 다양한 생산요소들이 얼마나 국제적으로 이동가능하며 이동가능할 것인지를 고려해야 한다. 둘 다 국민소득에 기여하지만 국내에 생긴 좋은 일자리들은 국내 승수효과가 있고 해외에 생긴 일자리들은 승수효과가 없다. 이는 정책에 의해 영향을 받은 생산요소의 작동성이 중요한 정책 고려사항임을 시사하는 것이다.

(8) 정부는 왜 부가가치 몫들이 선진국들의 가치사슬을 따라 이동하였고 어떻게 종전의 좋은 일자리가 나쁜 일자리로 바뀌었는지를 이해해야 한다. 여기에서 중요한 개념은 소위 '미소곡선smile curve' 이다. Baldwin(2013) 제2차 생산단계의 계열기업별 분산으로 인하여 어떤 단계는 해외로 이동하였고 다른 단계는 이동하지 않았다. 여기서 중요한 것은 가치사슬에 따른 부가가치의 분포는 역외의 제조단계부터 이동했다는 것이다. 재화의 제조단계에서 보면 선진국들은 비수혜자들이고 신흥시장은

수혜자들이다. 선진국이 수혜자가 되는 경우는 '제조 전과 제조 후 서비스pre- and post-fabrication service' 단계로 디자인, 마케팅, 복잡한 공급사슬 경영, 소매 서비스 및 판매 후 서비스 같은 것이 이에 속한다. 미소곡선은 제작단계가 평평한 선에서 점차 U자 형태특히 최종 조립로 갈 경우, 구 패러다임 세계화 하에서보다도 훨씬 더 낮은 몫을 받는다는 것을 보여준다.

〈그림 12-1〉 미소곡선, 가치사슬에서 좋은 생산단계와 나쁜 생산단계

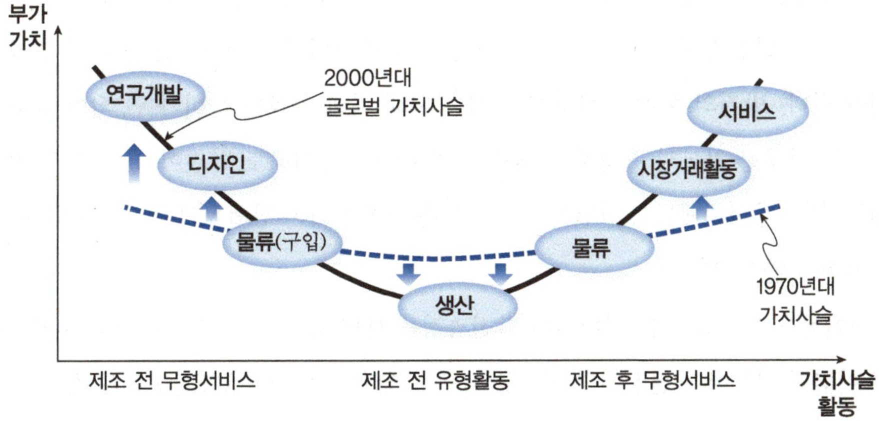

자료 : Baldwin (2013).

(9) 제조공정은 쉽게 재생산되고 쉽게 이동되는 방법으로 가치를 추가한다. 선진국 기업들은 어디에 해외생산을 배치하고, 어느 곳에서 제조품을 상품화할 것인지 선택의 폭이 넓다. 그렇지만 제조 전과 제조 후 서비스 분야들은 상품화되지 않았다. 이 서비스들은 신속하고 유연하게 상호작용하여 복사하기 어려운 가치를 생산하는 단계이므로 유능한 인재들의 응집을 필요로 한다. 대량생산기술은 제작에는 잘 작동하나 제조 전과 제조 후의 서비스에는 잘 작동하지 않는다. 자연스럽게 선진국에서 공장일은 나쁜 일자리가 되고, 제조 전과 제조 후 서비스는 좋은 일자리가 되었다. 미국의 애플Apple과 마이크로소프트Microsoft 및 한국의 삼성이 좋은 예이다.

(10) 정책에서 중요한 점은 도시들이 선진국들의 21세기 공장이 되었다는 것이

다. 저숙련 근로자들을 위한 좋은 공장 일자리들은 선진국들에서 과거의 일이다. 좋은 일자리들은 광범위하면서도 깊이 있는 재능을 갖춘 인재들이 많이 응집해 있는 도시에 분포될 것이다.

2.3 발전정신은 경제발전의 필요조건이나 평등주의는 발전정신 질식의 충분조건

명제 3. (가) 경제발전의 제1의 필요조건은 발전정신이며, 경제발전을 이루려면 인간의 발전정신을 일으킬 수 있는 동기와 유인체계를 찾아내는 작업이 선행되어야 한다. 발전의 주체인 사람이 미래를 위해 나설 마음의 준비가 안 되어 있다면 아무리 풍부한 자본과 훌륭한 기술을 제공한다고 하더라도 발전이 일어날 수 없기 때문이다. 경제주체들의 발전정신과 협동을 이끌어내는 경제유인 이론에 더하여 주인의식 또한 필요하다.

한국을 포함한 많은 나라들의 발전과정을 보면 국민과 국정주도세력, 정치체제의 이념적 성향이 발전정책의 성공을 좌우하였다는 점에서 경제발전론은 경제적 동기의 유인이론으로 귀결된다. 대한민국 건국 초창기에 집권한 국정의 주역들은 조선왕조의 근대적 개혁 전통과 독립운동가들의 신 국가건설 청사진에 바탕을 두고 전체 국민의 사회적 능력을 극대화함에 필요한 홍익인간이념과 농지개혁과 같은 일련의 제도개혁을 통해 국가발전의 원동력이 되는 '새로운 국민' 을 키워냈고 이들이 대한민국의 기적적인 경제발전을 이룩하였다. 이와 같은 제도개혁은 한국 역사상 미증유의 혁명적 개혁들이었으며, 제2차 세계대전 이후에 탄생한 140여 다른 신생국 중에서 오로지 대한민국에서만 성공적으로 추진된 개혁들이었다. 이 제도개혁이야말로 1945년 이후 탄생한 여러 신생국 가운데 유독 대한민국만이 경제발전과 정치 민주화를 달성할 수 있었던 비결이다.

그러면 발전정신을 어떻게 끌어낼 수 있을 것인가? 발전정신은 발전친화적인 이념에서 나오므로 이것을 찾아내어 국민들에게 뿌리내리도록 해야 한다. 이를 위해서는 정부와 지도자들의 역할이 무엇보다 중요하므로 발전친화적인 이념과 정신을 가진 사람들을 국민들의 대표적인 지도자로 선출해야 한다.

명제 3. (나) 경제적 차별화는 경제발전의 필요조건이나 평등주의는 발전정신의 질식과 경제정체의 충분조건이다. 한국이 동태적 비교우위에 따라 신속한 산업재편성과 무역구조 재편성을 가속화시킨 것은 '정책으로 증강된 경제적 차별화 policy-augmented economic differentiation' 이다. 정책으로 증강된 경제적 차별화란 구체적인 발전목표 아래 경제적 차별화를 강화함으로써 경쟁적 환경을 조성하고 유지하는 것을 말한다. 경제도 분화 · 선택 · 증식의 과정을 밟기 때문에 진화하기도 하지만 퇴보하기도 하여 진보를 반드시 보장하지는 않는다. 경제발전은 경제 진화의 실패를 교정하는 과정이므로 내생적 진화과정에서 외생적 선택을 통하여 발전친화적인 변화주체들을 식별하고 선택하여 차별적으로 우대함으로써 역동적인 진화과정을 만들어 내는 의도적인 차별화 과정이다. 좌승희(2008), 61쪽

경제발전은 물질적 부의 확대뿐만 아니라 모든 발전양상을 포착하기 위하여 사용되는 발전정신을 수반하며 그 가운데서 발전에 대한 인정이 아주 중요하다. 경제행위자들의 궁극적 성과와 생존 및 전반적인 경제적 성과는 경제적 차별화와 복잡하게 연관되어 있기 때문에 경제행위자들, 산업부문, 제도 등의 활기, 의도, 질식은 발전을 위한 동기를 제공하는 경제적 차별화에 의해 설정되는 독립변수들에 의해 제한을 받는다. Jwa (2005), 12~13쪽 중요한 것은 경제주체들의 기여에 따라 그들에게 보상하는 것을 지속적으로 보장하고 구체적 목표가 있는 발전사다리를 세우는 것을 도와주는 것이다. 그럼으로써 경제적 차별화는 경제발전을 위한 유인 동기를 제공한다. 보상은 기여에 적합해야 신뢰를 얻을 수 있다.

따라서 홍익경제의 성공을 위해서는 스스로 노력하는 자를 도움으로써 만인을 이롭게 한다는 홍익인간정신을 발전친화적으로 바꿔 국민들의 동반상승원천으로 탈바꿈시켜야 할 것이다.

지식 · 혁신기반경제에서는 창의성과 창의적 인재가 정당하게 보상받고 창업이 쉽게 되는 생태계를 조성해야 한다. 벤처 · 중소기업가들을 주역화하여 지식 · 혁신

기반생태계를 만들고 글로벌 진출을 강화하도록 하여 새로운 산업 및 시장을 개척하도록 하며, 꿈, 끼, 도전정신을 갖도록 정책을 강화해야 한다. 정부의 역할은 '하늘은 스스로 노력하는 사람을 돕는' 제도를 확립하는 경제적 차별화의 사다리를 세움으로써 사회를 더 큰 경제적 발전을 향하여 몰고 가는 데 필요한 도전적 발전정신을 자극하는 것이다. 정부는 제도, 법적 체계, 정치, 사회적 규범 등 다양한 변수에 영향을 줄 수 있기 때문에 정부가 경제적 차별화를 사회 · 경제적 제도의 전면에 두느냐의 여부에 따라 지식 · 혁신기반경제의 성공여부가 결정될 것이다.

발전하는 나라일수록 과학기술과 ICT 혁신역량을 강화하여 이에 입각한 일류 혁신가, 일류 기업, 일류 학자 등 역할모형이 많고 동반상승원천 역할을 하는 주체들을 적절히 우대함으로써 동반상승원천으로서 받는 상대적 불이익을 보상한다. 여기서 일류란 어떤 특정 계층을 지칭하는 것이 아니라 '항상 스스로 열심히 노력하여 남보다 앞서가는 선도자들'이며 우대는 그들의 사회적 기여에 합당하게 적절한 보상을 보장한다는 의미이다. 시장에서 일어나는 경제적 진화과정의 최대의 약점은 동반상승원천에 대한 불충분한 보상이며, 정부는 차별적인 보상을 통하여 이 약점을 보완하여 경제발전을 이루어야 한다. 과학기술과 ICT 혁신역량에 입각한 벤처나 창업은 위험성이 크므로 실패위험을 용인하는 패자부활을 위한 재기의 기회를 주는 경제문화의 조성이 필요하다.

2.4 기업, 클러스터, 생태계의 경쟁력이 국가의 경쟁력이고 경제발전의 핵심

명제 4. 기업은 경제발전을 촉진하는 데 가장 중요한 조직이므로 기업을 활성화시켜 범지구화해야 한다. 기업은 차별화와 집적 하에서 발전목적을 위해 생산에 종사함으로써 경제발전을 선도하게 된다.[6] 기업은 가격경쟁뿐만 아니라 경제적 차

6. 1600년경부터 기업은 각국의 탐험, 정복, 생산 및 경제발전을 추진하는 수단이 되어 왔다. 초기에 기업은 산업의 보호와 심지어는 무에서 직접 창조에 의한 의도적인 정부의 창조의 결과이었던 반면, 근

별화에 가장 민감하게 반응함으로써 혁신, 제품디자인, 조직형태 등에서 위험부담을 위한 동기를 발견할 발전사다리에 놓이게 된다. 요컨대, 기업은 경제적 차별화 경기에서 수단이 되는 장본인이고 경제발전의 핵심이다.

기업은 경제적 차별화의 주역이고, 시장과 정부와 함께 경제발전에 아주 중요하다. 기업의 성장과 경제발전을 가져오는 원동력은 잘하는 기업을 선택하여 지원하는 선별적 기업육성정책 혹은 선별적 유치산업보호이다.

한국에서는 경제발전 초창기에 국내시장이 발달하지 않아 잘하는 기업의 선택과 차별적 지원 과정이 정부주도로 이루어졌다. 생산물시장은 수출시장에 크게 의존하여 자연스럽게 시장에 의한 선별과 차별화가 이루어졌다. 지난 50여 년간 한국이 연평균 7% 이상의 초고속 성장을 이룬 이면에는 한국기업의 성장이 있었다.

한국정부는 수출을 잘 해서 외화획득을 잘하는 기업을 적극 지원함으로써 차별화를 통한 경쟁촉진과 경제 활력을 유지하였다. 예를 들면 박정희 대통령 시절의 연례행사인 수출진흥확대회의는 수출기업의 경연대회로 성과가 좋은 기업들은 최고경영자에 대한 훈장과 포장 수여, 각종 세금감면, 저리금융지원 등 각종 지원이 주어져 기업 간 역동적 산업건설과 수출진흥의 의욕을 경쟁적으로 끌어낼 수 있었다.

기업이 많은 나라는 선진국이고 적은 나라는 후진국이다. 기업을 살리는 나라는 선진국, 죽이는 나라는 후진국이거나 공산국가이다. 아무리 정치나 민주화를 잘해도 기업경영인이 의욕을 잃으면 기업이 경쟁력을 잃고, 나라경제는 경쟁력을 잃는다. 경제전쟁시대에 정치와 정부정책의 핵심은 기업의 범지구적 경쟁력이다. 2016년 하계 최고경영자 세미나에서 김인호 무역협회 회장은 제4차 산업혁명으로 세계경제의 틀이 변하는 가운데 한국경제의 새로운 도약을 이룩할 수 있는 최적 경로는 "기업에 좋은 것이 나라에 좋고 나라에 좋은 것이 기업에 좋다"는 명제가 성립하는 기업가형 국가의 정립이라고 강조하였다. 피터 드러커 교수는 국부를 창출하는 것은 기업이므로 기업이 사회의 기둥이라고 했다.

대에 기업은 경제발전은 물론 기업가, 혁신, 투자위험의 합동 등의 중요한 수단이 되어 왔다.

한국은 1970~2014년 사이 수출액이 8억 3,300만 달러에서 5,727억 달러로 약 700배, 수입액이 18억 7,800만 달러에서 5,255억 달러로 약 300배로 증가하였다. 세계 무역에서 차지하는 비중도 0.5%에서 약 3%로 증가하여 무역규모는 세계 8위를 기록하였다. 한국 경제의 1등공신은 삼성, 현대, LG, SK 등을 비롯한 기업들이라고 할 수 있다.

한국은 최근 미국, EU유럽연합, 중국 등 거대 경제권과 연이어 자유무역협정을 체결하면서 한국 기업의 시장은 무한적으로 확장되고 있다. 경제영토라 할 수 있는 FTA 체결 국가의 국내총생산GDP 규모가 전 세계의 3/4까지 확대된 덕이다. 한국 기업은 해외투자를 통한 현지화도 확대하였다. 한국 기업이 해외에 공장을 짓거나 회사 인수에 투자한 금액은 1980년대 초반 약 1억 달러에서 2013년에는 사상 최대인 298억 달러로 대폭 증가하였다.

정부의 기업정책은 대기업, 중소기업, 소기업 구분할 것 없이 글로벌 경쟁력을 향상시킬 수 있는 방향으로 추진되어야 한다. 정부의 중소기업정책은 생존지원에서 경쟁력지원으로 바뀌고 정책의 대상은 개별 기업보다 기업생태계가 되어야 한다. 중소기업은 약자이므로 무조건 보호해야 한다고 생각하면 안 된다.

뉴질랜드 정부는 한때 부실한 기업은 모두 퇴출시키거나 외국기업에 매각하고 건전한 기업만 생존하게 한 결과 남은 소수는 튼튼하게 되었으나 전체 기업 수가 과소하여 일자리가 부족하게 되었다. 중국에는 얼마 전 시멘트 공장이 5천여 개나 있었는데 국제기준에 맞는 것은 한두 개밖에 없었다. 중국 정부가 개별 기업 위주의 정책으로 그 많은 공장을 퇴출시켰다면 일자리가 무수히 사라졌음은 물론 공장, 도로, 항만 등의 건설이 어려웠을 것이다. 한국에서도 국제기준에 맞지 않는 기업은 문을 닫게 하거나 외국기업에 팔아야 된다고 하는 사람들이 많다. 그렇게 하면 극소수의 세계적인 우량기업은 가질 수 있으나 국민 대다수는 실직자가 될지 모른다. 기업문제는 개별 기업이 아니라 기업생태계 또는 기업피라미드 차원에서 풀어나가야 한다.[7]

21세기 도시들은 그 규모와 집적도로 경쟁한다. 전 세계가 개방 · 정보화된 글로벌시대에는 기업, 인재, 자본은 국경을 넘어 어디로든지 갈 수 있으므로 새로 도래할 도시들의 경쟁시대에 대비해야 한다. 국토균형개발이나 수도권규제를 버린 영국, 프랑스, 일본 등의 수도 런던, 파리, 도쿄는 글로벌 도시경쟁력 평가에서 매년 2 · 3 · 4위를 달리고 있다. 격년마다 '글로벌도시지수 순위GCI' 를 발표하는 AT커니는 "세계 최대, 최고로 집적된 도시가 각 나라의 성장 엔진이 되고 그 지역으로 유입되는 자원의 관문이 된다" 고 기술한다. 대규모 도시일수록 현대적 고부가가치 산업을 창출하고 그 원천인 지식, 기능, 기술을 배양할 능력이 커진다.[8]

2.5 정치적 및 사회적 안정성이 경제적 번영의 핵심

명제 5. 정치적 및 사회적 안정성이 경제적 번영의 핵심이다. 경제발전을 위해서 정책으로 증강된 인적자본이 중요하지만 그것이 충분조건은 아니다. 정책으로 증강된 인적자본이 필요조건이라면 정치적 및 사회적 안정성은 충분조건이다. 인적자본의 수준이 높은 국가들에서도 계층 간의 이해상충으로 인한 사회적 마찰로 야기된 부적합한 정책이나 정치적 및 사회적 불안은 경제발전을 지연시킨다.Kwon and Kang(2011) Krueger1974, 1990는 이를 정부의 실패라고 부른다.

한국이 경제를 활성화시키려면 국내외 기업투자가 왕성하여야 한다. 그런데 불확실성과 위험성이 있으면 미래에 대해 예측할 수 없고 불필요한 사회적 비용이 발생하기 때문에 투자가 위축되기 마련이다. 이런 불확실성과 위험성은 기업만으로는 해결할 수 없기 때문에 정부는 국방을 튼튼히 하고 법과 질서를 확립하여 마음 놓고 기업활동을 할 수 있도록 해야 한다.

자본주의는 자유주의의 원리가 실행되는 사회경제체제이기 때문에 자본주의 자체는 도덕적이거나 부도덕적이지도 않은 도덕중립적이다. 자유주의는 사유재산, 재화와 사상의 자유로운 교환, 민간경제 활동에 대한 정부의 개입을 최소화할 것을

7. 송병락(2010), 183~184쪽 참조.
8. 김영봉(2016) 참조.

제안한다. 자유경쟁에 의한 이윤을 추구하는 자본주의에서 도덕적 책임과 의무를 다하는 것을 기대하는 것은 무리다. 따라서 홍익인간과 『도덕감정론』에서 주창하는 도덕적 책무를 위해 등장하는 '보이는 손' 은 정부의 몫이다. 국가는 자본주의 사회에서 각종 나쁜 자유를 제한하고 좋은 자유는 권장하는 공권력을 실행하여 시민의 안전을 보호할 책임이 있는 것이다.

한국은 경제적으로 선진국이 되었음에도 정신자본이 성숙하지 못하여 시민의식이 높지 않을 뿐만 아니라 시민보호 역량이 고질적으로 빈약하다. 높은 산업과 업무상 재해 사망률, 세월호 참사, 옥시 가습기 사건을 보면 원칙을 무시하려는 동기가 있는 사람들로부터 시민을 보호하기 위해 국가가 충분한 역할을 했는지 크게 의심스럽다.

영국은 1974년 화학공장 폭발로 27명이 사망한 후 엄격한 '보건안전체제' 를 도입했다. 그 결과 치명적인 상해는 73% 줄었고 매년 산업재해로 인한 사망자 수는 인구 10만 명당 0.44명에 불과하나 한국은 8명이다.[9] 영국의 이러한 개선 성과는 관성이나 강렬한 반대에도 불구하고 시민을 위해 뭔가를 해야 한다는 단호한 노력이 낳은 결과다. 정부는 안보만큼이나 안전도 중요하게 취급해야 한다. 공공안전 위기의 발생 가능성을 최소화하기 위해 효과적인 규제를 만들고 철저히 감독하고 집행하는 일은 궁극적으로 국가가 해야 하며, 국가의 평가표에서 핵심 항목이어야 한다.

3. 한국홍익기업의 발전모형

어느 나라이건 기업이 많고 범지구적 경쟁력이 강하면 근본경제문제경제성장, 경제안정, 형평 및 삶의 질 향상를 잘 해결할 수 있다. 기업이 적고 일자리가 없어 경제문제를 잘 해결하지 못하는 나라들은 범죄가 증가하고 자살률이 아주 높은 반면, 잘 사는 나라

9. 다니엘 튜더, 「한국은 시민안전을 위해 무엇을 했나」, 중앙일보, 2016. 6.5 24쪽.

들은 기업이 많아서 일자리가 많은 나라이다. 범지구적 경쟁력 세계 제일의 나라인 스위스는 2015년 현재 인구가 806만여 명에 세계 95위에 불과하고 국토면적이 41,277km²로 세계 136위CIA 기준이나 국내총생산은 6,884억 달러로 세계19위이며 포춘지 선정 글로벌 500대 기업에 12개나 포함되어 있다. 이 때문에 스위스는 선진국 중 근본경제문제를 가장 잘 해결하는 나라 중 하나가 되었다.

포춘 500대 기업2015년에 의하면, 한국 최대의 기업은 삼성전자로서 매출액이 2,090억 달러로 세계 13위이다. 삼성전자 같은 기업을 20여 개만 일으키면 한국의 국민소득은 약 2배가 증가하므로 근본경제문제를 가장 잘 해결할 수 있을 것이다. 한국은 이제 1인당 소득 2만 8,180달러, 경제규모 1.4조 달러의 세계 11대 경제대국이 되었다. 한국 기업들은 앞으로 일류 선진국 기업들과 치열한 경쟁을 해야 하는데 선진국 기업들 모방만으로는 한계가 있으므로 그들을 앞설 수 있는 기업모형을 만들어야 한다.

기업과 나라경제를 어떤 모형으로 발전시킬 것인가는 지극히 중요한 문제이다. 나라 경제의 발전과 마찬가지로 기업발전도 인적자본에 좌우된다고 할 수 있다. 많은 사람들은 기업과 국가경제의 대표적인 모형으로 미국, 일본, 독일의 세 가지 모형을 꼽는다. 한국기업모형을 도출하기 위하여 1870년경에 세 나라가 자체 개발한 기업모형과 중국모형을 살펴본다. 미 · 일 · 독 · 중 기업은 장점과 단점을 모두 갖고 있으므로 우리는 어느 한 기업모형을 모방할 것이 아니라 그 장점들을 융 · 복합하여 한국에 가장 적합한 전략모형을 개발하여 그들을 앞설 수 있는 길을 찾아야 한다. 한편으로 기업도 도道를 널리 펴서 일자리, 정보, 이득이 넘치게 하여 세상을 이롭게 해야 할 것이다.

3.1 미국 · 일본 · 독일 · 중국 모형[10]

1) 미국모형

(1) 미국인의 가치관

미국모형을 이해하기 위해서는 미국인들의 기본 가치관을 이해할 필요가 있다. 그들의 가치관은 개인의 자유와 자립, 기회균등과 경쟁, 물질적 부와 근면이라 할 수 있다.

자유는 1776년 『독립선언서』에서 정해진 기본 가치관으로 미국인들이 가장 중요하게 생각한다. "개인은 누구나 누구로부터 간섭받지 않고 자신의 운명을 스스로 통제하는 능력을 가지고 있고 또한 그렇게 하기를 바란다." 그러나 자유의 대가는 자립으로 스스로 자신의 문제를 해결하고, 자신에 대해 책임을 지며, 운명을 개척해 나가야 한다. 미국인들은 자녀들에게 자기 스스로 자신의 인생을 만들고 먹고 살 방법을 찾아야 한다는 것을 가르치고 받아들인다.

미국인들은 누구나 경쟁에 참가할 수 있는 기회가 균등해야 한다고 믿고 결과의 평등이 아니라 출발선 상에서의 평등을 강조한다. 기회균등의 대가는 경쟁이고 경쟁은 미국인들이 활기차게 움직이는 힘이다.

물질적 부가 개인의 사회적 지위를 나타내는 데 있어서 가장 널리 받아들여지는 척도이다. 미국의 청교도 정신은 물질적 성공을 신성시하고 이를 위해서는 성실과 근면이 필수이다.

사뮤엘 헌팅턴[2004]은 미국인의 신조는 자유, 평등, 민주주의, 시민권리, 비차별, 법치 여섯 가지로 구분된다고 한다. 그는 미국문화의 특징으로 영어, 청교도 가치관, 개인주의, 종교에 대한 헌신, 법의 존중을 제시하였다.

미국은 이런 가치관을 바탕으로 하기 때문에 개인주의 성향이 강하고 기회균등인 평등을 중시한다. 따라서 한국과 같은 대기업과 중소기업 간의 격차 문제나 일본

---

10. 송병락(2010) 제8장 참조.

과 같은 모기업이나 자회사 같은 것도 거의 없다. GM자동차회사의 경우 GM과 부품회사 간의 관계는 아래의 그림과 같이 수평적이다.

〈그림 12-2〉 GM과 부품회사 간의 수평관계

자료출처 : 송병락(2010) [그림 8-1]에서 인용.

(2) GM과 도요타

"GM에 좋은 것은 미국에 좋고 미국에 좋은 것은 GM에 좋다" 고 할 정도로 GM은 미국에서 차지하는 비중이 크다고 한다. 도요타와 비교해 보면 GM은 부품의 50%를 자체 생산하나 도요타는 부품의 20%만 자체 생산하고 나머지는 자회사들로 하여금 생산하게 한다. GM과 부품회사는 전혀 별개의 회사이므로 부품회사들이 언제 부도나 노조파업으로 생산이 중단되거나 인수 · 합병될지 알 수 없기 때문에, 주요 부품들을 자체 생산해야 한다. 따라서 종업원 수가 많을 수밖에 없다. 그러나 도요타는 어버이 회사라는 뜻의 친親회사인 도요타와 자회사들이 한 가족이나 한 공장처럼 공동체로 행동한다.

외국회사들이 GM에 참여하려면 GM주식을 사야 하나, 도요타와 자회사들은

표 12-3 GM과 도요타 자동차의 비교

	GM	도요타
생산대수	395만 대	317만 대
종업원 수	74만 명	6.9만 명
특징	개인주의 중시 노동조합을 통한 근로조건 개선 사회보장 중시 변호사에 의한 분쟁해결	공동체주의 중시 종신고용에 의한 고용보장 회사보장 중시 인간관계에 의한 분쟁해결

자료출처 : 송병락(2010) 295쪽 표에서 인용.

순환출자로 서로의 주식을 갖고 있기 때문에 도요타의 경영에 참여하려면 도요타나 도요타의 주식을 갖고 있는 자회사의 주식을 사도 된다.

미국모형은 이윤, 부 및 고용창출을 중시하는 경제적 조직이고 개인의 재산권을 강조하는 주주주권stockholder sovereignty모형이다. GM의 문제는 GM이 부품을 외부 조달하여 생산비를 크게 낮출 수 있음에도 불구하고 노조의 반대로 못하는 것과 과도한 연금부담이다. GM은 한때 대규모 연금결손을 충당하기 위하여 채권을 발행해야 했는데 이 때, 스탠다드 앤 푸어스S&P는 GM의 투자등급을 정크본드 수준인 투자부적격으로 낮춘 적이 있다.

2) 일본모형

일본은 세계 제3의 경제대국이며 케이레츠系列나 종합상사와 같은 자체 기업모형으로 선진국이 되었다. 한국은 주력 수출품의 부품을 일본에 의존해 1965년 이후 50년 이상 대일무역적자를 기록하여 한 해도 한일 간 경제경기에서 이긴 적이 없다. 이는 일본의 기업모형과 특징을 잘 모르기 때문이다. 일본의 수많은 기업들은 수직 및 수평 케이레츠라는 거대한 공동체를 구성하고, 그 구성원으로 존재하는 공동체주의적 기업이다.

이러한 일본 기업모형은 산업화시대에 놀라운 성과를 올렸으나, 인간관계를 중시하기 때문에 경기침체의 심화시기에는 인력감축을 하기 어려워 경기회복을 어렵게 만드는 단점이 있다. 한국의 경제발전모형은 일본과 비슷한 면이 많기 때문에 일본의 기업과 경제모형을 잘 알 필요가 있다.

(1) 도요타와 수직 케이레츠

일본 대표기업인 도요타豊田자동차회사는 2015년 포춘 500대 기업의 순위 9번째 기업이고 세계 제2위의 자동차회사다. 도요타 생산방식Toyota Production System ; TPS은 다품종 소량생산 혹은 변종변량 생산체제의 시대에 '철저한 낭비제거' 를 통해 기업이윤을 확보하고자 하는 생산방식이다. 또한 부품생산 업체들이 완벽한 부품을 공장의 생산라인에 배달함으로써 부품의 납품, 검사, 저장 및 출하 등의 낭비를 제거하고 작업자의 안전, 책임 및 권한을 보장하여 능력을 극대화하는 무재고 생산방식을 실현하고자 하는 'Just in Time^JIT 사상'과 기계 · 설비에 인간의 지혜를 짜 넣어 이상이 있을 때 기계 · 설비가 스스로 정지하고 이 사실을 사람에게 알리는 '지혜 있는 자동화'의 양축으로 구성된 제조의 새로운 틀이다.

도요타는 581개의 자회사와 51개의 관련 회사를 거느린 거대한 기업그룹이다. 이런 계열회사^자회사 + 관련 회사^를 거느린 친^親^회사와 자회사 · 관련 회사 간의 관계[11]는 수직적이므로 수직 케이레츠^系列^라고 한다. 도요타는 12개의 제1차 자회사, 250여 개의 제2차 자회사 및 수많은 제3차 자회사로 구성된 거대한 피라미드형 기업그룹으로 자회사 수와 관계는 적잖은 변화를 겪었다.

〈그림 12-3〉 도요타 수직 케이레츠

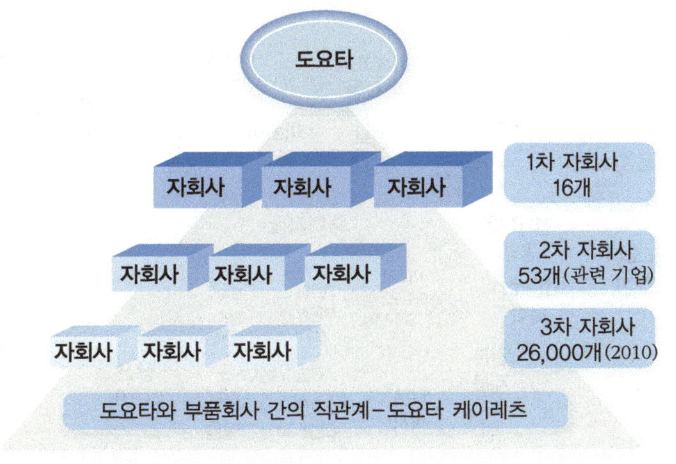

자료출처 : TOYOTA Homepage 企業情報(2016).

---

11. 자회사란 친회사가 의결권 주식을 40% 이상 소유하여 임원 선임이나 경영방침 등 의사결정을 지배할 수 있는 회사로 연결재무제표를 작성하므로 '연결자회사'라고도 한다. 관련 회사란 친회사가 가진 의결권 주식의 비율이 15~50%인 회사이다. 친회사는 관련 회사의 경영의사결정을 자회사처럼 지배할 수 없고, 관련 회사의 이익을 지분비율에 따라 배분받아 연결재무제표에 반영하여 '지분법적

도요타그룹 소속 기업들은 서로 간에 계약서를 쓰지 않는 인정과 의리로 뭉친 공동체주의적 기업이다. 서양인들은 일본기업의 이런 관계를 도저히 이해할 수 없다고 말한다. 미국이나 유럽의 기업들이 도요타 자회사를 높은 가격에 인수하려고 해도 살 수 없음은 물론 도요타 케이레츠에 들어와 자회사 역할을 하고 싶어도 도요타의 허락을 받지 못한다. 도요타 케이레츠의 결속력은 굉장히 강하고 배타적이다.

(2) 도요타는 미츠이의 수평 케이레츠 회원사

도요타와 같은 수직 케이레츠 모회사들은 다시 수평적 관계로 기업그룹을 형성하는데 이를 수평 케이레츠라고 한다. 미츠이 수평 케이레츠는 도요타 수직 케이레츠, 도시바 수직 케이레츠 등 모회사 25개[二木會사장회원사]로 구성된 기업그룹이다. 이 중 11개가 세계적인 대기업이었던 때가 있었는데 당시 한국의 세계적인 대기업이

〈그림 12-4〉 미츠이 수평 케이레츠

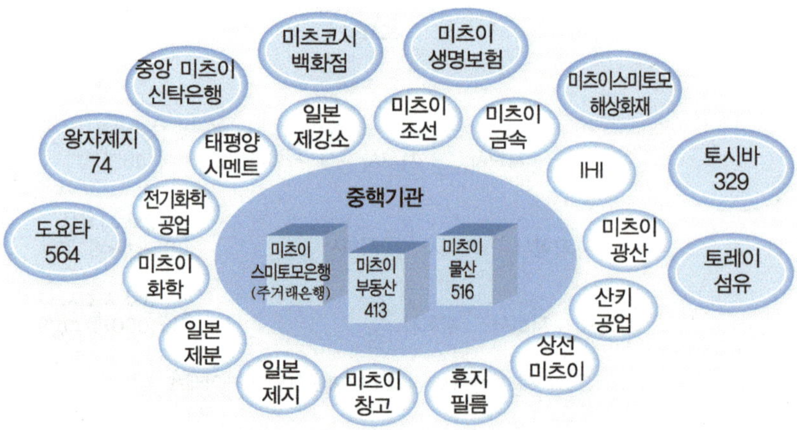

자료출처 : 송병락(2010) [그림 8-3]에서 인용

용 관련 회사'라고 한다. 큰 회사들은 대부분 많은 자회사를 거느리고 있다. 예를 들면, 한때 소니는 1,068개의 자회사와 98개의 관련 회사, 미츠이물산은 516개의 자회사와 341개의 관련 회사를 갖고 있는 거대한 수직 기업그룹, 즉 수직케이레츠를 형성하고 있다. 송병락(2010), 298~299쪽 참조.

10개인 점을 감안하면 미츠이 그룹의 규모를 짐작할 수 있다.

일본이 수평 케이레츠를 만든 이유는 일본 산업발전사에 연유한다. 메이지유신 1868 이후 선진국추월을 기치로 산업화를 적극 추진할 때 일본기업들은 대부분 소기업이었고 서구 선진국들과 지리적 및 시장 거리가 너무 멀었다. 따라서 기업이 개별적으로 유럽 선진국에서 기계를 사와 제품을 생산하여 다시 선진국 시장에 파는 것은 거의 불가능하였다. 그래서 제조업체는 제품만 생산하고, 원료조달과 제품판매는 같은 그룹 소속의 종합상사일본 總合商社가 담당하였다. 금융지원도 절실했기 때문에 설립한 은행이 주거래은행이다. 일본 수평 기업그룹들은 모두 중핵기관인 종합상사와 주거래은행이 있기 때문에 일본기업을 이해하려면 제조업 · 종합상사 · 주거래은행을 통합해서 이해해야 한다.

일본에는 이런 수평 케이레츠가 6개가 있었으나 세계경제환경 변화와 일본기업그룹 내부사정으로 4개 금융그룹으로 개편되었다. 이중 미츠비시그룹과 UFJ그룹은 2005년 미츠비시UFJ 금융그룹MUFJ으로 합병되는데 당시 자산규모가 씨티그룹을 앞설 정도였다. 이로써 4대 금융그룹은 3개로 되었다.

일본 경제산업성의 『신산업창조전략』에 따르면 과거 모기업과 자회사들은 제품, 반제품, 소재를 생산하는 같은 케이레츠 소속 기업들 사이에서만 거래하였으나

〈그림 12-5〉 수평 케이레츠의 금융그룹으로의 개편

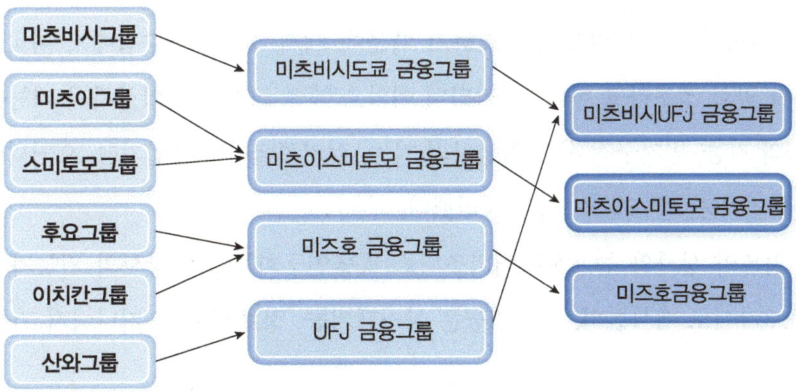

자료출처 : 송병락(2010) [그림 8-4]에서 인용.

최근에는 다른 기업의 모회사와 자회사들과도 거래를 한다.

(3) 총합상사總合商社 : 소고쇼사

일본에는 총합상사와 전문상사를 포함하여 한때 7,300여 개의 상사상사회사가 있었고, 1990년대 초에는 세계 4대 회사가 모두 일본 총합상사일 정도로 그 규모는 상상을 초월한다. 총합상사는 일본기업의 세계진출, 선진국과의 경쟁 및 세계경영을 위하여 만든 것으로 일본의 무역성 혹은 일본주식회사의 국제부문이라고도 한다. 2010년 미쓰비시三菱상사의 매출액은 삼성그룹 전체의 매출액보다 많았다. 2004년 미츠비시상사의 자회사 수는 780개로 이 중 55개사가 정보산업, 135개사가 에너지산업, 195개사가 금속산업, 152개사가 신新기능산업에 종사한다.

총합상사들은 1991년 거품이 꺼진 후 경기침체와 세계경제구조 변화로 어려움을 겪었으며, 최근에는 글로벌 망을 이용한 해외 유전과 자원개발투자, 해외벤처기업투자, 금융지원이나 사업자문 등으로 사업을 다각화하고 있다. 총합상사의 특징은 ① 모든 업종을 포함하고, ② 자회사는 독점, 과점, 독점적 경쟁, 완전경쟁 등 거의 모든 형태의 기업이며, ③ 전 세계의 모든 지역이 사업영역이라는 점이다.

총합상사의 힘은 총합적 상품취급, 기능발휘 및 국제 활동에서 나온다. 이러한 사업철학을 총화적 총합주의總花的 總合主義라고 한다. 일본의 8대 총합상사의 수천 개에 달하는 자회사들은 전 세계 주요 도시와 지역에 진출하여 전 세계를 하나의 견고한 무역망이나 정보망으로 연결하기 때문에 세계 경제정보수집에서 미국 CIA나 FBI를 앞설 정도라고 한다. 나카타니 이와오中谷 巖 교수는 총합상사의 기능을 정보산업의 기능, 범지구적 사업 창출자의 기능, 실리콘밸리형 사업기능, 오거나이저 기능, 무역기능, 이렇게 5가지로 정리했다.

일본의 상사와 뉴프론티어비즈니스 특별연구회는 총합상사의 기능과 자원을 다음 8가지로 제시한다. 8대 기능은 상거래기능, 정보기능, 오거나이저 기능[12], 금

12. 오거나이저 기능이란 어떤 후진국이 철강공장을 건설하려고 할 때, 필요한 입지선정, 생산규모, 공장설계, 건설, 생산시설 설치, 원료조달, 제품 판매 등 전 과정을 총합상사가 맡아서 주선해주는 것이다.

융기능, 시장개척기능, 사업경영기능, 물류기능 및 위험관리기능이다. 8대 자원은 인재, 금융, 규모, 정보, 기업그룹, 기술, 신용 및 조직이다. 사업영역은 자원의 안정 공급, 기술 · 기법 도입, 신산업창조, 신기술개발, 벤처 · 중소기업 지원, 기술 · 자재의 수출, 관련 산업의 활성화, 유통합리화 및 지구환경 개선 등이다.

총합상사는 이윤극대화 기업이 아니므로 미국기업은 이해할 수 없는 조직이며, 어느 나라에서도 유래가 없고 공기와 같이 보이지는 않지만 생활에 꼭 필요한 물자를 제공하면서 어디에나 다 가 있다고 한다. 미국은 월마트 등 초대형기업들, 일본은 총합상사, 중국은 화교를 중심으로 한 중국음식점으로 범지구적 연계망을 형성하고 있다. 한국도 이런 범지구적 연계망의 개발이 필요하다.

〈그림 12-6〉 제품, 반제품, 소재 생산기업 간의 관계 변화

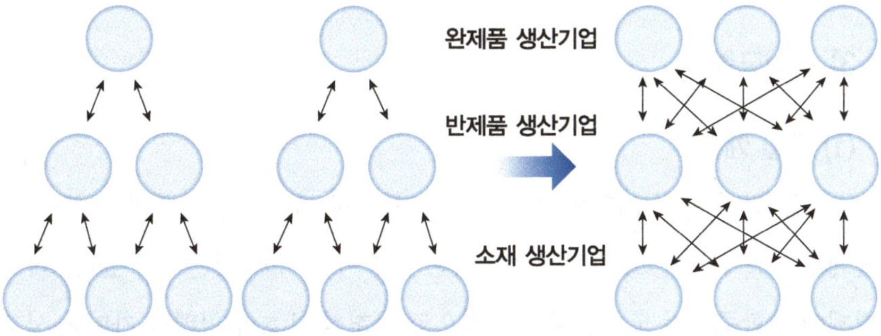

자료출처 : 송병락(2010) [그림 8-5]에서 인용.

(4) 일본기업은 공동체주의적 기업

일본의 기업조직을 이해하기 위해서는 일본인이나 아시아의 가치관을 알아야 한다. 대처 전 영국수상은 아시아의 가치관에 대해서 '강한 가족관계, 의무감, 저축성향 및 신중한 행동' 이라고 말했다. 퍼킨스 하버드 대 교수는 한 · 중 · 일의 공통된 기본가치는 '가족 내에서는 물론 가족과 정부 간의 분명한 상하관계가 존재하는 것' 이라고 말한다. 하버드 대의 보겔과 롯지는 앞으로 국가경쟁력의 결정 요인은 이념이며, 이념 중 가장 중요한 것은 개인주의미국, 영국, 멕시코와 공동체주의한국, 일본, 대만 등라고 말한다.

공동체주의는 아시아적 가치의 핵심 중의 하나로 일본의 케이레츠나 종합상사 및 한국의 기업그룹 등의 기업조직은 공동체주의를 떠나서는 이해할 수 없다. 헌팅턴은 '동아시아의 성공은 개인주의보다 공동체주의를 강조하는 아시아 문화의 결과' 라고 말한다. 리콴유 전 수상은 "동아시아인들의 가치관과 관행은 서양을 따라잡는 데 분명한 자산이 되었음을 증명했다" 고 말했다. 마하티르 전 말레이시아 수상도 "개인의 이해관계보다 공동체의 이해관계를 우선시하는 것과 같은 동아시아인들의 가치관은 급속한 발전에 필요한 총체적인 집단노력을 지원했다" 고 말했다. 에즈라 보겔은 미국과 일본의 근본적인 차이를 나타내는 이념은 개인주의와 공동체주의라고 말했다.

3) 독일모형

(1) 독일 개관

독일은 현재 유럽 제일의 경제대국이며 세계 제4위의 경제대국이고 제3위의 수출대국으로 수출이 GDP에서 차지하는 비중이 미국과 일본보다 높다. 독일은 시장경제에 조합주의적 노사관계를 중심으로 사회적 보호와 형평을 가미한 사회적 시장경제로 '라인강의 경제기적' 을 만들었다. 독일은 국경을 접하고 있는 9개의 나라들과 함께 독일경제권을 형성한다. 서유럽 국가 중 인구가 가장 많은 8천 1백만인 유럽의 중심 국가이며, EU경제의 1/3을 차지하고 독일어를 사용하는 인구는 인접국을 합해 1억여 명으로 유럽 최대이다. 독일인은 중후하고 관념적이며 결백성이 강하고 규칙을 중시한다. 따라서 철학, 시가詩歌, 음악 등 관념적이고 사색적인 분야에서 칸트, 헤겔, 마르크스 같은 많은 인재들을 배출했다.

독일은 '마이스타어느 수준 이상의 현장기술자' 라는 유명한 견습기능인 제도를 갖고 있다. 독일인들은 상품의 외양성보다 실용성과 내구성을 중시하며 과학도 중시하나

기술을 더욱 중시한다. 반면 영국은 과학을 중시하나 기술은 낮게 보는 경향이 있다. 또한 독일인들은 경영학을 경시하는 풍조가 있어서 미국식 경영학석사MBA 제도를 최근에서야 도입했다. 독일의 경쟁력이 강한 산업은 자동차, 기계, 화학, 철강, 통신기기, 식료품 등이다. 미국이 혁신적인 소프트웨어에 강하다면, 독일은 하드웨어에 강하다고 할 수 있다.

(2) 독일의 사회적 시장경제

독일모형은 사회적 요인을 강조한다. 에르하르트 전 수상은 독일모형을 사회적 시장모형social market model이라고 명명했다. 독일 경제학자 호스트 시버트는 『독일경제』에서 사회적 시장경제의 핵심은 개인의 자유로 개인의 소유, 기업과 직업선택의 자유, 거주이전의 자유 등 시장경제발전에 필요한 각종 자유를 누릴 수 있다는 점이라고 하며, 형평은 첫째, 개인의 사회적 보호를 위한 것으로 재산의 사용이 다른 사람에게 피해를 줄 때는 그 사용을 제한할 수 있고, 둘째, 지역 간 생활조건의 차이를 줄이고 개인의 물질적 보호실업보험, 건강보험, 노령보험 등의 사회보장제도를 의무화할 수 있다고 했다.

독일은 한때 유럽의 환자라고 불렸는데 그것은 강력한 노동조합으로 인한 노동시장의 경직성, 관대한 사회복지, 정부의 지나친 규제 등으로 기업과 경제가 경쟁력을 잃은 점독일병이라고 한다, 그리고 통일의 후유증 때문이었다.

독일식 사회적 시장경제의 핵심은 사회 전체적인 차원에서 개인의 보호는 필수이므로 시장의 자원배분 작동원리를 사회적으로 받아들일 수 있는 결과를 만들어 낼 수 있도록 고쳐야 한다는 것이다. 그렇지만 호스트 시버트는 사회적 시장경제모형은 두 가지 심각한 문제가 있다고 한다. 정부의 각종 정책이 시장을 활성화하지 못하고 시장을 무시하는 방향으로 가기 때문에 국가경제가 성장을 멈추고 많은 실업자가 생긴다는 점, 정부는 재정파탄으로 사회보장제도나 시장의 실패를 교정하기 위한 정책을 더 이상 추진할 수 없다는 점이 그것이다.

(3) 독일기업과 지배구조

독일기업은 특히 가족경영기업이 많다. 독일의 150대 기업의 약 70%가 가족경영기업이며, 그중 30개사는 일가족 경영기업이라고 한다. 독일기업들은 미국기업과 달리 소유와 경영이 분리되어 있지 않으므로 주식회사 수가 적고 대부분 유한책임회사Gmbh이다. 일본에는 주식회사가 260여 만 개가 있으나 독일에는 3천여 개에 불과하여 주식시장이 잘 발달되어 있지 않다.

독일의 기업지배구조의 특징은 다음과 같다. ① 경영위원회와 감사위원회가 분리되어 있고 독일기업은 자금조달을 은행에 의존하기 때문에 은행이 기업운영에 결정적 영향력을 행사한다. ② 감사위원회에서 노勞의 의사결정권을 종업원 2천명 이상인 기업과 500명 이상인 기업의 경우 각각 1/2과 1/3을 행사한다는 노사의 공동의사결정규칙이 있다. 노동 제공자와 자본제공자는 기업을 협조적으로 운영해 나가야 된다는 것인데 그 때문에 독일기업은 중요한 경영의사결정 시 노동자위원회의 공식적인 협의가 필요하다.

독일은 노동자의 경영참여나 노사의 공동결정이라는 독특한 노사관계제도가 유럽경화증의 원인이라고 한다. 이 제도는 두 부분으로 구성되어 있다. ① 1952년부터 시행된 노동법에서는 종업원 5인 이상 기업은 노동위원회를 꼭 두어 근로시간, 채용과 해고, 생산기술 등에 관한 자문을 하나 가격이나 생산량의 결정 등에는 관여하지 않는다고 한다. 또한 경영자는 회사운영 전반에 걸쳐서 노동자의 승인을 받아야 하며, 노동법은 노동자의 고용안전, 봉급 외의 유급휴가, 보험 등과 같은 복지와 부가급부, 근로조건, 단체교섭 등을 명시하고 있다. ② 1976년부터 시행된 종업원 500명 이상의 기업들은 경영이사회Board of Management와 감사회Supervisory Board라는 복수 이사회제도를 두어야 한다는 강제규정이 있다. 감사회의 위원은 2/3는 주주들이, 1/3은 노조대표와 노조원들이 반반씩 선출하고, 기업규모에 따라 차이는 있으나 전임 유급노조원을 두어야 한다.

독일 통일 후 노조는 점점 공격적이고 투쟁적이 되어 심지어는 신생산장비의 도입에 반대하기도 했다. 그 결과 독일의 임금은 세계 최고, 근로시간은 세계 최저수준이었고 경제성장률은 1%대로 떨어졌으며, 실업률이 한때 10% 가까이 되었다. 이에 법인세율을 낮추는 등 친기업적 조치를 취하여 2015년 실업률은 4.6%로 회복되었다.

(4) 독일의 기업과 은행

미국은 기업자금을 주로 주식시장에서 조달하는 반면 독일기업은 은행에 크게 의존한다. 은행이 튼튼하려면 강한 산업에 기반을 두어야 된다고 해서 은행이 할 일은 산업이 튼튼하게 성장할 수 있도록 지원하는 것이라고 믿었다. 독일의 기업과 은행은 서로 주식을 갖고 있으며, 물론 임원을 서로 파견해 감시한다. 3대 민간은행은 대출해준 기업이사회에 많은 임원을 파견하고, 주요 기업들은 '하우스뱅크House Bank'를 중심으로 기업그룹을 형성하고 있다. 독일의 하우스뱅크는 일본의 주거래은행보다 강한 감시기능을 한다.

독일모형은 안전을 최우선시하여 경제적 성공과 사회적 안정을 동시에 추구하는 장점이 있으나 기업가의 의욕을 꺾어 놓기 때문에 높은 실업률과 노동시장의 경직성을 수반하는 단점이 있다. 독일모형의 또 다른 위험은 연금이다. 출산율 감소와 고령화로 취업자당 연금수령자의 비율이 늘어나 '연금시한폭탄'이라고 말한다. 대처 전 영국수상은 독일식 라인자본주의Rhein Capitalism의 특징은 경쟁의 제한카르텔 용인 등, 경제활동에 대한 정부의 상당한 규제, 높은 정부지출과 조세부담, 사회안전망의 보호로 인한 많은 사회보장비 부담이라고 하였다.

4) 중국모형

중국모형은 전국인민대표대회가 최고의 권력기관이고 행정기관인 국무원과 사법기관인 전인대가 그 하부기관이라 3권 분립이 없는 공산당모형이다. 중국회사법2005년 개정에 따르면 중국기업의 종류는 전 인민의 소유인 국유기업, 향진의 투자기업인 향진기업, 개인 소유인 사영私營투자기업 및 외국자본이 포함된 합병회사, 합작

회사, 독자기업 등 외상투자기업外商投資企業이다.

공산당은 대도시는 물론 지방의 작은 마을뿐만 아니라 언론, 종교, 군 및 국유기업이나 공기업의 임원 선출에 이르기까지 직접 간여하여 막강한 영향력을 행사한다.

중국 공산당 중앙조직부가 발표한 '2014 중국 공산당 당내 통계공보' 에 따르면 2014년 말 기준으로 중국 공산당원 수는 8,779만 3천 명으로 전년보다 1.6%인 110만 7천 명 증가했으나 2013년도의 3.1%보다는 증가폭이 다소 둔화됐다. 공산당의 기층조직은 모두 436만 개로 전년보다 1.3% 늘었으며 이 중 기층조직당위원회는 20만 9천 개, 총지부는 27만 1천 개, 지부는 388만 개였다.

여성당원은 2,167만 2천 명으로 전체 당원의 24.7%를 차지했으며 전년보다 비중이 0.4% 높아졌다. 소수민족 당원은 605만 1천 명으로 전체의 6.9%를 차지했으며 전문대 이상 학력을 갖춘 당원 수가 3,775만 5천 명으로 전체의 43%를 차지했다. 직업별로는 농업 · 목축업 · 어민이 2,593만 7천 명29.5%으로 가장 많았으며 퇴직인원 1,621만 6천명18.5%, 기업 및 민영 비영리단체 전문기술자 1,253만 2천 명14.3%, 기업 및 민영 비영리 관리인원 901만 6천 명10.3%, 당정기관 직원 739만 7천 명8.4%, 노동자 734만 2천 명8.4%, 학생 224만 7천명2.6% 순으로 나타났다. 연령별로는 46~60세가 2,466만 2천 명으로 전체 당원의 28%, 61세 이상이 2,286만 명26.1%, 35세 이하가 2,247만 9천 명25.6%, 36~45세가 1,779만 2천명20.3% 순으로 나타났다.

중국에 진출한 한국의 어떤 대기업 사장은 다음과 같은 말을 했다. 중국기업은 공산당이 결정하는 국익에 맞게 운영되어야 하므로 중국의 대기업과 거래하는 것은 공산당과 거래하는 것이나 마찬가지이며, 공산당이 중국에 진출한 한국기업을 비롯한 중국기업과 합작하는 외국기업의 퇴출을 결정하면 바로 떠날 준비를 해야 한다는 것이다. 공산당에는 유능한 인재들이 대단히 많고, 세계 어느 조직 못지않게 경쟁력이 강한 조직이기 때문에 중국경제는 낙관적이다. 독일경제는 사회적 평등을 중시하는 사회적 시장경제모형이나 중국경제는 전국인민대표대회가 지배하는 사회주의 시장경제모형이다.[13]

3.2 홍익기업발전모형

한국의 경영은 동서양을 대표하는 경제대국인 일본과 미국의 경영방식의 영향을 많이 받고, 그들의 강점을 가장 잘 활용하여 경제기적을 이룩할 수 있었다. 이병철 회장은 일본식 경영을 잘 활용하여 '인재제일, 사업보국, 합리추구' 등의 경영철학으로 한국식 경영모형의 틀을 만들었고, 이건희 회장은 일본식과 미국식의 강점을 융합하여 이건희모형을 만들었다.

앞에서도 살펴본 바와 같이 한국의 젊은이들은 군軍 건설공병대, 수송부대, 통신부대 등에서 미국식 군경영의 최신 경영원리와 기술을 익혔고 그로 인해 많이 축적한 인적자본을 활용할 수 있었다.

지금은 기업의 조직이나 경영은 하나의 정답이 없는 시대이다. 여기서는 한·미·일의 대표 회사격인 삼성전자, GE 및 도요타의 경영모형을 비교하기로 한다.

1) GE

GE는 1878년 토마스 에디슨이 설립하여 1898년 다우존스 산업지수에 최초로 포함된 12개 우량기업 중 현존하는 유일한 기업이다. 30여만 명의 직원이 100여 개국에서 활동하며 7년 연속 세계에서 가장 존경받는 기업으로 선정된 바 있다. GE는 많은 다양한 업종을 경영한다.[14]

핵심사업은 파워시스템, 가전 및 사무용 제품, 광열제품, 산업용 제품, 수송 관련 제품이다. 기술사업은 항공기 엔진, 소재, 의료 시스템, 금융 서비스, 정보 서비스, 방송NBC이다. 11개 업종을 GE 캐피탈, GE 에너지, GE 테크놀로지 인프라, NBC 유니버설, GE 홈 앤 비즈니스 솔루션 5개 분야로 통합했다.

잭 웰치 전 회장의 '#1 or #2. Fix, Sell or Close' 라는 경영방침은 어떤 업종

13. 사회적 시장경제(Social market economy)는 수정 자본주의 이론 중 하나로, 복지지향적이고 인도주의적인 자본주의로 주로 기독교 민주주의 정당이나 사회민주주의 정당들이 표방한다.
14. 송병락(2010), 316~318쪽 참조.

에서든 1등이나 2등을 못하는 것은 고치거나 팔거나 폐쇄하라는 것으로 여기서 나온 'No. 1 또는 No. 2' 전략은 유명하다. GE는 산업 및 금융 양 자본을 통합하여 상승작용을 하는 제조회사이자 금융회사이다. 미국기업 중 한국의 재벌과 가장 가까운 것이 바로 GE라고 한다. 미국 기업연수원 중 가장 유명한 것은 GE의 크로톤빌Crotonville 연수원으로 식스 시그마six sigma 등 많은 혁신적 경영이론의 산실이고, GE의 문제 해결처, 기업 사관학교 등으로 불린다.

2) 도요타

도요타식 경영의 핵심은 인간존중과 인재양성, 끊임없는 개선카이젠(改善)이다. 조후지오 회장이 만든 도요타 생산방식의 핵심 중 하나는 작업 중 결함이 발생할 때 작업자가 조립대에 설치된 멈춤 끈을 잡아당겨 작업을 멈추고 문제를 해결한 뒤 다시 시작하는 것이다. 이런 방법으로 결함이 있는 차를 출고하지 않아 도요타가 명품 차라는 명성을 얻는 계기가 되었다. 또한 도요타의 경쟁력은 도요타식 종신고용제도에도 기인한다고 한다. 많은 일본기업의 경쟁력은 이와 같이 사람을 귀하게 여기는 문화와 사회안전망 역할을 하는 종신고용을 바탕으로 하고 있다.

라이커2004는 도요타의 성공요인을 14개의 원리로 설명하고, 이를 다시 장기철학, 올바른 공정, 인재와 동반자의 개발, 끊임없이 문제의 근원을 찾아서 해결하는 것의 4가지 성공요인으로 정리하였다. 〈표 12-4〉은 4가지 성공요인에 따라서 GE, 도요타 및 삼성전자를 비교한 것이다.

3) 삼성전자

삼성전자가 미·일의 전자회사들을 제치고 앞설 수 있게 된 것은 미·일식 경영의 강점을 잘 융합하여 이를 능가할 수 있는 삼성경영모형을 개발하였기 때문이다. 미국식 경영은 회장이 경영방침을 정하여 지시를 하는 강한 탑다운top-down 방식이다. 일본식은 하위 직원들이 의견을 모은 다음 차 상위 계층에 전달되어 다시 의

표 12-4 **한 · 미 · 일 최고기업의 성공요인**

구분	미국 GE	일본 도요타	한국 삼성전자
철학	단기철학 : 이윤 증가 → 주가 상승 → 주주이익 극대화	장기철학 : 가치창조로 근로자, 고객, 사회에 장기적 공헌. 단기 이윤과 주가 상승이 목표가 아님	초일류를 넘어 존경받는 기업으로 일류 국가 건설에 기여 국민, 정부, 기업의 삼위일체론
프로세스	Six Sigma : 비즈니스는 세계 일류 식당처럼 운영. 관료 조직은 드라큘라	도요타 생산시스템 : ■ Lean Production ■ A Lean, Learning Enterprise ■ 원피스 플로우	문화혁신 → 프로세스 혁신 → 구조혁신(GE와 정반대). ■ 전체 구매의 30%는 아웃소싱. 공정의 일부가 외부에 나가 있다. ■ 10만여 협력업체에 친인척이 없다.
인재와 파트너의 개발	"75%는 사람, 25%는 다른 것" ■ 세계 제일의 사람공장 ■ A Learning Enterprise ■ 종업원이 새로운 것을 시도하는 회사	■ 차뿐만 아니라 사람을 만든다. 전 직원이 인재 ■ 끊임없는 카이젠(개선)과 배우는 분위기 ■ 납품업자 및 파트너와의 공생과 공존	■ 삼성은 글로벌 인재 육성의 장 ■ CEO는 전천후 인간, 경영자는 종합예술가 ■ 인재 육성(I자보다 T자형 인재, 천재급 인재, 여성인력)
문제 뿌리를 찾아서 해결	GE의 제2의 본성 : 더 좋은 방법을 찾음. 신지식 공유 ■ 모퉁이의 구멍가게같은 분위기로 해결	■ 모든 종업원이 해결사 ■ 의사결정은 서서히, 실행은 신속히 ■ 끊임없는 개선과 학습	■ 삼성헌법(인간애, 도덕성, 예의범절, 에티켓) ■ 제품에 문화를 담는다. ■ 문화와 경영은 한 묶음. ■ 고감도 서비스, 구매의 예술화

자료출처 : 송병락(2010) 〈표 8-1〉에서 인용.

견을 모은 후, 이런 과정을 되풀이하여 최상층에 도달한다. 그리고 그 의사결정은 바로 시행된다. 이런 의사결정은 이식移植할 때나 과수의 좋은 결실을 위해 나무의 둘레를 파고, 주된 뿌리 이외의 잔뿌리를 쳐내는 일이라는 뜻의 네마와시根回し라고 하며, 바텀업bottom-up 방식이다.

삼성전자는 미국의 탑다운 방식인 GE Way와 일본의 바텀업 방식인 Toyota Way를 융 · 복합[15]한 것에 알파삼성의 경영방식과 한국문화를 가미하여 새로운 경영모형을 만들어 내었다. 삼성의 알파란 탑다운이나 바텀업 방식의 의사결정을 체계적으로

15. 2가지 이상을 섞고 결합하여 창조하는 것이다. 미국모형, 일본모형, 중국모형 및 유럽모형 등의 강

검토하는 중간층의 역할을 강화한 것이다. 삼성전자는 도요타의 종신고용제에 따른 조직에 대한 충성심이나 장기적인 인간관계를 중시하나 도요타보다는 덜 중시하며, GE의 개인 능력에 따른 보상체계를 채택하기는 하나 GE보다는 덜 중시한다. 삼성전자의 무노조無勞組 문화는 도요타, 능력에 따른 임금체계는 GE에 가깝다. 삼성의 성공은 '미국식 과감한 분권화'와 '동양식 강력한 중앙통제'의 융·복합에 있다.

일본의 캐논사도 일본의 전통적인 경영방식인 종신고용 + 연공서열 제도에 미국의 경영방식인 실력주의성과주의를 혼합했으나 삼성과는 다르다. 캐논사에서는 60세까지 정년은 보장하되 연공서열은 버려 실력이 없는 사람은 강등도 되는 대신 실력주의를 도입하여 종신고용 + 실력주의 = 실력종신주의를 채택했다.

삼성은 전략기획실과 관련 기업 CEO로 구성된 구조조정위원회라는 미국이나 일본 기업에는 없는 조직을 운영하였다. 삼성전자의 경우 CEO + 그룹 차원의 구조조정본부+구조조정위원회라는 삼각편대의 경영과 전략의 조직을 통하여 인사나 경영정책 등과 관련된 효율적이고 신속한 의사결정을 할 수 있었다. 개별 기업의 구조조정은 개별 기업에서 하기 힘드므로 그룹 차원의 구조조정본부가 개별 기업의 구조조정을 하여 그룹 차원의 경쟁력이 개별 기업의 경쟁력 합계를 능가하게 만든다. 이로 인해 삼성은 패러다임의 변화에 대응한 신속한 운영과 전략을 펼칠 수 있게 되어 놀라운 성과를 이룩하였다. 삼성의 철저한 능력위주의 인재등용, 성과에 따른 차별화, 상시구조조정 실천 및 핵심인재 육성 등의 조직문화는 세계 일류기업들의 추종대상이 되고 있다.

손욱 전 삼성인력개발원 원장은 삼성의 경영패러다임 변화를 다음과 같이 설명한다. "삼성은 패러다임 변화에 맞는 운영과 전략으로 놀라운 업적을 수립하여 매출액은 1993년 신경영선언 이후 지금까지 크게 증가했고, 반면 부채비율은 크게 감소했다."

송재용 서울대 경영전략담당 교수는 삼성조직의 특징 중의 하나는 '소유경영자

점들을 섞고 결합하여 한국에 맞는 새로운 모형을 창조하는 것이다. 융합문화의 특성은 종합성, 융통성, 창의성 등이다.

+ 전문경영인 + 전략기획실 + 11인구조조정위원회' 라고 말한다. 삼성전자가 소니를 2005년 기준 매출액, 이윤, 주식시가총액 등에서 앞설 수 있었던 것은 '이건희 회장의 전략 + 윤종용 부회장의 OE + 전략기획실의 관제탑 기능' 이라는 전략, OE[16] 및 조직혁신의 삼각구도라는 다른 외국회사에는 없는 조직 때문이다. 이학수 전 부회장은 '삼각편대론' 이 회장의 리더십 + 계열사의 자율경영 + 전략기획실의 관제탑 기능으로 삼성 전체의 성장을 설명한다. 조선일보(2006. 9.14)

한국의 삼성이나 포스코 같은 기업들은 미 · 일 · 독 · 중의 기업을 단순히 모방하지 않고 그들의 강점을 새로운 환경 변화에 균형 있게 잘 융합하여 앞서는 길을 찾아 한국의 기업모형을 만들어 나가고 있다. 여기서 유의할 것은 최근 빠른 속도로 부품의 범용화와 모듈화가 진행되고 있는 IT, 자동차 등 산업은 기존에 해 왔던 수직계열화와 직접생산방식을, 범용부품이나 기술은 시장을 개방해 모두가 경쟁할 수 있는 체제를 강화하는 것이 균형을 유지하는 길이라는 점이다.

16. OE는 운영의 유효성(operational effectiveness)을 의미한다.

제13장

홍익창조혁신생태계중심지로의 전국적 전환

1. 교육 · 과학기술 · 경제 창조혁신생태계중심지

경쟁력은 종합적 및 장소적 개념이다. 국가경쟁력은 기업 간 경쟁시대에서 클러스터 간 경쟁시대로 다시 산업생태계 간 경쟁시대로 도시 간 경쟁시대로 바뀌고 있다. 21세기 한국의 비전과 목표를 달성하기 위해서는 한국이 으뜸가는 교육, 과학기술, 무역, 물류, 금융, 문화산업 및 국제협력 등의 종합적인 창조혁신생태계중심지가 되도록 해야 한다. 그렇게 되면 한국경제발전의 발목을 잡고 있는 노동공급의 감소, 자본투자의 위축, 총요소생산성의 정체 등의 문제가 해소되어 경제 활력을 회복할 수 있다.

1.1 창조혁신생태계중심지의 역할과 특징

세계에서 가장 잘 알려진 교육 · 과학기술 · 경제 창조혁신중심지는 도시국가형, 강소국형, 메트로폴리탄형, 이스라엘형으로 구분할 수 있으며 그들의 공통된 특징은 다음과 같다.[1] ① 모든 중심지는 우수한 인적 자본을 확보하고 있다. ② 고부가가치의 재화나 서비스를 공급하여 높은 소득을 향유한다. ③ 경제를 최대한 개방적이고 자유경쟁시장원리에 따라 운영하고 있다. ④ 국민의 안전과 재산을 보호하는 법치주의를 확립하고 있다. ⑤ 실업률이 대체로 낮으나, 일자리를 구하기 위해 많은 인구가 빠르게 유입되면 실업률이 낮지 않을 수도 있다. ⑥ 기업가들의 초과이윤으로 인한 소득분배의 불평등이 혁신을 조장하여 발전을 촉진하는 압력으로 작용한다. ⑦ 고소득자들은 문화에 대한 수요가 커 점차로 문화 창조혁신생태계중심지로까지 발전한다.

표 13-1　현존 10대 중요 중심지의 핵심 기능 및 전문화 분야

중심지	핵심 기능
1. 싱가포르	무역, 금융, 의료서비스, 교육, 관광
2. 홍콩	무역, 물류, 금융, 교육, 정보, 미디어, 관광
3. 룩셈부르크	금융, e비즈니스
4. 네덜란드	무역, 물류, 금융, 고급 음식료품 제조, 국제협력/외교
5. 스위스	금융, 교육, 정밀기계, 정밀화학, 제약, 관광, 국제협력/외교
6. 런던 대도시권	금융, 교육, 관광, 문화, 디자인, 정보, 미디어
7. 뉴욕 대도시권	금융, 정보, 미디어, 교육, 관광, 문화, 국제협력/외교
8. 샌프란시스코/실리콘밸리 대도시권	R&D, 기술, 창업, 교육, 관광, 문화
9. 보스턴 대도시권	교육, R&D, 금융, 의료서비스
10. 이스라엘	IT, 생명과학, 창업, 고부가가치 농업, 항공기 개조 및 생산

자료출처 : 김기환(2013) 〈표 4-1〉에서 인용.

주요 중심지들은 고부가가치 재화와 서비스를 생산하는 소수 분야에 전문화하고 있다. 도시국가형인 싱가포르와 홍콩은 무역, 금융, 교육, 관광은 공통이고 전자는 의료서비스, 후자는 물류, 정보, 미디어에 전문화하고 있다. 강소국형인 네덜란드 및 스위스는 금융과 국제협력/외교는 공통이고 전자는 무역, 물류, 고급 음식료품 제조에, 후자는 교육, 정밀 기계와 화학, 제약, 관광에 전문화하고 있다. 룩셈부르크는

1. 김기환(2014), 제4장 1절 참조.

금융과 e비즈니스에 전문화하고 있다. 대도시권의 중심지인 런던과 뉴욕은 금융, 교육, 정보, 관광, 문화, 미디어는 공통이고 뉴욕은 국제협력/외교에 전문화하고 있다. 한편 샌프란시스코 · 실리콘밸리와 보스톤은 교육과 R&D는 공통이고 전자는 기술, 창업, 관광, 문화에, 후자는 금융과 의료서비스에 전문화하고 있다. 이스라엘은 주변보다 세계를 상대로 중심지기능을 수행하는 독특한 유형으로 IT, 생명과학, 창업, 고부가가치농업, 항공기 개조 · 생산에 전문화하고 있다. 주목할 것은 이들은 모두가 고부가가치 산업이고 각국의 대표 기업과 산업의 원천이라는 것이다.

모든 중심지들이 주변 지역이나 국가에 비해 소득과 경제성장률이 높으나, 실업

표 13-2 중요 교육 · 과학기술 · 경제 중심지와 주변지역의 1인당 GDP, 경제성장률 및 실업률(2011)

(단위 : 미 달러, %)

	1인당 GDP(2011)			경제성장률(2000~2011)			실업률(2011)			지니계수
	중심지(A)	주변지역 평균(B)	A/B	중심지(C)	주변지역 평균(D)	C/D	중심지(E)	주변지역 평균(F)	E/F	
1. 싱가포르	46,241	6,148	7.5	5.9	4.4	1.3	2.9	3.6	0.8	0.48(2012)
2. 홍콩	34,457	9,537	3.6	4.5	7.1	0.6	3.4	5.2	0.7	0.54(2011)
3. 룩셈부르크	115,038	44,367	2.6	3.1	1.4	2.2	4.9	7.4	0.7	0.27(2008)
4. 네덜란드	50,076	41,825	1.2	1.6	1.5	1.0	4.4	7.7	0.6	0.29(2010)
5. 스위스	83,383	40,847	2.0	1.9	1.1	1.7	4.1	7.9	0.5	0.30(2010)
6. 런던	57,020	33,397	1.7	3.0	1.9	1.6	9.7	7.8	1.2	0.39
7. 뉴욕대도시권	67,166	48,112	1.4	1.1	1.6	0.7	8.3	8.9	0.9	0.54(2010)
8. SF/SV대도시권	76,047	48,112	1.6	2.0	1.6	1.3	10.4	8.9	1.2	0.46(2010)
9. 보스턴대도시권	76,916	48,112	1.5	1.4	1.6	0.9	10.7	8.9	1.2	0.47(2010)
10. 이스라엘	31,282	5,620	5.6	3.8	6.1	0.6	5.6	10.3	0.5	0.38(2008)

주 : 싱가포르 주변국가 1. 말레이시아, 2. 태국, 3. 인도네시아 ; 홍콩 주변국가 1. 중국, 2. 필리핀, 3. 대만 ; 룩셈브르크 주변국가 1. 벨기에, 2. 독일, 3. 프랑스 ; 네덜란드 주변국가 1. 독일, 2. 프랑스, 3. 영국 ; 스위스 주변국가 1. 이탈리아, 2. 독일, 3. 프랑스 ; 이스라엘 주변국가 1. 이집트, 2. 요르단, 3. 레바논 ; 런던 주변지역은 평균은 영국의 2011년 1인당 GDP로 대체하였으며, 미국 각 대도시권의 주변지역 평균 GDP는 전 미국의 2011년 1인당 GDP로 대체했음.
SF/SV : San Francisco/Silicon Valley임.

자료출처 : World DataBank, *World Development Indicators* ; OECD, *OECD Statistics* ; IMF, *World Economic Outlook Database* ; UK Statistics Authority, Office for National Statistics ; US Department of Commerce, Bureau of Economic Analysis. 김기환(2013) 〈표 4-2〉~〈표 4-4〉에서 재작성.

률은 중심지의 형태에 따라 낮은 곳도 있는 반면 높은 곳도 있다〈표 13-2〉 참조. 중심지가 하나의 국가인 경우에는 주변국에 비해 확실히 실업률이 낮다.

적도지역의 유일한 선진국인 싱가포르는 2011년 기준으로 1인당 GDP가 4.6만 달러가 넘어 산유국 브루나이를 제외한 주변국들의 1인당 평균 GDP보다 무려 7.5배에 달하였다. 싱가포르의 2000~2011년 연평균 GDP 성장률은 5.9%로 주변국들의 연평균 성장률 4.4%의 1.3배였다. 홍콩의 1인당 GDP는 약 3.5만 달러로 인접국들의 1인당 평균 GDP의 3.6배나 연평균 GDP 성장률 4.5%는 주변국들의 연평균 성장률에 미치지 못하여 0.6배였다. 싱가포르와 홍콩의 실업률은 각각 2.9%와 3.4%로 주변국의 평균인 3.6%와 5.2%보다 낮았다.

룩셈부르크, 네덜란드, 스위스의 2011년 1인당 GDP는 각각 약 11.5만 달러, 5만 달러, 8.3만 달러로 주변국들의 1인당 평균 GDP의 1.2~2.6배에 달하였다. 2000~2011년간의 연평균 성장률도 주변국들보다 높았고 실업률은 주변국들보다 훨씬 낮았다. 런던, 뉴욕, 샌프란시스코/실리콘밸리, 보스톤의 1인당 GDP도 영국과 미국의 전체 1인당 GDP보다 1.4~1.7배 높았다.

2011년 이스라엘의 1인당 GDP는 약 3.1만 달러로 주변국의 무려 5.6배나 되었다. 2000~2011년간 이스라엘의 연평균 GDP 성장률은 3.8%로 주변국의 6.1%에 비해 크게 낮았으나 실업률이 인접한 중동국가들보다 반밖에 안되었다. 이는 이스라엘은 선진국이고 주변국들은 개발도상국이기 때문에 나타나는 현상이다.

지니계수로 측정된 소득분배의 불평등 정도는 한 나라에 단 하나의 중심지만 있을 경우 그 중심지의 소득분배는 강소국형처럼 좋다. 그러나 여러 개의 중심지가 있는 경우 주변지역의 저소득·미숙련 인력이 빠르게 유입됨에 따라 대도시권이 중심지의 소득분배가 주변지역보다 더 불평등할 수 있다. 따라서 한국이 당면하고 있는 성장둔화, 실업증가, 대외환경의 악화로 인한 문제는 중심지전략으로 상당 부분 해소될 수 있지만 소득분배에 관한 한 창조혁신생태계중심지 전략 외에도 별도의 정책이 강구되어야 할 것이다.

1.2 창조혁신생태계중심지로서의 혜택과 조건

1) 혜택

창조혁신생태계중심지는 고부가가치 재화와 서비스의 생산으로 인한 높은 소득, 혁신과 창업에 따른 지속적 성장과 실업률의 감소 등의 여러 장점을 갖고 있다. 한국이 중심지가 되면 혜택은 다음과 같다.

① 성장역동성이 회복되고 국민소득이 지속적으로 증가한다. ② 고용이 증대되고 소득분배가 개선된다. 고부가가치 서비스부문의 일자리는 고학력을 위한 일자리가 대부분이기 때문에, 고학력의 미취업 청년층에 양질의 일자리가 창출되어 공급될 수 있다. 이는 소득분배의 개선으로 이어져 소득분배의 양극화 해소에 큰 보탬이 될 것이다. ③ 2015년 12월에 발효된 한 · 중 FTA로 중국은 더 큰 시장이 되어 한국은 공산품은 물론 많은 전문서비스도 공급할 수 있게 되어 전략적 동반자 관계가 강화되고 한국의 안전보장에 더 많은 관심을 갖게 된다. ④ 지속적인 경제성장은 물론 교육, 의료, 문화 면에서도 삶의 질이 크게 향상되어 더 많은 창의적 인적 및 물적 자본을 끌어들이게 된다.

2) 중심지의 성공요건

(1) 경쟁력 있는 인적자원의 확보와 효율적 활용

세계 일류의 교육 · 과학기술 · 경제 창조혁신생태계중심지가 되는 필수적인 요건은 고급인력의 확보이다. 이를 위해서는 국내에 세계적인 대학 및 연구기관의 질적 수준을 높여 창의적이고 전문적인 인재를 육성해야 하고 개방적인 이민정책을 통해 해외의 우수한 인력을 적극적으로 흡수하여 활용해야 한다.

(2) 자유시장경제체제의 확립

대내외적으로 자유시장경제체제의 '보이지 않는 손' 이 잘 작동하도록 하려면 사유재산권의 철저한 보호, 자유경쟁과 공정거래의 보장, 규제 개혁과 최소화, 법치의 강화 및 정치 · 사회적 안전보장을 강화해야 한다. 특히 노동시장에서 수요자와 공급자의 독과점을 철폐하여 노동시장의 유연성을 최대한 보장하여야 근로인력의 효율적인 배분이 가능해진다.

(3) 효율적인 기반시설

신속한 정보수집과 편리하고 싼 교통 · 통신 기반시설 등 물리적 및 제도적 기반시설을 갖추어야 한다. 언론자유의 보장은 뉴욕, 런던, 홍콩 등과 같이 다양한 언론매체, 금융기관, 출판사들이 모여들게 하므로 필수적이다. 아울러 의사소통에 불편함이 없도록 모국어 외에 국제공용어인 영어는 물론 중국어, 일본어를 구사하는 사람이 많아야 한다.

그러나 가장 중요한 기반시설은 인격과 국격으로 예의를 지키는 것이다. "개인의 품위는 인격이요 예절은 국격이다" 라는 것을 명심하여 국민 모두가 올바르고 친절한 태도와 예의를 지켜야 한다.

1.3 창조혁신생태계중심지가 되기 위한 한국의 강점

한국은 이미 중심지가 되는 데 필요한 여러 강점을 가지고 있다.

1) 우수한 인적자본

교육 · 과학기술 · 경제의 창조혁신생태계중심지가 필요로 하는 인적자본은 많은 교육과 훈련을 받은 품격있는 고급인력이다. 앞에서 살펴본 바와 같이 한국은 지난 60여 년간 경제발전을 이룩하는 과정에서 많은 인적자본을 축적하여 왔다.

또한 한국은 많은 분야에서 상당한 수준의 과학기술 경쟁력을 갖고 있어 아시아의 경제 · 과학기술 · 문화 창조혁신생태계중심지로 발전할 수 있는 충분한 강점을 갖고 있다.

게다가 한국은 기술흡수력 부문에서 세계 9위를 차지해 일본3위을 제외한 모든 아시아 국가들 중 가장 높았다. 한국의 GDP 대비 연구개발비 지출은 2014년 세계 제1위로 평가되었다. 이와 같은 기업차원의 높은 기술흡수력과 과감한 연구개발 투자에 힘입어 한국의 첨단제조업 분야는 지속적으로 성장하고 있다.

2012년 한국은 조선과 플랜트 특히 담수 플랜트 분야에서 세계 1위, 정보통신, 석유화학 및 자동차 분야에서 세계 5위, 원자력발전 수출 분야에서 세계 6위를 차지하고 있다. 또한 신성장기술 개발 분야에서도 뛰어난 성과를 보이고 있다. 특히 나노 소재기술 개발 관련 특허등록 건수는 미국, 일본, 독일에 이어 세계 4위를 차지했으며 2008년 기준으로 세계 최고인 미국 기술력 대비 75%까지 향상되었다. 신재생에너지 특허등록과 바이오기술개발 관련 기업 수에서도 각각 5위를 차지하여 세계적 기술강국인 네덜란드, 덴마크 및 프랑스보다 앞섰다. 아울러 한국 기업들의

표 13-3 **한국의 신성장기술 분야 순위**

순위	나노기술 특허등록 (2010～2013)*	신재생에너지 특허등록 (2007～2009)**	바이오기술 관련 기업 수** (2010～2013)***
1	일본	미국	미국
2	미국	일본	일본
3	한국	독일	독일
4	중국	영국	한국
5	대만	한국	프랑스
6	독일	덴마크	영국
7	프랑스	프랑스	중국
8	영국	중국	캐나다
9	캐나다	스페인	네덜란드
10	네덜란드	이탈리아	대만

* *Key Nano technology Indicators 2016.*

** OECD, OECD Science, *Technology and industry Scoreboard 2011*, 2011.

*** OECD, *Key Biotechnology Indicators 2016.*

2008년 바이오기술개발 지출비용은 약 9.6억 달러로 미국, 프랑스, 독일에 이어 세계 4위에 올라 활발한 연구활동을 통한 우수한 산업기술 경쟁력 확보가 기대된다.

2) 세계적 무역 강국

홍콩, 싱가포르, 네덜란드 등 중심지는 무역중심지 역할을 하고 있다. 한국은 이 면에서도 대단한 강점을 갖고 있다. 2015년 기준으로 한국의 GDP 대비 무역량 비율은 74.5%이다. 한국은 2015년 현재 대외 수출액이 5,488억 달러이고 교역대상국도 235개에 달해 전 세계적으로 다변화되었다.

한국처럼 대외지향적 경제발전전략을 추진하려면 WTO를 통해 무역자유화를 위한 다자간 무역협상을 하고 해외시장을 개척하는 것이 가장 이상적이다. 그러나 2001년 도하라운드 출범 이후 다자간협상에 진전이 없자 한국은 대안으로 개별 국가나 지역과 FTA를 추진하여 2004년 칠레와의 첫 FTA 체결 후 2015년 말 현재 53개국과 체결하는 대단한 성과를 거두어 중국과 일본보다 훨씬 많은 국가와 높은 수준의 무역자유화협정을 체결하였다〈표 13-4 참조〉.

가장 특기할 만한 성과는 한국이 아시아 국가 중 유일하게 세계 최대시장인 EU, 미국 및 중국과 FTA를 체결하여 발효 중에 있는 것이다. 한-EU와 한미 FTA는 시

표 13-4 **한국, 중국 및 일본의 FTA 체결**(2015년 12월 기준)

구분	한국	중국	일본
기체결	아세안 10개국, EFTA 4개국, 인도, 싱가포르, 칠레, EU 27개국, 페루, 미국, 터키, 캐나다, 터키, 콜롬비아 등	홍콩, 마카오, 아세안 10개국, 칠레, 파키스탄, 뉴질랜드, 호주, 페루, 싱가포르, 아이슬란드, 스위스 등	싱가포르, 멕시코, 말레이시아, 칠레, 태국, 인도네시아, 브루나이, 필리핀, 아세안 10개국, 스위스, 베트남, 인도, 페루, 호주 등
	총 53개국	총 19개국	총 16개국
	건수 : 14	건수 : 14	건수 : 14

자료출처 : 자유무역협정 국내대책위원회, FTA 종합지원포털(ftahub.go.kr) ; 『주요국 FTA 추진현황과 2013년 전망—19개 경제권(68개국)을 중심으로—』, 2013. 5~12쪽. 김기환(2013) 〈표 6-4〉를 갱신함.

장규모가 클 뿐만 아니라 서비스 교역과 투자까지 포함하는 유보조항이 가장 적은 수준 높은 FTA이다. 한국이 이 두 FTA를 체결하자마자 중국과 일본이 이를 활용하기 위해 한국에 대한 투자를 늘리고 한국과 직접 FTA의 체결을 희망하여 한 · 중 FTA는 이미 체결 · 발효되었고 한 · 일 FTA는 협상 중이다. 많은 나라와 FTA를 체결할수록 한국이 세계적인 무역중심지로 부상하는 데 도움이 된다.

또한 한국이 세계적인 무역중심지로 부상하기 위해서는 무역 관련 절차를 정비해 무역거래를 쉽게 해야 한다. 2012년 세계은행의 기업환경평가보고서Doing Business(2012)에 따르면 한국은 '무역활동 규제' 면에서 세계 183개국 중 3위를 기록하여 OECD 국가들은 물론 물류중심지인 네덜란드와 비교해도 경쟁력이 높으며, 아시아 중계무역 중심지인 홍콩과 대등한 경쟁력을 가졌다. 이는 2009년 세계 최초로 인터넷기반전자통관시스템인 UNI-PASS를 도입하여 수출입 시 시간과 비용을 절약한 결과이다. 또한 한국은 UNI-PASS시스템을 통해 수출입 관련 기업들에게 금융기관, 관세청 및 정부기관들과 연결된 세관포털로 원스톱 서비스를 함께 제공하고 있다.

표 13-5 무역 관련 절차의 용이성 비교 (단위 : 개, 일, 컨테이너당 미 달러)

구분	한국	홍콩	네덜란드	OECD 고소득 국가 평균
수출에 필요한 서류	3	3	4	–
수출에 걸리는 시간	15	20	1	20
수출비용	196	334	0	196
수입에 필요한 서류	3	3	4	–
수입에 걸리는 시간	7	20	1	13
수입비용	342	396	0	148

주 : OECD 고소득 국가는 34개 OECD 회원국 중 칠레, 멕시코, 터키를 제외한 31개국임.
자료출처 : World Bank and International Finance Corporation, *Doing Business, 2015*, 2016.

3) 아시아의 교통 요충지

한국은 반도로서 세계 2위와 3위의 경제대국인 중국과 일본 사이에 위치하고 있고, 동북아의 중심지가 되기 위한 많은 기반시설투자로 항공·해운 면에서 동북아의 중심지로 부상하고 있다.

인천국제공항은 세계적인 정상급 공항으로의 경쟁력을 확보하여, 2015년 환승객 수가 약 566만 명을 돌파해 인접한 중국의 푸동공항과 일본의 나리타공항의 환승객 수를 추월했다. 공항이용 여객 수 측면에서도 세계 6위를 기록했고, 취항 도시 수도 176개로 푸동공항90개과 나리타공항98개보다 월등히 많다.

표 13-6 2011년 인천국제공항과 주요 아시아 국제공항 비교 (단위 : 개, 명, %)

	인천(서울)	푸동(상하이)	나리타(도쿄)
취항 항공사 수	70(90)	67	63
취항 도시 수	176(186)	90	98
환승객 수	566만(657만)	–	529만
환승객 비율	16(15.1)	15.4	19

주 : ( )은 2015년 자료임.
자료출처 : 김기환(2013) 〈표 6-6〉 및 공항 홈페이지.

그리고 인천공항은 3~4시간 비행거리 내에 인구 100만 명 이상 도시가 51개나 되어 아시아 주요 시장과의 접근성이 매우 뛰어나다. 인천공항을 통과하는 여행객 수는 연간 약 4,872만 명에 달해 동북아 최대 공항으로서의 입지를 굳건히 지키고 있다. 연간 화물수송량도 249만 톤으로 세계 4위로서 전략적 화물수송 중계지의 역할도 충실히 수행하고 있다. 인천공항은 편리하고 높은 서비스 품질을 인정받아 국제공항위원회ACI가 수여하는 '세계최우수공항상Best Airport Worldwide' 을 비롯해 '태평양최고공항Best Airport in Asia-Pacific' 및 '중대형최고규모공항Best Airort(2,500만~4,000만)' 에도 10년 연속 선정되었다.

부산항도 동북아지역이 전 세계 교역에서 차지하는 비중이 약 31%에 달한다. 2014년 부산항은 화물량 기준으로 약 1,865만 TEU를 소화해내며 세계 6위권 규모의 세계적인 항구이다. 부산항은 지정학적으로 동아시아 간선항로 상에 위치할 뿐만 아니라 인근에 피더 서비스feeder service가 가능한 항만들이 위치해 있어 향후 해운

표 13-7 2015년 세계 공항별 국제선 승객 및 화물처리 순위 (단위 : 만 명, 만 톤)

순위	2015년 국제선 승객 수 순위		순위	2015년 국제선 화물처리 순위	
	공항명	승객 수		공항명	톤 수
1	두바이국제	7,743	1	홍콩국제	438
2	히드로(런던)	6,982	2	두바이국제	251
3	홍콩국제	6,814	3	인천	249
4	샤를드골(파리)	6,037	4	푸동(상하이)	238
5	암스테르담	5,825	5	나리타(도쿄)	204
6	창이(싱가포르)	5,484	6	타오위안(대만)	201
7	프랑크푸르트	5,399	7	프랑크푸르트	195
8	인천	4,872	8	앵커리지(알래스카)	192
9	수완나품(방콕)	4,325	9	창이(싱가포르)	185
10	아타튀르크(이스탄불)	4,230	10	샤를드골(파리)	182

자료출처 : Airports Council International(www.aci.aero).

물류산업을 위한 허브항만으로 발전할 가능성이 크다. 더구나 향후 남북관계가 개선되면 유라시아 대륙횡단 철도의 아시아 시발점이 될 수 있어 한국은 아시아와 유

표 13-8 2014년 세계 항구별 항만 물동량 순위 (단위 : 백만 TEU)

세계 순위	항구명	물동량	세계 순위	항구명	물동량
1	상하이(중국)	35.29	11	로테르담(네덜란드)	12.30
2	싱가포르	33.87	12	포트켈랑(말레이시아)	10.95
3	선전(중국)	24.03	13	가오슝(대만)	10.59
4	홍콩	22.23	14	다롄(중국)	10.13
5	닝보(중국)	19.45	15	함부르크(독일)	9.73
6	부산(한국)	18.65	16	안트베르펜(벨기에)	8.98
7	칭다오(중국)	16.62	17	샤먼(중국)	8.57
8	광저우(중국)	16.16	18	탄정펠레파스(말레이시아)	8.50
9	두바이(아랍에미리트)	15.25	19	로스앤젤레스(미국)	8.33
10	톈진(중국)	14.05	20	게이힌(일본)	7.85

자료출처 : World Shipping Council, Top 50 World Container Port(www.worldshipping.org).

럽을 잇는 새로운 비단길의 동쪽 관문이 될 수 있다.

4) 수준 높은 의료산업

한국은 2012년 기준 약 40만 명의 대학 진학자 중 의과대학에 진학하는 약 5천 명은 수능성적 상위 1% 이내의 가장 우수한 인력이므로 의료기술과 서비스의 질적 및 양적 수준도 매우 높다. 양적으로 2012년 기준 인구 천 명당 의사 수는 2명으로 독일, 프랑스 등 의료선진국을 포함한 OECD 국가의 평균인 2.8명과 미국의 2.5명에는 미치지 못하지만, 일본2.1명과 비교해도 뒤지지 않는다. 또한 아시아의 의료중심지가 되기 위해 노력하는 싱가포르와 태국이 각각 2.0명, 0.3명인 것에 비하면 한국은 의료중심지로 성공할 잠재력이 충분하다.

표 13-9 **아시아 주요국의 인구 천 명당 의사 수**(2011년 기준) (단위 : 명)

	OECD 평균	미국	일본	한국	싱가포르	태국
의사 수	2.8	2.5	*2.1	**2.1	***2.0	*0.3

주 : *는 2010년, **는 2012년, ***는 2013년 기준임.
자료출처 : World DataBank, *World Development Indicators*.

예를 들면, 서울아산병원은 2016년 6월 21일 현재 국내 처음으로 간이식수술 5,000건을 기록했다. 수술환자의 생존율은 1년 97%, 3년 89%, 5년 88.5%로 미국 간이식 생존율 1년 88.7%, 3년 82.7%, 5년 79.7%보다 높아 세계 최고 수준이다.[2] 2008~2013년간 자궁경부암의 5년 생존율 77.8%와 심혈관계 질환의 치료시술은 세계 최고 수준, 뇌졸중 진료성과는 세계 1위, 자궁경부암, 대장암 진료는 각각 2위, 5위이며, 일부 암위암, 자궁암, 간암 등은 수술 후 생존율이 선진국보다 높다. 또한 줄기세포를 통한 재생의학으로 빠르게 대체되어 가는 상황에서 한국은 줄기세포치료제 개발에도 앞서 가고 있다. 2011년 7월 임상시험에 들어간 지 5년 만에 세계 최초로 심장근육이 괴사하는 현상을 방지하는 줄기세포 신약인 심근경색 치료제가 시판되었

2. 한국경제신문 2016. 6. 22. A 16 참조.

〈그림 13-1〉 자궁경부암 5년 생존율(2004 ~ 2009년 기준)

(단위 : %)

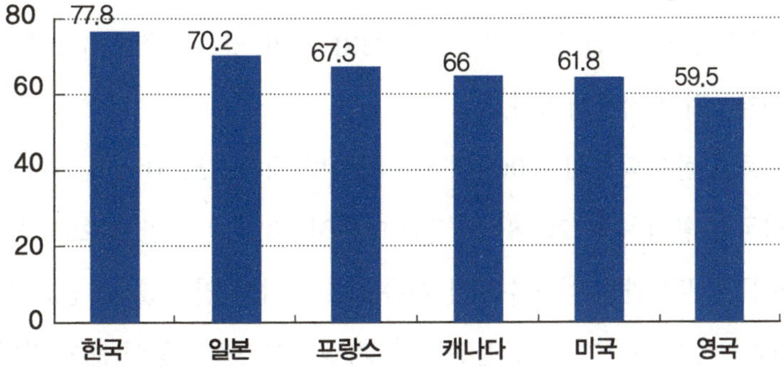

주 : 일본과 프랑스의 자료는 2011년 자료임.
자료출처 : OECD, *Health at a Glance 2015*, 2016.

을 뿐만 아니라 관절염, 무릎 연골 손상 치료에 쓰이는 제2호 줄기세포 치료제도 시판되고 있다.

또한 한국은 미용성형수술의 기술 수준이 아시아에서 가장 높을 뿐만 아니라 비용 또한 일본의 1/2, 미국의 1/3 정도에 불과해 2010년 성형과 미용 목적으로 입국한 외국인은 비공식적으로 20만 명으로 추산된다.

〈그림 13-2〉 인구 100만 명당 MRI 수(2013)

(단위 : 개)

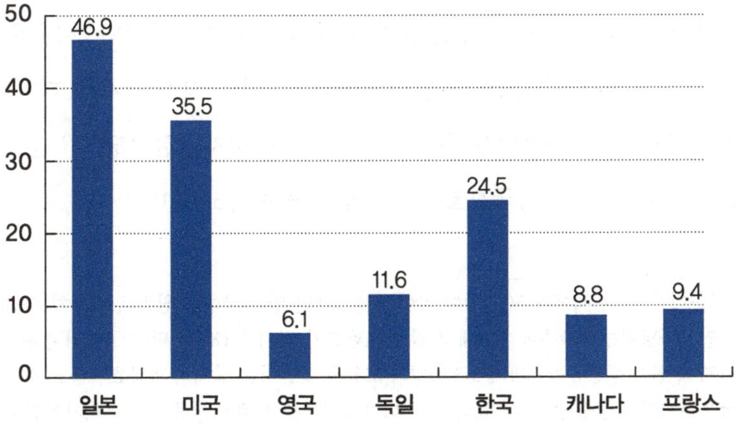

자료출처 : OECD, *Health at a Glance 2015*, 2016.

한국은 의료장비 면에서도 강점을 갖고 있다. 입원환자에게 제공되는 병상 수에서 한국은 OECD 국가 중 일본 다음 세계 2위이다. 최첨단 의료진단 장비 중 하나인 MRI 보유 순위는 인구 100만 명당 MRI 수가 일본[46.9대], 미국[35.5대]에 이어 24.5대로 세계 3위를 기록하였다.

이런 것들이 반영되듯이, 2009년 5월 의료법 개정으로 외국인 환자 유치가 허용되면서 외국인 환자 수는 2008년 2.7만 명에서 2011년 12만 명으로 대폭 증가하여 2011년에는 건강 관련 여행수지가 처음으로 흑자로 전환됐다. 진료과목으로는 피부성형외과[14%], 내과[13.5%], 건강검진[13.1%], 가정의학과[9.8%] 등이 눈에 띈다.

5) 디자인 강국

경제가 발전할수록 혁신적인 디자인은 제품의 경쟁력을 크게 높이므로 부가가치가 높은 디자인산업이 중요해진다. 뉴욕과 런던 같은 경제중심지는 이런 점에 착안하여 일찍이 문화콘텐츠산업과 디자인산업을 연계시켜 세계적인 디자인중심지로 발전했다.

2008년 한국디자인진흥원에서 세계 17개국을 상대로 실시한 국가디자인경쟁력 조사 결과에 따르면, 1위 이탈리아, 2위 프랑스, 3위 미국, 일본 6위, 한국과 덴마크는 공동 8위, 중국 13위, 싱가포르는 15위를 차지하였다. 특히 수상실적 등으로 평가한 디자이너의 양적 · 질적 수준은 한국이 가장 높게 평가됐다. 서울은 2010년 국제디자인연맹[IDA]과 국제산업디자인단체협회[ICSID]에서 지정한 세계 디자인수도로 선정되었다. 또한 세계디자인올림픽[2008, 2009], 서울디자인한마당[2010] 등 국제디자인포럼을 진행하여 디자인강국으로서의 위상을 높여가고 있다.[3]

---

3. 2009년 서울디자인올림픽에는 50개국이 참여하여 201만 명의 국내외 참관객을 유치했으며, 2010년 서울디자인한마당에는 109개국 243개 기업과 브랜드가 참여해 186만 명의 국내외 참관객을 유치하여 총 3,777억 원의 생산유발효과와 5,300명의 고용을 창출하는 경제적 파급효과를 가져옴은 물론 디자인강국으로서의 위상을 높였다. 특히 한국 디자이너들은 세계적 명품자동차 디자인인 메르세데스-벤츠의 CLS, 카마로(Camaro), 캐딜락 프로보크(Cadillac Provoq), 쉐비 볼트(Chevy Volt), 링컨

한국 기업과 디자이너들은 세계적인 권위를 인정받는 독일 레드닷Red Dot, iF, 미국 IDEA 등 세계 3대 디자인 공모전에서 수상하며 경쟁력을 인정받고 있다. 한국의 3대 디자인상 수상실적을 조사한 결과 수상비율이 2009년 총 317건으로 전체 수상건수의 9.6%, 2010년 8.6%를 차지하였다. 특히 학생이나 디자이너 등 개별 수상이 차지하는 비율이 2005년 3%4건에서 2009년 49%154건으로 대폭 증가했다. 뿐만 아니라 디자인 전문회사의 수는 2001년 473개에서 2011년 3,982개로, 디자인 기반센터는 2002년 18개에서 2010년 28개로, 고용된 디자이너 수 역시 2006년 9.4만 명에서 2010년 12.3만 명으로 꾸준히 증가했다.

요컨대 한국은 디자인 분야에서 세계적인 경쟁력을 갖춘 상당한 인력을 보유하고 있으며, 특히 산업디자인과 패션디자인에서는 세계적으로 인정받고 있다. 이런 추세가 지속되면 한국은 아시아에서 으뜸가는 디자인 중심지로 발전할 수 있다.

표 13-10 한국의 디자인 전문회사 및 기반센터 수 추이

	2001	2002	2003	2004	2005	2006	2007	2008	2009	2010	2011	2013	2014
디자인 전문회사 수	473	833	983	1,031	1,219	1,432	1,121	1,635	2,227	2,582	3,982	4,573	4,535
디자인 기반센터 수	-	18	26	29	29	29	29	29	29	28	-	-	

자료출처 : 한국디자인진흥원, 「디자인총조사」, 2012. 및 「산업디자인 통계조사」, 2015.

MKT(Lincoln MKT) 등에 참여해 산업디자인에 뛰어난 성과를 보이고 있다. 2011년 페라리 세계 디자인공모전에서 홍익대학교 재학생이 1위를 차지하면서 한국 디자인산업의 역량을 보여주었다. 또한 미국 패션디자이너의 등용문으로 알려진 젠 아트(Gen Art)가 최근 선정한 디자이너 8명 중 4명이 한국인 또는 한국계 미국인이고, 뉴욕의 명문 패션학교인 파슨스(Parsons)에는 패션디자인 학부등록생 중 한국 출신 디자이너가 29%를 차지하여 한국은 패션디자인 시장에서도 두각을 나타내었다. 한국인 최초로 뉴욕에 진출한 강진영, 재미교포 두리정, 『타임스(Times)』가 선정한 아시아 최고 디자이너 4인에 포함된 정욱준 등이 세계에서 활약하고 있다. 아울러 동대문시장에는 현재 8만 개가 넘는 패션업체가 밀집해 있고, 하루 평균 60만 명의 인파가 몰리는 아시아 최고의 패션관광지이다.(「한국경제매거진」, 2012. 6. 20.

6) 세계로 뻗어나가는 문화산업

많은 선진국들은 산업화 발전단계를 넘어서면서 문화콘텐츠산업을 높이 평가하여 런던, 뉴욕은 물론 최근에는 샌프란시스코까지 문화콘텐츠산업의 혁신중심지로 부상하고 있다. 한국도 최근 '한류' 열풍이 보여주듯이 문화콘텐츠산업에서 많은 강점을 보유하고 있다. 2013년 콘텐츠산업 매출은 87.1조원으로 2012년 대비 9.5%가 늘었고 수출은 53.2억 달러로 8.9% 증가했다.

특히 세계 전역으로 확산되고 있는 한류 열풍은 현재 중국은 물론 타이완, 홍콩, 베트남, 대만, 인도네시아, 필리핀 등 동남아시아 전역을 넘어, 유럽과 북미대륙까지 확산되고 있다. 특히 미국 NBC 버라이어티쇼에 출연한 가수 싸이와 그의 노래 '강남스타일' 의 인기는 전 미국을 휩쓸었다.

세계로 뻗어나가고 있는 한국의 문화콘텐츠로는 드라마, 영화, 팝송, 애니메이션 등이 있으며, 특히 한국 드라마 및 한국 팝송의 국제적 인기가 급상승하고 있다. 한류 대표 드라마 대장금의 경우 이란 90%, 태국 60%, 홍콩 47%, 일본 19%의 시청률을 기록했고 국내 제작 드라마 사상 최초로 100% 사전 제작되어 한·중 동시 방영된 '태양의 후예' 는 30%대의 압도적인 시청률을 기록하였다. 한국의 아이돌 가수원더걸스, 소녀시대, 비 등들은 미국 1위의 음반차트인 빌보드차트에 진입했으며, 싸이의 '강남스타일' 은 2012년 하반기 빌보드차트에서 7주 연속 2위를 차지했고 뮤직비디오 역시 2013년 4월 6일 기준 유투브 조회 건수가 약 15억 회를 넘어섰을 정도로 세계적인 인기를 끌고 있다.

또 클래식음악 분야에서는 쇼팽 콩쿠르 한국인 최초 우승 피아니스트 조성진, 소프라노 조수미, 첼리스트 장한나, 피아니스트 백건우, 마에스트로 정명훈 등의 거장이 있다.

뿐만 아니라 한국은 세계적인 영화감독과 배우들을 배출하고 있다. 세계적으로 인정받고 있는 영화감독과 배우에는 2009년 칸영화제 '그랑프리 감독상' 을 수상한 박찬욱, 2010년 칸영화제 '최고 감독상' 을 수상한 이창동, 2011년 칸영화제 '주목할 만한 시선 상' 과 2012년 베니스영화제 '황금사자상' 을 수상한 김기덕, 2007년 칸영화제 '최우수 여우주연상' 을 차지한 전도연 등이 있다.

또한 1996년 시작되어 매년 10월 열리는 부산국제영화제는 아시아를 대표하는 영화제로 한국은 물론 아시아 영화산업을 한 단계 발전시키는 데 공헌했으며 세계 각국의 감독, 배우, 제작자, 영화영상 관계자들과 일반 관객들이 격의 없이 소통할 수 있는 장을 제공하고 있다. 2015년의 경우 75개국에서 302편의 영화가 상영되었으며, 관객 수는 22.7만 명이었다.

한국의 게임산업 또한 세계적인 경쟁력을 갖고 있다. 한국의 콘텐츠산업은 2014년 매출액 95조 원으로 전년 대비 4.1% 증가했으며 수출액도 52.7억 달러로 전년 대비 7.1% 증가했다. 영국 게임산업 경쟁력분석 보고서에 따르면, 미국 171점 1위, 일본 133점으로 2위, 한국은 129점으로 3위를 차지했으며, 이어서 캐나다, 영국, 중국, 프랑스, 독일 순으로 나타났다.

한마디로 말해, 세계를 휩쓸고 있는 한류 열풍과 더불어 한국의 음악 · 영화 · 게임 산업 등은 이미 세계적인 위치를 점하고 있으며 이를 기반으로 한국은 곧 세계적인 문화 혁신중심지로 부상할 것이 확실시된다.

〈그림 13-3〉 국내 문화콘텐츠산업 매출 및 수출규모 추이

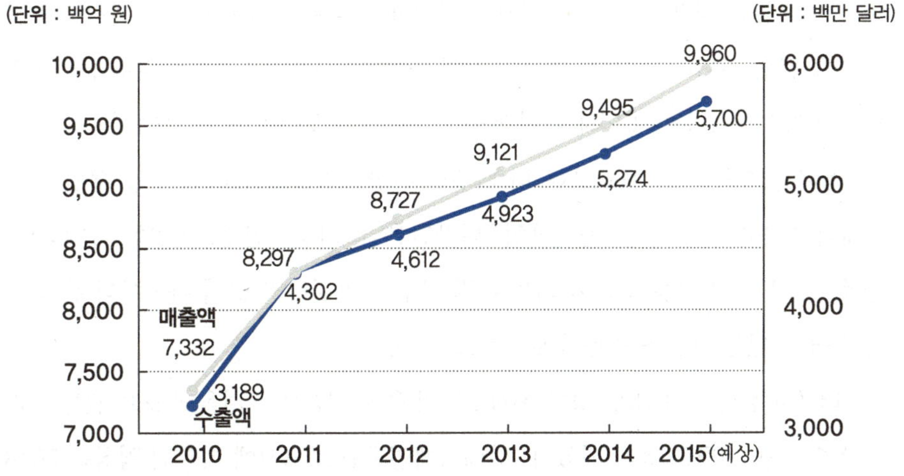

자료출처 : 한국콘텐츠진흥원, 2015 콘텐츠산업 통계. 2016 ; 한국콘텐츠진흥원, 2016 콘텐츠산업 전망. 2016.

7) 잠재력이 풍부한 관광산업

대부분의 경제 · 문화 중심지에서는 무역, 금융 등 기존의 경제 중심지 기능 외에도 관광산업이 크게 발전하고 있다. 세계경제포럼의 2011년 관광경쟁력 순위에 따르면 스위스 1위, 미국 6위, 영국 7위, 싱가포르 10위, 홍콩 12위, 네덜란드 14위, 룩셈부르크 15위로 대부분의 중심지가 세계관광 Top 20에 포함된다. 1980년 세계 관광객 점유율은 유럽이 절반 이상을 차지했고 한국을 포함한 아시아태평양 지역은 8% 정도에 불과했으나 2010년에는 21.7%로 상승했다. 특히 2000년 1,305만 명에 불과했던 홍콩의 관광객 수는 2010년 3,603만 명으로 증가했으며 싱가포르 관광객 수 또한 2010년 1,160만 명으로 전년 대비 20%나 증가했다.

한국은 관광객들이 선호할 만한 수려한 자연경관 및 유구한 역사와 독특한 전통문화도 보유하고 있어 풍부한 관광잠재력을 지니고 있다. 한국에 자연적 또는 문화적 관광자원으로 등록된 관광지는 2010년 기준으로 2,200여 곳이다. 자연관광자원으로는 자연휴양림, 온천, 해수욕장, 동굴, 계곡 등을 포함하고, 문화관광자원에는 전통사찰, 서원, 박물관, 전시관이 포함되어 있다.

관광산업은 융 · 복합 관광상품을 개발하면 더욱 크게 성장할 가능성이 있다. 싱가포르의 경우 관광산업에 의료산업을 접목한 의료관광산업이 2003년 이후 연평균 23%의 높은 성장률을 보이고 있다. 영국과 미국은 세계적 수준의 갤러리를 갖추고 있을 뿐만 아니라 뮤지컬, 오페라 등의 다양한 공연 프로그램을 갖춰 문화산업을 증진시키고 있으며 이로 인해 관광객들의 발걸음이 끊이지 않고 있다.

한국은 홍콩, 싱가포르보다 더 다양한 관광자원을 보유하고 있을 뿐만 아니라 세계적 수준의 의료산업, 문화산업, 디자인산업, 화장품산업, 빈번한 국제회의 등 한국 관광산업 발전에 도움이 되는 관련 산업도 발전하고 있어 아시아의 관광 중심지가 될 수 있는 강점을 충분히 보유하고 있다.

더구나 한국은 2018년 평창 동계올림픽 유치 성공으로 겨울 스포츠 관광지로 부상할 수 있는 기회를 얻게 되었다. 현대경제연구원 보고서에 따르면 평창은 2018년

〈그림 13-4〉 외국인 관광객 국별 구성비 추이

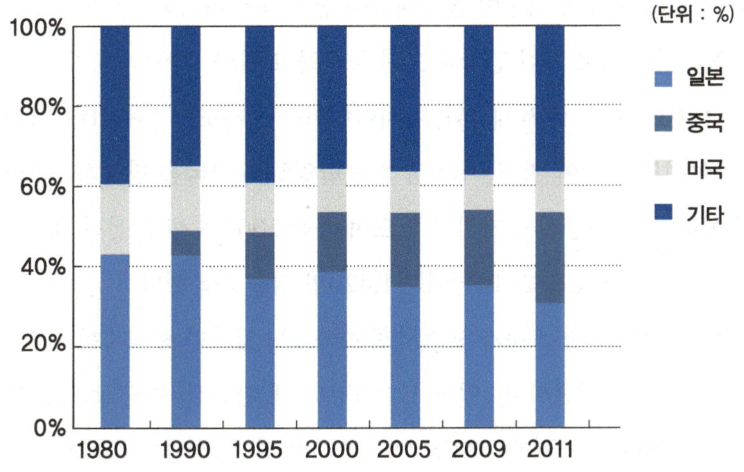

자료출처 : 통계청. 김기환(2013) [그림 6-12]에서 인용.

동계올림픽을 유치함으로써 64.9조 원의 경제적 효과를 볼 것으로 분석하고 있다.

또한 중국의 소득증가와 해외여행 자유화로 중국인 해외관광객은 1993년 374만 명에서 2010년에는 13.4배인 5천만 명으로 급속히 증가하고 있어 지리적으로 근접한 한국 관광산업 발전에 도움이 되고 있다. 중국인 해외관광객은 2009년 437억 달러를 지출하여 독일, 미국, 영국에 이어 세계 제4위를 기록했다. 2009년 기준 중국인 관광객의 67%는 지리적으로 가깝고 비자 발급이 용이한 아시아권 국가를 방문하고 있다. 아시아권 선호지역은 홍콩-마카오-일본-한국 순이다. 이에 따라 한국은 2010년 8월부터 중국인 관광객에 대해 복수비자 발급을 확대하고 발급절차

표 13-11 한국의 국제회의 개최 추이

	2000	2005	2010	2011	2012	2013	2014	2015
개최건수	109	206	464	469	563	635	636	891
세계 순위	24	16	8	6	5	3	4	2
아시아 순위	4	4	3	3	3	2	2	1

자료출처 : 통계청, 「e-나라지표」.

도 간소화하며 중국인 관광객 유치에 힘쓰고 있다.

최근 한국의 국제적 위상이 높아지면서 한국에서 개최되는 국제회의 수가 급격히 증가하고 있어 이로 인한 관광객 또한 증가하고 있다. 한국의 국제회의 개최건수는 2014년 총 636건으로 세계 4위, 아시아에서는 싱가포르[1위]에 이어 2위이다.

이상 살펴본 한국이 지닌 여러 강점을 반영하듯 한국을 방문하는 관광객 수는 2003년 이후 매년 꾸준히 증가하고 있으며 특히 2009년 이후 전년 대비 10% 이상의 높은 증가율을 보였고, 2014년에는 1,420만 명을 기록했다.

그러나 한국의 관광객 수가 꾸준히 증가하고는 있지만 중심지를 포함한 주요 관광대국들에 비하면 미흡하다. 인구 100명당 외래 관광객 수를 살펴보면 홍콩 316명, 싱가포르 200명, 프랑스 124명, 스위스 108명, 네덜란드 68명이지만, 한국은 이보다 훨씬 적은 20명에 불과하다. 이와 같은 격차를 고려하면 한국을 방문하는 관광객 수를 앞으로 4～6배까지 늘리는 데 문제가 없어 보인다.

표 13-12 **한국의 관광객 증가 추이** (단위 : 만 명, %)

	2005	2010	2011	2012	2013	2014
관광객 수	602	550	980	1,114	1,218	1,420
세계 순위	35	28	–	–	–	–
전년 대비 증가율	3.5	12.5	11.3	13.7	9.3	16.6

자료출처 : 통계청, 「e-나라지표」.

표 13-13 **주요 관광국 및 한국의 인구 100명당 외래 관광객 수**(2013)

세계 순위	홍콩	싱가포르	프랑스	스위스	네덜란드	한국
인구 100명당 외래관광객 수	357	220	129	111	76	24

자료출처 : World DataBank, World Development Indicators.

8) 국제협력 및 외교 중심지

스위스, 네덜란드, 뉴욕, 싱가포르 같은 세계의 일부 중심지들은 자국을 국제협력 및 외교활동의 중심지로 발전시켜 경제적 및 안보적 이익을 누리고 있다. 한국도 창조혁신생태계중심지뿐만 아니라 국제협력 및 외교의 중심지가 되기 위해 노력하기 시작했고 그런 역할을 하기에 매우 좋은 위치에 있다. 개도국이 한국형 발전모형을 배우려 하고 세계의 많은 국가들은 한국이 선진국과 개도국 간의 가교 역할을 해줄 것을 기대하며, 동북아시아의 지속적 경제발전을 위해 중국과 일본 모두 한국이 중간자 역할을 해주기를 바라고 있기 때문이다.

또한 한국은 경제발전 경험을 세계 여러 지역에 있는 다양한 개도국에게 전수해 이들 국가의 경제발전에도 기여하고 있다. 2009년 한국은 OECD 개발원조위원회에 가입하여 현재 0.09%인 국민총소득대비 공적개발원조 비율을 2015년까지 0.25%로 늘리는 것을 목표로 다양한 경제발전경험공유사업을 운영해 왔다. 한국의 KSP Knowledge Sharing Program 사업은 2004년 출범하여 베트남과 우즈베키스탄 경제정책 자문을 시초로 2015년 아시아 14개국, 중동 4개국, 아프리카 11개국, 중남미 14개국 등 총 46개국을 KSP 파트너로 선정하여 한국이 지난 50년간 이룬 경제개발방식을 전수하고 있다. 이러한 프로그램을 잘 운영해나가면서 한국은 세계 각 지역

표 13-14 2016년 현재 KSP 파트너 국가

지역	국가 수	KSP 상대국가
아시아	14	베트남, 캄보디아, 아제르바이잔, 카자흐스탄, 몽골, 라오스, 미얀마, 스리랑카, 필리핀, 타지키스탄, 브르나이, 방글라데시, 태국, 파키스탄
중동	4	쿠웨이트, 오만, UAE, 사우디아라비아
아프리카	11	알제리, 가나, 모잠비크, 리비아, DR콩고, 가봉, 남아공, 에티오피아, 적도기니, 탄자니아, 남수단
중남미	14	도미니카(공), 페루, 브라질, 볼리비아, 에콰도르, 온두라스, 파나마, 멕시코, 아이티, 엘살바도르, 우르과이, 자메이카, 콜롬비아, 트리니다드토바고
유럽	3	터키, 우크라이나, 루마니아

자료출처 : Kowledge Sharing Program(www.ksp.go.kr).

의 경제개발도상국들과 돈독한 관계를 맺었으며, 이는 한국이 경제 · 과학기술 · 문화 창조혁신생태계중심지로 발전하는 데 큰 도움이 된다.

한국은 이미 선진국과 개도국 간의 가교 역할을 하고 있다. 2008년 세계금융위기를 겪으면서 선진국 중심으로 구성된 G7의 역할이 후퇴하여 선진국과 주요 신흥국을 모두 포함하여 출범한 G20 정상회의를 미국, 영국에 이어 2010년 서울에서 개최했다. 이 회의에서 한국은 IMF 출자금에 대한 신흥개도국의 지분을 늘리는 데 중요한 역할을 함으로써 IMF 정책결정에 대한 신흥 개도국의 발언권을 확대하는 데 기여했다.

그리고 한국은 한 · 중 · 일 3국 간의 관계개선과 경제협력에도 주도적 역할을 하였다. 2008년부터 한 · 중 · 일 3국 정상회담을 적극적으로 주도하여 연례화하였으며, 동북아의 평화안정과 경제협력체제 발전에 크게 기여하기 위한 일환으로 한 · 중 · 일 3국 협력사무국이 2010년 서울에서 공식 출범했다. 또한 '한 · 중 · 일 FTA 산관학 공동연구' 를 위한 회의를 2010년 서울에서 개최하여 3국 간 FTA 정책에 대한 의견을 교환하면서 동북아시아 자유무역체제 발전에도 기여하고 있다. 현재 영토문제로 3국 관계가 어려움을 겪고 있는 것을 감안하면 한 · 중 · 일 3국의 관계개선에 한국의 역할이 더욱 중요해질 것이다.

또한 한국은 환경문제와 같은 전 지구적 문제를 해결하기 위해서도 중요한 노력을 기울이고 있다. 2009년 코펜하겐에서 개최된 제15차 기후변화당사국총회에 참가한 이명박 대통령은 세계녹색성장연구소Global Green Growth Institute ; GGGI의 설립과 운영을 한국이 주도하겠다고 제의하여 GGGI를 한국에 유치하는 데 성공했다. GGGI의 사업비는 한국과 함께 덴마크, 아랍에미리트, 호주, 영국 등 7개국이 공동부담하기로 했고, 일본과 독일도 공적개발원조예산을 공여하였으며, 민간기업들도 기금공여에 참여하고 있다. 이러한 GGGI의 유치는 한국이 녹색성장의 국제거점국가로 자리잡는 것은 물론 국제협력 및 외교 중심지로 발전하는 데도 획기적인 계기가 될 것이다. 앞으로 한국이 국제협력 및 외교 중심지로 발돋움하기 위해서는 GGGI와 유사한 국제기구를 더욱 많이 유치하는 것이 바람직하다.

2. 홍익창조혁신생태계중심지로서의 주요 과제[4]

한국은 이미 홍익창조혁신생태계중심지가 될 수 있는 많은 강점을 갖고 있으나 일류 중심지로 부상하기 위해서는 제도개혁과 혁신을 통해 보완할 점이 있고, 몇몇 분야는 근본적으로 보강해야 할 과제들이 있다. 그 과제는 크게 4가지로 시장경제 원리의 확대 적용, 인적자본의 질적 보강, 저출산 · 고령화를 감안한 기존 인력의 효율적인 활용과 적극적인 이민정책, 신기술 산업의 출현에 대한 대비이다. 이와 같은 새로운 과제들에 대한 해결방안을 다음과 같이 제시한다.

2.1 시장경제원리의 강화

한국은 시장경제체제를 채택하여 사유재산 보장으로 근로, 저축 및 투자 의욕을 높여 생산성을 증대시키고, 공정한 자유경쟁의 허용으로 기술혁신을 촉진시켜 괄목할만한 경제발전을 이루었다. 이제 홍익적인 교육 · 과학기술 · 경제 창조혁신생태계중심지로 부상하려면 시장경제체제를 여러 면에서 더욱 보강하여야 한다.

특히 제도 면에서 보완되어야 할 것이 많다. 세계경제포럼의 2015 ~ 2016년도 국가경쟁력 평가에서 한국은 140개국 중 종합순위 면에서 26위이나, 경제제도 부문은 과도한 정부규제 97위, 정책의 불투명성 123위, 정부의 비효율성 70위, 정치에 대한 불신 94위로 매우 낮게 평가되었다. 한국이 미흡한 경제체제를 선진국 수준으로 끌어올리기 위해서는 법치주의의 확립, 자유경쟁을 가로막는 정부규제 개선, 조세제도와 행정개선, 중장기 정책의 일관성 제고 등 4부문에서 시장경제원리를 더욱 강화해야 한다.

4. 김기환(2013), 제7장 참조.

표 13-15 한국의 경제제도 부문별 국제순위(2015 ~ 2016)

내용		순위
경제제도	과도한 정부규제	97
	정책의 불투명성	123
	정부의 비효율성	70
	정치에 대한 불신	94

자료출처 : WEF, *The Global Competitiveness Report 2015~2016*, 2016.

1) 법치주의 확립

한국이 홍익창조혁신생태계중심지 전략을 통해 경제발전을 지속하려면 시장경제체제를 일련의 법적 원칙과 제도에 입각한 법치주의를 더욱 강화해야 한다. 법치주의의 기본적인 내용은 다음과 같이 정리될 수 있다. ① 국가는 국민의 생명, 재산 및 자유를 최대한 보호하고 신장시키기 위해 법에 따라 의무를 수행해야 하고 모든 국민은 법을 지켜야 한다. ② 법은 적법절차에 따라 제정되어야 하고, 법 제정에 대한 최종 결정은 다수결의 원리를 따라야 한다. ③ 법은 소급적이 아니라 사전적이어야 하며 투명하고 일관성이 있어야 한다. ④ 합법성의 여부는 행정부와 입법부로부터 독립된 사법부의 공정한 재판을 통해 결정되어야 한다. ⑤ 법은 전 인류사회의 보편적인 인권보장 수준과 가치에 부합되는 것이 바람직하다.

법치주의는 시장경제의 효율성을 제고하고 지속적인 성장을 가능하게 한다. 우선 경제활동에 대한 국가기관의 자의적인 간섭을 배제하여 경제활동 결실을 보호하고 예측 가능성을 키워 경제 및 투자 활동을 증진시킨다. 또한 자유롭게 체결된 계약을 보장하고, 거래비용을 줄여 분업과 전문화가 촉진되어 모든 생산요소의 생산성을 높이며, 사상과 표현의 자유 등의 보장으로 창의 · 혁신을 촉진함으로써 경제의 보다 빠른 성장과 발전을 가져와 모두가 혜택을 본다.

한국의 법치주의 수준은 세계 66개국을 조사대상으로 한 세계 사법정의 프로젝트에 의하면 대략 4가지로 집약된다. ① 입법부의 횡포가 크고 사법부의 견제가 약

〈그림 13-5〉 한국의 법치주의 지수 국제비교(2014)

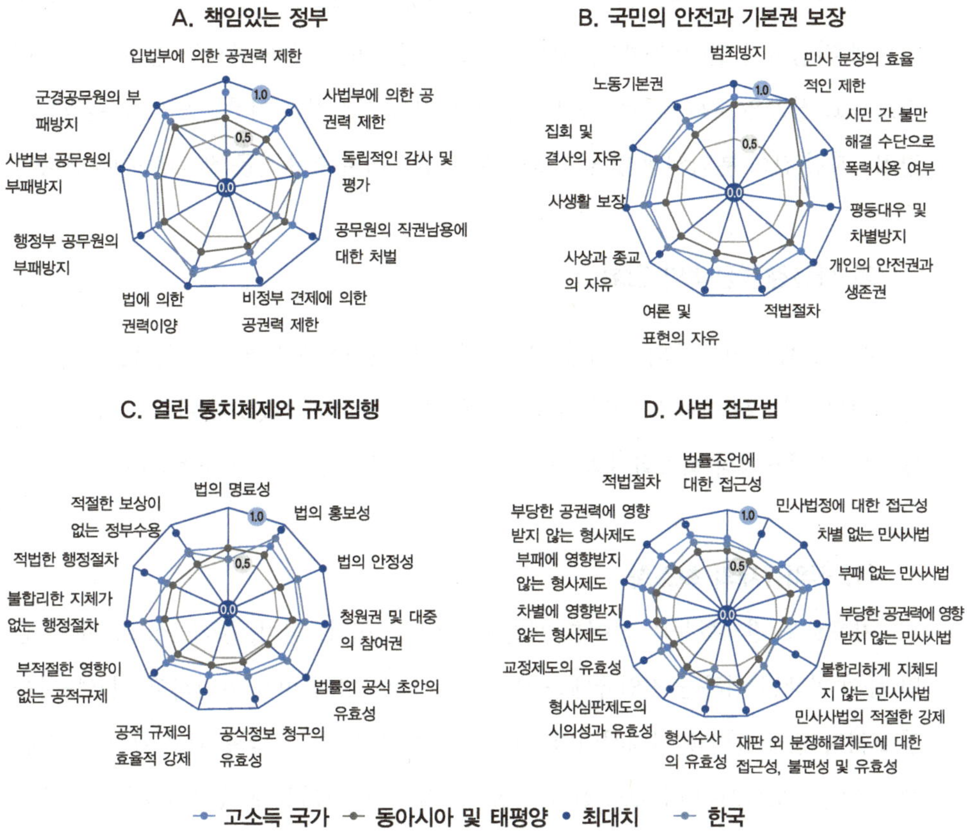

자료출처 : The World Justice Project, *The world Justice Project : Rule of law Index 2013~2014*, 2014.

하다. ② 문제를 법에 따라 해결하지 않고 불법적인 힘과 폭력, 이른바 '떼법' 으로 해결하려는 경우가 많다. ③ 법의 명료성이 매우 약해 법이나 정부규제가 효과적으로 집행되지 못하는 경우가 많다. ④ 범죄수사의 효율성이 떨어지거나 제대로 이루어지지 않을 때가 많고, 불공정한 형 집행도 많아 유전무죄 무전유죄가 세간에 회자된다.

개선책으로 다음과 같은 것을 들 수 있다. 첫째, 차문중[2007]에 의하면 1991~2003년간 법질서만 잘 유지되었어도 한국의 연간 GDP 성장률은 1% 더 오를 수 있다고 한다. 그렇기 때문에 떼법 문제는 반드시 시정되어야 한다. 둘째, 한국의 법과 규제가 너무 모호하므로 국회가 법 본문과 시행령을 보다 명확히 하고 시행령에 지나치게 위임하지 말아야 한다. 셋째, 경찰과 검찰이 수사에 필요한 인력을 충분히 확보하고 경찰은 수사만 담당하고 검찰은 사건의 기소처리 여부를 임의로 결정하는 경찰-검찰 간의 분업체계 및 널리 회자된 유전무죄 무전유죄를 잘 검토해야 한다.

2) 자유경쟁정책의 강화

시장경제가 사회주의 계획경제보다 더욱 발전하게 되는 근본적인 원인은 자유경쟁이다. 한국은 지난 50년간 자유경쟁을 꾸준히 강화해 왔으나 아직 미흡한 점이 많으며, 진입규제의 최소화와 퇴출제도의 개선으로 경쟁을 촉진해야 한다.

(1) 진입규제의 최소화

자유로운 경제활동의 참여를 제한하는 인가, 허가, 면허, 등록, 신고, 지정, 승인 등의 형태를 취하는 진입규제는 유망사업자의 시장참여를 차단하고 신규투자를 감소시켜 경제 활력을 저해시키며, 기득권 보호의 수단으로 악용되고 있다. 세계은행 기업환경보고서에 따르면, 한국은 신사업을 하는 편리함에 있어 189개 조사대상국 중 23위로 아시아의 경쟁국인 싱가포르와 홍콩보다 훨씬 뒤처져 있다. 한국에서

표 13-16 창업용이성의 국제비교

	싱가포르	홍콩	OECD 평균	한국
기업환경 종합 순위	1	5	–	4
창업의 용이성 순위	10	4	–	23
창업절차(개수)	3	2	5	3
창업소요기간(일)	2.5	1.5	12	4
창업비용(1인당 소득 대비, %)	0.3	0.7	4.7	14.5

자료출처 : World Bank and Intenational Finance Corporation, *Doing Business 2016 : Measuring Regulatory Quality and Efficiency*, 2016.

창업하려면 홍콩이나 싱가포르에 비해 절차가 복잡하며, 많은 시간과 높은 비용이 든다. 1인당 소득 대비 창업비용 비율에서 한국은 14.5%로 OECD 평균 4.7%의 3배가 넘는다.

이러한 진입규제는 한국경제의 잠재성장률까지 낮춘다. 김종호[2010]에 의하면 진입규제를 평균 10% 낮추면 0.4%p 정도 고용이 늘어나는데 이를 일자리 숫자로 환산하면 창출되는 일자리 수는 10만 개나 되었다.

한국에서 신규진입 규제는 서비스산업에 특히 집중되어 있다. 법적 진입장벽으로 인해 제약을 받고 있는 서비스업종 수는 366개로 전체 534개 서비스업종의 무려 68.5%를 차지하고 있다. OECD[2011]에 의하면 한국 서비스산업의 노동생산성은 제조업의 58%에 불과하여 서비스 투자부진을 초래하고, 투자부진은 생산성을 더욱 약화시키는 악순환을 불러온다. 이를 반영하듯, 서비스산업 중 외국 기업들의 고용창출은 전체의 4%에 불과하고, 이는 OECD 평균 10%를 크게 밑돌고 있다.

경제구조가 고도화됨에 따라 서비스 부문의 저생산성은 제조업 등 다른 산업의 생산성 향상에도 큰 영향을 미치므로, 무엇보다 진입규제 간소화를 통한 서비스 부문의 경쟁을 강화시켜야 한다. 규제개혁은 추가적인 재원투입 없이 인적자본을 활성화시켜 산업생산성을 높여 경제성장을 촉진하는 매우 효과적인 수단이다.

(2) 퇴출제도 개선을 통한 경쟁 촉진

시장경제 활성화를 위해서는 진입규제 못지않게 부실기업의 퇴출제도도 개선되어야 한다. 퇴출제도 개선의 핵심은 '한계기업'[5]을 청산하는 것이다. 한계기업이 퇴출되지 않으면 금융과 노동 자원이 부실기업에 묶여 정상적인 기업들의 활동에 지장을 줌은 물론 신규기업의 진입도 어려우므로 구조조정을 통해 한계기업이 잠식

5. 한계기업(zombie기업이라고도 함)은 영업이익이 대출이자도 갚기 벅차 정부 또는 채권단의 지원을 받아 연명하는 잠재부실 기업으로 이자보상비율(영업이익/이자비용)이 3년 연속 100% 미만인 기업을 말한다. 이는 금융기관이 기업의 성장성과 경쟁력보다는 담보력에 비중을 두어 대출해 주는 경우에 발생한다. 2015년 6월말 기준 자본잠식기업에 대한 시중은행의 대출규모는 51.9조원이며 이는 2015년 9월말 기준 기업부채 총 1,631조원의 3.2%에 해당한다. 엄유경 외(2016) 8쪽 참조.

표 13-17 **한계기업 현황**

	2009	2010	2011	2012	2013	2014
한계기업수(개)	2,819	2,899	2,979	3,058	3,279	3,471
비중(%)	12.4	12.5	12.5	12.6	13.3	14.4

자료출처 : 엄유경 외(2016), 『이슈&진단』, 226호, 경제개발연구원, 2016. 4. 6.

하고 있는 경제자원의 효율화로 전체 산업의 생산성이 올라가도록 해야 한다.

부실기업에 대한 구조조정으로 시장경제의 경쟁원리가 원활하게 작동할 수 있게 하기 위해서는 우선 중소기업에 대한 수많은 신용보증제도 등 정책금융을 정비하고, 신용위험관리제도도 강화해야한다.

2.2 고등교육의 질적 수준 개선

한국이 경제 · 과학기술 · 문화 창조혁신생태계중심지가 되기 위해서는 고부가가치를 창출할 수 있는 창의성과 혁신성을 갖춘 고급인력이 더 필요하고 국제적 역량을 지닌 범세계적 지도자들을 양성해야 한다.

〈그림 13-6〉 2016년 국가 및 지역별 100위권 대학 수

(단위 : 개)

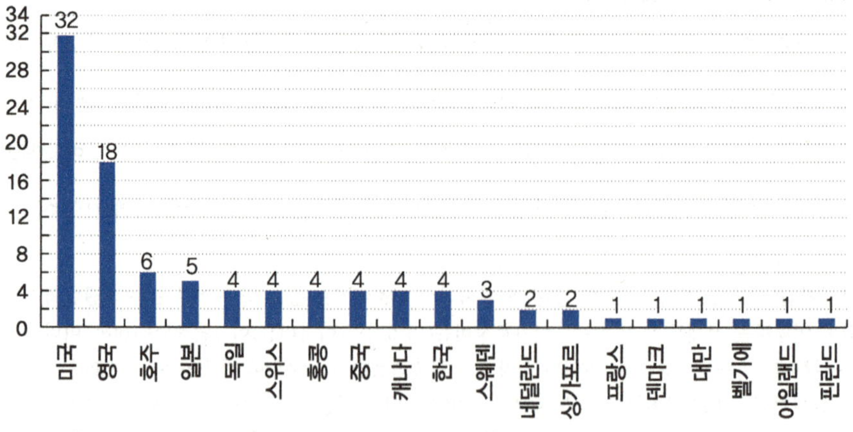

자료출처 : QS World University Ranking 2016-17(www.topuniversities.com/universities-ranking).

한국 대학은 지난 50년간 양적인 확대를 이룩했으나 세계적인 경쟁력확보 수준은 미흡하다. 2016년 발표된 QS의 세계대학평가에서 2016년 국가별 100위권 대학 수는 미국 32개, 영국 18개, 호주 6개, 일본 5개였고, 독일, 스위스, 홍콩, 중국, 캐나다, 한국이 4개로 기대에 못 미치는 실적이다.

한국의 가장 큰 특징은 세계에서 제일 높은 교육열이다. OECD 국가 중 사교육비 지출 비중이 제일 높고, 한국학생들의 문제해결능력은 세계 제일이며, 한국인의 평균 지능지수IQ는 백인보다 2～10점이 높다고 한다.

그러나 한국인의 역량이 16～24세에서는 OECD 평균보다 높지만 점차 격차가 좁아져서 35～44세 이후 연령대에서는 OECD 평균보다 낮아지고 특히 45～54세에서는 OECD 평균보다 크게 낮은 것으로 나타난다. 한국인의 역량이 나이가 들수록 낮아지는 고연령화 효과는 고등교육을 포함한 교육의 질적 문제와 노동시장 진입 후 학습을 통하여 역량이 축적되지 않는 두 가지 문제를 제시한다. 23개국 공공업무능력의 조사 결과 한국의 경제기적을 이끌었던 공무원과 공기업직원 등의 한국 공공인력중앙과 지방의 역량은 OECD 평균에도 못 미치는 것으로 나타났다. 더구나 국내 민간부문의 인력에 비해 경쟁력이 떨어져도 임금은 25%나 더 받아 민간 대비 공공부문 임금수준이 주요 OECD 국가를 포함한 비교대상 23개국 중 둘째로 높다. 한국의 공공인력은 핵심정보처리역량항목인 언어능력, 수리력, 컴퓨터기반문제 해결력 등에서 OECD 평균에 못 미치는 것으로 나타났다. 특히 45～54세 연령대의 중추적인 공무원 역량이 크게 부족하여 주요 국가정책이 제대로 추진되지 못하는 약체정부를 만들 우려가 크다. 이는 우수인재의 창의성을 질식시키는 조직 내 상명하달식 문화, 자신의 역량계발을 위한 학습의지의 저하, 능력에 따른 보상체계의 미흡 등이 주요원인으로 드러났다.[6]

한국 성인근로자들의 능력이 선진국에 비해 크게 떨어지는 이유는 대학교육의 질이 상대적으로 낮고 노동시장의 경직성으로 인해 직무능력에 따른 차등적 보상이

6. 이주호(2016) 참조.

미흡하기 때문이다. 따라서 부실대학과 대학교육과정의 대대적인 개혁이 필요하다. 또한 노동시장의 경직으로 인해 능력에 따라 보상이 차별화되는 것이 아니라 학력에 따라 보상이 결정되는 구조를 시급히 해결해야 한다.

반면 기업경영인은 세계에서 기업경영인 조찬세미나가 가장 많고, 삼성전자나 포스코 같은 일류기업의 사원들은 입사 후 최고경영자의 지위에 이르기까지 끊임없는 교육과 훈련을 받아 세계 최고 수준이다. 피터 드러커 교수는 기업가역량 발휘에 있어서 세계 제일은 한국이라고 했다.

한국인은 일본인과 더불어 세계에서 공동체주의 사상이 가장 강한 나라 Lodge and Vogel (1987)이나, 개인주의 사상도 매우 강하므로 개인주의적 기업경영과 공동체주의적 기업경영을 융합하면 동서양을 앞설 수 있는 독창적 기업모형을 만들 수 있다. 한국은 세계 제일의 유교 국가이고 동아시아 제일의 기독교 국가이며 세계 제일의 신유교 =유교+기독교 국가이다. 한국인은 융·복합문화 MCC : Mix, Combine & Create의 DNA가 있다.

주요국들은 이미 우수인력을 확보하기 위한 정책을 시행하고 있다. 미국은 세계적 수준의 대학경쟁력을 바탕으로 우수인력을 양성하고, 전 세계의 우수인재를 직접 유치하여 국가 차원에서 고급인력을 관리하고 있다. 싱가포르, 홍콩, 중국 등 아시아 국가도 고등교육의 선진화를 위해 이미 많은 노력을 기울이고 있다. 싱가포르는 미국의 시카고 대학과 뉴욕 대학 등 세계 유명대학의 분교를 유치했고, 스탠포드, MIT 등과 싱가포르 국립대학 등의 공동프로그램의 운영을 통해 저명한 과학자들을 유치하여 범세계적 우수인재 가용집단을 구성했으며, 범지구적 기업을 유치하여 범지구적 인재를 유치할 수 있는 원동력이 되어 '교육중심지' 의 선순환 효과를 누리고 있다.

이런 점을 감안하여, 고등교육의 질적인 수준을 향상하기 위한 대학의 개선 과제는 다음과 같다. ① 국내 대학이 배출한 인재가 범지구적 지도자가 될 수 있도록 국제화된 교육을 제공해야 한다. ② 미래 지식집약 분야를 선도하는 주체가 될 수 있도록 연구 수준을 혁신해야 한다. ③ 시장수요에 맞는 교육을 통해 우수한 고등교육인력이 시장에 바로 투입되어 활용될 수 있도록 해야 한다.

1) 국내 대학의 국제화 제고

세계는 하나의 거대한 시장이 되어 상호 관계 및 협력이 심화되는 중에서 치열하게 경쟁하고 있다. 한국 대학의 역할은 우수한 고등교육을 통해 세계화시대에 국제무대에서 활동할 수 있는 홍익인간정신을 갖춘 범지구적 지도자를 배출하는 것이다. 따라서 대학은 국제화와 홍익인간에 입각한 인문사회 분야의 교과과정과 외국어수업을 확대해야 할 것이다.

국제공용어인 영어의 활용 수준을 높이는 것은 창조혁신생태계중심지 성공요건의 하나라 네덜란드, 싱가포르, 스위스, 룩셈부르크, 이스라엘 등은 높은 수준의 영어구사능력을 갖추고 있다. 싱가포르는 2011년 IMD영어숙달도 지표에서 아시아 국가 가운데 가장 높은 98점으로 조사대상 59개국 가운데 3위를 기록했으나 한국은 82점으로 46위에 그쳤다. 따라서 대학의 영어강의 비중을 확대하고, 우수한 외국인 교수의 채용을 확대하여 국제화 교육을 내실화해야 한다.

홍콩은 '아시아 교육허브' 를 추구하며 고등교육정책을 펼친 덕분에 2011년 IMD 대학경쟁력평가에서 세계 17위를 차지했으며, 2012 QS 세계대학평가 200위권 내에 4개 대학을 보유하고 있다. 홍콩정부는 동서양의 인재를 유치하는 '지식허브 프로젝트' 를 통해 홍콩을 아시아 최고의 학문중심지로 만들 계획을 세웠다. 그 일환으로 우수한 외국인 교수들을 유치하고, 대부분의 수업이 영어로 이루어지며, 학비도 영어권 국가의 절반 수준이다. 게다가 대학 졸업 후 외국계 기업으로의 진출

표 13-18 **영어 수준 국제비교**(2011)

국가	순위	평균점수	국가	순위	평균점수
네덜란드	1	100	룩셈부르크	11	94
싱가포르	3	98	이스라엘	13	93
스위스	7	95	한국	46	82

주 : 영어숙달도 지표는 iBT TOEFL 응시자를 기준으로 조사되었으며, TOEFL은 읽기, 듣기, 말하기, 쓰기 등 4개 영역에서 각 30점, 총 120점 만점의 영어시험임.

자료출처 : IMD, *The IMD World Competitiveness Yearbook 2011*, 2011. 김기환(2013) [그림 7-5]에서 인용.

이 용이하여 아시아와 서양의 인재들이 홍콩으로 유입되고 있다. 대표적으로 홍콩대학은 외국인 교수의 비율이 55%를 차지하고, 홍콩과학기술대학 또한 외국인 학생비율이 27.1%이며, 영어기반교육을 실시하여 국제화 환경을 갖추고 있다.

네덜란드 마스트리히트대학은 글로벌 경쟁력 제고를 위해 영어를 공식 언어로 지정하고 영어기반수업을 진행하고 있다. 학생의 45%, 교수의 30%가 외국인이며, 학부과정의 65%, 석사과정의 90%가 영어로 진행된다. 대학 내의 모든 행정의 공식 문서와 홈페이지 등의 웹사이트가 영어로 운영된다.

한국 대학도 국제화 부문의 경쟁력 강화를 위해 우수한 외국인 교수 영입이 필요하다. 2010년 기준으로 한국 일반 대학의 외국인 전임교원 비율은 6.8%에 불과하다. 한국 대학은 외국인 교수 비율은 물론, 박사학위를 받은 외국인 교수의 비율이 낮다. 2010년 상반기 외국인 신임교수의 박사학위 소지자의 비율이 35.7%에 불과해 외국인 교수의 전문성 부족 현상이 노출되고 있다. 따라서 대학의 글로벌 경쟁력 확보와 제대로 된 국제화 교육을 위한 우수한 외국인 교수의 영입이 시급히 요구된다.

대학의 국제화 수준을 높이기 위해서는 외국인 교원의 확보뿐만 아니라 해외에서 글로벌 교육을 받은 우수한 교원을 확보해야 한다. 2014년 기준으로 국내 전문대학의 해외 박사학위를 받은 교원의 비율은 6.2% 정도에 불과하고 일반 대학 또한 38.6% 수준에서 정체되고 있다.

외국인 유학생을 유치하면, 한국 문화, 언어 및 정서에 친숙한 외국인 전문 인력

표 13-19 **한국 대학의 외국인 전임교원 비율** (단위 : 명, %)

구분	대학			전문대학			산업대학		
	전임	외국인	비율	전임	외국인	비율	전임	외국인	비율
2008	54,162	2,529	4.7	11,958	598	5.0	2,124	117	5.5
2009	54,349	3,111	5.7	12,309	696	5.7	2,061	39	1.9
2010	55,799	3,815	6.8	12,394	708	5.7	1,931	90	4.7

자료출처 : 한국교육개발원, 『우리나라 교육의 성과와 과제』, 2010. 김기환(2013) 〈표 7-6〉에서 인용.

표 13-20 연도별 고등교육기관 교원의 국내와 국외의 박사학위 취득자 수 (단위 : 명, %)

	전문대학			대학		
	소계	국내	국외	소계	국내	국외
2000	5,124	4,767 (93.0)	357 (7.0)	35,115	21,455 (61.1)	13,660 (38.9)
2010	7,728	7,223 (93.5)	505 (6.5)	51,351	31,382 (61.1)	19,969 (38.9)
2011	7,978	7,461 (93.5)	517 (6.5)	53,965	32,720 (60.6)	21,245 (39.4)
2012	8,187	7,661 (93.6)	526 (6.4)	57,244	35,093 (61.3)	22,151 (38.7)
2013	8,307	7,802 (93.9)	505 (6.1)	58,923	36,093 (61.2)	22,840 (38.8)
2014	8,382	7,863	519 (6.2)	60,759	37,325 (61.4)	13,394 (38.6)

주 : 1) 총(학)장 및 전임교원 수임. 2) 일반 대학의 교원 수에는 대학부설 대학원 수가 포함됨.
자료출처 : 통계청, e-나라지표.

을 육성할 수 있고 그들은 모국과 한국 사이에서 문화 · 경제적 가교 역할을 수행할 수 있기 때문에 인적 연결망 구축을 통해 한국이 창조혁신생태계중심지가 되는 데 매우 큰 도움이 될 것이다.

2008년 한국정부는 2012년까지 외국인 유학생을 10만 명 유치한다는 '스터디 코리아프로젝트 발전방안' 을 수립하여 외국인 유학생을 유치하였다. 2010년부터 외국인 유학생에게 장 · 단기 장학혜택을 정부재원으로 지원하는 GKS사업을 추진하고 있으나 현재 국내에 체류 중인 외국인 유학생은 중국 등 아시아 지역 출신에 편향되어 있다는 한계가 있다. 〈표 13-21〉에 따르면, 2014년 기준으로 국내 대학의 학위과정에 재적 중인 외국인 유학생 수는 총 2만 8,919명이다. 출신 지역별로는 아시아 지역의 학생이 2만 7,052명으로 약 93.5%를 차지한다. 그중 중국 75.7%, 일본 2.8%, 몽골 3.2%, 베트남 2.0% 등 4개국의 비중만 약 84%에 달해 극소수의 아시아 국가들에 편중되어 있다.

표 13-21 국내대학의 권역별 출신국가별 외국인 유학생 수(2014) (단위 : 명, %)

	전체	아시아					미주			기타
		중국	몽골	베트남	일본	기타	미국	캐나다	기타	
전체	28919	21895 (75.7)	914 (3.2)	576 (2.0)	808 (2.8)	2859 (9.9)	506 (1.7)	287 (1.0)	227 (0.8)	847 (2.9)
수도권	15780	11423	554	243	404	1820	402	244	185	505
비수도권	13139	10472	360	333	404	1039	104	43	42	342

주 : 1) '기타'는 아시아와 미주 지역에 속한 국가를 제외한 나머지 국가를 나타냄.
2) 아시아의 '기타'는 중국, 몽골, 베트남, 일본을 제외한 나머지 아시아 지역 국가를 나타냄.
3) 미주의 '기타'는 미국과 캐나다를 제외한 나머지 미주 지역 국가를 나타냄.

자료출처 : 한국교육개발원 교육통계DB.

2) 대학의 창의적 연구능력 제고

한국이 경제 · 과학기술 · 문화 창조혁신생태계중심지가 되어 주변지역에 고부가가치 서비스를 제공하려면 대학의 창의적인 연구능력이 제고되어야 한다. 2004~2014년 동안 우리나라 피인용 상위 1% 논문 수는 총 3,302건으로 전체 12만 8,498건 중 2.6%를 차지했다. 상위 1% 논문 점유율은 2004년 1.7%에서 2014년 3.3%로 증가하여 2004년 6.0%에서 2014년 4.8%로 감소한 일본과 대조를 보였다. 피인용 상위 1% 논문 수는 미국 1위에 이어 영국, 독일, 중국, 프랑스, 캐나다 순이며 일본은 10위이고 한국은 15위다. 분야별 순위에서 우리나라는 재료과학[6위], 화학[8위], 수학[10위], 물리학[13위] 순으로 우위를 나타낸 반면에 컴퓨터과학, 미생물학 분야는 전체 논문 수에 비해 피인용 상위 1% 논문 비중이 상대적으로 낮았다.

대학별로는 서울대[761건]가 세계 116위, 고려대[344건] 312위, 성균관대[317건] 341위, KAIST[314건] 343위, 연세대[314건] 345위, 포스텍[232건] 424위이다. 세계 대학별 순위는 미국 하버드 대가 1위, 프랑스 CNRS, 독일 막스 플랑크, 미국 MIT 순이다.

피인용 상위 1% 논문 비중은 포스텍이 1.71%로 1위, KAIST, 이화여대, KIST, 서울대 순으로 국내 순위가 바뀌었다. 삼성[120건]이 회사로는 유일하게 1.03%로 8위에 올랐다. 지방대는 울산대가 9위, 전남대 11위, 경북대가 12위에 올랐다. 최근 11

표 13-22 대학별 피인용 상위 1% 논문 수 및 비중(2004~2014) (단위 : 건, %)

대학	국가	피인용 상위 1% 논문		SCI 논문		1% 논문비중
		순위	논문 수(A)	순위	논문 수(B)	(A/B×100)
하버드 대	미국	1	7,762	3	176,138	4.41
CNRS	프랑스	2	6,200	1	419,721	1.48
막스 플랑크	독일	8	3,033	8	97,519	3.11
MIT	미국	10	2,828	44	52,996	5.34
서울대학교	한국	116	761	30	62,007	1.23
고려대학교	한국	312	344	161	28,581	1.20
성균관대학교	한국	341	317	193	26,409	1.20
KAIST	한국	343	312	264	21,142	1.48
연세대학교	한국	345	314	128	33,692	0.93
포항공과대학교	한국	424	232	442	13,605	1.71

주 : 각 순위는 ESI(Essential Science Indicators) DB에서 제공하는 기관별 순위임.
자료출처 : 한국연구재단, 『주요국의 피인용 상위 1% 논문실적 보고서』, 2016.

년간 한국이 발표한 전체 SCI 논문실적 중 고高피인용 논문 비중은 0.78%로 세계 평균1%에 미치지 못하였다. 기초연구 투자 확대와 더불어 국제협력연구 확대, 연구중심대학 체계적 육성 등에 대한 정책적 배려가 필요하다.

특허영향력평가를 통해 살펴본 한국 대학의 전문성과 혁신력도 여전히 낮은 수준이다. 2011년 한국의 특허출원 건수는 세계 4위, 특허협력조약 국제출원 건수도 세계 5위를 기록했지만 대학의 특허출원은 저조하다. 국제전기전자공학회에서 발행한 「IEEE 스펙트럼」지의 대학과 교육기관의 2010년 특허영향력평가에 따르면, 포스텍이 20위권에 포함된 것을 제외한 한국 대학의 혁신능력은 여전히 미미한 수준이다.

과학기술 분야에서 규모가 크지 않음에도 놀라운 기술업적과 다수의 노벨상 수상자를 배출하고 있는 스위스 취리히연방공과대학교ETH : 흔히 에테하로 불림 사례는 한국 고등교육의 창의적인 연구능력 제고에 참고할만하다. ETH 취리히는 물리학, 화학,

표 13-23 대학별 특허영향력 평가지수(2011)

순위	대학	국가	특허 건수	성장	영향력			보편성	독창성	특허영향력 평가	
					영향력	기관 내 재인용	영향력 (조정)			종합	종합 (조정)
1	텍사스 대	미국	112	1.24	1.54	22.0%	1.54	1.80	1.73	667	667
2	캘리포니아 대	미국	271	1.08	1.05	15.1%	1.05	1.48	1.03	469	469
3	센트럴 플로리다 대	미국	56	1.37	1.49	22.9%	1.49	2.32	1.74	458	458
4	아이오와 주립공과대	미국	32	2.67	1.30	13.7%	1.30	2.07	1.93	444	444
5	워싱턴 대	미국	54	1.15	1.65	30.2%	1.64	2.75	1.34	376	375
18	옥스포드 대	영국	19	2.71	1.17	13.5%	1.17	1.23	1.82	135	134
19	포스텍	한국	30	1.67	0.95	2.2%	0.95	0.99	2.85	134	134

자료출처 : IEEE Spectrum(Spectrum.ieee.org/static/patentpower2010), 김기환(2013) 340쪽 〈표 7-9〉에서 재인용.

생리의학 분야에서 아인슈타인을 비롯한 21명의 노벨상 수상자를 배출했고, 2016년 QS 세계대학평가에서 9위를 기록하였다. 2016년 기준 ETH 취리히의 피인용 상위 1% 논문 수와 비중은 ETH 취리히가 1,114편에 2.6%, KAIST가 320편에 1.5%로 ETH 취리히의 연구혁신성은 한국의 최고 공과대학인 KAIST보다 더 높다.

ETH 취리히는 실패에 대한 스트레스나 부담을 줄이고 연구에 전념할 수 있도록 안정적 연구 환경을 조성하는 '리스크 캐피털' 제도를 운영하고 있다. 동 제도는 교수가 수년간 진행한 연구가 실패하더라도 책임을 묻지 않음으로써, 실패도 연구 자산으로 활용할 수 있는 기회를 제공하고 있다. 또한 우수한 인적자원의 확보를 위해 외국의 유명대학과 국제협력을 강화하고 재정 · 인프라 지원을 확대하고 있으며, 구조화된 산학연계체제로 기업과 대학이 협력하여 첨단기술을 개발하여 상용화된 제품을 출시하고 있다.

한국 대학의 창의적이고 혁신적인 연구능력을 향상시키기 위해서는 연구중심대학을 육성해야 한다. 연구중심대학을 육성하면 고급기술의 개발, 우수한 연구 인력의 양성을 통해 미래 국가발전 핵심 분야의 연구를 촉진하고 국가발전의 원동력으로 삼을 수 있다. 한국은 BK21, WCU사업을 통해 대학의 연구를 지원했고 BK21은 대학원생과 논문의 양을 급성장시켰지만, 사업이 인건비 지원 중심으로 흘러 연구의 질적 성장에는 한계를 보였다. WCU는 저명한 해외학자를 초빙해 신성장동력과 융·복합 분야 연구의 새 장을 열었지만, 해외석학을 지원하는 데 치우쳐 국내 연구원 육성에는 미흡하다는 평가를 받고 있다.

그러므로 창의적이고 혁신적인 연구를 할 수 있도록 대학의 자율성을 보장해야 하며, 연구의 질을 높이기 위해 박사과정의 대학원생에 대한 지원을 강화하는 대학연구지원 사업을 시행해야 한다. 해외 고급 연구 인력의 유입을 확대하고 대학의 혁신성을 강화하여 글로벌 경쟁력을 높이면 한국이 중심지로 도약하는 발판을 마련할 수 있다.

3) 새로운 노동시장 수요에 맞춘 인재 양성

기업이 요구하는 인재와 대학이 배출하는 인재의 불일치로 사회적 손실이 발생하고 있다. 고용노동부에 따르면, 2011년 국내 상시근로자 5인 이상 사업체의 상반기 채용계획에서 실제 채용하지 않은 고학력 일자리가 6만 2천개전문대 이상 4.1만 개, 4년제 이상이 2.1만 개에 달했다. 미채용의 이유는 취업지원자의 학력·자격·경력 미달이었다. 이처럼 기업에 재교육 비용을 발생시키는 문제가 청년취업을 저해하는 요인으로 작용해 왔다.이러한 불일치는 제4차 산업혁명의 진행으로 더욱 벌어질 가능성이 클 것으로 우려된다.

제4차 산업혁명은 새로운 사회로의 변화를 가속화할 것이라는 점에서 위축된 우리 경제에 다시 활력을 불어 넣을 수 있는 좋은 기회이다. 슈밥Schwab은 산업혁명이란 신기술이 경제체제와 사회구조를 급격하게 전면적으로 변화시키는 것이라고 하면서 제4차 산업혁명은 물리학, 디지털세계, 생물학을 기술적으로 융합하는 일련의 신기술들이 주도하는 것이라고 한다.

슈밥은 제4차 산업혁명을 주도하는 신기술은 인터넷, 더 싸고 작고 강력한 센서, 인공지능과 기계학습 등의 디지털 기술이 토대라면서 선도기술을 3분야로 나누어 제시하고 있다. 물리학기술은 무인운송수단자율주행자동차, 드론등, 3D 프린팅, 첨단 로봇공학, 디지털기술은 사물인터넷, 블록체인, 공유경제혹은 온디맨드경제, 생물학기술은 유전공학, 합성생물학, 바이오프린팅 등이다. 제4차 산업혁명의 영향은 개인과 사회 전반에 걸쳐 광범위하게 미치며, 경제적으로 노동력 위기와 일자리의 성격 변화가 초래되고, 기업에게는 고객 기대의 변화, 빅데이터를 활용한 품질향상과 협력을 통한 혁신, 사회적으로는 불평등 악화와 중산층 축소를 제시하였다. 개인에게는 정체성, 도덕성, 윤리, 인간연결, 개인 정보관리에 영향을 줄 것으로 예상하였다. 슈밥은 특히 고용에 대한 영향을 주목하여 선진국과 개도국을 망라한 15개국에 있는 9개 산업의 다국적기업을 대상으로 2015～2020년 기간에 예상되는 직종별 고용변화를 설문조사한 결과 고용이 총 710만 명이 감소하고 200만 명이 증가하여 510만 명의 일자리가 없어지는 것으로 나타났다.

참고로 슈밥이 제시한 10개 선도기술과 23개 대변혁 기술을 살펴보면 이들은 일치하는 것도 있지만 어느 한쪽에만 포함된 기술도 있다. 이들 두 그룹의 기술들은 각 분야의 세계적인 전문가들의 자문을 통해 선정되었으므로 모두 4차 산업혁명을 이끌어갈 신기술에 해당하는 것으로 전략성을 지니면서도 세분화되지 않아 큰 틀에서 혁신정책의 방향을 잡는 데 의미 있는 길잡이 역할을 하는 것으로 평가된다. 따라서 대학 교과과정이 이러한 방향으로 개편되어야 할 것이다.

제4차 산업혁명 사회는 핵심적 특징인 컴퓨터의 인공지능이 중심적인 역할을 하는 사회가 될 것이다. 물론, 인공지능이 인간지능 수준으로 올라설 때까지는 인

표 13-24 2015~2020년간의 다국적 기업의 직종별 고용변동 추정 (단위 : 천 명)

순고용 감소	사무 · 행정	제조 · 생산	건설 · 채굴	디자인 · 스포츠 · 미디어	법률	시설 · 정비	합계
	−4,759	−1,609	−497	−151	−109	−40	−7,165
순고용 증가	비즈니스 · 금융	경영	컴퓨터 · 수학	건축 · 엔지니어링	영업 · 관리직	교육 · 훈련	합계
	492	416	405	339	303	66	2,021

자료출처 : KISTI, 「제4차 산업혁명과 일자리의 미래」, 2016. 3. 18. 장윤종(2016)에서 인용.

표 13-25 **4차 산업혁명 10대 선도기술과 23개 대변혁 기술**

	구분	선도기술	
4차 산업혁명 선도기술	물리학 기술	1. 무인운송수단	
		2. 3D 프린팅	
		3. 첨단 로봇공학	
		4. 신소재	
	디지털 기술	5. 사물인터넷/원격모니터링기술	
		6. 블록체인/비트코인	
		7. 공유경제/온디맨드경제	
	생물학 기술	8. 유전공학	
		9. 합성생물학	
		10. 바이오프린팅	
대변혁 기술	1. 체내 삽입형 기기	2. 디지털 정체성	3. 새로운 인터페이스로서의 시각
	4. 웨어러블 인터넷	5. 유비쿼터스 컴퓨터	6. 주머니 속 슈퍼컴퓨터
	7. 누구나 사용할 수 있는 저장소	8. 사물인터넷	9. 커넥티드 홈
	10. 스마트 도시	11. 빅데이터를 활용한 의사결정	12. 자율주행 자동차
	13. 인공지능과 의사결정	14. 인공지능과 화이트칼라	15. 로봇공학과 서비스
	16. 비트코인과 블록체인	17. 공유경제	18. 정부와 블록체인
	19. 3D 프린팅 기술과 제조업	20. 3D 프린팅 기술과 인간의 건강	21. 3D 프린팅 기술과 소비자 제품
	22. 맞춤형 아기	23. 신경시술	

자료출처 : 클라우스 슈밥, 송경진 역, 「클라우스 슈밥의 제4차 산업혁명」, 메가스터디(주), 2016. pp. 36~50. 장윤종(2016)에서 인용.

간이 그 역할을 계속할 것이나 연결은 사람 간의 관계에 국한되지 않고 사물인터넷을 통해 사물과 사물 간에도 이루어질 것이다. 따라서 사회에 많은 변화가 생길 것이다.

첫째, 자원낭비가 최소화된다. 대표적인 사례가 우버, 에어비앤비, GE의 산업인터넷 등이다. 우버가 활성화되면 자동차와 주차장 수요가 줄 것이다. GE에서와 같이 장비고장, 과거 인간이 범했던 시행착오 등을 미연에 방지할 수 있을 것이다. 인공지능은 빅데이터를 통해 최적의 해결책을 제공할 것이기 때문이다.

둘째, 소비자들의 맞춤형 소비가 실현될 수 있다. 인더스트리 4.0이 되면 유연생산이 가능해지기 때문이다. 집에서 3D 프린터로 직접 만들 수도 있을 것이다.

셋째, 육체노동이건 지식노동이건 인공지능과 로봇이 할 수 있는 일들은 모두 그들에 의해 대체될 것이다.

마지막으로, 지식창출이 가속화될 가능성이 높아진다. 인간은 창의적인 일에 집중하게 되며 연결을 통해 집단지성이 발휘될 수 있기 때문이다.

이처럼 제4차 산업혁명 사회는 그 동안의 사회와 비교하여 큰 변화가 예상된다. 제4차 산업혁명은 제조업 일자리와 서비스의 상당부분에서 일자리를 줄일테지만 제조업 일자리를 유지하기 위해 시대의 변화를 막기는 어렵다. 이는 새로운 일자리에 맞는 인재양성이 절박함을 의미한다.

대학교육과 노동시장이 일치하도록 대학이 산업의 수요에 부합하는 인재를 양성하기 위해서는 전체 입학정원을 줄이고 계열별 인원을 조정해야 한다. 기업이 원하는 인력은 이공계 대 인문사회계의 비율이 8 : 2이나 대학이 배출하는 비율은 4 : 6이다. 이는 다른 요인도 있겠지만 주요인은 대학에서 계열별 학생 1인당 등록금과 교육비와의 차이[마진] 때문에 일어나는 현상이 아닌가 생각된다. 이를 해결하기 위해서는 계열별 등록금과 교육비의 차이[마진]를 이공계에 유리하게 조정해야 한다. 이공계의 등록금을 교육비에 맞게 현실화하여 높이는 대신에 많은 부분을 장학금이나 지원금을 통하여 학교 측이나 학생 관점에서 유리하게 하는 것이다. 이에 대한 재원은 한국장학재단의 장학금을 활용하는 것이다.

또한 대학은 기업과 연계하여 범지구적 경쟁력이 있는 첨단산업 분야에서 산업맞춤형 인재를 양성할 수 있는 체제로의 개선이 필요하다. 범지구적 경쟁력이 있는 산업과 기업 수요자를 중심으로 대학과 정부가 협력하여 인재를 양성하는 체제로 삼성전자-성균관대학교의 휴대폰학과와 같은 산업맞춤형 인재양성 프로그램을 강화할 필요가 있다.

아울러 대학이 노동시장의 수요에 맞는 인재를 양성해 배출할 수 있도록 노동시장 수요에 대한 민감도를 높일 수 있는 대학평가 및 유인체계가 구축되어야 한다.

교육부는 산학협력을 통해 대학교육 체제를 개선하고, 기존의 공과대학 중심의 산학협력 지원사업을 대학 전체로 확대하고자 '산학협력선도대학 육성산업LINC' 을 2012년부터 추진하고 있다. LINC사업은 대학의 교육 · 연구 성과와 여건, 산학협력 체제 및 내용을 평가하여 지원 대학을 선정한다. 특히, 대학이 교수업적 평가에 교수의 산학협력 실적을 반영하는 비율이 높을수록 좋은 점수를 주고 있으며, 특성화 분야 기술개발 및 인력양성 실적과 산학연계 교육과정 운영 실적 등을 평가하고 있다. 한국 대학의 산학협력 기능을 제고하기 위해서는 LINC사업의 대학 평가기준을 이 사업에만 국한할 것이 아니라, 대학 전체로 확대하여 적용해야 할 것이다.

2.3 인적자원의 효율적인 활용

한국의 인구는 2030년에 5,216만 명을 정점으로 점차 감소하여 2045년에는 다시 5천만 명 이하가 될 것으로 예상된다. 뿐만 아니라 국가경쟁력의 기반인 생산가능인구의 비중 또한 2012년 73.1%에서 점차 줄어들어 2030년에 63.1%, 2060년에는 49.7%까지 급감할 것으로 예상된다. 이와 같은 생산가능인구 비중의 감소는 한국경제의 잠재성장률을 저하시킬 것이다. 이를 해결하기 위해서는 노동시장의 효율성, 여성의 경제활동참가율 및 고령인구고용률 고양, 외국 인력의 체계적 활용 등 창의적 접근방법이 필요하다.

1) 노동시장의 유연성 제고

가장 시급한 것이 노동시장의 유연성 제고이다. 노동시장의 유연성이란 노동서비스의 수요나 내용이 변할 때 노동공급과 내용이 얼마나 빨리 효율적으로 대응할 수 있는가를 말한다. 이를 기업 차원에서 보면, 종업원들의 수, 근무시간 또는 기술 수준의 상품생산의 변화와 내용에 대한 조정능력이다. 노조의 비협조나 정부규제로조정능력이 제한을 받게 되면 기업운영이 힘들게 되므로 기업경쟁력이 떨어

〈그림 13-7〉 한국의 연령계층별 인구구조 변화

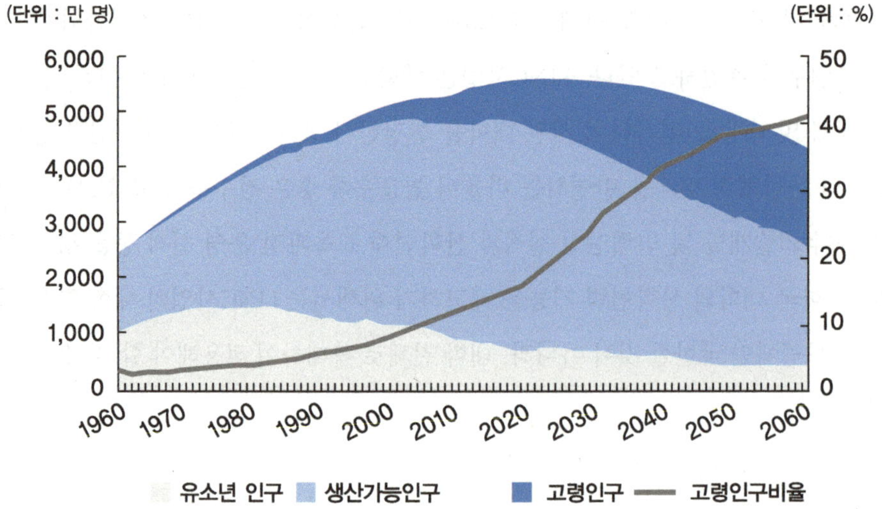

자료출처 : 통계청 국가통계 포털(kosis.kr).

지게 된다.

2012년에 조사된 세계경제포럼의 세계경쟁력보고서에 의하면 한국 노동시장의 효율성은 144개 국가 중 73위이며, 특히 고용과 해고의 유연성 항목에서는 109위를 기록해 심각함을 확인할 수 있다. 노동시장이 유연하지 못하면 기업이 새로운 장비와 생산기술을 도입하지 못해 기술과 상품 혁신을 제때에 할 수 없게 되어 기업과 국가경제의 비효율로 이어지게 된다.

우리의 노동시장이 다른 나라에 비해 유난히 경직된 이유는 우리 국민의 대다수가 1997년 IMF 위기 때까지 일단 한 직장에 들어가면 '평생직장'으로 오인했기 때문이다. 이러한 관념은 경제가 연간 7~8% 성장을 지속하는 상황에서는 큰 문제가 되지 않았지만 외환위기 때에는 문제가 됐다. 1997~1998년의 외환위기의 발생원인 중 하나가 평생직장 개념으로 드러나자 한국정부는 IMF의 요청을 받아들여 평생직장 개념을 버리고 정리해고제를 법적으로 도입하려 했다.

정리해고란 기업이 경영상 난관을 극복하거나 개선하기 위해 기업을 구조조정

〈그림 13-8〉 고용과 해고의 유연성 국제 비교

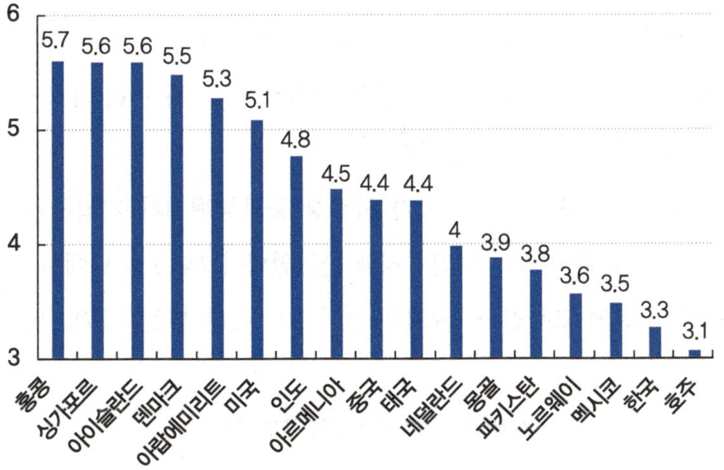

주 : 각국별로 1~7 사이의 값을 매겼으며 수치가 높을수록 고용과 해고의 유연성이 좋은 나라임.
자료출처 : World Economic Forum, The Global Competitiveness Report 2016~2017, 2016.

할 때 필요하면 기존의 고용계약을 위배하지 않는 범위 내에서 종업원을 해고할 수 있는 개념이다. 그러나 당시 정부는 정리해고라는 새로운 제도의 도입을 노조 측에 설득하는 것이 어려워 상당한 어려움에 봉착했다. 이유는 1997년 대선에서 김대중 후보의 당선이 양대 노조의 지지에 힘입은 바 많았고 IMF 등이 요구한 개혁입법을 국회를 통해 이룩하는 데 노조 세력의 지지가 절대 필요했기 때문이다. 결국 1998년 2월 국회를 통과한 정리해고법은 노조들과의 타협의 산물이 될 수밖에 없었다.

정리해고법은 다음과 같은 4가지 경우에만 정리해고가 가능하다고 명시했는데 여기에는 다음과 같은 문제가 있었다. 기업이 긴박한 경영상태에 있을 때만 정리해고가 가능하다고 했는데 경영상태의 악화를 막기 위해 정리해고를 하는 것이기 때문이다. 또 정리해고를 단행하기 위해서는 해고를 피하기 위한 모든 노력을 다해야 한다고 규정했는데, '모든 노력'의 범위가 분명하지 않다. 그리고 공정하고 합리적인 기준을 마련해야만 정리해고가 가능하다고 규정했는데, 그 기준을 누가 정하느냐에 따라 결과가 크게 달라진다. 마지막으로 정리해고 이전에 노조 등의 대표와 성실한 협의를 해야 하고 해당자에게 정리해고에 대한 통보를 50일 전에 해야 한다고 규정하고 있으나, 노조가 성실한 협의에 응하지 않을 경우 고용자 측이 어떻게 해야 하는가가 명시되지 않았기 때문에 노조 측이 고용자와의 협의 자체에 응하지 않을 경우 대책이 마땅치 않다. 결론적으로 한국에서는 선진국과 달리 아직껏 정리해고가 제대로 실시되지 않고 있는 상황이다.

이처럼 정규직에 대한 정리해고가 사실상 불가능해지자 기업들은 언제라도 해고할 수 있는 수많은 비정규직 일자리를 만들었다. [그림 13-9]에서 볼 수 있듯이 2015년 우리 전체 고용인구 1,931만 명의 32.5%나 되는 627만 명이 비정규직이다.

〈그림 13-9〉 비정규직 규모 추이

(단위 : 만 명, %)

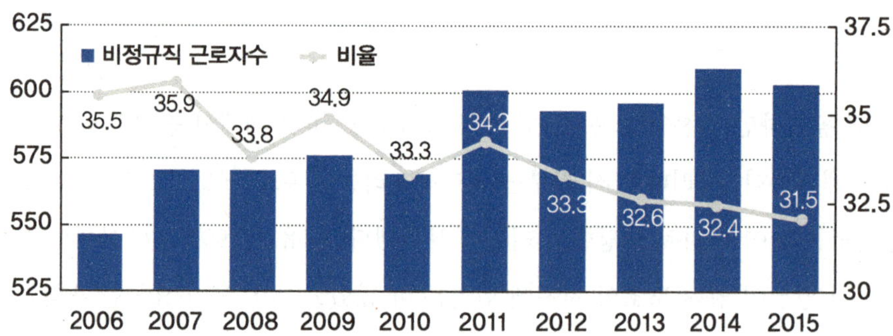

자료출처 : 통계청, e-나라지표. http://www.index.go.kr/potal/main/EachDtlPageDetail.do?idx_cd=2477

그리고 [그림 13-10]에서 볼 수 있듯이 비정규직 대부분은 정규직과 별 차이가 없는 일을 하면서도 시간당 받는 임금 총액이 2012년 기준 1만 437원으로 정규직의 시간당 임금총액 1만 6,403원의 63.6% 수준에 불과하고 고용보험 가입률은 57.8%, 건강보험 가입률은 49.6%, 국민연금 가입률은 47.7%에 불과한 것으로 조사되었다.

이러한 정규직과 비정규직의 급여와 복지혜택의 현저한 격차로 인한 노동시장의 이중구조는 기업들이 청년들의 정규직 고용을 늘려 미래 기술혁신에 대비하는

〈그림 13-10〉 정규직과 비정규직의 시간당 임금 총액

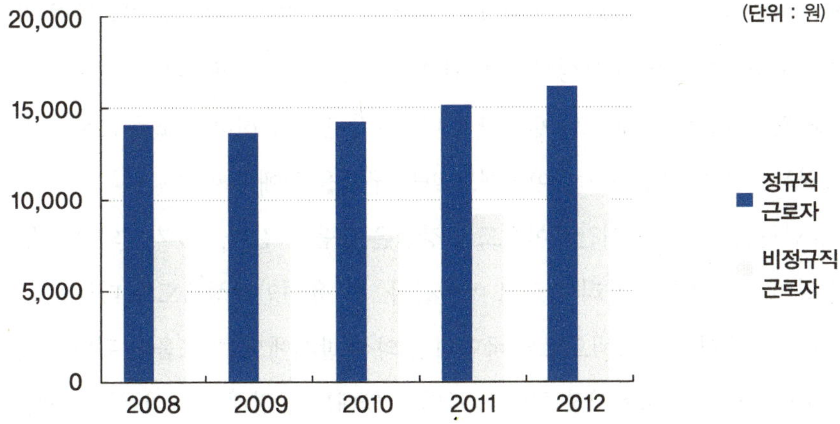

자료출처 : 통계청 e-나라지표. 김기환(2013) [그림 7-11]에서 인용.

것을 거의 불가능하게 해 경제적 효율과 성장잠재력을 크게 훼손하고 있다.

정규직과 비정규직으로 양분된 노동시장을 개혁하는 방안은 기본적으로 두 가지이다. 하나는 덴마크, 네덜란드 등이 1990년대 초부터 널리 채택하고 있는 이른바 '유연안전성flexicurity' 제도의 도입이다. 유연안전성이란 노동시장의 유연성과 근로자의 소득을 안정시킬 수 있는 제도의 약칭이다. 이 제도는 기업, 근로자 및 정부가 각각 자기의 역할과 의무를 충실히 수행하는 것을 전제로 기업은 경영난이나 신사업을 시도할 때는 언제나 정리해고할 수 있다. 정부는 해고된 근로자 소득의 상당 부분을 보장하며, 새 직장을 찾는 데 발생하는 정보획득 및 해고자의 교육과 훈련으로 발생하는 비용을 지원하는데 그 재원은 기업의 신기술, 신상품 및 신시장 개발을 통한 수입증가로 받은 더 많은 세금으로 충당하므로 세율인상이 필요 없다. 유연안전성 제도는 기업, 근로자 및 정부 모두 상생하여 전체 경제는 계속 높은 성장을 유지할 수 있는 체제로 귀착된다.

노동시장의 유연성을 높이기 위한 또 하나의 개혁은 모든 임금의 산정을 시간제로 하는 것이다. 많은 사람이 같은 장소에 모여 같이 작업하는 매우 효율적인 생산방법인 조립방식 하에서는 시간제 근로자의 생산성은 크게 떨어지므로 종일제와 시간제 간의 급여도 다를 수밖에 없다. 그러나 지식기반경제가 될수록 획일적인 조립 방식이 아니라 각자의 창의적인 발상이나 정보를 연계망에 수시로 입력하면 되므로 종일제와 시간제 간의 생산성이 차이 날 이유가 없을 뿐만 아니라 종일제도 주당 몇 시간을 획일적으로 일해야 할 필요가 없다. 이런 점을 고려하면 모든 근로자가 시간제로 일하는 것이 타당하고 급여체제도 바꿔 구분을 없애야 한다.

유연안전성제도와 시간급여제도의 장점은 다음과 같다. ① 기업의 신규투자가 많이 일어나 새로운 일자리 창출로 이어진다. ② 유연안전성제도와 다양한 고용형태는 평생교육이 활성화됨으로써 국민의 창의성 발휘에도 큰 도움이 된다. ③ 여성 근로자와 노년층의 노동시장 참여도 자연히 확대되어 경제 전체의 성장 잠재력 확대뿐만 아니라 소득분배의 개선에 큰 도움이 된다. ④ 더 많은 일자리가 창출되고 정규직과 비정규직 차이도 없어지면 소득분배의 악화도 크게 개선된다.

2) 여성의 경제활동 참가 촉진

2010년 한국의 생산가능인구 중에서 여성의 경제활동 참가율은 54.5%로 OECD 국가의 평균인 61.8%보다 낮은 수준이다. 여성 경제활동 참가율은 25～29세에 69.8%로 가장 높고, 30～34세, 35～39세는 각각 54.6%, 55.9%로 감소하나 40～44세 경제활동 참가율은 65.9%로 다시 높아져 M자형을 보이고 있다. 이는 OECD 국가 여성의 연령대별 경제활동 참가율과 비교하면 25～29세 여성의 경제활동 참가율은 OECD 평균인 71.7%와 비교해 1.9%p 낮지만, 30～34세, 35～39세에서는 각각 14.7%p가 낮다.

[그림 13-11]와 같이 한국 여성의 연령대별 경제활동 참가율은 M자형을 보이는데 이는 30대 여성이 출산과 육아로 인해 경제활동을 중단하였다가 40대에 보육을 마친 여성이 노후대비나 자녀교육 등을 목적으로 다시 경제활동에 참가하기 때문이다. 이 같은 경력단절 현상은 한국경제의 지속적 발전을 위해 반드시 개선되어야 할 문제이다.

〈그림 13-11〉 여성의 연령대별 경제활동 참가율(2010)

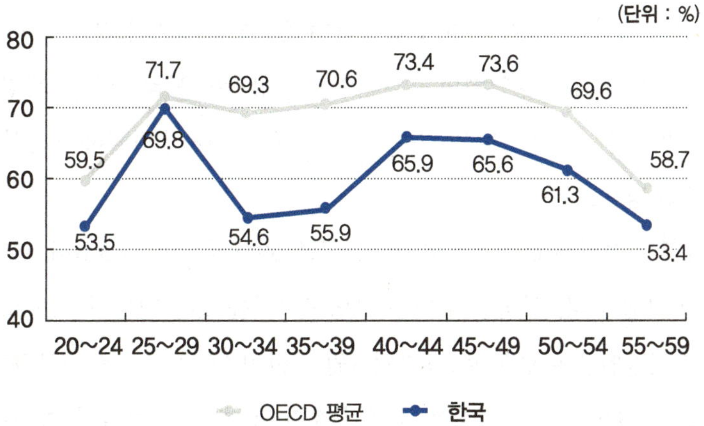

자료출처 : OECD(stats.oecd.org). 김기환(2013) [그림 7-12]에서 인용.

통계청에 따르면, 2009년 기준 30~59세 한국 여성은 평균 31.8시간을 가사노동에, 26.5시간을 시장노동에 투입하고 있다. 기혼여성의 경제활동 참여는 노동시장에서의 근로시간과 밀접한 관련이 있으므로 일과 생활의 균형을 위해서 근로시간의 단축 및 재량성의 확대가 필요하다. 일과 생활의 균형은 여성의 경제활동 참여를 증진함은 물론 출생률 제고에도 도움이 된다.

시간제근로를 도입하면 근로시간의 절대적 양을 줄일 수 있어 여성이 일과 가정생활을 양립할 수 있으므로 기혼여성의 취업 유지에 도움이 된다.

또한 한국도 여성 경제활동 참가율이 세계 최고 수준인 스웨덴, 노르웨이 같은 국가들처럼 출산휴가 및 공공보육시설 확충을 통해 부모의 자녀양육부담을 국가가 부담하여 여성의 경제활동 참가를 촉진해야 한다.

3) 은퇴제도의 개선

[그림 13-7]에 나타난 바와 같이 한국의 생산가능인구가 현재 추세대로 감소한다면 전체 인구 중 생산가능 인구 비중은 2012년 73.1%에서 2030년 63.1%, 2060

년에 49.7%까지 급감할 것이다. 반면 노동시장은 중장기적으로 노동공급의 양적 부족과 숙련도 저하 등 질적 저하가 심각하여 경제발전에 부정적인 영향을 끼칠 수 있으므로 부진한 고급 고령인력의 효과적인 활용방안이 시급하다. 통계청과 직업능력개발원에 따르면, 55세 정년을 기준으로 2010～2018년 퇴직하는 생산현장의 숙련공은 100만 명으로 추산된다.

한국의 은퇴연령은 60세로 하더라도 일본 69.5세, 미국 65.6세, OECD 평균 63.5세와 비교해 낮다. 한국보다 일찍 고령화시대를 맞은 일본정부는 2006년부터 고용안정법 개정안을 마련하여 2013년 3월 말까지 65세 정년을 의무화하였고, 기업의 부담을 고려해 의무화 방식을 정년제 폐지, 정년연장, 퇴직 후 재고용 중에 선택할 수 있게 했다.

한국은 우수 고령인력의 유지를 위해 일정 근무연한 후, 연령에 따라 업무량이나 근무시간을 줄여 나가는 단계적 퇴직과 같은 유연한 퇴직제도의 도입을 모색해야 한다. 단계적 퇴직은 근로자에게는 갑작스러운 퇴직을 피할 수 있고 사용자에게는 우수한 숙련인력의 유출이나 기술격차의 문제를 해결할 수 있으므로 노사 모두에게 유용한 제도이다. 숙련기술이 풍부한 고령 · 퇴직인력을 계약직이나 자문역 등으로 재고용하는 유연한 채용정책은 노동 수요자인 기업의 관점에서 고령인력 고용의 장애요소를 제거 · 완화할 수 있으므로 임금유연화와 직업훈련을 강화해야 한다. 또한 임금피크제는 일정 연령이 되면 임금을 삭감하는 대신 고용을 보장하는 고용안정지원제도로 활성화해 고령인력을 활용해야 한다. 한국은 2003년에 임금피크제를 처음 도입하였다. 기업은 인건비절감 효과를 볼 수 있는 정년보장형 임금피크제를 선호하고 있으나, 고령화와 효율적인 인적자원 활용을 위해서는 정년연장형 임금피크제의 도입을 장려해야 한다.

4) 군복무기간에 기술과 창업 훈련 강화로 청년인재 양성

한국의 징병제는 20대 남성을 공부하기에 가장 적합한 청년기를 군대에서 보내도록 하여 경제활동에서 제외시키므로 병사와 사회 전체에 막대한 기회비용이 발생하고 있으나 남북통일까지는 유지해야 하는 것이 숙명이다. 현대전에서는 첨단무기와 장비를 운용하는 정예화 및 첨단화 군 전력의 확보가 필수적인데 단기복무 형태의 징병제는 전문 숙련병의 확보를 어렵게 하므로 전문적인 군대 양성을 위해서는 경력단절을 방지해야 한다. 이를 위해서는 이스라엘의 예를 참고할만하다.

이스라엘이 청년인재를 길러내는 곳은 군대이다. 이스라엘은 징병제로 국민은 남녀 모두 17세부터 2~3년간 복무하는 동안 직업훈련과 연계된 과학기술 분야의 과제를 수행한다. 매년 고등학교 상위 50여 명의 인재는 탈피오트Talpiot라는 엘리트 군인양성 프로그램에서 6년간 다양한 기술 연구를 한다. 이처럼 이스라엘 학생들은 군에서 과학기술분야 과제를 수행하며 문제 해결능력과 기업가정신을 기르는 것이다. 우리도 군 복무 중 장기간의 숙련을 요구하는 분야의 첨단기술에 대해 배울 기회를 제공하고 창업단계기업 생태계를 만들어 장기복무와 창업을 선택하게 하는 방안을 연구할 필요가 있다. 첨단기술도 배우고 국방의무도 할 수 있는 등 동기 부여가 되므로 효과가 있을 것이다.

이러한 접근방법은 인적자원을 효율적으로 배분할 수 있으며 숙련병 및 첨단기술 분야의 요원을 확보할 수 있을 뿐만 아니라 청년실업을 해소하고 청년창업을 활성화시킬 수 있을 것이다. 이러한 방법으로 기술 위주의 전문화된 군대가 되면, 장기적으로 군 병력의 유지를 보다 효율화할 수 있을 것이다.

5) 이민을 통한 해외 인적자원의 활용 확대

저출산, 고령화에 따른 생산가능인구가 감소하는 상황에서 경제의 활력을 유지하고 지식집약형의 혁신경제로 탈바꿈하기 위해서는 이민을 통한 외국인의 노동참여를 확대해야 한다. 한국의 체류 외국인 수는 2011년 9월 기준, 141만 8천 명으로 전체 인구의 3% 수준이다. 국내에 체류하는 외국인이 점차 증가하지만 전문 인력은 7.9%에 불과하며, 이 중 52.6%는 외국어 회화지도를 위한 어학교사들이다.

표 13-26 **외국인 노동력 비율 및 만족도** (단위 : %)

외국인 노동력 비율			외국인전문인력 국가만족도		
국가	순위	비율	국가	순위	10점 척도
카타르	1	94.2	스위스	1	9.00
아랍에미리트	2	91.6	싱가포르	3	8.15
룩셈부르크	3	71.1	카타르	5	7.81
싱가포르	4	34.8	홍콩	7	7.65
스위스	7	19.8	아랍에미리트	8	7.56
홍콩	–	–	룩셈부르크	10	7.42
한국	29	2.8	한국	32	5.04

자료출처 : IMD, *The IMD World Competitiveness Yearbook 2011*, 2011. 김기환(2013) 〈표 7-11〉에서 인용.

2010년 취업자격이 있는 체류 외국인의 자격별 현황을 살펴보면 비전문취업, 선원취업, 방문취업 등 단순기능 인력이 92.1%를 차지하고 있어 전문인력으로의 전환이 요구된다.

중심지 국가는 대체로 외국인 노동력 비중이 높고, 외국인 전문 인력의 국가만족도도 높은 편이다. 룩셈부르크는 전체 노동력의 70% 이상을 외국인이 차지하고 외국인 전문인력은 스위스, 싱가포르, 홍콩, 룩셈부르크 등 중심지 국가에서 일하는 것에 매력을 느끼고 있다.

2011년 IMD의 국가경쟁력지수 중 이민 관련 법이 외국인 고용을 방해하지 않는 정도를 나타내는 항목에서 한국은 조사대상 59개국 가운데 56위를 나타내 해외 인적자원의 활용 측면에서 매우 비효율적임을 여실히 보여준다. 실제로 한국정부의 다문화정책 및 이주민지원정책은 결혼이민자를 받아들이는 수준에 머물고 있으며, 이민을 통한 전문 및 숙련 인력의 활용을 위한 적극적인 이민정책은 저조하다.

또한 3년의 고용허가 기간이 만료된 노동자들의 재취업 규정 때문에 불법체류자가 늘어나고 있어 현행 비전문인력 단기순환 방식의 고용허가제는 한계점을 드러내고 있다. 따라서 개방적이고 적극적인 이민정책을 통해 미국, 중국과 같이 우수한 해외 전문인력을 유치해야 한다. 미국은 국익에 기여를 할 외국인에게 우선적으로 영주권을 발급해 주는 노동허가 면제 프로그램을 확대 운영하고, 고급인재에게 신속히 영주권을 주는 '취업이민 1순위 제도' 로 2010년 한 해 4만 1,055명의 외국인 인재를 유치했다. 중국은 2008년부터 해외 고급인재 유치프로젝트인 '천인계획' 을 통해 1,510명의 외국인 인재를 영입했다.

우수 해외인력을 적극적으로 유인하기 위해서는 외국인 출입국관리정책뿐만 아니라 자녀교육, 사회복지, 세금혜택 등의 생활환경 전반에 대한 정부지원과 사회적 환경을 조성해야 한다. 그러나 한국은 우수 해외인력의 국내정착을 지원하는 제도가 전무하여 해외인력의 재유출이 일어나고 있다.

따라서 국적법, 출입국관리법, 재한외국인처우기본법 등 이민정책을 총괄할 이민법 제정이 절실하다. 또한 법무부, 외교통상부, 고용노동부, 보건복지부 등 여러 부처에 분산 · 관리되고 있는 이민 관련 정책을 보다 원활하고 종합적으로 수행해야 한다.

2.4 기술개발의 질적 수준 향상

전 세계 각국 정부는 21세기에 들어서면서 미래 신성장동력을 개발하기 위해 다양한 정책지원을 강화하고 있으며, 국가경쟁력의 핵심을 신기술개발로 인식하고 있다. 21세기 디지털 융합기술시대의 급변하는 기술 환경 속에서 각국의 대표적 다국적 기업들도 신기술 없이는 더 이상 살아남을 수 없는 시대가 되었다. 이에 각국 정부는 다양한 정책을 추진하여 우수한 신기술을 개발하고 이를 활용하여 신제품을 생산 · 판매하는 기업을 지원하는 정책을 강화하고 있다.

제10장에서 살펴본 바와 같이, 한국은 연구개발에 지속적으로 투자해 지금까지는 괄목할 만한 기술적인 성과를 거두었다. 앞으로도 기술개발의 경제적 성과를 지속시키기 위해서는 기술개발의 질적인 수준 향상이 필요하다. 한국은 양적인 투입이나 성과 및 물적 인프라 면에서는 상위권이다. 그러나 국내외 협력 및 연구성과의 질적인 측면에서는 매우 낮은 순위를 보이고 있다.

앞으로 기술개발의 질적 수준을 향상시키려면 미래기술을 선도할 핵심적인 기초 · 원천기술을 확보해야 한다. 기초 · 원천기술은 단기간에 확보가 불가능하기 때문에 새로운 시각의 정책이 마련되어야 한다. 미래에 기술수요가 있을 것으로 추정되는 기초과학 분야에 대한 연구에 더 높은 우선순위를 두어야 한다. 이하에서는 기초 · 원천기술의 확보와 기술사업화 활성화의 필요성 및 정책방향에 대해 제안하고자 한다.

〈그림 13-12〉 한국과 중국의 기술 수준별 연평균 기술진보율 비교

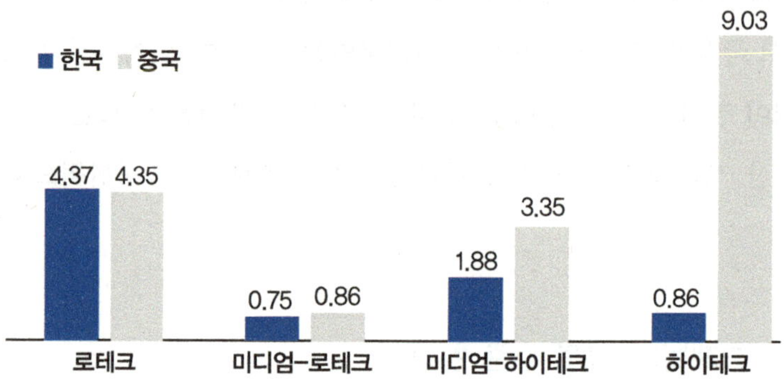

자료출처 : 박찬수 외, 「혁신강국 중국의 기술력과 한국의 대응」, 『CEO Information』, 813호, 삼성경제연구소, 2011. 김기환(2013) [그림 7-14]에서 인용.

1) 기초과학 및 원천기술 역량 강화

한국은 선진국 기술의 도입 · 모방 전략이 한계에 이르렀기 때문에 창조적 혁신의 밑바탕이 되고 미래성장을 선도할 기초 · 원천기술 분야의 효과를 극대화하기 위한 기초연구를 더욱 강화해야 한다. 기초 · 원천기술 중 설계기술, 정보기술, 생명기술, 나노기술, 에너지기술 등의 확보는 21세기 한국의 주요한 정책과제이다.

기초 역량 강화는 정부와 민간이 모두 참여하고 협조해야 할 국가적 과제이다. 과거 기술추격기에는 대규모 연구자금과 연구인력을 동원하여 목표를 달성할 수 있었지만, 신기술분야를 개척해야 하는 지금은 연구체계와 기술혁신체제를 질적으로

개선시켜야 하며, 이를 위해서는 축적의 시간이 요구된다. 그러기 위해서는 대학과 공공연구소 등의 연구기관과 민간기업, 정부의 협력이 필요하다. 이런 과제들을 보다 자세히 살펴보자.

2) 기술사업화 촉진

한국은 기초 · 원천기술 개발을 목표로 연구개발 투자규모를 지속적으로 늘려야 하지만, 연구개발의 성과를 사업화해서 경제성과 창출로 연결하는 측면도 중요하다. 확보된 기술의 사업화 비율이 떨어진 상태에서 연구개발을 계속하는 것은 심한 자원낭비에 불과하다. 한국의 공공연구기관의 기술이전 및 사업화 비율은 27.4%로 미국과 EU에 비해 매우 낮다.

기술사업화 수준이 미흡한 것은 R&D 지원에 비해 기술사업화에 대한 지원이 상대적으로 미약하고 이를 위한 기반이 부족하기 때문이다. 특히 기업이 보유한 기술, 자금, 인력, 정보 등 기술사업화 추진역량이 부족하고, 다양한 주체들과의 연계망 구축 및 활용이 활성화되어 있지 않으며, 정부지원 사업 간의 연계도 미흡한 실정이다. 기업가정신을 발휘해 기술개발에 성공한 기업가가 기술사업화에 매진할 수 있도록 하려면 자금과 정보 등이 적기에 제공되어야 한다. 또한 기업의 기술사업화 역량을 강화하고, 기술사업화에 대한 지원정책을 체계화해 기술개발투자의 효율성을 높여야 한다. 즉, 국가 R&D가 산업현장이나 시장과 밀착되어야 한다.

3) 범지구적 기술협력 망 강화

기술의 첨단화 및 융 · 복합화로 인해 기술의 단독개발이 어려워졌으며, 기술수명이 단축되고 개발비용이 증가함에 따라 R&D 투자가 중요해졌다. 이같은 R&D 투자의 효율성을 높이기 위해서는 글로벌 기술협력 망을 강화해야 한다. 특히 미국의 기초 · 원천기술 분야 경쟁력은 세계 최고 수준이므로 우리는 미국과 협력 망을 강화해야 한다. 1994～2006년 미국의 생명공학 분야 SCIE 게재 논문은 102만 편으로 세계 1위를 기록했으며, 일본, 영국과 비교해도 월등한 우위에 있다.

글로벌 기술협력을 위해 세계 유수대학 간 공동연구프로그램과 같은 학술교류를 확대하고, 국내 유치를 촉진하는 것도 좋은 방법이다. 또한 국내기술의 해외사업화나 해외기술의 국내사업화가 효율적으로 이뤄져야 한다. 이를 위해 국가연구개발사업과 관련해 이스라엘의 사례에서 본 바와 같은 다양한 국제협력프로그램을 확대하는 등 글로벌 네트워크를 구축해야 한다.

다행히 한국은 2009년 세계 최대 기술이전 네트워크인 유럽의 'EEN' 에 아시아 최초로 가입했으며, 상용화 기술 공동개발을 지향하는 '유레카' 연구개발 네트워크에도 아시아 최초로 준회원국이 되었다. 이렇듯 한국은 이미 범유럽권의 다양한 선진국들과 기술교류 협력을 촉진하기 위한 기반을 충분히 구축해 놓았다. 따라서 '국제협력국' 의 예산을 증액하고 위의 두 기술이전 망과 관련된 다양한 학술교류 프로그램을 기획하여 국제기술협력 전문가를 양성해야 한다. 이와 함께 정부 차원에서 미국, 일본, 독일 등 주요 선진국의 저명한 이공계 교수진 및 연구기관의 과학기술인력의 국내 유입 및 이민을 촉진하여 세계 유수대학 및 과학기술 R&D 기관과의 인적 네트워크 형성 및 교류사업도 확대해야 한다.

중소기업 부문은 글로벌 기술협력이 특히 강조되어야 한다. 대기업과 중소기업 간의 기술격차도 글로벌 협력 역량의 차이에서 비롯되었다. 중소기업의 국제 기술협력 강화를 위해 중소기업진흥공단의 해외기술협력센터와 한국산업기술진흥원 산하의 국제기술협력단의 역할을 확대해야 한다. 특히 1 : 1 맞춤형 해외기술이전 컨설팅서비스 제공사업을 대폭 보강해야 한다.

4) 새로운 과학기술 관리체계의 수립

이명박정부에서는 과학기술부가 교육인적자원부와 통합되어 교육과학기술부로 개편되고, 산업자원부, 정보통신부, 과학기술부의 기능 일부가 지식경제부로 이전되어 정책이 산만하게 분산 · 운영되어 왔다. 이런 문제점을 보완하는 대안으로 국가과학기술위원회를 설치했으나 기대만큼의 성과를 얻지 못했다. 관계 부처의 협력을 이끌어낼 리더십이 부족했을 뿐 아니라 컨트롤 타워의 역할을 효과적으로 수행하기 위한 정책 수단도 주어지지 않았기 때문이다.

과학기술혁신의 전 주기를 통합적으로 관리하고 지원하는 정부부처가 필요한 시점이기 때문에 박근혜정부에서 신설된 미래창조과학부는 산학연 협력의 중추역할을 해야 하며, 범부처적으로 추진되고 있는 과학기술 관련 정책과 연구개발 사업을 종합하고 조정하는 주도적 역할을 해야 한다. 미래창조과학부는 과거의 추격형 발전모형하에서 이루어지던 위계적이고 수직적인 기획조정 · 통제 방식을 새롭게 재구성해야 한다. 정부주도의 일방적 하향식 정책결정은 비효율을 야기하므로 기술개발정책의 관료화를 배제하고, 관련 부처와 현장 기업가들의 의견을 조정하고 시장의 수요를 반영하는 새로운 과학기술관리체계를 만들어야 할 것이다.

과학기술혁신은 불확실하고 복잡하므로 다양한 과학기술 분야의 협력이 필요하다. 과학기술개발 정책결정 과정에서 민관의 협력 체제를 구축해야 한다. 21세기 첨단산업의 기초 · 원천기술 개발을 위해서는 다양한 현장에서 뛰고 있는 기업가들의 창의성을 이끌어내고 각 연구주체들의 협력을 유도할 수 있는 수평적이고 사회통합적인 방식의 정책결정이 필요하다. 황창규 전 지식경제부 R&D전략기획단장은 국가 R&D투자의 우선순위는 시장논리와 국가 전체 경쟁력 관점에서 균형 있게 배분되어야 한다고 주장한 바 있다.

참고문헌

강정모, 「경제발전정신으로서의 홍익인간이념의 고찰」, 『제도와 경제』, 제8권 제2호, 2014. 8.

______, 「동북아시아 경제발전 모형」, 강정모 · 김창남 · 오용석, 『신동북아경제론』, FKI미디어, 2005, 제1장.

______, 「동아시아 컨센서스에 관한 연구」, 『동북아경제연구』,제22권 제3호, 2010. 12, 79-107.

강정모 외, 『장보고와 동북아경제 중심전략』, 박영사, 2005.

강정모 · 함선미, 「한국형 공생발전과 정신자본 : 홍익인간사상」, 『제도와 경제』, 제6권 제2호, 2012. 8.

경제기획원, 『주요경제지표』, 각 년도.

계연수 편저, 이기 교열, 이유립 현토, 안경전 역주, 『桓檀古記(환단고기)』, 상생출판, 2012.

교육과학기술부, 『교육50년사』, 1998.

김부식, 『삼국사기』, 1145.

김진명, 「두 개의 고언」, chosun.com, 2018년 5월 8일자 오피니언 : 시론

권혁철, 「사익과 공익」, 한국경제신문, 2015. 5. 9 A20쪽.

______, 「원가공개 주장과 폐기된 이론」, 한국경제신문, 2015. 6. 6 A20쪽

______, 「주한 미군의 가치 : 경제에 미치는 영향과 대체비용 추정」, 『국방연구』, 제54권 제2호, 2011.

김광석 · Roemer, 『성장과 구조전환』, 한국개발연구원, 1979.

김기환, 『한국의 경제기적 : 지난 50년, 향후 50년』, 기파랑, 2013.

김명자, 「인공지능과 제4차 산업혁명」, 중앙일보, 2016. 4. 8. 26쪽.

김성호 · 김경식 · 장상환 · 박석두, 『농지개혁사연구』, 한국농촌경제연구원, 1989.

김승주, 「창업서비스업의 산업특성 및 산업연관관계 : 부가가치와 고용을 중심으로」, 『서비스경제브리프』, 2013년 3/4분기 창간호, 2013. 9. 3.

김영봉, 「경제민주화와 일자리는 상극」, 한국경제신문, 2016. 1. 25, A 34쪽.

김영수 · 박재곤 · 정은비, 『산업융합시대의 지역산업생태계 육성방안』, 산업연구원, 2012.

김용삼, 『이승만과 기업가 시대』, 북앤피플 · 연세대학교 이승만연구원, 2013.

김종호, 『진입규제 완화가 창업과 고용창출에 미치는 영향분석』, 산업연구원, 2010.

[네이버 지식백과] 중화 사상의 창출(『우리가 정말 알아야 할 우리 선비』, 2002. 12. 10, 현암사)

대런 아제모글루 · 제임스 로빈슨 지음, 최완규 옮김, 장경덕 감수, 『국가는 왜 실패하는가』, 시공사, 2012.

『동아국어대사전』, 동아출판사, 1983.

大倧教倧經史編修委員會, 『대종교중광육십년사』, 大倧教總本司, 1971.

大倧教總本司, 한검바른길, 1949.

리차드 플로리다 지음, 이길태 옮김, 『신창조계급』, 북콘서트, 2011.

막스 베버 지음, 김상희 풀어씀, 『프로테스탄트 윤리와 자본주의 정신』, 풀빛, 2006.

무역협회, 『중국무역통계』, 각 년도.

문교부, 『문교통계연보』, 1973.

민경국, 「경제사상사여행 : (13) 기업가정신 이론의 개척자 이스라엘 커즈너」, 한국경제신문, 2013. 3. 16.

______, 「시장은 이기심을 길들이는 훈련장」, 한국경제신문, 2014. 12. 24. A38쪽.

______, 「시장은 '소통부재' 주장은 틀렸다」, 한국경제신문, 2015. 2. 13. A34쪽.

______, 「자본, 진정한 노동의 친구」, 한국경제신문, 2015. 4. 4 A21쪽.

______, 「양극화 견제하는 기업가 정신」, 한국경제신문, 2015. 5. 2 A19쪽.

______, 「자본주의, 민주주의의 토양」, 한국경제신문, 2015. 10. 3 A20쪽.

민세안재홍선집편찬위원회 편, 『민세안재홍선집』 2권, 지식산업사, 1981.

박성희, 「갑에게 보내는 편지」, 조선일보, 2013. 6. 24.

박세일, 「공동체자유주의 : 이념과 정책」, 박세일 · 나성린 · 신도철(공편). 『공동체 자유주의 이념과 정책』, 나남, 2008. 219～278쪽.

박제상, 김은수 번역 · 주해, 『부도지』, 가나출판사, 1986.

박진, 『북한재정의 현황과 추이』, KDI 정책보고서 94-23, 한국개발연구원, 1994.

박진환, 『한국경제근대화와 새마을운동』, (사)박정희대통령기념사업회, 2005. 9.

박찬수 외, 「혁신강국 중국의 기술력과 한국의 대응」, 『CEO Information』, 813호, 삼성경제연구소, 2011.

백낙준, 『한국교육과 민족정신』, 문교사, 1953.

복득규, 「산업클러스터의 국내외 사례와 발전전략」, CEO Information』, 813호, 삼성경제연구소, 2002.

북애(北崖)노인, 『규원사화(揆園史話)』, 1675(숙종 2년).

__________, 『규원사화(揆園史話)』 단군기(檀君紀), 1675.

사카이야 다이치(堺屋太一), 양억관 옮김, 『일본을 이끌어온 12인물』, 자유포럼, 1997.

삼균학회 편, 『소앙선생문집』 상, 횃불사, 1979.

삼한관경본기(三韓管境本紀), 『桓檀古記(환단고기)』 太白逸史 第4, 375～416쪽.

서울대 공과대학, 『축적의 시간』, (주)지식노마드, 2015.

성진근 외, 『한국의 농업정책, 틀을 바꾸자』, 삼성경제연구소, 2004.

소도경전본훈(蘇塗經典本訓), 『桓檀古記(환단고기)』 太白逸史 第5, 417～452쪽.

손대권, 「창조적 자본주의 : 자본주의의 위기와 진화방향」, 『창조와 혁신』 제5권 제2 호, 2012년 9월.

송병락, 『한국경제의 길』,박영사, 2010.
신동준, 『사마천의 부자경제학 : 『사기』 화식열전』, 위즈덤하우스, 2012.
신사기, (주)북토피아(전자책), 2004.
신시본기(神市本紀), 『桓檀古記(환단고기)』太白逸史 第3, 335～374쪽.
신채호, 『독사신론』, 대한매일신보 연재, 조선일보사 연재, 1908. 8.27~12.13(총 50회), (주)북토피아(전자책), 2004.
______, 『조선상고문화사』, 조선일보사 연재, 1910년대 후반(추정), (주)북토피아(전자책), 2004.
______, 『조선상고사』, 종로서원, 조선일보사 연재, 1948. (주)북토피아(전자책), 2004.
심상달, 「공동체 자본주의와 협력적 공유가치 창출」, 『국토연구』 통권 376호, 2013년 2월.
안경전 역주, 계연수 편저, 이기 교열, 이유립 현토, 『桓檀古記』, 상생출판, 2012.
안상훈, 『한국의 진입규제와 산업성장』, 한국개발연구원, 2007.
안재욱, 『흐름으로 읽는 자본주의의 역사』, 프리이코노미북스, 2015.
안재홍, 『조선상고사감(朝鮮上古史鑑)』 상권, 1947.
______, 『조선상고사감(朝鮮上古史鑑)』 하권, 1948.
애덤 스미스 저, 박세일 · 민경국 역, 『도덕감정론』, 비봉출판사, 2009.
앵거스 디턴 저, 이현정 · 최윤희 옮김, 『위대한 탈출 : 건강, 부 그리고 불평등의 기원』, 한국경제신문사, 2015.
엄유경 외, 「기업 활력제고를 위한 특별법과 시사점」, 경기개발연구원, 『이슈&진단』, 226호, 2016. 4. 6.
유경문, 『홍익인간사상과 국가개조 방향』, 해남, 2015.
유재원 외, 임해준 편, 『세계화와 개방정책: 평가와 과제』, 대외경제정책연구원, 2005.
윤병규, 「창조경제 역량 평가와 활성화 방안」, 경제 · 인문사회연구회, 『창조경제 새로운 발전파러다임』, 2013, 창조경제 종합연구 시리즈 1, 28~60쪽.

윤상호, 「독서의 경제적 영향」, KERI Brief 16-11, 한국경제연구원, 2016.

윤진숙, 「막스 베버의 프로테스탄트 윤리와 자본주의 정신에 관한 고찰」, 『법학논총』 2010.10, 숭실대법학연구소.

윤치원 편저, 『부도지』, 2002.

이가원 · 권오순 · 임창순 감수, 『동아한한대사전 東亞漢韓大辭典』, 동아출판사, 1987.

이근, 『경제추격론의 재창조 : 기업 · 산업 · 국가 차원의 이론과 실증』, 오래, 2014.

이맥, 『태백일사(太白逸史)』, 1520.

이민화, 『제4차 산업혁명으로 가는 길』, KCERN, 2016.

이승휴, 帝王韻紀, 1287.

이시욱 · 이강호 편, 『한국경제의 새로운 성장 패러다임과 정책과제 모색』, 한국개발연구원, 2008.

이어령, 『생명이 자본이다』, 마로니에북스, 2014.

이영, 「판의 전쟁, 제4차 산업혁명」, 한국경제신문, 2016. 6. 23. A 37쪽.

이주호, 『한국인의 역량 : 실증분석과 개혁과제』, KDI, 2016.

이학용, 「토마 피케티와 앵거스 디튼의 부의 불균등성과 경제성장」, 『한국경제포럼』, 제8권, 제4호, 한국경제학회, 2015. 9-14.

임원택, 『정치경제학의 철학적 기초』, 법문사, 1988.

______, 『續第2資本論』, 한국경제신문사, 1992.

장석인 · 정은미, 「2005 혁신역량지수-지수로 본 한국의 혁신 현주소」, 대한민국혁신포럼 2005 발표논문, 2, 2006. 14-15.

장오현, 「국부론이 던지는 메시지」, 『제도와 경제』, 제7권, 제2호, 한국제도 · 경제학회, 2013.

장윤종, 「제4차 산업혁명과 한국산업의 과제」, 『산업경제』, KIET 2016. 6월호, 7~20쪽.

정영훈 · 강정모, 『홍익인간사상의 인문학과 창조경제발전모형』, 경제 · 인문사회 연구회 인문정책연구총서, 2013-17.

정옥자, 『우리가 정말 알아야 할 우리 선비』, 현암사, 2002.

정윤훈, 『복본과 홍익인간』, 2012.

조성학, 「홍익인간(弘益人間)과 사해동포(四海同胞)」, 미발표 논문, 2013. 11. 24.

조성훈, 『한 · 미군사관계의 형성과 발전』, 국방부 군사편찬연구소, 2008.

조윤제, 「창조경제와 사회문화」, 중앙일보 2013. 6. 29.

존 러스킨(John Ruskin) 저, 곽재일 역, 『나중에 온 이 사람에게도 : 생명의 경제학, 생명이 곧 진정한 부이다』(*Unto This Last, Lightening Source*, Inc., 2006.), 아인북스, 2010.

좌승희, 『진화를 넘어 차별화로 : 복잡계 경제의 단순한 발전원리』, 지평, 2008.

최영백, 「기업가정신과 정부의 역할」, 『제도와 경제』, 제7권 제3호, 2013. 11.

최은수, 『넥스트 패러다임』, 이미디어그룹, 2012.

토머스 쿤 지음, 김명자 옮김, 『과학혁명의 구조(*The Structure of Scientific Revolution*)』, 까치, 2002.

통계청, 『가계동향조사』, 각 년도.

_____, 『국가통계포털(kosis.kr)』.

_____, 『e-나라지표』.

폴 크루그만 외 지음, 강정모 외 옮김, 『국제경제학』 제10판, 시그마프레스, 2015.

한국정신문화연구원, 『한국민족문화대백과사전』, 1993.

한국경제신문, 「앵거스 디턴 교수 '성장과 불평등론을 말하다」 송년인터뷰, 2015. 12. 31 A1~2면)

한국개발연구원, 『한국경제 60년사』, 2010.

한국교육개발원, 『우리나라 교육의 성과와 과제』, 2010.

__________, 『교육통계서비스』, 『교육통계DB』.

한국디자인진흥원, 『디자인총조사』, 2012.

한국산업단지공단, 『전국산업단지현황통계』, 2016.

한국은행, 『세계 1000대 은행과 우리나라 은행』, 2013.

_______, 『연차보고서』, 각 년도.

_______, 『주요경제지표』, 각 년도.

_______, 『The Banker』, 각 호.

한국컨텐츠진흥원, 『컨탠츠산업 전망보고서』, 2013.

한반도선진화재단 편, 『서울 컨센서스 1, 2』, 나남, 2011.

한영우, 『미래와 만나는 한국의 선비문화』, 세창출판사, 2014.

현대경제연구원, 『소프트웨어 경쟁력이 하드웨어 경쟁력을 좌우한다』, 2013.

홍웅선, 『광복 후의 신교육운동』, 대한교과서주식회사, 1991.

환국본기(桓國本紀), 『桓檀古記(환단고기)』 太白逸史 第2, 325～333쪽.

황수경, 『실업 및 잠재실업의 측정에 관한 연구』, 정책연구시리즈 2011-03, 한국개발연구원, 2011.

황인학, 「자본주의 오해와 진실 : (24) 경제회생의 관건은 제도 혁신」, 한국경제신문, 2015. 8. 8.

KAIST 문술미래전략대학원 · 이민화, 『대한민국의 4차 산업혁명』, KCERN, 2017.

OECD, 『한국 성장과 사회통합을 위한 틀 』, 한국개발연구원(역), 2011.

Airport Council International(www.aci.aero).

Amsden, A., *The Rise of the 'Rest' : Challenges to the West from the Late-Industrializing Economies*, Oxford University Press, New York, 2001.

Asian Development Bank, *Poverty in the Philippines : Causes, Constraints, and Opportunities*, Asian Development Bank, Mandaluyong City, Philippines.

Baldwin, R., "Misthinking Globalisation : Keynote Speech 1," International

Symposium on Global Value Chains in Tokyo in Collaboration with the WTO, July 5, 2013.

Bardhan, P. and Udry, C., *Development Microeconomics*, Oxford University Press, New York, 1999.

Barro, R. J., "Economic Growth in a Cross Section of Countries," *Quarterly Journal of Economics,* 106(2) : 407–433, 1991.

__________, "Human Capital and Growth," *American Economic Review*, 91(2) : 12–17, 2001.

Barro, R. J. and Lee, J. W., "International Comparison of Education Attainment," *Journal of Monetary Economics*, 32(3) : 363–394, 1993.

Becker, G. S., *Human Capital : A Theoretical and Empirical Analysis with Special Reference to Education*(3rd Edition), The University of Chicago Press, 1994.

Behrman, J. R. and Schneider, R., "An International Perspective on Schooling Investment in the Last Quarter Century in Some Fast-Growing Eastern and Southeastern Countries," The World Bank, Washington D.C., 1992.

Beinkocker, E. D., *The Origin of Wealth*, Boston : Harvard Business School Press, 2006.

Birdsall, N. and Sabor, R.H., "Virtuous Circles : Human Capital Growth and Equity in East Asia," Mimeographed, The World Bank, Washington D.C., 1993.

Bardhan, P. and Udry, C., *Development Microeconomics*, Oxford University Press, New York, 1999.

Caballero, Richard J., Takeo Hoshi and Anil K. Kashyap, "Zombie Lending and Depressed Restructuring in Japan," *American Economic Review*,

Vol. 98, No. 5, 2008, 2009 ; Takeo, Hoshi, and Anil K. Kashyap, "Why Did Japan stop growing?," NBER, 2011.

CIA, *World Factbook Database*.

Cole, David C. and P.N. Lyman, *Korean Development*, Cambridge : Harvard University Press, 1971.

Economist, Special Report : Manufacturing and Innovation—A Third Industrial Revolution, April 21, 2012.

European Commission President, *Europe 2020 : Europe's Growth Strategy*, Barroso, 2012.

Evance, Thomas, *They Made America*, New York : Little, Brown & Co., 2004.

Fogel, Robert W., "The Impact of the Asian Miracle on the Theory of Economic Growth," NBER Working Paper w14967 Cambridge, MA : NBER, 2009.

Fortune, *Global 500*, 2016.

Fransman, M., *The New ICT Ecosystem—Implications for Europe*, Kororo, 2007.

Heilbroner, Robert L., *The Worldly Philosophers*, New York : Simon and : Schuster, 1961.

Helpman, Elhanan and Paul R. Krugman, *Market Structure and Foreign Trade : Increasing Returns, Imperfect Competition, and the International Economy*, Cambridge, Mass.: MIT Press, 1985.

Hong, Wontack, "Market Distortions and Polarization of Trade Patterns : Korean Experience," in J. K. Kwon(Ed.) *Korean Economic Development*, New York : Greenwood Press, 1990.

Huang, Yiping, "The Chinese Economy : Transition towards the New

Normal," 2015 IGE/Samsung Electronics Business Forum, 세계경제연구원, 2015.

Huntington, Samuel P., *Who Are We? The Challenges to America's National Identity*, New York : Simon & Schuster, 2004.

Iansiti, M. and Levien, R., *The Keystone Advantage : What the New Dynamics of Business Ecosystems Mean for Strategy, Innovation, and Sustainability*, Harvard Business School Press, 2004.

IMD, *The IMD World Competitiveness Yearbook 2011*, 2011.

IMF, *World Economic Outlook Database*.

Jwa, Sung-Hee, "Firms, Markets and Economic Development," Paper for the AEA/ASSA Annual Meeting in Philadelphia, January, 2005.

Kang, J. M. and Kwon, J., "The Role of Returns to Scale and Capital Utilization in Productivity Change : The Case of Korean Manufacturing," *International Economic Journal*, 7(1) : 95-107, 1993.

Kelegama, S. and Parikh, K., "Political Economy of Growth and Reform in South Asia," in Ahluwalia, I. and Williamson, J. (eds), *The South Asian Experience with Growth*, Oxford University Press, New Delhi, India, 2003.

Keynes, J. M., "Economic Model Construction and Economics," in D. M. Hausman, ed., *The Philosophy of Economics : An Anthology*, 2nd. ed., Cambridge University Press, 1994, pp. 286~288.

Kim, Kwang S., "Import Liberalization and Its Impact in Korea," in J.K.Kwon (Ed.), *Korean Economic Development*, New York : Greenwood Press, 1990.

Kim, Y. C. and Kwon, J. K., "The Utilization of Capital and Growth of Output in a Developing Country : The Case of South Korean

Manufacturing," *Journal of Development Economics*, 4(3) : 265-278, 1977.

Knowledge Sharing Program(www.ksp.go.kr).

Krueger, Anne O., "The Political Economy of the Rent-seeking Society," *American Economic Review*, June, 64, 1974, pp. 291～303.

_______________, "Government Failures in Development," *Journal of Economic Perspectives*, Summer, 4, 1990, pp. 9～23.

Kwon, J., "Capital Utilization, Economies of Scale and Technical Change in the Growth of Total Factor Productivity : An Explanation of South Korean Manufacturing Growth," *Journal of Development Economics*, 24(2) : 75-89, 1986.

Kwon, Jene K., "The Uncommon Characteristics of Korea's Economic Development," in Kwon, Jene K.(Ed.), *The Korean Economic Development*, New York: Greenwood Press, 1990.

____________, "The East Asia Challange to Neoclassical orthodoxy," *World Devlopment*, Vol. 22, No. 4, 1994, pp. 635～644.

____________, "The East Asian Model : An Explanation of the Rapid Economic Growth of South Korea and Taiwan," UNCTAD Discussion Paper No. 135, May 1998, UNCTAD, Geneva, Switzerland.

____________, "The East Asian Model: Restatement," 『비교경제연구』, 제11권 제1호. 371-417, 한국 비교경제학회, 2004.

Kwon, Jene K. and Jung Mo Kang, "An Estimation of Growth Models for South Korea Using Human Capital," 『金融學會誌』, 제5권 제2호 (별호). 189-220, 2000.

______________________________, "The East Asian Model of Economic

Development," *Asian Pacific Economic Literature*, Vol. 25, No. 2, November 2011.

Lancaster, Kelvin., "Intra-industry Trade Under Perfect Monopolistic Competition," *Journal of International Economics*, May, 10, 1980, pp. 151~175.

Lee, K. and J. Mathews, "From Washington Consensus to BeST Consensus for World Development," *Asian-Pacific Economic Literature*, 24(1) : 86-103, 2010.

Liker, James, *The Toyota Way*, McGraw-Hil, 2004.

Lodge, George C. and Ezra F. Vogel, *Ideology and National Competitiveness*, Harvard Business School, 1987.

Lucas, Robert E. Jr., "On the Mechanics of Economic Development." *Journal of Monetary Economics,* July, 22, 1988, pp. 3~42.

Maching, Matthias, "Germany' s Industry 4.0 : Harnessing the Potential of Digitization," 2015 IGE/Samsung Electronics Business Forum, 세계경제연구원, 2015.

Maddison, Angus, *The World Economy —A Millennial Perspective*, OECD Development Studies, 2001.

Marshall, Alfred, *Principles of Economics*, London : MacMillan, 1920.

Mason, Edward S., M. J. Kim, D. H. Perkins, K. S. Kim, and David Cole, *The Economic and Social Modernization of the Republic of Korea*, Cambridge : Harvard University press, 1980.

McGuire, M. and Olson, M., "The Economics of Autocracy and Majority Rule," *Journal of Economic Literature*, 34(1) : 72-96, 1996.

Mitleton-Kelly, E., "Ten Principles of Complexitity and Enabling Infrastructures" in Mitleton-Kelly, E.(eds.) *Complex systems and evolutionary Despectives on organizations : The Application of complexity Theory to Organizations Pergamm*, Amsterdam, 2003, pp. 23~50.

Montgomery, Cynthia A., "Leading Strategy," Keynote Speech at Dong-A Business Forum 2013—Seoul, September 11, 2013.

Moore, James F., *The Death of Competition : Leadership & Strategy in the Age of Business Ecosystems*, New York, Harper Business, 1996.

Morishima, Michio, *Why Has Japan Succeeded? Western Technology and Japanese Ethos*, Cambridge : Cambridge University Press, 1982.

Nelson, R., *The Philippine Economic Mystery*, UPSE Discussion Paper 2007-09, 2007.

North, Douglass d., *Understanding the Process of Economic change*, Princeton University, 2005.

OECD, *Boosting Innovation : The Cluster Approach*, Paris, 1999.

______, health at a Glance, 2016.

______, *Innovative Clusters : Drivers of National Innovation Systems*, Paris, 2001.

______, *OECD Economic Survey 2008*, 2008.

______, *OECD Reviews of Regional Innovation : Regions and Innovation Policy*, Paris, 2011.

______, *OECD Science, Technology and Industry Outlook*.

______, *OECD Science, Technology and Industry Scoreboard*, 2009, 2011.

Peltoniemi, Mirva, "Business Ecosystem as the New Approach to Complex Adaptive Business Environments," *Frontiers of e-Business Research,* 2004, pp. 267~281.

Piketty, Thomas, *Capital in the Twenty-First Century*, Translated by Auther Goldhammer, Cambridge Massachusetts : The Belknap Press of

Harvard University Press, 2014.

Porter, Michael E., *The Comparative advantage of Nations*, New York : Free Press, 1990.

________________, "Clusters and the new economics of competition," *Harvard Business Review*, Nov.-Dec. 1998.

________________, "Building the Microeconomic Foundations of Prosperity: Findings from the Business Competitiveness Index," in World Economic Forum, *The Global Competiveness Report 2005~2006*, New York : Palgrave Macmillan, 2006.

Rao, B. B. and Vadlamannati, K. C., "The Level and Growth Effects of Human Capital in India," *Applied Economic Letters*, 18(1) : 59-62. 2011.

Rebelo, S., "Long-Run Policy Analysis and Long-Run Growth," *Journal of Political Economy*, 99(3) : 500-521, 1991.

Rodrik, D., "Political Economy and Development Policy," *European Economic Review*, 36(2) : 329-336, 1992.

__________, "Goodbye Washington Consensus hello Washington Confusion?" A Review of World Banks' *Economic Growth in the 1990s : Learning From a Decade of Reform (2005)*, *Journal of Economic Literature*, 44(4) : 973-87, 2006.

Romer, Paul M., "Increasing Returns and Long-run Growth," *Journal of Political Economy*, October, 94, 1986, pp. 1002~1037.

______________, "Endogenous Technological Change," *Journal of Political Economy*, October, 98, 1990, pp. S71~S102.

Rothschild, M., *Bionomics : Economy as Ecosystem*, New York, Henry Holt and Company, 1990, p. 423.

Scitovsky, Tibor, "Economic Development in Taiwan and South Korea, 1965～1981," in L. J. Lau(Ed.), *Models of Development*, San Francisco : ICS press, 1986.

Spencer, Barbara J., "What Should Trade Policy Target?" In *Strategic Trade Policy and the New International Economies*. Paul R. Krugman, Mass. : MIT Press, 1987.

Storm, S. and Naastepad, C., "Strategic Factors in Economic Development : East Asian Industrialization 1950～2003," *Development and Change*, 36(6) : 1059-1094, 2005.

Syrquin, Moises, "Sources of Industrial Growth and Change : An Alternative Measure," The World Bank, 1976.

Wade, R., *Governing the Market : Economic Theory and the Role of Government in East Asian Industrialization*, Princeton University Press, Princeton, 2004.

World Bank, *The East Asian Miracle*, Oxford University Press, New York, 1993.

World Bank and International Finance Corporation, *Doing Business 2015*, 2016.

World DataBank, *World Development Indicators*.

World Economic Forum, *The Global Competitiveness Report*, 2009～2015, New York : Palgrave Mcmillank, 2009～2016.

World Justice Project, World Justice Project, Rule of Law Index 2013～2014, 2014

World Shipping Council, Top 50 World Container Port(www. worldshipping. org).

찾아보기

가

나

다

사

아

자

차

카

타

파

하

강정모

(현) 경희대학교 경영대학 명예교수

立命館大學 경제학부 객원교수(동북아경제 강의)

경희대학교 교무처장 · 학장 · 테크노경영대학원 원장

한국비교경제학회 회장

한국동북아경제학회 회장

통일경제연구협회 회장

국민경제자문위원회 대외경제위원회 전문위원

서울대학교 농경제학과 졸업

미국 북일리노이대학교 대학원 경제학 박사

홍익국부론

— 홍익인간사상에 한국경제의 길이 있다

초판 1쇄 발행 2016년 8월 31일

초판 2쇄 발행 2018년 5월 30일

지은이 강정모

펴낸이 박기남

펴낸곳 **율곡출판사**

08590 서울시 금천구 가산디지털1로 84(에이스하이엔드 8차), 803호

전화 (代) 02) 718-9872/3

팩스 02) 718-9874

home-page www.yulgokbooks.co.kr

e-mail yulgokbook@naver.com

등록 1989.11.10. 제2014-000031호

ISBN 978-89-97428-94-6 93320

정가 28,000원